博学而笃志，切问而近思。

（《论语·子张》）

博晓古今，可立一家之说；
学贯中西，或成经国之才。

编者简介

胡智锋，男，1965年出生。北京师范大学艺术与传媒学院二级教授、博士生导师，国务院学位委员会第七、八届戏剧与影视学科评议组召集人，中国电视艺术家协会副主席，中国高校影视学会学术委员会主任，曾任北京电影学院党委副书记、副校长（主持工作），北京师范大学艺术与传媒学院院长。

中国传媒学术领域第一位教育部"长江学者"特聘教授，哈佛大学高级访问学者；入选中宣部"四个一批"人才工程、"新世纪百千万人才工程"国家级人选、"新中国60年影响中国广播电视进程的60位人物"。

长期从事影视文化、传媒艺术领域的教学与研究工作，承担国家社科基金重大项目等课题40余项，著有《立论中国影视》《影视文化论稿》《电视美学大纲》等著作30余部，发表各类论文400余篇，成果多次荣获国家级、省部级奖项，曾赴亚、欧、美、非、澳等洲的40多个国家进行讲学和学术交流。

张国涛，男，1978年出生。中国传媒大学研究员、博士生导师，中国传媒大学出版社副社长，《现代出版》执行主编，中国传媒大学传媒艺术与文化研究中心执行主任，中国高校影视学会副会长、秘书长。

2013年入选教育部"新世纪优秀人才"、北京市"青年英才"，2014年获"全国高校社科学报优秀编辑"称号，2018年入选"北京市青年拔尖人才"；主持国家级课题2项、省部级课题4项，发表学术论文100余篇，出版专著、教材多部；成果获北京市哲学社会科学成果奖二等奖、第十四届全国广播影视优秀学术论文一等奖、北京市首届优秀博士学位论文、全国优秀博士学位论文提名等各级奖项。

刘俊，男，1985年出生。中国传媒大学教授、博士生导师，《现代传播（中国传媒大学学报）》编辑部主任，中国传媒大学传媒艺术与文化研究中心副主任，入选国家级高层次人才称号、北京市宣传文化系统高层次人才项目。

近年来发表论文180余篇，多篇文章被《新华文摘》、中国人民大学《复印报刊资料》转摘、转载；独立主持国家社科基金、国家艺术基金、北京市社科基金、文化和旅游部、教育部、中宣部、国家广电总局项目，以及各级人才项目等国家级、省部级课题；出版专著、教材等8部；成果获文化和旅游部优秀社科研究成果奖、全国广播影视学术著作一等奖等各级奖项；担任中央电视台、省级卫视和网络平台的多档品牌综艺类、社会类节目的评论员、观察员、策划人。

普通高等教育"十一五"国家级规划教材

TV

当代广播电视教程·新世纪版

电视节目策划学

主　编　胡智锋　　　　　　　　　　　　（第三版）

副主编　张国涛　刘　俊

复旦大学出版社

内容提要

　　《电视节目策划学》（第三版）包括电视策划概要、电视新闻节目策划、电视综艺节目策划、电视剧策划、电视广告策划和电视节目主持人策划等内容，并对上述电视节目类型和节目主持人的基本特征、发展规律和策划方略等作了详细、切实的深入分析。

　　第三版《电视节目策划学》的突出亮点，是结合全新案例对媒介融合时代的电视节目策划进行了系统的梳理、透视与解读。它既是电视节目制作者的有效参考书，也是学习电视节目策划的有益教材。

总　序

　　"当代广播电视教程·新世纪版"这套丛书终于由复旦大学出版社出版了，掠过心头的是阵阵的喜悦！

　　不断演进的社会、飞速发展的科技，引发了传播内容与形式的深刻变革，也推动了媒介领域的巨大革命。其间，广播电视的出现和发展，正在全球范围内影响着人类文明的进程，形成着独特的社会文化现象。可以说，人类社会从来没有像今天这样强烈地感受到"信息化时代的来临，媒介化社会的形成"。广播电视（当然我们注意到了网络对媒体间壁垒的消融和整合），作为建立在新技术基础上现代传媒族群中极为重要的媒介，以其特有的传播特征和方式，建构了当今社会交往的特殊形态，酿就了人类新型的思维方式，催生了当代社会崭新的生存方式。

　　应当说，经过半个多世纪，特别是改革开放以来的二十多年，有一批有志于此的人士在广播电视的教学和科研领域进行了孜孜不倦的努力，取得了可喜成果。其间，最为值得注意的是，一个努力构建有中国特色广播电视学学科体系的研究目标已逐步明晰起来，并开始为之倾注气力。根据中国传媒大学赵玉明教授的研究，至1992年11月，国家技术监督局颁布的国家标准《学科分类与代码》中，将"广播与电视"列为"新闻学与传播学"学科范围的二级学科，下设"广播电视史""广播电视理论""广播电视业务"等三级学科。1997年3月出版的全国哲学社会科学规划办公室主编的《哲学社会科学各学科研究状况与发展趋势》中称，"90年代以来，广播电视已成为一个独立的学科"；1997年颁布的研究生学科、专业目录有"广播电视艺术学"；1998年颁布的本科生专业目录中有"广播电视新闻学""播音主持艺术""广播电视编导"等专业；2002年出版的复旦大学徐培汀教授的专著《二十世纪中国的新闻学与传播学》的前言中称"本书视广播电视学为独立学科"，并在第六章"广播电视学研究"中作了专门论述……

　　我们之所以"津津乐道"于广播电视"学"，其关键之处在于，我们既然已经看到了"广播电视的出现和发展,正在全球范围内影响着人类文明的进程,形成着独特的社会文化现象",那么,我们就完全有理由尽快地将广播电视学这一学科的理论体系和教学体系呈现在世人面前。这也就是说,我们要将广播电视学科的壁垒,真正树立起来! 在这方面,复旦大学新闻学院也做了不懈努力。2003年年初,复旦大学新闻学院在全国率先申报"广播电视学"博士点获得成功。这一勇于突破新闻传播学原有学科目录,打破广播电视学科建设中条块分割状况,将广播电视新闻与广播电视艺术多个一级学科按照学科群进行大整合的举措,在新闻传播教育界形成了相当的影响,在广播电视教育领域的影响更大。

也正是在这重要的时代背景和学科背景下,有着我国新闻传播教育最悠久历史的复旦大学新闻学院,在复旦大学百年华诞之际,与复旦大学出版社紧密携手合作,将编辑出版一套具有较为完整理论体系和教学体系的广播电视丛书的重任担当了起来。经过为时两年的努力,这套丛书终于问世了。这对于新闻传播院系的师生,对于广播电视的从业人士,都是一个福音。

如果要说"当代广播电视教程·新世纪版"这套丛书有什么最显著的特点,首先,这套丛书是从努力构建中国广播电视学学科体系的高度来进行整套丛书的创意、策划和构建的。这整套丛书的整体出版思路是:在厘定构建中国广播电视学学科体系(理论体系、实务体系和教学体系)的前提下,按照宏观(意识与理念)、中观(体制与机制)、微观(运作与技巧)来进行丛书完整架构设计和资源配置。

在宏观层面,丛书充分注重了广播电视本体论的基础研究和创新理论,如《当代广播电视论纲》全面、系统地梳理了中国广播电视学体系的框架,并科学、深入地阐述了中国广播电视学的理论;《中外广播电视史》突破了传统写作思路,引入广播电视传播思想史的视角,将相关的体制、管理、节目等作为史的脉络进行梳理贯通;而《电视文化的观念》则在文化学研究的背景下,积极探索了广播电视作为特有文化传播现象的发生机理、传播规律和审美特征。在中观层面,丛书充分注重了广播电视体制和机制的开拓性研究,如堪称我国第一部的《影视法导论:电影电视节目制作人须知》,即从法学研究的角度审视了广播电视机制运行中的一系列法律问题,既有理论的完整性,又有实践的操作性;又如《广播电视节目营销》《电视制片管理学》《世界电视产业新论》,则在我国深入推进文化体制改革的背景下,将研究的视角转向了广播电视产业特性研究,努力在广播电视的市场营销和广播电视制片管理特别是广播电视产业进程等领域进行拓展,其重要性和创新性十分突出。在微观层面,这套丛书一方面十分注重现代广播电视的实务理念、实务操作(包括新技术支持)的全面创新,如《当代广播实务教程》《当代电视实务教程》《当代电视摄影制作教程》《广播电视评论教程》《当代广播电视播音主持》等著作,每本著作都可以说是一个全新体系的范例。而另一方面,这套丛书则又大大拓宽了广播电视实务领域,如《电视节目策划学》《电视节目形态学》《电视纪录片教程》,甚至《视听率教程》也进入了我们的视野。显然,这在国内是非常具有突破意义的。

"当代广播电视教程·新世纪版"这套丛书的又一个特点是注重"与时俱进"。一方面,这套丛书紧紧追踪中国新闻传播事业的飞速发展,特别是密切关注中国广播电视事业的改革前行;另一方面,又极为关注世界范围内新闻传播格局的快速嬗变,特别是广播电视业界的前沿发展。当然,在这套丛书每本著作都尽可能好地体现上述想法的同时,我们还在丛书中专列了一本《当代广播电视前沿》,以充分体现出这套丛书紧逼前沿、全面概览、透彻评析的特点。我们设想,《当代广播电视前沿》每年都修订再版,以跟上飞速发展的广播电视事业的需要。

"当代广播电视教程·新世纪版"这套丛书的第三个特点就是,该丛书的作者基本上都是活跃在广播电视教学、研究领域的一流学者。这么多专家、学者在百忙中参加到该丛书的编撰中来,亲自撰稿,本身就说明了许多问题。值得一提的是,这支专家队伍,不但在他们的研究领域中都取得了骄人的成绩,而且,他们中的许多人,近年来常到海外讲学、研究。正是这样,才能保证这套丛书拓展了广阔的国际背景。

"当代广播电视教程·新世纪版"这套丛书第四个特点是其浓郁的精品意识。平心而论,我们现在广播电视方面的书已出版了许多,但是,其质量状况令人担忧。正因为如此,复旦大学出版社破例让这套丛书进入了复旦大学"博学"出版精品系列。其目的,就是要打造出我国广播电视界的一套名牌丛书,特别是要推出一套真正为诸多高等院校认可并具有权威性的教材。

有人感言,讲"感谢"两字最多的莫过于一年一度的奥斯卡电影颁奖典礼中的获奖答词。去年,一位奥斯卡电影获奖者上台领奖前首先发誓说,"今天,我站在这里绝不讲'感谢'二字了……"可是,一开口,又"感谢"连篇了。既然"感谢"出自内心,发自肺腑,就不必回避!因此,对于这套丛书的出版,我要借作序的机会说些感谢的话:首先要衷心感谢的是复旦大学出版社。特别是感谢总编辑高若海先生和编辑章永宏,是他们在诸多广播电视书籍纷至沓来的时刻,选择了我作为主编来组织这套丛书,并为这套丛书的出版倾注了大量心血;其次要衷心感谢的是,参加丛书写作的各位专家学者,有了他们投入、专注的耕耘,才有了这套高水平的丛书。感谢所有帮助了这套丛书出版的人们!

今年是中国农历的鸡年,在众多咏鸡的诗歌中,明代诗人的"平时不敢轻言语,一叫千门万户开"是我最喜欢的。但愿这套酝酿、筹划、积累良久的丛书,像唤开千门万户的雄鸡报晓,叩开读者的心扉,唤起读者的共鸣。

孟 建

2005 年 2 月 28 日于复旦大学

目　录

第一章

电视策划概要

第一节　电视策划的界定、意义与方法

20世纪80年代以来,中国电视运作的层次与载体不断升级,从客体形态来看,中国电视经历了节目建设阶段—栏目建设阶段—频道建设阶段的历程;从主体形态来看,中国电视经历了制作人(为核心)—制片人(为核心)—策划人(为核心)的历程①。简而言之,尽管中国电视在新的媒介生态和竞争环境下面临着媒介融合甚至是生存发展的巨大压力,但电视媒体频道专业化建设的任务依旧是其工作重心。而在这个过程中,树立创意思维,挖掘创意价值,培育创意人才,以此来推动资源的创造性转化、路径的创新性发展,对于任何一个电视媒体而言都显得异常重要。那么,承担电视创意工作的核心人员就是策划人。于是,一个常说常新的问题被业内外人士不断提及:什么是电视策划(内涵与外延)? 为什么要进行电视策划? 怎样进行电视策划? 这是我们研究和实施电视策划所必须面对的几个基本命题。

一、电视策划的界定

电视策划,顾名思义,是对于电视的策划。从《辞源》上我们得知"策"作为名词有"马鞭""杖""简""策书""文体""占卜用的蓍草"等意思,作为动词则有"以鞭击马"的意思,而其最重要的意思是"谋略"。而"划"有"割裂""筹谋"等意思。"策划"合起来意味着筹谋、谋略、计策、对策等。现代意义的"策划"可以理解为

① 参见胡智锋:《中国电视观念论》,北京师范大学出版社2000年版。

借助一定的信息素材,为达到特定的目的、目标而进行设计、筹划,以为具体的可操作性行为提供创意、思路、方法与对策。"电视策划"就是对于电视的某一种行为,借助特定电视媒体信息、素材,为实现电视行为的某种目的、目标而提供的创意、思路、方法与对策。

电视策划的外延很丰富,从节目客体形态来看,可分为节目策划、栏目策划、频道策划直至媒体整体形象策划几个层次;从具体行为、业务类别来看,可分为电视节目类策划、电视管理类策划、电视广告类策划、电视产业类(后开发)策划等方面;从电视节目类型来看,可分为电视新闻节目策划、电视剧策划、电视纪录片策划、电视专题节目策划、电视综艺节目策划等;从电视节目样式来看,可分为电视谈话节目策划、电视直播节目策划、电视演播室节目策划、电视游戏节目策划、电视竞技节目策划等。

由此可见,电视策划是一种丰富、复杂、综合性的劳动和活动。一个合格的电视策划人应是拥有丰富的理论素养、敏锐的判断力、较强的组织运作整合能力的人,应是对电视媒体的各个层次、环节拥有广泛知识积累并能根据电视媒体运作规律乃至社会经济、政治、文化的变动善于灵活变通的人,应是具有开阔视野、创造性思维的人。

电视策划有宏观、中观、微观三个层面,分别对应着一般学理(理念)、具体对策(策略)、可操作性技艺(方式、方法)。电视策划应根据对象的不同提出理论与实践相结合的观念、创意、思路、方法以及实施方案(包括背景分析与前景预测)。

二、电视策划的意义

古人云,"凡事预则立,不预则废"。这里的"预"就是预测、准备、策划。

电视之所以需要策划,是建立在电视媒体竞争日趋激烈、各级各类电视媒体寻求新的生存与发展空间的媒介大环境基础之上的。我们曾经有过这样的年代:电视是垄断的、稀缺的媒介资源,观众能够看到电视节目已很满足,电视人也不必花费多大的心思便可很好地完成任务,电视媒体同样不必下多大工夫便可获得各种可观的效益。

进入20世纪90年代,特别是21世纪以来,我国各级、各类电视媒体之间的竞争日趋激烈。此时,电视的策划活动不仅浮出水面,而且成为各电视媒体竞相争夺的资源。电视策划通过对媒介信息的大量掌握,推测电视发展大趋势,分析电视媒体的生存处境,有针对性地对某种电视行为在宗旨、目标、对象、定位、战略、策略、方式、方法,以及人力、财力、物力的配置,未来开发的渠道与潜力,效益、效果的评估观测等方面进行科学判断、周密设计,这样的策划显然为电视媒体的整体运行与具体行为提供了宝贵的智力支持。电视策划一方面为电视提供了新观念、新思路、新方法,给实践以明确而有力的指导;另一方面也为电视避免大的决策失误、行为误区以及资源浪费等提供了成功的保障。

当然,这里所说的电视策划的重要意义是建立在科学的、有依据的判断基础之上的,而非那些胡思乱想、故步自封、靠一时一事的小聪明、缺乏学理与实践依据、"拍脑袋"式的所谓"策划"。

正确的、科学的、有序的电视策划应当是一种专业的工种与行为,它意味着电视媒体无形资产与有形资产的增长、社会效益与经济效益的提升、媒体自身地位的巩固与可持续性发展潜力的挖掘等。从这个意义上说,电视策划是一种新的生产力,在未来电视发展中占有极其重要的地位。

中国电视媒体激烈竞争的现实需要,催生、呼唤着电视策划,而电视策划在其成长进程中,也日渐对自身的特质、价值有了更为深入的理性认识。

三、电视策划的方法

由于电视策划种类、类型的多种多样,我们很难抛出"怎样进行电视策划"的笼统规则,只能根据不同的电视行为采取不同的策划方略。这里仅就作为整体的电视媒体策划提出一些基本的理念、思路与方法。

如果我们的策划对象是某一个电视媒体(电视台),而非一个具体的节目、栏目或频道,那我们进行策划的具体步骤有哪些? 策划的基本理念、思路与方法(原则)是什么呢?

1. 分析电视媒体的生存环境

电视媒体的生存环境,至少可以从以下几个视角进行分析。

(1)政治视角

电视媒体是国家意识形态极为重要的组成部分,因此电视媒体的思想导向、内容构成、议程设置等都成为政治生活的"晴雨表"和"风向标"。对电视的整体定位、办台理念、办台思路与途径的策划与设计,不可能不考虑现实的、时代的、特定的政治环境,必须根据政治环境的可能性、必要性与可行性有针对性地策划与设计电视媒体的方略与路径。

（2）市场视角

电视媒体作为现代媒介产业最为突出的部门之一，其生产、传播、流通、消费无疑依赖于特定市场环境生存和发展。一方面，电视媒体在推进、影响市场方面有积极作用；另一方面，电视媒体也受制于特定市场环境的具体形势。没有发达、健康、规范的市场环境，电视媒体的产业化水平就不会很高。对电视媒体产业、市场的策划必须要考虑其具体的市场环境。

（3）文化视角

电视媒体本身就是大文化的一个有机组成部分，也因其巨大的影响力而深刻地影响着文化的形态与景观。电视媒体的策划与设计，一方面要考虑政治导向的正确、市场与产业价值的实现；另一方面也必须考虑其多层面的文化影响力的强与弱、大与小、正面与负面、肯定与否定。在"主流文化""精英文化""大众文化"等多元文化构成的复杂环境中，选择何种价值取向？在"全球化"与"本土化""传统文化"与"时尚文化"的对立统一中，选择何种立场？在"雅"与"俗""静"与"闹"的纠葛中，选择何种态度？尤其是在电视媒体自身的实际利益和更为长久的文化责任之间，该作出怎样的抉择，确立和塑造电视媒体怎样的文化形象？这些都是不可回避的问题。

（4）社会视角

电视重要的传播特性之一就在于其家庭传播接受环境，其"日常生活伴随物"的角色定位，使它在普罗大众日常生活中扮演着不同寻常的角色，甚至成为影响家庭教育、家庭关系重要的因素。自电视诞生之日，对电视媒体功过得失的探讨就从未停止过。尤其是对电视负面社会影响的批判，不论是过去还是现在，国内还是国外，始终不绝于耳。一个社会的风尚、习俗、开放度、宽容度，尤其是社会伦理层面的具体情形，对电视媒体整体的策划与设计会产生深刻影响。

（5）科技视角

作为诞生于 20 世纪的现代传媒，电视不仅是高科技的产物，而且其每一步的成长都与科技进步密不可分。从有线到无线，从黑白到彩色，从微波传送到卫星传送，从模拟到数字，从固定到移动，从电视屏幕到多屏互动，我们可以看到卫星技术、数字技术、网络技术的快速发展已经在电视科技含量的提升上产生了直接的影响，从而催生了卫星电视、数字电视、网络电视等新媒体的蓬勃发展态势。一系列的科技进步都对电视的生产、制作、传播的方式乃至电视的内容变化产生着直接的、决定性的影响与作用。因此,在电视媒体的整体策划与设计中,应充分利用最新电子科技的发展,从而策划、设计新的节目形态。例如,SNG(satellite news gathering,卫星新闻采集)的广泛运用,使新闻的直播走向常态化,影响了中国大陆电视新闻改革的方向。又比如,网络的普及,尤其是移动互联网的快速发展,使网络综艺、网络电视剧、网络直播等网生内容迅速崛起。

2. 确立电视媒体的整体定位

目前,各级电视媒体不论在机构设置、管理模式,还是节目品种、节目形象上普遍存在"大而全""小而全""千篇一律""同质化"等问题,作为一个独立的个体,电视媒体如何才能在众多媒体中卓然胜出、独树一帜呢?确立其独特的整体定位是必须解决的问题。在电视媒体整体定位问题上,至少涉及以下三个方面。

(1)内容定位

无论传媒的传播形态和格局发生怎样的变化,对电视呈现而言,"内容为王"的判断总不会过时,电视媒体在自己主打内容的设计上,能否做到"招招领先",是至关重要的一个方面。20世纪90年代,香港凤凰卫视中文台之所以在短短几年内迅速崛起,除去一些不可比拟的因素(如媒介环境、政策环境不同于内地电视媒体)外,非常关键的一条在于找到了自己独特的主打内容定位——在中国大陆与台湾、香港地区的互动中寻找相关信息、素材(特别是台湾地区方面的内容)。

(2)文化品格与审美品格定位

电视媒体作为大众传播媒介,必须要有自己的公众形象,这就必然要求其确立自己独特的文化品格与审美品格。如国家级电视台应当是体现主流文化品格的媒体,应以庄重、高雅、大气作为自己的审美品格追求。不同地域的电视媒体则应结合本地文化特征和观众的审美趣味、审美习惯,来塑造自己的独特文化品格与审美品格。

(3)形象定位

说得学理一些,它是"CI形象设计",说得通俗一些,就是"包装"。"形象定位"是一个电视媒体外部形象特征的直观体现,它通过一系列相互映衬的视听元素,组合为体现该媒体内容定位与品格(文化、审美)定位的视听符号。具体说来,它既包括台标、主题词、主题音乐、形象片、小片花、影调、色彩、字幕及具体的频道、栏目、节目包装,还包括主持人、出镜记者等的形象包装。"形象定位"由于效果直观,格外引人注目。长期以来,许多电视媒体十分看重这一工作,不惜斥巨资推进这一工作,取得了很好的效益。当然,也有一些电视媒体不重内容、品格等内涵性定位的开掘,盲目引进"外包装",而造成"外强中干""形式大于内容"和"徒有其表"的不良倾向。

电视媒体的整体定位,从大的指导性原则看,应遵循"本土化""本地化"的方针,当然,具体设计、策划过程中也要引进"国际化"的理念,使"国际化"与"本土化""本地化"有机结合在一起,才能达到较为理想的效果。

3. 制定符合实际的战略性对策

事实上,电视媒体的战略性对策的制定,都是围绕着本媒体已有和可能拥有的资源来展开的,这些资源包括人才、技术、资金、节目素材以及相关的有形资产和无形资产等。简单说来,电视媒体的战略性对策即资源的优化配置和重新整合,有四个普遍性问题需作阐释。

(1) 频道专业化

目前国内电视频道资源较为丰富,随着数字技术的进一步推广,一个电视媒体拥有众多频道已不是难事。理论上讲,电视观众可同时接收到的电视频道可以达到几百个乃至更多。在这样的情况下,电视媒体的竞争往往体现为频道间的竞争。尽管目前各电视媒体往往还是把综合性频道放在最重要的位置予以经营运作,但专业化频道的竞争力有效且富有特色。所谓"频道专业化",就是以特定内容、特定服务对象来建设频道。现在为观众熟悉的体育频道、电影频道、文艺频道、电视剧频道、生活频道等可能在未来都还嫌宽泛,也许钓鱼、足球游戏、育儿、购物等更为专业(狭窄)的频道设置更能满足未来电视观众的需要。

因此,根据媒体的实际情况组建、创办有特色的专业频道应是大势所趋,而包罗万象的综合性频道也应突出重点、突出主打内容。

(2) 品牌战略

每一个电视媒体在自身历史积累中,都会培养出有相当影响力、相当水准的知名人物、节目、栏目等,要想在长期激烈的媒介竞争中立于不败之地,有计划、有针对性地培育这些知名人物、节目、栏目,努力使其成长为具有持久影响力与号召力的品牌,是电视媒体发展对策中的重要一环。在这一方面,许多电视媒体采取了各种措施,甚至用优越的政策吸引人才,开创新的品牌。树立品牌并被认同需要很多条件,包括推出的时机、推广的策略、后开发的策略等。因此,塑造什么样的品牌、怎样推广品牌等都成为电视媒体战略规划中的重要组成部分。

（3）媒资管理

电视媒体的家底是"内容"，具体来说就是磁带、胶片、文稿等，但以往磁带库的设立，无非是要解决资料如何保存和方便查找的问题，仅仅停留在"内容管理"层面。近年来，随着数字技术的发展，不同介质可以在一个平台融合，"内容管理"应跃升到"资产管理"层面，实现媒体管理体系颠覆性的革命。例如，CNN 已和 IBM 合作导入"媒体资产管理系统"，记者的现场采访拍摄通过宽带或者卫星做回传，编辑部进行加工分发不同频道和媒体的同时，所有的素材被即时分类标注并储存，有了这个系统，短时间内制作完成历史文献巨片可以说是轻松自如。早在 2005 年年初，香港有线电视耗资两亿港元建成"新闻中心"，其核心部分也是"媒体资产管理系统"，这一系统的建立能有效地实现"素材增殖"。电视媒体在制定自己的战略与策略时，应当好好地"翻翻家底"，哪些属于独家拥有、不可替代的，哪些属于可以多角度、多层面、多场合、多次组合的……通过整理加工，使之不断地"增殖"，进而"增值"。以音像资料馆的建设和运行为标志，中央电视台在媒体资产管理领域推出了一系列开创性的举措，使节目资料管理工作实现了跨越式发展。实行高效的"媒体资产管理"，是多媒体时代尤其是融合媒体时代，电视媒体参与市场竞争的重要保障，理应成为电视媒体战略规划的重中之重。

（4）信息处理

电视屏幕是由一组组"信息链"构成的，电视节目便是电视媒体发出的有机的"信息链"中的一环。以往我们习惯于只从电视节目生产的具体制作入手考虑组织、运作，实际上，电视节目的成功传播与电视节目在"信息链"中的位置、时段以及推出时机等也有密切关系。此外，我们常常以"信息量"来衡量电视节目的某种价值，一个电视节目信息量的多或少、大或小固然不可忽视，但"信息质"在电视节目生产"信息处理"方面也许更为重要。所谓"信息质"，至少有三个层面的内涵：第一，信息的新鲜、独特性。电视节目能够提供与众不同、鲜为人知或不为人注意的信息，是"信息质"的基本层面。第二，信息的理性深度。电视节目能够对于同质、同类信息进行深刻的理性分析，提出有分量的主体观点，这是"信息质"的较高层面。第三，信息的感染力。电视节目提供的信息不仅新鲜、独特，也不仅有理性深度，还能够激起观众情感、心灵的共鸣，有力地影响、感染观众，这应是电视节目"信息质"的最高层面。

第二节 电视策划：节目—栏目—频道

20 世纪 90 年代以来,中国电视逐渐形成较为成熟的节目、栏目和频道的观念,从整体上看,可以表述为节目精品化、栏目个性化以及频道专业化。电视策划恰恰是在这三个层面上围绕着上述观念进行和展开的。

一、电视节目策划：精品化观念

1. "精品"概念的界定与由来

精品原本是商业领域的词语,指有较高质量的产品。从字面上理解,就是精致的、精到的和精美的产品。在社会生活中,人们一般把"精品"视为内在品质较高、外在形式精美、有品牌效应的产品。

从 20 世纪 90 年代初开始,"精品"一词不仅用于一般的商业生产领域,而且逐步延伸到文化生产领域。那些有较高品质、内容精到、形式精美的文化产品也被称为"精品"。

从中国电视初创直到今天,"高质量"一直是电视从业者在电视节目生产、创作与制作中的追求目标。在 20 世纪 90 年代之前,"高质量"电视节目的评价标准包括节目的政治标准和艺术标准。行业内部更多地把它作为"宣传品""作品"来理解。20 世纪 90 年代以后,"市场化"不仅极大地影响着经济、社会领域,也极大地影响着文化领域。"精品"不仅是商业领域的专用词汇,也成为电视媒体行业的常用词汇。

2. 电视节目精品观念的演进

对中国电视节目"精品观念"的认识,经历了一个逐步深入的过程。

1993 年 5 月,"精品意识"在中央电视台工作座谈会上被正式提出[1],精品电视节目被概括为高格调、高水平、高质量、有力度、有新意的节目。精品节目要能够鼓舞人们奋发向上、陶冶人们的高尚情操,也要能够给人们在工作之余带来欢

---

[1]《中国广播电视年鉴》,中国广播电视年鉴社 1994 年版,第 17 页。

乐和美的享受②。这一观念更强调了作品的思想性和艺术性。

在1995年2月的全国广播电影电视工作会议上,原广播电影电视部部长孙家正提出"强化精品意识,全面提高节目质量"的要求③。精品电视节目被概括为:思想深刻,艺术精湛,具有强烈的吸引力和感染力,在社会和群众中产生广泛影响的优秀作品,是融思想性、艺术性、可视性、知识性、趣味性于一身的"寓教于乐"的节目。在对"精品"节目的认识上除强调思想性和艺术性外,还加入了可视性、知识性和趣味性,更多地考虑到了市场和观众的因素。

1996年,原广播电影电视部副部长兼中央电视台台长杨伟光在全国省级电视台台长会议上的讲话(1996年6月18日)中认为,电视精品节目的主要标志是④:

① 导向正确。在宣传党的基本理论、基本路线和方针政策上要全面准确。在事关人民利益、党的原则、国家安全、民族团结、对外关系等重大问题上,宣传报道一定要符合中央的精神。

② 思想性强。要有健康的思想内涵,表现时代主流和时代精神,表现中华文化的精华。

③ 艺术水平高。精品应有完美的艺术形式,应是思想性和艺术性的完美统一,应是教育、认识、娱乐和审美功能的综合体现。

④ 富有民族特色。越具有民族性的作品,越具有世界价值,电视精品应在民族文化的深度和品位上下功夫。

⑤ 技术质量一流。一流的技术质量需要先进的技术设备、严谨的技术标准、规范的工艺流程、科学的运作方式、熟练的操作技能和一流的专业人才共同实现。

⑥ 社会效益好。指播出后反映强烈,受到广大电视观众欢迎。

以上对于"精品"的认识加入了本土性与世界性的结合,以及对技术标准的要求。

1996年,江泽民在中国文联第六次全国代表大会上,把"思想精深、艺术精湛、制作精良"作为对文化艺术产品的整体要求。"三精"思想的提出,高度概括

---

② 《中国广播电视年鉴》,中国广播电视年鉴社1994年版,第17页。
③ 《中国广播电视年鉴》,中国广播电视年鉴社1995年版,第14页。
④ 《中国广播电视年鉴》,中国广播电视年鉴社1997年版,第55—56页。

了电视"精品"观念的实质。

1997年,杨伟光在全国广播电影电视厅局长会议上进一步指出①,根据中央领导同志的指示精神,提出电视精品应包括以下要求:

① 思想精深。要有健康的思想内涵,表现时代生活和时代精神,表现中华文化的精华,富于民族特色。

② 艺术精湛。应该有完美的艺术形式,应是思想性和艺术性的完美统一,应是教育、认识、娱乐和审美功能的综合体现。

③ 制作精良。在电视节目的整个生产过程中,从前期拍摄到后期制作,每个环节必须严格遵守技术标准和规范,做到技术质量一流。

④ 社会效益好。指作品思想的深度和艺术感染的力度在观众中所引发的共鸣,作品的时代精神和艺术生命力能经得起时间的考验。

2011年,胡锦涛在中国文联第九次全国代表大会、中国作协第八次全国代表大会上强调:"一切优秀的文化创造,一切传世的精品力作,都是时代的产物","大凡脍炙人口的经典名著,都以美的力量和形式揭示和传播引领社会进步的思想观念","一切进步的文艺创作都源于人民、为了人民、属于人民";号召广大文艺工作者要"打开想象空间,鼓励文艺原创,激发创作活力,提倡体裁、题材、形式、手段充分发展,推动观念、内容、风格、流派积极创新,着力增强艺术的表现力、吸引力、感染力,推出更多具有中国特色、中国风格、中国气派的精品力作"。

李长春也在会议上强调,"精品力作是一个时代文艺繁荣发展的根本标志,是中华民族伟大复兴征程上最耀眼的文化印记。"

刘云山在2010年影视创作座谈会上的讲话指出,影视创作应该"树立正确的价值观、历史观、艺术观,以满足群众需求为目标,以提高艺术质量为重点,以改革创新为动力,创作生产更多富有时代气息、充满艺术魅力的影视精品",影视精品力作需要:用正确的价值观展现思想力量;用科学的历史观反映社会本质;用多彩的乐章奏响时代主旋律;用现实主义精神和浪漫主义情怀观照现实生活;用精益求精的态度打造精品力作②。

2015年,习近平在文艺座谈会上的讲话阐释了优秀艺术作品和精品的重要

---

① 《中国广播电视年鉴》,中国广播电视年鉴社1997年版,第58页。
② 刘云山:《坚持思想性艺术性观赏性有机统一　创作更多深受群众喜爱的精品》,《人民日报》2010年9月27日,第4版。

性与评价标准,为电视精品力作的创作生产进一步指明了方向。习近平指出,"优秀文艺作品反映着一个国家、一个民族的文化创造能力和水平。吸引、引导、启迪人们必须有好的作品,推动中华文化走出去也必须有好的作品"。因此,"我们必须把创作生产优秀作品作为文艺工作的中心环节,努力创作生产更多传播当代中国价值观念、体现中华文化精神、反映中国人审美追求,思想性、艺术性、观赏性有机统一的优秀作品"。对于优秀作品的判断是,"并不拘于一格、不形于一态、不定于一尊,既要有阳春白雪、也要有下里巴人,既要顶天立地、也要铺天盖地。只要有正能量、有感染力,能够温润心灵、启迪心智,传得开、留得下,为人民群众所喜爱,这就是优秀作品"。而精品之所以"精","就在于其思想精深、艺术精湛、制作精良"。

3. 电视节目精品战略的成果体现

在对"精品"观念的认识不断深化和实施精品战略的过程中,涌现出了一批有代表性的各类电视节目的精品之作。

(1)新闻节目

中国电视新闻的迅速崛起和持续繁荣,成为考察中国电视历史地位的最佳视角和切入点之一。尤其是那些报道重大新闻事件的大型新闻节目,使得中国电视新闻节目水平在整体上有了很大的提高。

1997年6月30日—7月3日,中央电视台连续72小时播出香港回归特别报道节目并取得圆满成功,并在1997年10月的第34届亚广联电视节目评选中获大奖。这在中国电视史上具有里程碑意义。

1997年10月,中央电视台和河南电视台合作,对黄河小浪底水利枢纽工程的大坝合龙进行了2小时10分钟的现场直播。不仅真实展现了大坝合龙的动人场面,而且深入工地的各个现场,全面介绍了这一治黄史上最伟大的工程。

2003年3月至4月,中央电视台对伊拉克战争的报道拉开了对国际重大突发事件进行直播报道的序幕。这次"伊战报道"持续时间之长创下央视新闻历史之最。除此之外,对日全食、三峡截流、建国50周年阅兵式、澳门回归、两会报道等的直播节目都产生了重大的社会影响。

2005年4月25日—5月14日,中央电视台新闻频道、中文国际频道、综合频道和英文国际频道全程多点直播报道了中国台湾国民党主席连战、亲民党宋楚瑜访问大陆,这次直播报道政策之开放、观念之新颖、报道手法之多样,又创下许多中国电视新闻报道之最。同样,"神六"发射的直播,突破了重大题材、敏感题材的直播禁区,使电视新闻的个性越来越显现出来。

2008 年,从年初的南方冰雪灾害,到"5·12"汶川地震,再到奥运会开幕,每一次重大新闻事件的发生,全体中国人乃至全世界都能第一时间看到中国电视直播传递的信息。

在新媒体崛起和媒介融合的大趋势下,信息发布的权威性、直播的日常化和高端的大制作是电视媒体的重要优势。因此,电视媒体的新闻采集、编写和播出的理念应是主体重构,包括以部门重构、资源整合为特点的生产主体重构,以台网融合、跨屏传播为特点的传播主体重构,以及以用户思维、多种方式为特点的营销主体重构。

与中央电视台"把持"重大新闻题材相比,各地方电视媒体不断寻找自身优势,把民生新闻上升到频道立身之本的战略高度。《南京零距离》(后升级为《零距离》)、《阿六头说新闻》等民生新闻节目的成功,充分展现了新闻节目在娱乐性、故事性、互动性方面有很大的发展空间。民生新闻以平民化的内容、平民化的视角、平民化的解读,充分发挥了新闻节目贴近百姓、贴近实际、贴近生活的魅力,拓宽了电视新闻节目发展的新维度。它既是贯彻落实党和政府理念的"践行者",又是推动中国电视新一轮新闻改革的"先行者";既是缓解转型期社会矛盾的"平衡器",又是促进地方电视媒体壮大自己的"助推器"。

(2) 社教节目(纪录片)

电视社教节目和电视纪录片充分发挥其社会纪实功能、文化传承功能与审美艺术功能,反映现实,贴近现实,呈现历史,传承文明。在电视社教节目中,20世纪 90 年代以后,以大型文献纪录片《毛泽东》《邓小平》《周恩来》《孙中山》《宋庆龄》《共产党宣言》和以大型电视系列片《大三峡》《解放》《新中国》《改革开放二十年》《中华之剑》《香港沧桑》《澳门岁月》《百年小平》为代表的一批精品专题节目的播出。进入 21 世纪,大型纪录片《故宫》《丝绸之路》《再说长江》《香港十年》《大国崛起》《复兴之路》《澳门十年》《公司的力量》《舌尖上的中国》《华尔街》《互联网时代》和电视栏目《百家讲坛》《走进科学》《见证》《探索·发现》等精品电视节目、栏目的出现,不但体现了电视社教节目极高的历史文献价值,而且在艺术上具有宏大的规模气势与精制的构思表现,以文化品格和艺术追求赢得了高品位的受众。

反映百姓生活的纪录片《远在北京的家》《龙脊》《下岗后的故事》《和老师在一起的日子》《老夫老妻》《记忆的伤痕》等,刻画出了命运不尽相同的普通人物,展示出了他们共同的愿望,对生活的美好憧憬;以"人与自然"为主题的有《山里人家》《茅岩河船夫》《神鹿呀,我们的神鹿》《森林之歌》,反映出了人与自然的和谐相处;科教专题片《消失的湖——罗布泊》《科学探索圣地——南极》《复活的兵团》《圆明园》等,用通俗易懂的表现方式向大众普及了科学知识;体现精英视角的《壁画后面的故事》《中华百年祭》《版画乡情》《幼儿园》《茶马古道》《见证南京大屠杀》等,更以精巧的构思、深刻的思想内涵和较高的文化品位获得了社会的强烈反响。《舌尖上的中国》系列将极具中华民族地域特色的饮食文化呈现出来,借用国际化的表达方式赋予其鲜明的传统文化韵味,达到了当今成熟的纪录片国际化的水准。其中一些优秀作品还在国际上获奖,赢得了业界、社会和观众的高度评价。

伴随着优秀作品的涌现,多种创作模式应运而生,创作风格也呈现多元化趋势。代表性作品有:张以庆的《舟舟的世界》《英与白》,段锦川的《八廓南街16号》,雎安奇的《北京的风很大》以及张丽玲的《我们的留学生活——在日本的日子》等。随着DV技术及个性化创作兴起,一些独立制作的队伍走向成熟,他们创作出了优秀的作品,如蒋樾的《彼岸》,吴文光的《流浪北京:最后的梦想者》《江湖》等,凤凰卫视一度播出的《DV新世代》也为纪录片创作走向大众推波助澜。"真实再现"的创作理念在争议中付诸实践,并日趋成熟。一些纪录片如《故宫》《敦煌》《圆明园》等,在真实与娱乐、历史与现实、影像与文化、艺术与技术之间找到了很好的结合点,堪称难得的精品。

（3）文艺综艺节目

电视文艺节目始终坚持先进文化的前进方向,坚持为人民服务、为观众服务的宗旨,坚持时代精神与民族特色相结合的创作原则,强调欢喜性、娱乐性,达到了寓教于乐的目的,营造了中国电视文艺异彩纷呈的荧屏景观。

电视文艺晚会的扛鼎之作依然是央视的"春晚",面对新的文艺发展形势和观众的呼声,春晚做出了很大的改革,兼容并蓄、开门办春晚,在观念层面和操作层面都有许多创新的举措。20世纪90年代末尤其是21世纪以来,"春晚"为了满足观众日益提高的精神需求,不断加大创新力度,在形式、内容和观念上,以及对中国社会文化的影响上,都有很大提升。在技术上,LED大屏幕、无缝拼接技术、全息影像等技术的加入使晚会舞美绚丽多彩。内容和形式上的不断创新不仅促使大量观众喜闻乐见的经典作品出现,也拉近了晚会与观众的距离。

　　除春节晚会外,重大节日的庆典晚会如《回归颂》《光明赞》《永远跟您走》《松花江上》《长征颂》《和谐礼赞》等,都曾产生良好的反响;"心连心"艺术团历次深入基层、农村和老区演出的节目,不但给人民带去了党中央的亲切慰问,还带去了国内最优秀的电视、文艺工作者的诚挚爱心,并在全国观众中产生了极大的影响。在传统电视综艺晚会整体呈下滑趋势之时,出现一些令人欣慰的探索:公益晚会、节庆晚会、颁奖晚会、行业晚会、纪念晚会、专业晚会等晚会形式频繁出现。尤其是公益晚会,仅以2008年为例,就出现了《爱的奉献》《生命的名义》《爱心大融冰》《春暖人间》《抗凝冻保民生》《情暖寒冬》《爱心奉献　风雪同行》《春运送温暖献爱心》《暖流行动》等,这些公益晚会真实记录下了许许多多感人事件、感人群体和个人,吸引了全球华人乃至全世界关注的目光,不仅传播了真善美的人间大爱,得到了全国上下、社会各界的支持、认同和褒奖,而且有利于发动全社会力量进行抗灾救灾,并在积极寻求国际人道主义援助方面发挥了巨大作用,影响巨大。

　　此外,各家电视媒体不断地举办各种电视大赛,以活动为载体,融入综艺娱乐元素,如服装设计模特电视大赛、街舞电视大赛、青年歌手电视大赛、电视节目主持人大赛、电视烹饪大赛、喜剧小品大赛、网络原创动漫大赛……这些电视大赛涉及领域宽,内容丰富,形式多样,而且规模宏大,影响广泛。为了争取尽可能多的参与者,大赛简化规则,放低门槛,同时借助网络、电话、短信等方式加强与观众的互动,实现与市场的链接,形成了颇受关注的"大赛经济",极大地推动了电视文艺的发展。

　　无论是节目模式还是版权方面,电视真人秀从海外引入后,迅速在国内经历了本土化改造,抢占了电视荧屏。21世纪以来,真人秀节目尤其是大型电视娱乐选秀节目成为电视荧屏的主角,从中央电视台到省级卫视再到地方电视媒体,黄金档几乎就成了"选秀档",各大电视媒体竞相角逐。从秀的内容上讲,有才艺秀、音乐秀、舞蹈秀、语言秀、故事秀;从秀的主角上分,有平民秀、娱乐明星秀、政治明星秀、儿童秀等。值得关注的是《超级女声》,它是效仿《美国偶像》等欧美真人秀节目推出的本土化真人秀节目,注重节目的参与性与商业性,首创了平民歌手参与的"海选"模式,其灵活的节目设置、众多的参与人数和巨大的广告收益都创造了中国电视的奇迹,在全国范围内刮起了一股平民化娱乐风潮。

　　继《中国梦想秀》大获成功之后,浙江卫视引进全球热播的 *The Voice*,打造《中国好声音》,此节目被网友誉为"2005年以来最值得期待的音乐盛事""耳尖上的中国"。"好声音"的成功是对音乐选秀类"真人秀"的又一次颠覆和创新。随着真人秀节目的增多,室内选秀节目已经无法满足观众的需求,于是室外真人秀应运而生。

湖南卫视《爸爸去哪儿》开了户外真人秀之先河,其模式引进自韩国《爸爸,我们去哪儿》,首季度播出就获得了巨大的成功,轰动效应席卷全国,获得了收视率和口碑率双高的收视奇观。这个节目让百姓走入寻常明星的家庭,将星光熠熠的明星拉下神坛,不再神秘。更重要的是,节目探讨的育儿培养、亲子教育话题切合当下社会生活中普遍存在的家庭中"父亲缺位"问题,这引起了观众相当大的共鸣。《爸爸去哪儿》开创了户外体验真人秀节目的先河,浙江卫视《奔跑吧兄弟》、深圳卫视《极速前进》和东方卫视的《极限挑战》迎头赶上,掀起了户外体验类真人秀的一个又一个的高潮。

近些年的电视荧屏上相继涌现的一批原创文化类节目成为一道新景观。《中国汉字听写大会》《汉字英雄》《中国诗词大会》《朗读者》《国家宝藏》等立足博大精深的中华传统文化,通过独特的文化视角和接地气的节目形态,让传统的文化类节目变得更好听、更好看,实现了传承文化、涵养心灵的传播效果。它们"走心"的节目设置增强了传统文化传播的有效性和节目的全民参与性,也将助力国家文化软实力的提升。

(4)电视剧

20 世纪 90 年代特别是 21 世纪以来,在旺盛的受众需求、媒体播出需要与制播分离产业化的推动下,中国迅速发展为世界第一电视剧生产和消费大国。尤其以 2003 年国家广播电影电视总局向民营制作公司开放甲种制作许可证为标志,社会资金纷纷涌入电视剧制作行业,中国电视剧当年的产量就跃升至万集以上,产业化进程骤然加快。以"制播分离"为核心的产业化改革推动了电视剧制作资金的多元化和创作队伍的多样化,并直接推动了电视剧走向类型化、产业化。长篇的室内情景系列剧与室外情节连续剧发展成电视剧的两大基本体裁样式,中国电视剧的长篇时代到来,电视剧成为中国老百姓日常生活的主要精神食粮。

电视剧成为最受观众欢迎的电视节目样式,类型丰富多彩,有军事题材剧、历史题材剧、青春偶像剧、家庭伦理剧、言情剧、涉案剧、商贾剧、农村剧、情景喜剧等。一大批融入电视剧创作者大量心血的优秀电视剧作品构成了中国电视节目精品画卷的重要组成部分,也是精品战略重要成果的体现。古代历史题材电视剧有《唐明皇》《三国演义》《水浒传》《雍正王朝》《大明宫词》《康熙帝国》《成吉思汗》《汉武大帝》等;近代历史题材电视剧有《八路军》《乔家大院》《解放》《辛亥革命》《激情燃烧的岁月》《亮剑》《闯关东》《潜伏》等。这些作品展现了中国壮丽的历史画卷和波澜壮阔的近现代革命历史,弘扬了中华民族的优秀文化,对重要历史事件进行了引人入胜的艺术表现,并塑造出了一批生动感人的历史人物和革命人物形象。现实题材的优秀电视剧有《北京人在纽约》《情满珠江》《英雄无悔》《突出重围》《苍天在上》《人间正道》《牵手》《大雪无痕》《空镜子》《士兵突击》《老大的幸福生活》《金婚》《奋斗》《媳妇的美好时代》等。这些作品深刻地反映了现实生活的变动,弘扬了主旋律,全方位地折射出全社会关注的热点话题,为改革开放和现代化建设提供了良好的舆论环境。它们不仅成为观众收视的热点,而且在社会各界产生了广泛影响。

电视媒体间的竞争关键在节目,节目之间的竞争关键在质量。电视节目策划,只有强化节目创作的精品意识,才能更好地满足广大观众的观赏要求,取得良好的社会效益和经济效益。中国电视节目策划首要的任务,就是不断为中国电视"精品战略"的实现作出自己的新的贡献。

二、电视栏目策划:个性化观念

1. 电视栏目个性化观念的界定与由来

1982 年 10 月下旬,中央电视台召开了节目栏目化专题研讨会。同年 11 月,在北京召开的全国电视台台长会议专门讨论了栏目固定化和节目规范化的问题。中国电视开始有了自觉的"观众意识",以固定的栏目培养稳定的收视群体,这应该是中国电视明确"服务意识"、规范化定期播出、版块化服务内涵的最早努力。此后,栏目化越来越成为电视观众、电视管理者、电视节目制作播出者的共识,这种内容生产及播出方式也促进了电视节目质量的提高。进入 20 世纪 90 年代中期,电视栏目大批量出现,栏目之间的竞争也日趋激烈。电视栏目的"个性化"问题开始得到重视。

所谓栏目的"个性化",就是指栏目拥有自己独特的传播内容、独特的表现形式,进而拥有自己独特的风格。

随着人们对于栏目"个性化"认识的深入,一些富于个性化的电视栏目在荧屏崭露头角。如中央电视台的新闻杂志性栏目《东方时空》,新闻评论性栏目《焦点访谈》《新闻 1＋1》,新闻深度报道类栏目《新闻调查》《经济半小时》,谈话类栏目《实话实说》《对话》《艺术人生》《东方直播室》,服务类栏目《生活》《中华医药》《养生堂》,文艺类栏目《综艺大观》《曲苑杂坛》《同一首歌》,益智类栏目《幸运52》《开心辞典》,"真人秀"类栏目《非常 6＋1》《星光大道》《快乐大本营》《天天向上》《我爱记歌词》等。

这些优秀的电视栏目给中国电视带来了新的思维,同时也引起了各个电视媒体的争相效仿。中国电视出现了追逐、效仿前沿性电视栏目的热潮。"克隆""雷同化"成为令人焦虑的现象。在此状况下,电视栏目生存发展面临的选择是:继续没有个性地模仿,还是独辟蹊径地创新? 人们开始认识到,克隆与雷同并不奏效,电视栏目应当有独特的分工定位,在此前提下找热点、聚焦点、出亮点。

栏目需要个性化的呼声越来越高。中央电视台于 1998 年提出了"栏目个性化"的改革方向之后,许多栏目进行了重新定位,关闭定位不准、收视率低下的栏目,增开针对性强、个性鲜明的栏目。例如,《东方时空》在原有基础上,对子栏目设置进行了调整,取消了与新闻性并不协调的"金曲榜",更加强化了新闻性。进入 21 世纪以后,《东方时空》又经历了多次改版创新,目前整体变为时长 1 小时的新闻资讯类节目,增强了对实时新闻的报道。作为新闻杂志性栏目,《东方时空》的个性更加凸显出来,内容上加强新闻性,更加贴近民生,形式上更加鲜活互动,风格更加统一,以全新面孔翻开中国电视新闻杂志的崭新一页。

2. 电视栏目的策划与设计

中国电视在探求栏目个性化的过程中,逐步认识到,要想获得栏目个性,必须经过精心的策划与设计。到 20 世纪 90 年代中后期,中国电视对于栏目的策划与设计形成了较为成熟的认识。这种认识具体体现在电视栏目策划与设计的八个环节中①。

(1) 栏目的宗旨

栏目的宗旨,包括目的和目标两个方面。目的更多指的是从宏观上追求的社会效益和社会效果,而目标则是从微观上对目的的具体化落实,是一个栏目阶段性走向的设计。栏目宗旨是一个栏目的灵魂,是一个栏目核心价值的集中体现,栏目宗旨策划设计的水平高低将直接影响栏目的生命力,关系到栏目可持续

---

① 胡智锋:《中国电视观念论》,北京师范大学出版社 2000 年版,第 162—173 页。

性发展的影响力、号召力和凝聚力。栏目宗旨也是一个栏目的旗帜，是一个栏目赖以生存发展的根本保障。

《东方时空》在摸索栏目宗旨时，走过了一个较长的过程。节目的创办开始只是几个年轻人出于热情，想突破当时新闻报道浅薄的、信息量小的局限，而把信息的规模、长度、深度加大。因为他们在采访报道时发现很多遗漏的东西很可惜，比如其中的某些新闻人物，很有人格魅力、个性魅力，但在电视新闻中却只有几秒钟，最多不超过一两分钟。中央电视台当时也没有这种人物栏目，于是他们就想找机会把人物重新做一下深入报道，这个想法就变成后来的《东方之子》。还有一些信息作为短新闻一闪而过，它们深刻的新闻背景和内涵得不到展示，于是也想有个栏目体现出来，这就是《焦点时刻》，再后来延伸出《焦点访谈》。栏目起初并没有想到叫做电视新闻杂志，只想办一个电视杂志，把观众感兴趣的东西汇总到里面。如《东方时空·金曲榜》也夹在里头，但当时大家并不觉得别扭。《生活空间》在开始时也很模糊，有绝活、周末时尚、时装等内容。后来，《东方时空》的定位渐渐清晰起来：《东方之子》就是要宣扬我们民族最优秀的人才，"浓缩人生精华"；《生活空间》则是"讲述老百姓自己的故事"；《时空报道》则是"关注社会的焦点"。再如，笔者曾参与策划中央电视台海外中心的栏目《中华医药》，其宗旨开始定为传播中华医药的动态，仅此还不够，应把博大精深的中华医药的文化内涵展现出来，因为对海外播出应有一个更宏大更深邃的宗旨；最后确定了"弘扬传统医药文化，展示最新中华医药动态，预测中华医药国际化趋势"的栏目宗旨。宗旨就是旗帜、方向、形象。运作一个栏目必须有明确、清晰、恰当的宗旨，这点尤为重要。有了宗旨，栏目才能进入良性运作。

（2）栏目的定位

宗旨确定后，要根据宗旨确定栏目的定位。电视栏目的定位有两个方面，一是内容的定位，二是对象的定位。简单说内容定位就是"做什么"，对象定位就是"给谁看"。

内容定位和栏目宗旨相联系，体现宗旨的就是内容定位，如中央电视台经济频道于2000年创办的《对话》，其内容定位于"经济、前沿、高端"。这一内容定位可以从不同侧面来解析：比如，"《对话》"栏目的主题词"给思想一片飞翔的天空"；又比如，有关领导对于《对话》的评价，"《对话》的特质叫作'三品'：品质、品位、品格"；社会上有些人则戏称为"三高"，即"大腕、大款、大官"；再如"富人秀""成功者论坛"，"学习最新、最洋的经济管理知识的课堂"，"最新经济领域观点、理论布道的圣坛",等等。尽管说法不尽相同,但"经济、前沿、高端"的内容定位是非常鲜明的。正是这一鲜明的内容定位,使《对话》成为一档特别有个性的栏目,尽管收视率不高,但观众品位却很高,广告价值也很高。

从对象定位来看,中央电视台的《大风车》以3至14岁儿童为收视对象,该栏目强调"以儿童为本"的创作思路,以"尊重儿童、支持儿童、引导儿童、快乐儿童"为宗旨,注重"儿童写儿童、儿童拍儿童、儿童评儿童"的制作理念,注重孩子对电视节目的参与。内容定位和对象定位也经常联结在一起,对象节目可按年龄、性别、职业等来界定,如《夕阳红》《半边天》《人民子弟兵》《致富经》等。只有新闻节目才拥有广泛对象,除了新闻以外,其他电视栏目很快就能确立自己的市场。为什么要确定对象定位? 在传播业中大众改为小众,这是世界性的趋势。一个栏目是小众传播,许多栏目总体上合起来才是大众传播。

（3）栏目的策划

栏目策划主要依赖栏目策划人。栏目策划人应有两部分:一是跟栏目内容相关的专家,比如做一档法制栏目必须有法律专家参与;二是电视方面的专家,请他们为栏目播出周期、生存期限、产生的效应和内部运行机制进行策划设计。这两方面的专家构成栏目策划核心,他们的职能和工作就是咨询、论证和提供思路。

以引领中国谈话节目多年的《实话实说》为例,由于《实话实说》是以社会性话题为主要内容的谈话性栏目,所以它会聘请一批对社会生活有深入研究的社会学家作为该栏目的策划人,也会聘请在电视方面有专长的策划人共同组成栏目的策划班子。《实话实说》的策划分四个层级:第一层级是总策划,主要为《实话实说》栏目的总体发展目标和大方向做战略性的策划与整体的把关;第二层级为策划,该层级策划的任务是将总策划提出的思路与方向做具体化的内容设计、话题计划,特别是提出有针对性的话题内容;第三层级是执行策划,这一层级的策划是将前两个层级的内容作进一步的论证,并提出具有可操作性的有实际价值的节目文案;第四层级为统筹,这一层级的策划的任务是落实,如找到最具代表性的嘉宾,找到最为合适的观众代表,并对他们的观点、性格和话语方式做初步的梳理。四个层级的策划层层递进,逐步落实,如此一来,当主持人进入现场时,尽管与嘉宾、观众未曾谋面,但对他们可能的表现却能成竹在胸、了然于心。《实话实说》谈话现场行云流水般的沟通与交流,正源于事先周密的策划。

（4）栏目的选题

中国电视栏目在运作中走过不少弯路。比较突出的问题是电视节目的单一性。如一个节目就是一个选题，一部电视剧就是一个故事，一部纪录片也是一个完整的故事，不习惯做栏目。栏目和节目是有区别的，特别是大型节目和大栏目，区别更为明显。《东方时空》创办之初出现了一些问题，当时考虑到明星效应，推出了很多演员和明星，但很快遭到否定。后来想采访政要，遇到不少难点；想采访科学家，又觉得太枯燥。那时公认《东方之子》在制作上是一流的，单个节目非常出色。但这种日播节目，运转时间长了，选题势必陷入枯竭。做一个节目可以单独考虑选题，做一个栏目，则要批量地考虑选题，如果不是有规模地、大批量地往外推出，就难以避免断炊的局面。后来，他们按照"有主题、成系列"的思路与方法推出节目才解决问题。有主题，就是批量节目在一定时间内保持同一主题、同一内涵，抓住一个点就连续推出；成系列，就是一个点一个点按同一主题推出来，容易在一个阶段里造成持续的轰动效应，时间长了会给观众形成印象，他们可能忘了每个小节目，但大系列忘不了，这就是栏目运作和节目运作的差别。著名学者访谈录、名牌大学校长访谈录等系列节目的推出，就是这一策划思路、方法很有影响的实践成果。"有主题、成系列"是电视栏目常规节目生产策划选题的行之有效的方法。

另外，栏目选题还要考虑季节性。制片人手里最好有一本台历，经常看看历史上的今天是什么日子，最好能提前三个月看，适时地推出与特定季节、时段相关的节目。这是针对日版栏目而言的。周版栏目可能会打破这个界限。但从季节性角度看，"有主题、成系列"依然是一个省心、省力、省钱又有传播效果的办法。

（5）栏目的版式

栏目的版式或版块设计目前主要有三类：通版型、杂志型、大时段型。"通版型"指的是在时长、标识等统一的前提下，每期栏目为一个相对完整的节目，栏目内不再进行板块分割。较有影响的"通版型"栏，如《走遍中国》《发现之旅》等。"杂志型"指的是栏目内按照节目内容、性质分割为几个小版块，共同构成栏目。许多电视栏目往往采用此种版式结构。"大时段型"版式则是将性质相似、相近的栏目组合成为一个较大的时段（通常在50分钟以上），各小栏目既有相对独立性，又有共性，在栏目包装、串联上则互相照应，保持统一，典型的如中央电视台的《朝闻天下》《24小时》等。以《24小时》为例，它是央视新闻频道改版后推出的一档梳理全天新闻的节目,设有"主播关注""今日声音""今日面孔""数说今天""图说今天"等小版块。多个版块既相互独立又构成一个整体,这对栏目影响力、竞争力的提升极为有利。

(6) 栏目的运作方式

从世界范围看,目前栏目运作方式大概有三种:一是编导核心制;二是制片人核心制;三是主持人核心制。

从国内栏目运作情况来看,第一种运作方式最为普遍,一些栏目制片人是挂名的,实际是由编导拿着经费操办节目。同一栏目中,不同编导的节目可能差异很大,往往是栏目中个性很强的几个编导各行其是,这种体制容易发挥编导的个性和积极性;从整体看,也容易造成栏目的散乱状态,影响栏目风格的统一性和连贯性。第二种制片人核心制。中央电视台从新闻中心开始逐渐实行制片人核心制,但情况也很复杂。制片人的功能、性质、作用及权力都不一样,很难说是统一的。但是,从这一体制的标准来讲,制片人如果是核心,应掌握人、财、物的权力,控制整个栏目的版式、节目的形态,各个编导作为他的部下去体现他的意图。制片人给编导设置一种大的套路,不管谁做编导都必须按这种大模式走。第三种主持人核心制。在国外,主持人核心制是比较流行的一种方式,一个主持人就是一种形象,这种体制比较容易打知名度,主持人后面可能有庞大的制片人队伍、编导队伍、策划队伍,有的主持人甚至要养几百人。一个主持人的成功可能是背后一大批人为他(她)努力的结果。只有主持人打出了形象、抢夺了市场,才可能获得巨额利润,才可能养活一大批人。严格来说,主持人核心制目前在中国还不存在,可能有为数不多的主持人兼编导、制片人,但还不能说主持人核心制就已经到来,但可以肯定地说,主持人核心制是一种趋势,如果一个主持人有这种潜能、值得推出的话,以他(她)为核心建立一个班子是可行的也是很好的。

(7) 栏目的风格与样式

关于栏目的风格与样式,至少涉及四个方面的内容。

一是从内容上体现风格样式。上面所说的很多栏目,都是在内容上不断调整,逐渐形成自己的独特关注点、关注方式的。有些是针对性很强的特色节目,如少儿节目,其内容自然而然形成少儿化风格。在国际上,市场最大的就是少儿电视节目以及与少儿节目配套的巨大生产线和庞大产业,比如玩具、游乐城等,不仅儿童喜欢,成人也喜欢。动画片《米老鼠与唐老鸭》的经济效益、社会效益是无法估量的，而中国，到目前为止仍做得比较欠缺。在内容上要形成风格样式，重要的不是特殊的对象内容，更要考虑的是同一内容中如何选择特殊的样式和风格。比如山东新闻和浙江新闻，同样都是新闻性内容，如何体现出不同的样式，这是更为重要的。

《经济与法》是中央电视台经济频道一档以"用案例说话，推进中国市场经济规范进程"为宗旨的专业经济法制栏目。从内容定位来看，选择经济话题，但是表现风格上吸收了法制类节目的可视性、故事性、娱乐性，从而使自身区别于《今日说法》和《法制在线》。一般来看，大多法制节目关注的是大案、要案，或涉及刑事责任的案件，而《经济与法》选择的却是电视法制节目工作者很少触及的、与经济活动密切相关的民商类案件。在节目形态上，选择一个个复杂的案件，以讲故事的形式向观众娓娓道来，对经济领域中的民商类案件涉及的法规做出透彻的解析，并对案件立意和主旨进行深入的挖掘，最终形成"理性至上"的原则。

二是从包装上体现风格样式。包括栏目的片头、主题词、整体形象（即标志性的形象）、栏目音乐（包括配乐）、栏目的视觉形象、每一个版块的形象及版块之间的衔接等，各方面要形成规范统一的标识，通过大播出量，形成视听冲击，一旦整体形象确立，栏目就立起来了。《焦点访谈》片头中冉冉升起的"眼睛"以及"用事实说话"的片头词，《艺术人生》片头中歌剧式的高昂旋律以及"记录时代人物""让艺术点亮生命"的主题词，配合雕塑般的艺术家面部表情的特写，给观众强烈的冲击，成为观众对该栏目的"记忆点"。

三是主持人的风格样式。主持人是栏目的"脸面"，主持人是联系电视大众传播和人际传播的中介，可以说，主持人的特色就是栏目的特色，主持人的风格就是栏目的风格。白岩松之于《新闻1+1》，撒贝宁之于《今日说法》，鞠萍之于《大风车》，何炅之于《快乐大本营》，孟非之于《非诚勿扰》，金飞之于《传奇故事》，窦文涛之于《锵锵三人行》等，在观众的心目中是一一对应的，主持人就是栏目的符号。如果说同一主持人主持这个栏目也行，主持那个栏目都行，成了什么都可以的"万金油"，那么只能说这个主持人还没找到他最准确、最适合的位置。例如，倪萍曾主持《文化视点》没有获得大多数观众的认可，究其原因就在于倪萍的个人气质以及她在综艺节目上的成功，使观众建立了她与《综艺大观》的固定联系，《文化视点》想重新塑造她的"学者"形象，显然是十分困难的。让感性的倪萍主持理性见长的《文化视点》，本身是策划定位的错位。因此，栏目定位应和主持人本身的性格和情感特征、人格特征协调起来，二者经过包装应达到水乳交融的状态，即主持人即栏目、栏目即主持人，才能充分开掘主持人的潜力，进而树立栏目形象。

四是从拍摄制作方面体现风格样式。这个方面的问题最值得注意。一是语言问题（即视听语言或声画语言）。电视靠声画、靠具体形象表达，这就要求电视节目的创作者完成从文字思维到声画思维的转换。不仅如此，电视在拍摄前期就要求创作者有"后期意识"，也就是"编辑意识"。语言（声音）只是电视节目的一部分，要留有余地，画面不仅能纪实，也应给观众创造想象的空间。第二个问题是演播室空间的开拓。现在技术上如微波传送、卫星传送都能够实现，但演播室开掘还不够。很大一个问题就是大屏幕运用不好、不活。要把大屏幕这一时空做足，这是最容易出彩的连接点，它可以连接外景，可以连接专题节目，可以连接演播室内部。它所连接的时空是多层次、发散式的；如果没有大屏幕，而突然从演播室切到外景，就会感觉很突兀、很生硬。通过大屏幕来过渡，很多时空变化就比较舒展，故事、人物、情景、话题的变化，包括数字、图像、外景采访都可以通过演播室大屏幕来转场。栏目风格可以是写实风格，也可以是写意，或写意、写实相结合，应灵活运用。

（8）栏目的活动与宣传

这是栏目策划当中比较重要的一个环节，也是树立栏目形象的一个重要手段。如何组织活动与宣传，有如下四个方面。

一是通过自己组织的特色活动来展开活动和宣传，这一点现在有些栏目做得比较好，如《经济半小时》从"中国质量万里行"到每年的"3·15"晚会再延伸到"年度经济人物评选"；通过这些活动来烘托自己的栏目，并带出经济效益和社会效益。

二是栏目自身的纪念性活动，如在栏目一周年或者百期等纪念日，搞一个新闻发布会或观众联谊活动把栏目形象烘托出来。前提是栏目具有相当知名度和号召力，例如《焦点访谈》播出一周年的时候策划了以公路设卡乱收费问题为主题的节目《在路上》，反响很大。2006年5月17日是《新闻调查》十周年，该栏目也展开宣传攻势，既能从实践和学理的角度总结栏目的发展历程，也有利于进一步增强节目的影响力。

三是借助社会的特定纪念日来推出活动，进行栏目宣传，如国庆、春节等。还有些特殊纪念日如重阳节、情人节、环保日、世界住房日等，有时候大家关注，有时候不关注，我们可以把三个月之后的台历翻一翻，看看大概是什么日子，然后确定在这个日子推出相关活动。

四是媒介合作。从媒介生态学的角度来看,每一种传播媒介都不是孤立存在的,它应该有一种相互合作的生态环境。欧美目前的媒介竞争出现一种缓和趋势,即各个媒介相互炒作、互惠互利。中国媒介这种思维现在也逐渐转变,广播、电视、报刊,资源共享。比如《焦点访谈》播出后,《北京青年报》对《焦点访谈》的故事线索继续跟踪采访,变成了自己的专栏,这样可以有较大发行量,借助的是电视媒介的优势,但做的是电视没做的事情。另外,还有电视媒介内部的宣传,新闻节目炒文艺节目,文艺节目炒新闻节目,如《新闻联播》有时会在最后一条安排当晚《焦点访谈》的预告。有些大型活动特别需要不断地做宣传,比如中央电视台12集电视文献纪录片《周恩来》和"3·15"特别报道,在这方面做得比较有声势。《超级女声》之所以从一个媒介事件发展为文化事件、社会事件,与各家媒体(其中尤以网络为甚)的参与、联动是密不可分的。

电视栏目策划是一个复杂的工程,具体的电视栏目策划一定要结合电视栏目特定的生存背景、创作环境及各方面条件来进行。

3. 电视栏目个性化的成果体现

经过多年积累,中国电视栏目基本形成了类型化和个性化的特点。在激烈的竞争中一批久经历练、日渐成熟的电视栏目脱颖而出,成为各家电视媒介的支柱与核心,以其独特的个性化色彩树立了自己的栏目形象。

在谈话类栏目中,中央电视台的《艺术人生》《新闻1+1》《对话》栏目很有特色。《对话》定位于以白领为主的知识阶层,嘉宾限定在商业巨子、文化名流或高层政策制定者和执行者,谈论的内容圈定在与这些嘉宾的职业有密切关系的重要经济话题或社会话题,再加上栏目的活跃氛围,成为极具个性化的高层谈话节目。东方卫视的《东方直播室》以兼具民生新闻的贴近性和综艺节目的可视性创造了"东方直播室模式",受到业界、学界以及社会各界的肯定。它以"梦想"作为核心价值体系,秉承尊重个性、包容多元、鼓励表达的媒体立场,尊重每一个新闻事件当事人的生活现状和思想感受,给予各方观点平等、公开的表达机会。节目从新闻事件的双方当事人、辅助当事人、嘉宾、观众的不同角度,运用辩论、调解、投票的辅助手段,对具有强烈争议的热点新闻事件进行深入剖析,讲述形形色色的人生故事。

在文艺类栏目中,有寓知识和趣味于一体的《开心辞典》,展现传统曲艺的《曲苑杂坛》,展现才艺的《我要上春晚》;真人秀节目有《星光大道》《中国达人秀》

《中国梦想秀》等;游戏娱乐类栏目有《快乐大本营》《天天向上》《壹周立波秀》《今夜有戏》《本山快乐营》《我爱记歌词》等;在服务类栏目中,有《养生堂》《中华医药》《天天饮食》等;对象性栏目有《夕阳红》《半边天》《致富经》《大风车》等;体育类栏目有《足球之夜》《篮球公园》《武林大会》等。近年来随着户外竞技类、原创文化类、垂直选秀类、多元音乐类节目的兴起,优质的代表性节目就更多了。电视栏目策划,只有强化个性化观念,才可能使栏目在激烈的竞争中取胜的条件和前提。

三、电视频道策划:专业化观念

1. 频道专业化的界定和由来

专业化电视频道就是以特定专业性的内容、面对特定服务对象所组合成的频道。每一个频道有它非常鲜明的风格和它的主打内容,形成统一性、个性和独特性,如女性频道、生活频道、法制频道、旅游频道、读书频道等。

不是所有国家或地区的电视都走频道专业化道路的。就我国而言,随着人们的物质、文化生活水平的提高,人们的精神生活追求和文化生活日益丰富,呈现出多元化。受众的收视目的、收视内容都不尽相同。面对广泛分散的受众群体,电视走专业化道路是一种合理选择。自20世纪90年代中期开始,我国电视频道资源越来越丰富,随着数字技术的进一步推广,一家电视媒体能够拥有众多频道。但在频道繁荣发展的背后,也存在着一些问题。最为突出的问题之一就是综合性频道设置的雷同化问题。

专业化频道在1993年之前就已经出现。但是,对于频道专业化的认识还是经过了一段时间的积累。

20世纪90年代中期以来,电视媒体的频道专业化意识开始加强。以中央电视台为例:1995年体育、戏曲·音乐频道、电影、少儿·农业·军事·科技综合频道开播。1996年6月18日,在第三届全国省级电视台台长会议上,原广播电影电视部部长孙家正在讲话中提出精办专业频道的要求。1999年5月3日,中央电视台第八套节目由原来的文艺频道改为电视剧频道。1999年8月30日第三套节目戏曲·音乐频道正式改版为戏曲·音乐·综艺频道。此后,央视频道建设步伐加快,2000年开办英文国际频道;2001年开办科教频道、戏曲频道;2002年开办西部频道;2003年开办新闻频道、少儿频道;2004年开办音乐频道、西班牙语法语频道,并将西部频道置换为社会与法频道。

而1999年后,面对国内电视市场的竞争和境外电视媒体的不断渗透,各省、市、自治区的电视台纷纷向频道专业化方向发展,由单一的综合频道派生出若干专业化频道。在不断调整中,各个频道更加突出专业化特色,使节目编排得更加合理、有序,更利于不同群体观众收视。近几年,各省级卫视又走上了"特色定位"之路,实行差异化生存策略以及综合频道特色化。这些趋势我们可笼统地称为"频道专业化"。

2. 专业性频道的策划和设计

电视频道犹如土地、水力、矿藏一样,是国家的资源,必须合理开发、利用和保护。因此,专业性频道的开设,也需要有科学的策划和设计。如今,频道的建设和开发已进入了"白热化"阶段,频道越来越走向单纯化和专业化。专业化频道的受众定位相对明确,针对特定的受众群来进行风格设计和节目设置。这样有利于受众更迅速地获得有效信息。一个频道要想在众多频道中卓然胜出,就需要对其进行精心策划和设计。

(1) 内容设计

一个频道的内容定位成功与否,是专业性频道成功的关键因素。

例如,中央电视台新闻频道于2003年5月1日起试播,7月1日起正式播出。该频道全天24小时播出,整点新闻以最快速度向观众提供第一手的国内国际新闻资讯,突出时效性和信息量,实现滚动、递进、更新式报道。整点新闻后,分别安排了各分类新闻,主要有财经、体育、文化、国际四大类。专题节目包括新闻背景、新闻评论、新闻调查、舆论监督、民意调查、法制等各种节目形态,是对整点新闻和分类新闻的补充和深化。此外,还在各个节目之间安排了一些信息服务类栏目,如《生活提示》《新闻地图》《全国主要城市天气预报》《真诚沟通》等。

(2) 品格定位

专业性频道要形成自己的专业性特色,还需要确立自己的独特品格,不同频道有着不同的品格定位。如2011年1月1日开播的中央电视台纪录频道(CCTV-9纪录),它是中央电视台旗下以播出各类高品质纪录片为主,中英双语、全球覆盖的24小时全天候排播的专业纪录片频道。该频道以自然探索、历史人文、社会纪录、文献档案四大类为主体内容,以"全球眼光、世界价值、国际表达"为定位,对内推动中国纪录片产业发展,对外多面、真实反映中国现实。

（3）形象设计

频道需要有自己的整体形象设计。频道形象设计是一个频道外部形象特征的直观体现。如前文所言，它是通过一系列视听元素组合而成的，包括频道标识、主题词、主题音乐、形象片、小片花、影调、色彩、字幕，还包括主持人、出镜记者等的形象包装。如中央台体育频道曾用《超越梦想》作为宣传歌曲，在大众中广为流传；浙江卫视的水系列形象片得到了观众的认同、接受和赞赏。频道形象设计及定位已经越来越受到各个媒体的重视。中央电视台、北京电视台、香港凤凰卫视中文台等媒体，都在自己频道的形象设计上形成了较为固定和风格化的模式。

3. 频道专业化的具体成果体现

以中央电视台为代表的频道专业化改革成效显著。截至目前，中央电视台开办有十多个频道，内容几乎涵盖社会生活的各个领域。中央电视台不断加快频道制改革的步伐，整合频道资源，突出专业频道特色，调整频道结构，各套节目不断完善改版，加强统一的包装、编排，业已形成以综合频道为龙头的综合频道、专业频道，门类日趋齐全，专业频道特色日益彰显，相互支持、互为补充地覆盖国内国际的频道格局[①]。

省级卫视的竞争已经从收视份额的争夺演变为全国排名考核，为了赢得市场，各家省级卫视开始纷纷走上差异化、特色化、个性化的道路，试图通过"定位求突围"，打造独具特色的频道。特色频道的大旗，代表着频道专业化的一种方向，尽管在探索中有成功有失败，但这不失为各家电视媒体在相对激烈的竞争中培育核心竞争力的努力和策略。江苏卫视属于频道特色定位成功的典型，从"情感天下"（2004年）到"情感世界"（2008年），再到"情感世界、幸福中国"（2010年），江苏卫视在定位探索上成功实现了三级跳，也获得了理想的定位效果。它以现代感、传媒感、资讯感及江苏文化风味形成江苏现代电视传媒的鲜明特色，将新闻版块、娱乐版块、电视剧版块合理划分，清晰地将新闻、综艺、电视剧三项最受观众喜爱的栏目形式呈现给全国观众，在全国省级卫视激烈竞争胜利突围，2010年成功进入省级卫视的第2名。

节目的精品化、栏目的个性化、频道的专业化，是20世纪90年代以来中国电视对于节目本体认识逐渐深化的结果。电视策划遵循着这样的观念，创造出

---

① 资料来源于央视国际网站：http://www.cctv.com/profile/intro.html。

了一批有影响的电视节目、栏目、频道,这对中国电视整体竞争力和影响力的形成与推进起到了重要的作用。

思 考 题

1. 电视策划的内涵与外延是什么?

2. 电视策划有哪些方法与对策?

3. 电视策划有哪些层次与观念?

4. 电视栏目如何进行策划与设计? 参考案例:《东方时空》《东方演播室》《零距离》(原《南京零距离》)、《快乐大本营》。

5. 电视频道如何进行策划与设计? 参考案例:中央电视台新闻频道、中央电视台纪录频道、中央电视台科教频道。

6. 选择一家卫星频道,分析其定位、理念与操作手段,并形成文字方案。参考案例:江苏卫视、湖南卫视。

第二章

电视新闻节目策划

作为电视节目的主体,电视新闻节目一直占有重要地位。首先,从传播媒介的功能来看,信息传播是媒介最重要的一个功能。而这种功能主要是由电视新闻节目承担的。它使人们足不出户而知天下事,让各种信息相互沟通交流,并且影响着社会成员对事物的认识和判断。在卫星传播技术的支持下,电视新闻缩短了地区与地区、国家与国家之间的距离,使"地球村"的概念深入人心。在我国,传媒机构的国有性质,决定了广播电视首先要满足主流意识形态传播的需要。1983 年中共中央 37 号文件中又指出,广播电视"是党和政府联系群众最有效的工具之一",同时,还指出"新闻性节目是广播电视宣传的主干"。电视新闻所具有的传播优势更使它"能够最迅速、最广泛地把党的路线、方针、政策贯彻到群众中去,并变为群众的实际行动,能够广泛地反映群众的意见、呼声、意志和愿望;能够及时地传播国内外各种信息,直接影响群众的思想、行为和政治方向,引导、激励、动员、组织群众为认识和实现自己的利益而斗争"。这些论述明确规定了电视新闻节目在电视中的骨干作用和主体地位。

策划是事先的谋划、更是事前的准备,是方法论,更是态度。美联社负责新闻企划的主编乔恩认为,所有的新闻报道都可以策划,包括不可预见的突发新闻,在它发生后的第一时间,策划行为就开始了介入,然后一步步展开、深入[1]。

在传播媒介高度发达、信息大量过剩的背景下,电视机构越来越重视电视新闻节目的策划和加工。无论是自然发生的新闻报道的策划活动,还是人为策划的新闻事件,策划的目的都在于实现对新闻传播资源的最大发掘与最佳配置。

---

[1] 《浅谈欧美电视新闻策划》,中国新闻出版广电网,2009 年 7 月 7 日,http://zgcb.chinaxwcb.com/info/454055,最后浏览日期:2020 年 5 月 1 日。

这些资源包括新闻环境资源、新闻信息资源、新闻媒介资源和新闻受众资源。它的基本原则可以归纳为：用最有效、最合理的方式对新闻事实加工处理，并实现最大化的信息传播效果。

在日益激烈的媒介竞争环境中，新闻节目策划能力既是一个媒体影响力的重要体现，也是媒体在新闻大战中占尽先机、立于不败之地的一个重要手段。具体到电视实践来说，经过精心策划的电视新闻节目或者栏目会成为一个电视台的品牌，带来巨大的社会效益和经济效益。

第一节　电视新闻节目的界定分类

一、电视新闻的界定

厘清电视新闻的概念，是研究电视新闻策划的前提。

新闻从诞生以来，其定义就众说纷纭。在我国，陆定一同志在延安时期说："新闻的定义，就是对新近发生事实的报道"，已成为新闻界约定俗成的说法，也被群众所普遍认可。这一定义与美国新闻学者约斯特的"新闻是已经发生或正在发生的事情的报道"一样，都强调事实是新闻的本质，是第一性的；新闻是第二性的，是事实的报道。我国著名新闻记者范长江在这一定义的基础上，又从接受者角度作了补充："新闻是广大群众欲知、应知而未知的事实的报道。"这个定义强调了不是所有最近发生的事实都能构成新闻，只有其中为群众所关心、所想知道的事实才是新闻。新闻是对引起人们兴趣的某一事件、事实或观点的描述。

1990年7月，由中国广播电视学会电视学研究委员会和中央电视台研究室牵头，组织电视新闻理论工作者和实践工作者，根据电视新闻的实践发展，对电视新闻进行了科学的分类和界定，并经过多次认真修改、探讨，对电视新闻做出了如下的定义："电视新闻是以现代电子技术为传播手段，以声音、画面为传播符号，对新近或正在发生、发现的事实的报道。"

在这个定义中，前半句"以现代电子技术为传播手段，以声音、画面为传播符号"，界定了电视新闻与广播、报纸、杂志新闻的不同。其中，以"现代电子技术为传播手段"区别了电视新闻与印刷媒体报纸、杂志新闻的不同；"以声音、画面为传播符号"则区别了电视新闻与广播的不同。

第一个提法是"正在"。

电子摄录系统(ENG)的出现,已经使记者能够深入新闻事件现场,捕捉动态信息,并且大大提高了电视新闻的时效性,电视新闻报道与事态发生、发展的时间距离越来越小。而卫星传送、海事电话等传播新技术的出现,使远隔万里的新闻报道实现了同步现场直播,观众可以在同一时间看到正在发生的新闻现场。它做到了两个同步:事件发生和报道的同步,报道和传播的同步。这种即时性的同步报道是报纸所不能实现的。广播可以做到时效上的同步,但它缺少图像,而电视新闻作为形象传播方式在时效上的优势超过任何新闻媒介。在这方面领风气之先的美国有线电视新闻网CNN,以其大量的现场直播改变了传统的电视新闻时效概念。如今,电视直播已经使传统经典新闻定义中的"今天的新闻今天报道(TNT——Today News Today)",变成"现在的新闻现在报道(NNN——Now News Now)"。新的电视新闻定义强调了"新近或正在"的概念。

第二个提法是"发现"。

发现有多重含义。一是指过去发生的事情现在刚刚发现,如文物考古的新发现等。这种发现通常就是新闻。发现的另一重含义是现代新闻报道中特别需要强调的,特指新的观点、新的见解的发现。

今天的电视新闻不仅以形象直观和时效快取胜,同样要求对大量的传播信息进行分析归纳和加工。特别是对群众所关心的社会问题、社会现象的探讨,如何发现新的角度,如何挖掘出深度,是新闻工作者必须研究的课题。所以,新闻竞争已经不仅仅是新事件、新消息和独家报道的竞争,而且也是"发现"的竞争。电视新闻深度报道的崛起,增强了新闻报道的理性思辨色彩。今天新闻的内涵、外延已经扩展,由纯客观事实报道扩展到有新意的思想、观点的传播以及新闻背景的挖掘和展现。因此,在给电视新闻下定义时,要强调"发生、发现的事实的报道"。

总之,新的电视新闻定义把传统新闻定义的内涵和外延都加以拓展,并突出了电视新闻的独特个性。新闻要素的五个"W",即"何时""何地""何人""何事"及"为何"五个要素告诉我们,电视新闻要解决两类不同性质的问题:"是什么"及"为什么"。如《新闻联播》《新闻30分》《凤凰早班车》以及其他一些整点滚动播出的消息类新闻节目,旨在回答"是什么"的问题。另外一些新闻节目,如《东方时空》《焦点访谈》《世界周刊》《新闻1+1》《新闻调查》等,在报道"何时""何地""何人""何事"的同时,着重挖掘"为什么",强调对新闻事实的发现和解读。这样的深度新闻报道比较重视交代新闻背景，告诉受众新闻事件的起因、意义、影响和即将发生的事实。

二、电视新闻的分类

按照《中国应用电视学》的划分，电视新闻节目可被分为三大类：消息类新闻、专题类新闻和言论类新闻。该书同时还指出电视新闻节目有狭义电视新闻节目和广义电视新闻节目之分。狭义的电视新闻节目通常是指中央电视台《新闻联播》等消息新闻报道；广义的电视新闻节目则是荧屏上所有以传递新闻信息为任务的各种新闻节目的总称，它既包含消息类新闻，也包括专题类、言论类新闻。

1. 消息类新闻节目

消息类新闻节目指的是迅速、广泛、简要地报道国内外最新发生的事态的新闻报道的节目形式，此类新闻节目是电视新闻实现国内外要闻总汇的主要渠道，是观众了解国内外大事的主要窗口。《新闻联播》是消息类电视新闻的代表，它天天与观众见面，传播面广、影响大，是我国电视新闻节目收视率最高、影响最大的节目。各省、市电视台也有类似的消息类新闻节目，它们是本省、本地区的骨干、核心节目。此类电视新闻节目不仅能够迅速、简要、客观、广泛地传播，还充分体现了电视新闻的时效性、真实性等特点。

2. 访谈类新闻节目

访谈类新闻节目通常以某一新闻事件或新闻人物为节目的话题，主持人与访谈参与者就话题进行对话交流，是一种常见的电视新闻节目体裁。电视访谈可以形象地展现主持人与嘉宾（或现场观众）的谈话过程，观众通过访谈节目可以更深入地了解事件或人物，并体会在谈话过程中积累起来的"场信息"——谈话中嘉宾的动作表情、内心情感、现场气氛等。

3. 评论类新闻节目

评论类新闻节目是对新闻事件或人们普遍关心的社会现象、热点问题发表意见、表达观点的一种新闻体裁。电视新闻评论结合电视视听兼备的传播特性，用形象、具体的表达方式对当前的新闻事件、热点问题进行议论，阐发观点和意见。电视新闻评论与消息类电视新闻、深度报道的任务不同，重在表达观点，是电视新闻的旗帜与灵魂。电视评论向观众解读新闻事件发生的原因与背景，点评新闻事件的意义，提出社会问题的解决措施，对新闻事件的走向进行预测。可以说,"评论节目是信息管家、时事顾问、意见领袖"。

4. 调查类新闻报道

调查类新闻报道可界定为记者运用电视媒介手段,对一个问题或事件所进行的亲自、独立调查,以揭露、分析、解释事件和问题。严格意义上说,电视新闻调查性报道区别于一般的调查性节目。有学者把电视新闻调查分为三个层面:一为调查性报道;二为调查性(栏目);三为广泛应用于电视新闻中的调查方法。中央电视台《新闻调查》栏目制片人曾就调查性节目和调查性报道也作了区别:"调查节目,第一它是对问题的报道,就是解决某种问题;第二就是事实的印证;第三就是它有调查的行为,采访手段多样化。"由此看来,调查性节目比调查性报道含义更为宽泛,而调查性报道严格局限于对某个问题或事件的揭示、分析与解释。

5. 专题类新闻节目

专题类新闻节目的历史界定被表述为"电视新闻专题是综合运用各种电视表现手段与播出方式,深入报道某一重大新闻事件或某些具有新闻价值又为广大观众所关心的典型人物、经验、新出现的社会现象以及某一战线、地区新面貌等题材的新闻报道形式"。电视新闻专题以较大的篇幅集中展现社会关注的重大事件、焦点与难点,深入剖析问题的来龙去脉与前因后果。因此,其选题一般着眼于重要的新闻事件与问题。电视新闻专题要求内容取材专一、集中,把握"五点"内容进行选材,即社会中有影响力的重点、焦点、热点、难点、疑点等问题进行深入、集中的挖掘报道,并针对这些问题的某一事实进行专门的阐释、分析、说明、解释。电视新闻专题也成为诉诸不同领域的主要内容,因为每个领域都有新的信息。新闻时政类如中央电视台《东方时空》的"岩松看日本""岩松看美国"等;经济类如中央电视台的《经济半小时》;法制类如中央电视台的《今日说法》、北京电视台的《法制进行时》;医药类如中央电视台的《中华医药》栏目;历史讲述类如北京电视台的《档案》栏目;故事讲述类如江西电视台的《传奇》;科教类如中央电视台的《走近科学》;农业类如中央电视台的《致富经》等;人物类如中央电视台的《人物》等。它们都可归于广义的电视新闻专题。

6. 电视新闻现场直播

电视新闻现场直播是指利用微波与卫星信号传输系统,将设在新闻现场的多个拍摄机位摄录的画面、音响,综合背景资料,通过现场记者与演播室主持人的采访、串联与评述,现场切换、编辑,实时传达给观众的一种新闻报道形式。由于电视新闻现场直播与正在发生的新闻事件的时空基本平行,因此它能够以信息衰减最小的方式将正在发生的新闻事件全方位、多角度、立体化地即时呈现,最大限度地保证新闻事件的真实、客观与完整。

第二节　电视新闻节目策划的内涵

对于新闻是否能够策划的问题,在中国新闻理论界引起过一场争论。有研究者认为"新闻不需要策划"。新闻写作虽然有主观参与,但事实绝不是任人打扮的大姑娘,新闻毕竟是客观的,它需要的是"清水出芙蓉,天然去雕饰"。需要策划的是宣传,宣传是向受众传播一定的观念,必然带有较强的主观性,同时不要求那么强的时效性,因此给策划留出广阔的天地。

那么,电视新闻节目是否存在策划? 在探讨这个问题之前,我们首先要区分两组概念:第一组概念是"新闻"和"宣传";第二组概念是"新闻策划"和"新闻造假"。

其实,新闻与宣传并不是一对矛盾。在实际工作中,很多新闻报道本身就是宣传。在我国,一些重大政治活动,本身既是新闻,也是宣传。比如党的十六大,它的召开日期、开幕式、选举情况、闭幕式等,属于新闻报道的范畴,也是例行的政治宣传任务。宣传也有广义狭义之分。我们认为,狭义的宣传是指党和政府特定时期的方针、政策、措施,需要媒体配合向民众解释、说明;广义的宣传是指所有的新闻报道。它们都有改变和影响受众思想、心理和情感的企图,并通过带有议程设置目的的报道促使他们按照宣传者的意志行动。从某种意义上说,宣传的主观性和新闻的客观性并不矛盾。新闻的报道者和宣传者完全可以寻找到双方的共同点,通过"把关人"机制和议程设置机制,让新闻与宣传和谐统一。所以,宣传可以统筹、策划、安排,新闻同样包含策划的因素。

对新闻策划持否定意见的理由中,强调不能随意改变新闻事实。这个看法中其实包含一个认识误区,以为凡是策划的新闻就一定是新闻造假。在我们看来,新闻策划不等于新闻造假。

首先我们来分析新闻策划的内涵。我们认为,新闻策划至少包括两个含义:第一个含义是,新闻策划特指对于已经发生的新闻事实的报道方式、形式、程序、时机、角度等的策划;第二个含义是,新闻策划也包括一些由媒体主动策划、先前未曾发生的新闻事件。

　　从第一个含义来看,在那些并没有传媒主动介入的自然发生的新闻中,不论是消息类新闻节目、访谈类新闻节目、专题类新闻节目还是直播类新闻节目,其新闻事实是不存在策划这一问题的,因为新闻事件的是非曲直、事实真相是一种不以人的意志为转移的客观存在,绝不能人为地策划和捏造。所以,从这一点上讲新闻事实是不能策划的。新闻策划是在不改变基本的新闻事实的前提下,对新闻报道方式、形式等的策划。在实际工作中,这样的策划无处不在。比如消息类新闻节目的编排,专题类新闻节目的选题策划、采访策划等,以及言论类新闻节目的演播室策划、嘉宾策划、话题策划等,还有电视新闻直播节目中的整体策划和构思。

　　从第二个含义来看,媒体主动参与制造的新闻事件并不是新闻造假。这是对可预知的重大新闻事件提前进行大量的策划准备,通过记者的采访报道和对新闻事件的记录进行现场直播的报道方式。在这里,现场直播不仅是客观记录,更多的是一种主动报道。比如2018年全国两会报道中,人民网联合《人民日报》全国党媒信息公共平台,携手百家党媒打造的大型全景式视频直播栏目《两会进行时》,以全面视频化、重点移动化、优先直播化、融入科技化为报道方针,邀请全国人大代表做客主演播室。此外,还现场连线、宣传片展播,分时段、分主题报道全国两会相关信息,并与微视频、图文直播配合,实现立体传播。事实上,现在类似的媒介主导的新闻事件已经越来越普遍,越来越常见了。这是传媒之间相互竞争的产物,也是媒介发挥自身影响力的一个重要手段。当生活中没有新闻时,媒介会参与制造新闻以满足大众的信息需要。这种由于传媒介入而策划、制造的电视新闻节目并没有违背我们关于电视新闻的定义。

　　从另一个角度来看,众所周知,新闻报道是报道者主体对报道客体即客观存在的认识与反映,是一种能动性的活动。报道者对于客观存在的事实的认识、选择、评价,以及进行报道时所选取的角度、手法等都不可避免地带有报道者的主观色彩。对于新闻本身的价值评判,曾有研究者提出,"新闻价值就其性质而言是反映主客体关系的相对性概念,并非单纯为事实所固有的属性",认为新闻价值实际上包含着两个组成部分:一是新闻信息对社会可能产生的实际影响,二是人们对这种实际影响的认识,这种认识因人而异。由此,"把新闻信息理解为由两部分内容组成,一是对客观事实的观念性陈述,二是对所含新闻价值的理念性判断,两者不可或缺"[1]。

---

① 姚福申:《关于新闻本体的探索》,《新闻大学》1998 第 2 期。

因此,对新闻报道的策划行为,并非否定新闻的真实性,因为即使是对新闻事实的观念性陈述也是以客观存在的事实为依据的,只有对这一事实的评价才反映了报道者的价值观。既然报道者要以自己的价值观去分析判断客观存在的事实,再据此决定传播什么和如何传播,同时,策划和组织报道的本质意义在于报道者根据媒介的新闻传播宗旨与原则,对报道的内容和形式加以选择,并通过对新闻报道资源的最佳配置,使报道者获得期望的效果。所以,新闻策划的本质是主观性与客观性的统一。

追求新闻事件的现场同步报道,扩充单位时间内的新闻信息含量,满足观众现场同步的感受和参与,铸就了现代电视新闻的基本特征。现代电视新闻观念中,越来越重视受众,也越来越重视策划。媒介技术手段的不断更新,各种复杂新闻事件的出现,以及新闻媒介之间日益激烈的竞争,使新闻策划无论在实践领域还是在理论领域,都成为一个十分重要的课题。有学者系统总结了近年来中国电视观念变化,其中"电视纪实观念""栏目化观念""直播观念"和"谈话观念",都与电视新闻节目有千丝万缕的关系。可以说,在以上诸种观念中,强烈渗透着电视新闻策划意识。从中国电视发展的历程来看,20 世纪 80 年代以来,分别经历了"制作人""制片人"和"策划人"时代。当下中国电视缺少的不是"制作人",也不是"制片人",而是高水平的"策划人"[1]。下面,我们将对上述五种电视新闻节目的策划要点加以论述。需要指出的是,不同的节目类型,在策划的侧重点上也不同。这是我们正确理解和把握电视新闻节目策划的一个前提。

第三节　电视新闻节目策划的要素

电视新闻节目的策划要素,从整个采、编、播的制作流程来看,大致包括以下几个主要方面,即选题策划、采访策划、嘉宾策划、节目形式策划、编排与播出策划。

一、选题策划

选题策划不仅对于专题类新闻节目,而且对于一般消息类新闻节目都具有

---

[1] 参见胡智锋:《中国电视策划与设计》,中国广播电视出版社 2004 年版。

十分重要的意义。从业者常说的一句话是"好的选题是成功的一半"。从电视新闻实践来看,的确如此。那么,在选题策划上,一般应该注意哪些问题呢?

首先,成熟的电视新闻栏目都有比较成熟的选题标准,符合这个标准的选题会被优先纳入采访计划,不符合这个标准的选题,常常是被筛选掉的。这既是一个选题把关的过程,也是一个选题策划的过程。通行的电视新闻选题标准主要包括以下几个要求:新鲜性、时效性、典型性、独家性、可操作性。

新鲜性强调电视新闻的选题策划要重点关注社会生活中新事物、新现象、新问题。"新"是新闻的核心价值之一。它所强调的是新信息、新观念。新闻不"新",便失去了传播的必要。发现和捕捉新闻的能力,不仅是一个记者的基本素养,也是一个媒体核心竞争力的重要表现。可以说,在新闻采集上,国内电视媒体八仙过海、各显其能。中央电视台以其无可替代的强势地位,拥有最大的新闻渠道和资源。近年来,地方电视媒体也纷纷探索新闻报道的思路,在抓新闻上,充分发动群众,培养信息员,探索出一套行之有效的电视新闻资源挖掘的机制。

比如国内江西广播电视台以"新闻社工"的名义调动市民记者获取新闻①。还有江苏广播电视总台推出的手机新闻客户端——"荔枝新闻",动用近百名荔枝特约通讯员、1 600多名校园记者、3 000多名荔枝热心网友,平均每月收到稿件约3 000条,其中发布的约1 200条做到"第一时间、第一现场",提升了报道的时效性、现场性和参与性。它同时专门开设了针对普通用户的"在现场"栏目和"投票"版块。用户通过前者可以上传身边趣事、突发消息;通过后者则可以参与相关报道和活动。目前"在现场"平均每月来稿约3 000条;"投票"版块平均每月近12 000人次参与②。国外如CNN的"i-report"栏目,成功搭建了整合报道选题与素材的平台;《赫芬顿邮报》的"分布式新闻"(distributed news),英国《卫报》的"开放式新闻"。这些都是媒体开放获取新闻线索和内容的尝试。

时效性是电视新闻选题策划的一个基本要求。快和准是新闻的生命。对于电视新闻来说,这一时新性也被提到了新的高度,而互联网和社交媒体更是重新定义了时新性。《纽约时报》前副总编罗伯特·莱斯特说:二战前最没有生命的事物莫过于昨天报纸上的话,今天的看法是最没有生命的事物莫过于几小时以前发生的新闻。现在看来,最没有生命的事物莫过于几秒钟前、几分钟前的事

① 黄志兴:《全媒体时代下广电记者的角色转换与升级》,《声屏世界》2015年第11期。
② 卜宇:《强化平台意识　传播主流声音——"荔枝新闻"客户端的探索和思考》,《新闻战线》2015年第7期。

物。互联网和社交媒体更把这种"快"定义至用户的社交和个人化领域,新闻被要求及时送到用户眼前。在第一时间对新闻事件进行先发报道,进而争夺第一解释权,成为各个电视媒体新闻节目定位语的核心内涵。缺乏时效性的新闻媒体会被踢出媒体竞争的圈子,不仅失去受众市场,而且失去媒体的权威和信誉。

典型性是针对新闻内涵而言的。如何在大量的信息中甄别提炼出有价值的新闻,是衡量电视媒体新闻采集和加工能力的一个重要指标。典型性也可以理解为可开掘性,它强调的是,电视媒体在确定一个新闻选题时,要充分认识到这个新闻是否具有丰富的社会内涵,是否体现着事物的某种本质特征,是否包含有价值的、能够进一步开掘的信息。电视新闻每天都在传播信息,如何从小中见大、见微知著,或者从大处着手、抓住典型,把一个新闻事件或者现象通过电视媒体的传播,变成全社会关心的议题,是一家电视媒体影响力的重要体现。所以,典型性是选题策划的一个基本原则。

独家性是对一个电视媒体新闻策划的更高要求。独家包括两个层面的含义,一个层面的含义是指新闻事件的独家报道,即电视新闻不仅要追求新鲜、时效和典型,还要独家。用第一手的采访、第一手的报道吸引受众的注意力,满足他们的新闻欲。近年来在国际新闻界异军突起的卡塔尔半岛电视台,就是以其频频报料关于"基地"恐怖组织领导人本·拉登的活动,备受世人瞩目。它独有的信息资源,使包括 CNN 这样的电视媒体巨人也不得不从它那里购买新闻。但是需要说明的是,选题的独特性追求要避免剑走偏锋,不切要害。有些报道,如一些"帕帕拉奇"①记者追踪隐私的报道,导致了报道中的低俗化现象等,特别注重细枝末节,并放大它们,以获得一种看似新奇的角度。其实这种做法是在新闻事实选择上的错误,是对事件本质特征的忽略。从哲学角度来看,这是一种没有全局观点的做法,忽略了个体与整体的关系。

独家的第二个层面的含义是指对一个新闻事件的解释是独家的、与众不同的,因此必须高度重视新闻评论的作用。例如,2014 年年初,央视《焦点访谈》等多档节目报道某高校 MBA 考试作弊事件。2014 年 1 月 13 日,《晚间新闻》节目在播出这条新闻后,就配发了《本台短评:拔出萝卜带出泥》。电视评论弘扬社

---

① 帕帕拉奇,指一种会嗡嗡叫、惹人烦的虫子。在费里尼 1960 年的电影《甜蜜的生活》(*La dolce vita*)中有一个专门拍摄明星私生活的摄影记者,就叫"Paparozzo"。从此,这个名字的复数(paparazzi)就被专门用来称呼那些让名人讨厌的小报摄影记者,"帕帕拉奇"已经成为专门追逐名人八卦新闻的狗仔队的代名词。

会正气,鞭挞不正之风,向观众解读新闻事件发生的原因与背景,点评新闻事件的意义,提出社会问题的解决措施,对新闻事件的走向作出预测。可以说,"评论节目是信息管家、时事顾问、意见领袖",它影响人们对事物的认识与判断,帮助人们更加深入地认识事物本质。在争取新闻第一时间发布越来越难的今天,媒体纷纷打响了争夺"新闻第一解释权"的战争,争取抢先向观众解读新闻事件、为观众解疑释惑的时机,以扩大媒体影响力。从本质上说,话语权力是一种命名的权力,它包括第一时间说话(报道)的权力和第一时间解释(评论)的权力。所以,从某种意义上来看,媒体竞争的核心是这种命名权力的争夺。一家电视机构一旦掌握这种权力,将有效地建立其媒体公信力和媒体权威。而这种权威影响力,从"注意力经济"的角度来说,意味着巨大的商业利润。所有这一切,都建立在独家报道的基础上。

可操作性是电视新闻选题策划的一个重要标准。电视是一门实践的艺术。任何策划必须能够落实到实际操作中,才能实现其价值。很多好的策划和创意,常常因为各种实际条件的限制,最后只能束之高阁。具体包括内外两个方面:内部的要求是指选题策划要从媒体自身的实力出发,有多大力量做多大的事情,结合自身的人、财、物条件,去选择可行的选题;外部的要求非常复杂,包括政策环境、社会环境、自然环境等各个方面的具体要求。在选题策划初期,就要充分考虑上述各种环境的限制,否则即使节目完成制作,也有被"毙掉"的风险。

新闻消息类节目的选题策划主要表现在连续报道和系列报道这两种节目形态中。系列报道即对重大新闻事件或者现象的立体化、全方位报道,具有大规模、成系列的特点。系列报道常常围绕某一个主题展开,比如成就报道、先进人物报道等。有些系列报道针对重大新闻事件的各个不同侧面进行,比如对美国大选的报道等。系列报道有助于扩大新闻的社会影响,能满足观众对某一新闻事件整体把握的要求。连续报道即对具有相关性的新闻在一定时间段内的追踪报道。有些新闻事件在一个动态的变化过程中,电视新闻连续报道能够发挥跟踪报道的优势,不断跟进一个新闻事件发展进程,引入新的内容,直至事件尘埃落定。它与新闻现场直播的区别在于,两者时间性的要求不同。现场直播侧重报道突发事件,时间相对集中,系列报道在时效性上没有那么高的要求,它主要适用于那些需要一个时间段才出现某种变化的社会现象。

随着媒体生态的多样性,电视新闻专题向看似相悖、实则相辅相成的"广"和"专"发展——题材越广,挖掘越专。一方面逐渐跳出了过去狭义新闻专题的概念理解,向更广的题材拓展。另一方面向更细分、更纵深的领域拓展,这种专不仅仅是专门的事实,而且也指专门的领域。正是这样契合社会化分工的时代大背景的理念,使电视新闻专题可以涉及社会领域的方方面面,电视新闻专题也成为诉诸不同领域的主要内容,因为,每个领域都有新的信息。

新闻专题节目中,最为人称道的是中央电视台名牌栏目《焦点访谈》的选题策划标准。除了我们上面提到的一般选题策划的标准要求,它根据自身栏目定位,把选题标准简单地概括为三句话:"政府重视,群众关心,普遍存在。"①"政府重视",强调选题的政治标准和操作性。往往是政府重视的选题,才能够在报道之后,比较顺利地得到解决。在这样的选题中,媒介议题与政府议题在报道中得到统一。"群众关心",作为新闻报道贴近性的一个体现,是《焦点访谈》获得影响力和公信力的一个基础。"普遍存在"是新闻报道选题典型性的一种体现。业界有一个通俗的说法,舆论监督节目要让"二老"满意。"二老"一个是指老干部,另一个是指老百姓。所以,从某种意义上说,《焦点访谈》的那只眼睛,是三方力量的汇聚。一方是主流意识形态,一方是民意,一方则是以媒体精英为代表的具有强烈使命感和改革意识的知识分子。在这三种力量中,各级宣传部门的官员代表党和政府行使针对传媒的政治权力,媒体精英则代表民众行使某种对党和政府政务活动的舆论监督权力。通过传媒从业者的努力和智慧,在不同的社会利益集团之间,成功地找到了一个平衡点。这个平衡点解决了困扰中国媒介人的一大难题,即如何将正面报道和舆论监督结合起来,既可以发挥新闻媒介强有力的舆论监督作用,又能坚持正确的舆论导向。

对于新闻现场直播节目而言,其题材主要有两类:一类是仪式性新闻直播报道;一类是事件性新闻直播报道。这两类题材的相同点是,首先都有真正的实实在在的新闻事件发生,这是确定报道的前提;其次,每一类题材都有引人入胜的视觉表现过程和牵动人心的兴奋点,这是确定用"直播"这种叙述方式的必要条件;最后,它与受众生活密切相关或意义重大,这是保证直播报道收视率的必要条件。体现在具体报道中,仪式性的重大新闻现场直播的程序是由某组织机构单独组织或者直播媒介单位参与发起的,例如,我国"中国人民解放军建军90周年"的直播就是一个体现国家意志的政治行为,这就已经在某种程度上为直播策划的基调、内容和方向的把握明确了界线。事件性新闻直播的原因则可能有

---

① 参见梁建增:《〈焦点访谈〉红皮书》,文化艺术出版社2002年版。

千百种假设，举例而言，美国电视媒介多次就总统遇刺题材，如林肯、肯尼迪、里根等遇刺做过直播。

二、采访策划

一般的短新闻由于时间短、信息量小、同期声少，所以不以采访见长，在采访的策划上也相对比较简单。而一些国际新闻的报道，在特定场合下，如何抛出最重要的问题并得到采访对象的回答，体现出记者较高的策划和应变能力。

比如，中央电视台《东方之子》节目采访卡斯特罗，第一个问题是："我们注意到您今天穿了一件非常漂亮的军装，实际上自从您当上古巴领导人以来的几十年中，一直是穿这身衣服。但是最近几年呢，人们注意到您在有几个场合穿上了西服，那么这种服装的变化对您来讲仅仅是一种个人服饰上的变化呢，还是有更深层的含义？"我们同时要注意根据现场的信息切入提问和交流。这是看菜吃饭、就地取材的最好方式，能形成良好的交流氛围。这个问题本来已经准备好了，但是借现场场景提出，具有很强的现场感和镜头感。

又比如，中央电视台《东方之子》栏目的记者专程赶赴上海采访周谷城先生，但这位老先生正在医院养病，表示只能讲一句话。由于记者事先做了详细的了解和准备工作，所以与周老聊天时问道："听说在五四运动的游行队伍里你曾经跑掉过一只皮鞋？"面对这样的提问，周谷城很吃惊，惊讶这位记者对自己竟如此了解。这个问题一下拉近了双方的距离，这次采访顺利地进行了一个下午。

1. 换位意识

电视采访最大的特点是在摄像机镜头下进行的。镜头对于采访记者和被采访对象来说是一个第三方的存在，它代表的是一个假想的公众视点。公众并不在采访现场出现，却等候在电视屏幕前。它始终是电视采访过程中的一种无形的压力和无声的注视。因此，所谓"换位"，既是指采访记者与被采访对象之间思想、情感的互动与交流，也是指采访记者与假想的镜头背后的电视观众之间思想、情感的互动与交流。前者是在场的、有形的，后者是不在场的、无形的。对于常人来说，镜头之下的访谈是陌生而拘谨的，免不了焦虑和紧张，这就是所谓的"晕镜头"。这种反应的实质除了不习惯，还暗藏着对镜头背后第三方观众注视的不安以及作为某种私密性交流被放置于公众话语场域的担心。那么，作为采访记者，职业决定他(她)已经习惯了镜头前的交谈，有的人就忽略了被采访对象的感受,往往开门见山、兜头盖脸地向对方发问,常常弄得被采访者手足无措,根本无暇认真回答记者提出的问题,他们或者不着边际、信口乱讲,或者三缄其口、避而不答,这些反应都非正常状态。所以,"换位意识"首先要求采访记者要考虑和尊重被采访对象在镜头前的感受(有些批评或揭露性的采访除外),使他们放松紧张情绪,进入自然的谈话状态,这是取得好的采访效果的一个前提。这样一个前期工作的意义在于,通过记者的采访,使被采访者敢于面对镜头吐露实情,让观众通过屏幕看到真相、听到真话。在实际的采访活动中,这种提前交流可以是话语,比如中央电视台《新闻调查》"杨柳坪七日"开头,记者在现场做开场出镜报道,在报道中随机采访了身边等待回乡的老百姓。

> 记者(出境报道):这是绵阳最大的灾民安置点,九州体育场。这附近全是在这儿等车想要回家的灾民。从三天前开始,每天将近有上千人从这离开,回乡抗震自救。但是我们知道,这儿的灾民绝大部分来自北川,那是受灾最严重的地区之一。他们很多人的房屋都已经垮塌,回家之后怎么样安家生活,我想很多人都非常关心这个问题。
>
> 记者(越过镜头):大哥,你们是北川哪儿的?
> 灾民1:我们是北川擂鼓的。
> 记者:在这等车等多长时间了?
> 灾民1:等了两个多小时了。
> 记者:那你现在家里头房子怎么样啊?
> 灾民1:房子垮完了,没有房子,没法居住了。
> 灾民2:里面全是堰了,里面的山垮了以后形成了堰。

记者刚开始在出镜报道中以一个问题开始,接着随机采访现场灾民,这使出镜报道与现场事件形成很好的互动,从而使报道自然、生动。

另外,"换位意识"也要求采访记者设身处地从被采访对象的角度思考问题,尽可能充分掌握对方的思想、心理、语言习惯,扫除双方交流中间的障碍,赢得采访的主动权。

在采访记者和电视观众之间的"换位",是由记者依据经验在想象中完成的。采访记者要在每一次发问时,想到这些问题是不是观众想问的。从这个角度说,记者是观众的代理人、代言人。他(她)的心里要装着观众。他(她)要学会反躬自问。其实,作为媒介的工作者,电视记者的角色是复合的,他(她)既是单个个体,有自己的个性与人生观,又是影响较大的传媒工作者,要代表公众说话和思考。从另一个角度来看,记者和公众之间存在着信息不对称,记者对采访事件的知情程度与公众对此的了解并不平等,之间有一个剪刀差。因此,记者的采访常常要做加法或者减法,以求得某种意义上的平衡。笼统地说,当记者采访时个人的东西多了时,要加一些公众意识,想想观众对哪些问题感兴趣。有经验的记者,是把这种加减法做得很好的人,也谙熟"换位意识"的奥秘。

换位意识的另一个体现在于设计采访话题时,记者要善于运用逆向思维,从观众角度作换位思考。《焦点访谈》有一期专访前联合国秘书长加利,在一般的情况下,对于高层人物,往往事前会准备好一些问题,记者问、被采访人物答。节目经过策划想出了一个主意,即改变视点,把采访的话筒主要交给孩子,交给普通的观众,让他们用自己的视点向加利提问:"联合国有多大? 联合国秘书长的权力到底有多大?"面对孩子们既天真又深刻的问题,一向严肃的加利秘书长变得轻松幽默,妙语连珠,中国观众与加利秘书长的距离一下子拉近了。就是这样一个好的策划,一个新的视角,使这个节目获得了中国新闻奖一等奖。

2. 求知意识

电视新闻类节目采访的"求知意识",是指出镜记者在采访过程中要保持一种无知心态和求知的好奇心,有些采访即使知道结果,也要在设计采访问题时从无知开始,到获知结束。这种"意识"不是说记者对所采访的事件一无所知,而是一种采访心态和技巧。我们知道,电视记者在一个问题或现象的调查采访中,是按照一个一个时间段落,在不同的空间(或同一空间)进行的。这些素材经过剪辑后,组合在一起,到节目播出时,整个新闻报道是在一个线性的时间轴线上展开的。这样的节目形态,决定了观众在收看节目时,也有一个时间过程。因此,观众对新闻报道的认知也要在这个时间过程中展开。具体到电视新闻类节目的记者采访段落中,记者的问题设计也要从无知到有知、从知之不多到知之甚详,这样引领观众一步一步在采访中接近真相。首先,"求知意识"体现为记者采访前的一种谦虚心态。实践证明,不管记者事先作了多么充分的准备,在动态的新闻采访过程中,什么意外情况都可能出现。保持谦虚心态和"求知意识",就是保持一种积极的应变心理,以防乱了方寸。老子的《道德经》在讲述体"道"的心理准备时,强调体"道"之人必须"致虚极,守静笃",保持虚静之心,以观万物。镜头前的影像世界纷纭变幻,难以捉摸,采访记者保持一种"静观"之心,以大智若愚的心态去采访,才能不为假象干扰、谎言所惑,引领观众穿透事件真相或抵达人物内心。我们经常在电视屏幕上看到一些记者手持采访话筒,或者凭着自己的主观印象发问,或者先入为主地指点对方,逻辑混乱,层次不清,让观众不胜其烦;而成功的采访有时却在记者"装傻"的过程中完成了。《焦点访谈》原记者赵微有一次在节目中采访"信息茶"的制造者沈昌,用故作幼稚的问话把对方的谎言彻底戳穿。总之,镜头下的采访一旦开始,记者决不能像一个全知全能的"上帝",在采访中似乎把对方想说的话都料到了,或者替对方把话说完,只给人家点头说"是"或摇头说"不"的机会。

此外,"无知意识"体现在记者面对被采访对象时的问题设计。问题的设计要有逻辑性,前一个问题与后一个问题之间能呈现出层层递进的关系。这是符合我们的认知规律的。实践中,逻辑性强的采访问题能带给观众很大的认知快感。

3. 质疑意识

记者的职业和使命之一是发现真相。而现实生活中,真相常常是被遮蔽的。所谓"怀疑意识",是指在调查采访时,采访记者始终要保持一种警惕,不要轻易相信眼前看到的场景,耳朵听到的话语,用足够的怀疑来作出冷静的判断,尽可能采访到方方面面充分的事实和证据。对于一个经常从事舆论监督节目采访的出镜记者来说,采访的过程是一次认知历险,他(她)必须不断地寻找细节和蛛丝马迹的线索,绕开对方设计的各种陷阱,戳穿各种假象和谎言,在怀疑中向真实挺进。这有点像一个数学题目的证伪,最后的结论作出以前,是不能相信任何一个判断的。只有极致的怀疑意识才能"超强纠错",只有不断地证伪才能证实。在实际的采访中,电视记录了一个个生活流程和转瞬即逝的片段,这是一个动态的过程,在现场的采访记者往往来不及去作思考和判断,多一点怀疑,就多一点主动,多逼出一些问题,后期的素材就会更丰富,编辑起来也会更从容。从这个角度说,"怀疑意识"不仅是一种科学的调查精神,也是一种采访策略。但是,我们也必须指出,在具体的操作过程中,对采访对象的怀疑,对采访内容的质疑,往往要找到灵活而聪明的方式,言语的表述还要遵循一些交流技巧,不致造成太大的交流阻力。

4. 现场意识

电视的优势在于能够重现由逼真影像和生动话语所构成的现场场景。在电视新闻类节目越来越强调"现场感",强调"直播"的时代,我们的记者必须具备"现场意识",为电视特性的发挥创造条件,为电视魅力的展现锦上添花。所谓

"现场意识",指的是现场记者的采访要和事件同步进行,尤其要善于抓住每一个反映事物本质的瞬间,并把它通过采访揭示出来。这样的采访片段往往构成节目的华彩段落。这里我们要引用的是一个堪称经典的例子。笔者印象深刻的一个案例,是在1997年香港回归直播报道中,白岩松临时改变地点的现场报道。白岩松在直播前一天到预设的现场报道点——连接深圳和香港的深圳皇岗口岸踩点时,发现在前面离香港更近的落马洲大桥上有一条标志性的管理线,这条线的一面是深圳,另一面就是香港,于是白岩松将报道地点由原定的皇岗口岸改为了落马洲大桥上的这条管理线。我们来看看白岩松的现场报道:

> "各位观众,我现在是在落马洲大桥上,大家可以看一下,这个有一个铁的这样的一条线,在桥的中央。可以这样说吧,我现在左脚一边就是香港,那么在右脚的这一边就是深圳。刚才水均益也说了,按理说这条线是不应该存在的,因为深圳和香港自古就属于同样的一个县志。但是150多年前,英国人侵入之后,后来便有了这样一条线,有了这条深圳和香港之间让很多人感到伤心的线。但是,再过三个多钟头,这条线就只具有区域线的意义了,一边是我国的经济特区,另一边是我国的特别行政区。"

当解放军驻港部队车辆一辆辆越过管理线时,白岩松作为离这一历史性跨越最近的见证者,难掩激动之情:

> "越过管理线!第二辆车越过管理线!……"

当驻港部队先头部队的车辆一辆辆越过管理线后,白岩松向观众们报道:

> "各位观众,这条线并不长,车速也并不快,但是今天驻香港部队越过管理线的这一小步,却是中华民族的一大步,为了这一步,中华民族等了百年。"

"现场意识"对于电视新闻节目的记者来说,还意味着记者要善于把握事件进程和人物活动的各种变化,作出正确判断,尽可能还原出一个真实的时空流程和场景。因为现场是不能营造的,也不可彩排或者重放,记者不能轻易或人为地中断或破坏那种现场进程，而要在其中抓取事物最具本质意义的片段。

消息类电视新闻多是事件类的反应新闻，即电视媒体根据最新事件所作出的及时反应。因此，突出事件性，尤其在发挥电视媒介凸显现场感的功能上，是消息类电视新闻的主要特点之一。现场意味着独家素材的占有，也意味着独家的视角。

而对于电视新闻直播来讲，现场感传达的是否充分、真切是决定整个直播报道成败的关键。电视新闻直播带来的这种"身临其境"感，让受众与媒介机构之间存在的信息不对称得到消弭，从而增加对电视信息传播的"信任度"。电视新闻现场直播除了在数量上要增加新闻现场信息采集量以外，在质量上也要截取那些新闻含量丰富的、最具现场感的声音或画面。例如，在"钱塘江潮"的直播中，摄制组除了安排地面各个角度、各种视角的固定机位，还分别用航拍、50米移动轨道跟拍，以及水下一个仰角机位对钱塘江潮进行拍摄，让观众从各种角度、全方位地感受大潮袭来那一刻的震撼。与此同时，减少解说词的比重，大大增加了记者现场报道的分量和力度，包括出镜记者在现场的独特个人感受的表达。这些手段进一步强化了电视新闻现场直播的现场感。

三、嘉宾策划

从大的方面来看，新闻节目中的嘉宾包括两类人：一类是以专家、名流为代表的社会精英人士，另一类是以新闻事件当事人为代表的社会各阶层人士，尤其是中下层人士。选择访谈嘉宾时要依据节目主题而定，如果是以事为中心的访谈节目，选择嘉宾时要参考"同心圆"理论，即嘉宾应为当事人、目击者、知情者、参与者、研究者和关心者。

从美国CNN新闻频道的经验来看，他们专门设立了嘉宾预约部，在全美甚至世界各地建立了非常完备的专家信息库，一旦有大的新闻事件发生，嘉宾预约部会在第一时间，锁定最近的同时也最合适对事件发表看法的嘉宾，然后派记者进行采访。我国电视媒体目前也开始比较多地运用这样一种方式来完成报道。比如央视的《共同关注》《24小时》等，当新闻事件需要深度解读时，都要邀请与所报道的新闻事件相关的专家参与节目，发表对问题的看法。从新闻传播的规律来看，媒体管理者越来越多地认识到，嘉宾是新闻节目不可或缺的一个重要组成部分。特别是在直播报道中，嘉宾可以承担的功能有三个：首先，可以对新闻现场第一时间获取的新闻事实进行解读和分析,深化新闻节目的内涵;其次,可以增加节目的信息量。嘉宾精彩的分析也能够成为新闻信息的一个有机组成部分;最后,能够帮助控制节目进程。在前方新闻信号不能及时传送的时候,嘉宾的谈论能够有效地延时。对于有些邀请新闻事件当事人到演播室访谈的节目来说,嘉宾的作用就更重要了。他(她)本身就是新闻。

电视评论节目和电视访谈节目相对于电视消息等,更需要嘉宾的参与。在电视评论节目中,尤其以对话式评论节目和辩论式评论节目为主要代表。主持人与嘉宾在演播室进行对话交流,嘉宾担任评论员的角色,共同对问题进行探讨,主持人掌控评论节目的节奏,提出问题请评论员解答,在评论员解读的过程中与评论员形成互动。主持人和评论员形成了一个对话交流的场,这种传播方式更加口语化,更容易让观众接受。比如,开创了我国"个人化新闻时事评论节目"先河的凤凰卫视《时事开讲》节目,"评论员是意见性信息的传播主体,主持人扮演的却是'发球者'的角色,因此评论员成为此类节目的核心竞争力,凤凰卫视也因此成就了曹景行、石齐平、阮次山这些明星评论员"。辩论式评论节目集合众人智慧,让多个评论员、嘉宾、观众在节目中各抒己见,成为一个议论争辩的平台。

比如,《时事辩论会》一般会请三位专家学者、资深媒体人进行辩论,《一虎一席谈》一般会请四位嘉宾两两组合作为正反辩手,还会邀请新闻当事人和众多观众参与现场辩论。不同嘉宾从多方面、多角度分析论点,让各界人士、不同立场的人们发表意见,观点交锋是节目的最大看点。在《一虎一席谈》"中学校长实名推荐制公不公平"这期节目中,不仅嘉宾之间辩论激烈,观众与嘉宾之间、观众与观众之间也展开了激烈辩论,嘉宾和观众在辩论过程中还为高考人才选拔方式改革提出了许多意见和建议。当正方嘉宾说到高考压抑了很多偏才、怪才,如果不实行推荐或者自主招生,像吴晗、钱钟书这样的偏才就上不了大学时,反方嘉宾立即反驳:偏才凭借自己的才华,不上清华也可以有成就,如果是为了能让偏才上大学,那么校长推荐应该放到高考之后,让校长用人格担保去推荐那些高考落榜又真正有才华的偏才。当现场观众问到,实行校长推荐的30多所中学里有多少是农村学校,这样的方式是否对农村公平时,正方嘉宾这样辩答:一个制度刚刚出台肯定有它的不完善之处,质疑可以促进机制完善,并且,推荐上北大的学生只是北大招生的一个增量,不影响别的学生通过正常的高考考入北大。节目中有一位来自北大的现场观众提出我们应当学习美国、英国的高考制度,另一位观众提出我们应当从我国国情出发,高考可以改革,但需要一步步进行,不能一步跨得太多。可以看出,《一虎一席谈》是集合众人智慧来探讨当前的社会问题,激烈的观点交锋不时地碰撞出智慧的火花,嘉宾、现场观众的身份不同、背景不同、经历不同,他们代表的人群也不同,这让我们能从不同的立场更加全面地看待问题,激烈的辩论可以让大众一起参与对话题的思考。

那么,在实际的节目策划过程中,嘉宾策划主要应该遵循以下几个原则:

1. 知情原则

知情原则是嘉宾策划的一个根本原则。他们要么是新闻的当事人,要么是对新闻解读和评价有充分知识的专家学者,嘉宾共同特征之一是比一般观众掌握更多的关于新闻本身或者新闻背后的信息。所以,在进行嘉宾策划时,如何请到最知情的人是一个根本原则。知情才有发言权,才能令观众信服。如果条件不允许,在贯彻这个原则时也可以有一些变通。比如,请不到主要当事人,可以请见证者、目击者或者当事人的亲属、朋友等了解情况的其他人。

2. 对应原则

对应原则的含义,是指针对不同的节目内容,要邀请不同的嘉宾来参与节目。因为嘉宾的研究领域或者说专长都是不一样的,找合适的嘉宾谈合适的话题是嘉宾策划的第一个原则。如果请的嘉宾不熟悉所谈的对象,那么就会影响嘉宾访谈的效果。以央视新闻频道早期的一档栏目《央视论坛》为例,在2005年4月17日播出的节目中,分别邀请了两位专家参与节目:一位是中国社科院以研究社会学见长的研究员,另一位是一所大学的法学教授。在节目进行过程中,针对佘祥林涉嫌杀妻被冤狱11年的事件,部分媒体在法院审判结果公布以前,提前披露判决结果的现象,两位专家分别从法律的角度和社会影响以及媒体责任的角度发表看法。在另一个短片中,两位专家同时也对一家自称能够在短时间培养天才儿童的公司发布的广告进行了分析。如果说在前一个关于佘祥林案件的短片中,两位嘉宾的身份非常合适的话,那么在后一个短片中,却有些不当。因为事件披露的是一个自称对儿童智力开发有特殊办法的公司的虚假广告,原则上最好换一位研究儿童智力开发的专家参与评价,这样可能效果更好,能够从专业的角度拆穿这家公司的谎言。而这期节目中,仍然让该社会学家和另一位法学家对事件进行分析,说服力稍显不足。

3. 权威原则

权威原则是指邀请的嘉宾是某个专业领域的权威。其身份地位、专业造诣和在自己专业领域的知名度都比较高,这样的嘉宾应该是首选。从传播效果的角度来看,选择这样的嘉宾,能够提高节目的影响力和公信力。嘉宾参与节目,本身就是要提升节目的内涵和提高节目的声誉。如果所请嘉宾知名度不高,就不能够给节目加分。声望和地位比较高的嘉宾,经常扮演公众意见领袖的角色,所以,节目要尽可能邀请权威人士参与。当然,在具体实践中,这个原则是有一定前提的。并不是嘉宾地位越高,节目的效果就越好。具体情况还要具体处理。

重量级嘉宾的参与,是某些栏目迅速走红的重要原因。比如央视经济频道的名牌谈话节目《对话》,就是典型的一档靠权威嘉宾获得权威影响力和知名度的节目。从创办之初,《对话》就坚定了邀请嘉宾的标准,非世界级,至少也是国家级的商界精英。这些人常常是前脚走出中南海,后脚跨入演播室。我们简单罗列一下它所邀请的人物名单:首期节目的主角是被誉为"数字世界之王"的美国思科系统有限公司总裁兼CEO约翰·钱伯斯。其他如摩托罗拉公司的首席执行官克里斯托夫·高尔文、电脑界巨人英特尔公司的总裁克瑞格·贝瑞特、娱乐界大鳄维亚康姆公司的首席执行官萨姆·雷石东等,每一个人都是举足轻重的人物。国内企业家如联想董事局主席柳传志、中远集团总公司总裁魏家福等也都是业界一言九鼎、翻云覆雨的精英。可以说,把这样的人物请进演播室,本身就是新闻。而创办这样的栏目,地方电视台即使想得到,也没有能力做得到。但在央视,只需要区区十几个人,就可以把它运作起来。这些精英的到来,迅速提高了《对话》栏目的知名度,大大增加了央视的社会资本积累,同时也大大提高了央视在工商界的影响力。这样的节目是以嘉宾为中心的。对于一些嘉宾参与的节目来说,权威原则同样有效。但是在实际工作中,在如何使用权威嘉宾上还有很多需要注意的方面。如何扬其长避其短,激发嘉宾热情,协调嘉宾言论与节目的关系,都值得我们进一步探讨。

在嘉宾策划上,需要注意的还包括嘉宾是否健谈、嘉宾的形象等问题。特别是在一个节目中如果邀请多位嘉宾,还要注意协调彼此的关系,做好话题分配甚至角色分配。好的嘉宾策划,能够有效地激发嘉宾参与节目的热情,深化节目的内涵。

对于作为新闻事件当事人的嘉宾,其策划重点更多集中于如何使嘉宾放松,如何有效调动其参与节目的欲望,激发其真实心理状态、谈话状态的重现等方面。我们在此不作讨论。

四、编排策划

电视新闻节目编排是指电视新闻节目编辑结合频道、栏目的定位,并通过对观众收视行为特点的研究,将分散、独立的新闻资源通过各种技巧手段进行整合传播,以达到最大传播效果的过程。这包括整个电视新闻频道的编排和频道内各栏目的编排。总体来说,新闻节目的编排从新闻价值到收视心理、传播效果等几个方面,需要明确如下四个原则。

第一,重要性原则。根据新闻事件的重要性或新闻本身的价值,安排新闻的播出时间和播出次序。对我国电视新闻媒体来说,这个原则还有一个特殊的要求,以《新闻联播》为例,涉及国家领导人国事活动、中央某项政策出台等政治性新闻要优先安排。这是由我国新闻机构的性质决定的。所以,当突发新闻事件与党和国家领导人或中央某个政策发布在播出时间上冲突时,一般来说首先播出的是后者。

第二,贴近性原则。以中央电视台为例,消息类新闻的编排和播出通常按照先国内后国际,先中央后地方,先全国性新闻后地方性、部门性新闻的次序排列。地方台的新闻编排播出次序除了重要的全国性新闻放在开头,其他内容与中央台的顺序正好相反。这样的编排是符合受众的收视心理和收视习惯的。

第三,同类原则。即集中同一类型的报道,形成整体的播出效果,容易给观众留下比较深刻的印象。这样的处理能够使节目编排显得有层次,增强节奏感。

第四,间隔原则。这个原则是对重要性原则的一个补充。重要的、有价值的新闻不能集中在一起顺序播出,而要加以分割。有经验的编辑善于在一个线性的时间过程中,在不同的时间点安排不同的兴奋点,这样才能吸引观众持续不断地关注节目进程。否则可能使新闻节目的整体出现头重脚轻、虎头蛇尾的弊病,或者容易导致观众疲劳。间隔原则要求的就是要运用棚架结构,在两个或三个重要新闻之间安排一些相对次要的新闻,相互拉动,形成持续不断的峰谷效应,使节目波澜四起,曲折有致。

1. 电视新闻节目频道的编排

电视新闻节目频道的编排应结合本频道的定位,合理有效地配置各个栏目的播出时间、播出长度,使频道各个栏目之间相互配合,以实现自身的频道定位。

新闻栏目的编排指栏目内部新闻的具体组合方式,其主要目的在于发挥电视媒体的优势,使所要传递的信息在观众心中留下深刻印象,实现预期的传播效果。频道编排和栏目编排是相互配合的,合理、有效的频道编排使频道的观众定位更加清晰,针对性更强。而科学的栏目编排又可以把观众的分流降到最低,从而形成频道固定的收视群体,实现该频道的观众定位。上至中央电视台,下至地方城市台,都十分重视对新闻节目编排的策划。以下是新闻频道编排常用的五种方法。

（1）大时段编排

大时段编排也就是我们通常所说的大版块编排,是指电视新闻频道打通整个频道的播出时间,开辟出大时间段进行新闻节目的播出,以形成规模优势。其编排手法是把整个频道资源分成几个版块,各个版块之间可以相互配合,既能够实现对新闻的深度分析,也能及时、集中地将最新信息传递给观众。这种编排策略能够满足观众的收视需求,短、平、快的消息与较大时长的背景分析评论相结合,突发事件、现场报道与简短的评析相结合,使整个频道的编排更富有节奏感,是现代电视新闻频道编排的常用手法。大时段播出已经成为世界强势媒体的共同选择,国外的主流频道播出单元一般都不低于 30 分钟。从观众流动的角度分析,播出段越多,观众流动的可能性越大。从任何一个收视曲线都可以看出,播出段位衔接的地方是观众流动性最大的地方。进行大时段编排是避免观众在进行再次收视选择时所造成的受众分流的有效措施,比如央视的深夜主打新闻栏目《24 小时》、美国全国广播公司（NBC）早间新闻杂志节目《今天》（*Today*）等都是采用 1 小时甚至长达 4 小时的大时段编排策略。

（2）承袭式编排

"承袭"就是继承、沿袭,"承袭效应"运用到电视节目编排中来,就是指如果一个节目的收视率很高,由于观众的收视关系,接下来的节目自然地会拥有一批观众。承袭式编排手法是基于对观众的流动性分析得来的,观众的流动形式一般来说分为三种:一是"顺流",即观众的持续收视;二是"溢流",即观众收看其他频道;三是"入流",即观众从其他节目转入收看本节目。承袭式编排的目的之一就是控制观众流动,保持顺流,增加入流。承袭式编排巧妙地利用受众的心理,借助影响力较大的栏目来提升影响力较小的栏目的影响力,这一编排手法大多运用于新栏目开办之初。比如,2009 年 9 月改版后的央视新闻频道新开办了多个栏目,央视新闻频道采用了多种编排手法,利用观众的收视心理,巧妙地进行节目编排,达到了提升新栏目影响力的目的。其中,承袭式编排就是效果比较明显的一种,例如,央视开办的新闻评论类栏目《新闻1+1》在改版之前是放在晚间22:00播出的,改版后这档栏目放在了晚间的21:30播出,改版后的《新闻1+1》之前播出的是《新闻联播》重播节目。《新闻联播》是央视老牌的新闻节目,其影响力在新闻类节目中是有目共睹的,《新闻1+1》的收视群体与《新闻联播》的收视群体具有重合性。改版后把《新闻1+1》编排在《新闻联播》后播出,能够有效地顺延一部分《新闻联播》的收视群体,保证了部分观众的顺流,有效地提升了《新闻1+1》的知名度和影响力。

(3) 夹缝式编排

夹缝式编排通常被形象地描述为"吊床式编排",即中间"低"、两头"高"。具体来说,是把一个影响较弱的节目放在两个收视率较高的节目中间,利用两个高收视率节目的影响,既可以承袭前一个节目的影响力,又可以"预先共鸣"地入流一些观众。夹缝式的编排手法常常用于编排那些收视率相对较低或者不容易预测的栏目,把这类弱势节目编排在两档强势节目之间,借助前一个节目的连续效应和后一个节目的预先效应,使相对弱势的节目能够"顺流"上一档节目的观众,同时也能够利用观众的收视期待,提前"入流"一部分下一档强势栏目的观众,使这档弱势栏目的影响力有所增加,收视人群有所扩大。夹缝式编排并不是把影响相对较弱的节目和强势节目简单组合,夹缝式的编排要充分考虑编排在一起的几档节目:它们的定位是否一致?其目标收视群体是否有重合的部分?怎样编排才能实现效果最大化?夹缝式编排需要编辑在充分了解各栏目的定位、目标收视群体及其收视率的基础上进行合理科学的夹缝式编排,使"夹"在一起的栏目能够互相配合,实现整体大于"部分之和"的效果。

(4) 预先共鸣式编排

预先共鸣式编排就是借助收视率较高的栏目,在它前面安排一档新栏目或收视率仍有潜力可挖的节目,来扩大新节目的影响。这样的编排手法使在前面的新栏目能得益于后一个栏目的高收视率,利用观众的期待心理,巧借高收视率节目的美誉,提升新栏目的影响力和知名度,形成预先共鸣的效果。预先共鸣式的编排手法在具体的运用过程中,需要电视新闻编辑结合前后两档栏目的观众定位、栏目内容,最好能够把具有类似观众定位、相同类型的相对弱势栏目放在影响力相对较大的栏目之前。如果在实际的编排过程中不深究前后栏目的关联度,这样造成的后果就是,有些有潜力的栏目可能因为编排时段、编排位置的不合适而导致收视率不理想。预先共鸣式的编排手法并不是想当然地把相对弱势的栏目放在收视相对较高的栏目之前。在实际的运用过程中,需要电视新闻编辑认真研究前后两档节目的观众定位、栏目内容,科学地把两档节目编排在一起,巧妙地借助后一档节目的影响力提升前一档弱势节目的知名度。

（5）主题化编排

主题化编排即根据电视新闻节目的共同特质进行概念归类,将在同一主题形式下的节目进行系列化编排,整合包装进行播出。这里的主题式分类包括节目具有相类似的内容、节目具有相同的特质、节目定位的受众群一致等。收视分析证明,观众的收视兴趣是具有持续性的,即所谓的"重复观众"——随着一个节目的结束,一部分观众会留下来继续收看下面的节目,这一部分观众就是重复观众。当具有相同观众定位的节目与观众的收视兴趣以及收视习惯契合时,部分观众会有持续收视行为。主题化的编排手法是现代电视新闻频道常用的编排手法。从大的方面来看,目前的电视频道专业化其实就是主题化的编排,新闻频道、财经频道、体育频道等正是把具有相同主题、类似内容的栏目编排在一起,形成了专业的频道定位。改版后的央视财经频道的编排就是运用了主题化的编排手法,央视财经频道前身是经济生活频道,改版后定位更加明确,频道内的栏目也更加集中地围绕着"财经"主题,如《交易时间》《环球财经连线》《消费主张》《理财在线》等一系列栏目,都是围绕"财经"进行编排的。改版后的财经频道主题更加突出,取得了良好的收视效果。

2. 电视新闻节目编排

上一节讲到了电视新闻频道的编排,频道的编排是整体性的,是针对整个频道而言的,整个频道的栏目编排好了,接下来关注的就是栏目内部的编排。

（1）包裹式编排

包裹式编排又称为"连锁式"或"套装式"编排。一般是由最新的突发消息为由头,迅速整合相关的连锁反应、新闻背景、新闻分析、专访、评论和知识性的阐释等多种新闻手段来满足观众的知情欲和探究心需求,强化报道的深度,通过这种集约化的编排巧妙地实现组织、引导舆论的作用。每个包裹式新闻往往由若干条新闻组成,各则新闻之间可以互相补充,互为背景。

比如中央电视台国际频道 2012 年 5 月 20 日《今日亚洲》栏目关于北约峰会的一组报道:

［视频］北约峰会·亚洲身影引关注　下一个会是谁？北约会转向亚太吗？

［视频］北约峰会今天举行　反战人士冲击会场

［视频］北约峰会·亚洲身影引关注　蒙古国首次以"准同盟"身份出席

［视频］分析人士：蒙古国重视中俄关系　在各国间找平衡

这组报道的最后两条重点关注了蒙古国首次以"准同盟"身份出席。该组报道第一条的最后提道：

分析人士指出，蒙古国一旦成为北约最东端的箭头，它将不再是大国间的小缓冲国，而变身为西方阵营的桥头堡，其军队将得到新式装备，其经济也会得到大量输血，这显然具有巨大的诱惑力。

接下来另一条报道"分析人士：蒙古国重视中俄关系　在各国间找平衡；蒙古国难成北约对抗中俄军事桥头堡"从另一个角度进行了分析，整体处理相对平衡。这样一组新闻经过该栏目编辑的巧妙编辑，既有最新的事件进展，又有以往的背景分析，还有栏目编辑巧借他人之口所表达出的自己的观点。

（2）对比式编排

对比式编排手法是将题材相同或相近，但内容反差极大的新闻编排在一起，形成强烈的对比，使矛盾突显，给观众留下深刻的印象。把对比的手法运用到电视新闻编排中来，使前后两条新闻之间有了对照和比较，这种比较可以是新闻内容本身的比较、事件发生地域上的比较，也可以是电视新闻节目态度的比较。电视新闻编辑在具体的编排过程中要有"编排"的意识，应该时刻考虑到观众的收视习惯和收视兴趣，不能只是简单地把新闻堆砌在一起，而要巧妙地利用各条新闻之间的内在联系，找到两条新闻的可对比之处，科学、合理地进行编排，使原本杂乱无章的单条新闻经过电视新闻编辑的编排之后，收到意想不到的收视效果。

比起包裹式的编排手法，对比式编排更注重两条新闻之间的联系。包裹式新闻编排只要找到新闻由头，接下来要做的就是寻找相关背景、相关评论。而对比式编排还需要找到最新的新闻事实变动之间的联系，相对来说，对比式编排难度更大一些。另外，对比式的编排手法还能够表达电视新闻栏目的观点。通过对比,记者的观点一目了然,或贬或褒,通过对比展现出来,可以巧妙地引导舆论。但是,在使用对比式的编排手法时,应该注意对比得自然,不能生拉硬扯地将两条新闻对比在一起。此外,对比式编排应符合观众的收视心理和收视兴趣。

（3）组合式编排

组合式编排手法是把同类题材或内容相近、有内在联系的新闻编排在一起,使之成为一组,在一次节目中形成"重点"[①]。组合式编排手法在一档电视新闻节目中突破了单条新闻所不具有的规模优势,形成了有一定时长和一定深度的组合新闻报道,能够使观众加深对电视新闻编辑想要表达的内容的认识,深化电视新闻所要传达给观众的信息。这种编排手法类似于积累式蒙太奇,突出了新闻价值,加深了报道的思想深度,能产生强烈的传播效果,给观众留下深刻的印象。包裹式编排手法适用于对新闻事件的深度解析,而组合式编排手法适用于对同一新闻主题的集群报道。"包裹"的新闻编排是递进式逻辑顺序,观众越往后看,对新闻的理解会越深刻,看到的新闻广度和深度与单条新闻相比,是不可同日而语的。组合式编排并不会让观众对某一事件深入"追究",反而是并列式的编排能使观众对某一主题有深刻的印象。

在具体编排实践中,消息类新闻节目编排要有主题,要成系列,比如,2017年12月27日,宁波舟山港年货物吞吐量突破10亿吨,成为全球首个"10亿吨"大港,具有重要意义。当天的《宁波新闻》创新节目编排,全方位、多维度、大篇幅地报道这一重大新闻事件,深入解读其背景、意义和影响。整档节目第一版块是"事件＋解读",包括新闻事件、背景解读、专家点评和嘉宾访谈;第二版块是"深度分析",由多路记者深入港区前沿和内陆腹地,全面解码"创新、协调、绿色、开放、共享"新发展理念在宁波舟山港的成功实践;第三版块是"人物＋连线",通过多篇人物特写,诠释"10亿吨"给周边居民工作、生活带来的深远影响;最后通过与港区码头的现场连线,把观众带回到"此时此刻"。

此外,当发生重大的突发性新闻事件时,新闻机构往往也会围绕某个特定主题组织报道内容。例如,在以美国为首的北约袭击我国驻南联盟大使馆事件发生以后,央视及其他国内媒体在一周左右的时间里,都是以这一主题来进行节目编排的。可以说,这样的节目编排策略是依据事件本身的影响来设计的。但是,

---

① 张丽、孟群:《电视新闻编辑与数字制作》,中国广播电视出版社2002年版,第197页。

从实际情况来看,消息类新闻节目编排的主题化是可遇不可求的,我们经常遇到的情况是信息本身是杂乱与无序的,所以不能刻意进行这样的编排。在专题类新闻节目和新闻特别报道中,围绕某个主题进行编排是一个普遍而重要的策略。由于新闻本身的分类比较明确,所以可以进行比较充分的选择和编排。比如"国际新闻""经济新闻""体育新闻""娱乐新闻"等,面向特定的收视群体,编辑能够主动地围绕某个新闻主题进行编排。在新闻特别报道中,比如近年来中央台的《两会特别报道》,都是针对一些重大新闻事件或重要的政治活动而精心准备,认真策划、部署的,在节目编排上明显带有主题性。

五、报道形式策划

在确立了选题和主题的情况下,可以采取不同的形式进行新闻报道。形式的选择所体现的就是如何运用电视特有的声画结合的手段把策划者的报道意图充分实现。构成节目形式的要素主要包括节目类型、播出长度、编辑特点、结构方式、交流方式、形象包装等。其中,播出长度、编辑特点以及结构方式,更多涉及新闻节目的编排,在上文中已有详述。本节主要讨论节目类型与形象包装。

1. 节目类型的策划

新闻报道形式选择是否得当是优秀新闻报道成功的基本保证之一,是采用系列报道的形式还是连续报道或深度报道的形式,还是运用演播室访谈的形式,要根据不同的节目定位和报道意图进行策划。

从实践效果看,突发事件可以采用消息、连续报道、直播报道的形式,比如陕西电视台的节目《决战 109》①,2008 年 5 月 12 日,四川汶川大地震使宝成铁路 109 隧道发生塌方、起火,造成线路中断,陕西电视台 109 隧道直播报道组是全国第一家赶到现场进行现场直播并进行连续报道的电视媒体。在随后的 12 天里,特别报道组和抢险队员们一起深入隧道现场,冒着余震不断,12 节油罐车随时爆炸的危险,每天不间断地进行直播和连续报道。在 42 篇连续报道中,既有及时、权威、现场的动态消息,也有反映抢险队员不怕牺牲、奋勇拼搏抢险精神的新闻特写,内容扣人心弦,题材丰富多样。而重大主题可以采用系列报道、直播

---

① 本片获 2008 年度(第十九届)中国新闻奖电视连续系列组合报道一等奖。

报道的方式,比如,2016年、2017年各大媒体围绕"一带一路"展开的各种大型报道、新闻行动等。对时效性要求相对不高的节目,可以用较长的时间和篇幅对事件进行深度报道。

2. 形象包装的策划

在形象就是商品、可视化日益凸显的时代,频道的整体视觉形象建构对频道品牌的传播至关重要。数字技术革命带来全新的视觉理念和设计,频道视觉形象不仅以频道的定位为基础、以频道的传播理念为核心,反过来对媒体的品牌识别、频道收视率的提升和用户忠诚度的建立越来越具有重要意义。纵观国际知名电视媒体,其频道视觉理念与设计不仅具有一以贯之的"魂",而且积极拥抱新兴技术,设计符合频道鲜明特点的形象包装和多终端的出口应用,频道形象的整体理念也必须纳入网页版、移动端等多终端视觉呈现因素,进行跨媒介的形象整合与设计。

频道视觉形象设计是一个较为宽泛的领域,其包含频道以及栏目在内的整个形象设计系统,具体包括频道标识、频道呼号、频道标识片、频道宣传片、频道版权页、频道导视系统、频道字幕系统、频道演播室设计和频道音乐等[1],而栏目内的视觉形象设计则具体表现为栏目形象宣传片、栏目片头、栏目间隔片花、栏目片尾和栏目角标[2]。

以频道标识为例,电视媒体的频道标识是以图形文字等简洁的形象,以点带面地集中突出频道的定位、整体理念与视觉形象,是频道整体形象的门面担当。如CNN新闻频道标识采用三个大写无衬线字母"CNN",红白相间,由一根线贯穿始终,整体设计简约流畅;BBC国际新闻频道名称就是标识内容,既清晰明了又简单大方,频道标识为方形,方形旋转可做立体方块演变,流畅性好;FOX新闻频道标识由三部分组成,左上部分有两道醒目的聚光,右下部分为FOX NEWS的主体名称,下方为红底白字的channel字样,蓝白红的搭配十分醒目,更具有美国国旗的特色;RT国际新闻频道采用文字标识,呈现出绿色自上而下的渐变底色和黑色字体,RT即为"Russian Today"的缩写,一目了然,辨识度高,线条硬朗,整体呈现出较为方正的特点,展现出一种自信而坚定的态度。

---

① 郭蔓蔓、世纪工场:《电视频道品牌包装艺术》,中国广播电视出版社2013年版,第139—198页。
② 同上书,第160页。

国际知名新闻频道的标识各具特色，各有千秋。首先，总体色彩有鲜明特色和辨识度，有的具有本国或本地区的特色。比如，FOX 新闻频道因为是美国国内频道，立场又趋于保守，因此具有鲜明的美国色彩；RT 国际新闻频道则独树一帜，在色彩上选取了一个非常独特的色彩搭配，体现其辨识度。其次，造型简约、色彩醒目，以两种色调为主的居多，最多不超过三种色调搭配。第三，运动立体性好，可演绎性高，设计内涵较丰富，具有深意。

此外，在媒体融合的大环境下，世界各大主流媒体也将多媒体平台的推介视为视觉形象设计的重要元素，通过形象推广片，推广其新媒体平台内容。新媒介宣传片的推出是各新闻频道为了借助传统媒体与新媒体平台形成互动，导流年轻用户的注意力，从而树立自己的综合品牌形象。以 BBC World News 频道为例，它注重加强多平台互动推介，在频道内容设置方面营造出开放的频道姿态，树立自己的新媒体品牌形象。频道中处处可见其网络化思维和与网络的对接。如在节目间隙展示 BBC 网站上点击量最大的视频或照片、网络话题宣传片、宣传栏目主持人的 Twitter 账号等。"借船出海"是 Russian Today 的一大新媒体战略，其传播定位就是主要集中在网络端口争取网络受众，从而扩大品牌的传播范围。因此，电视频道方面对该策略自然进行配合，其多媒体形象片多突出社交媒体自身的特色，素材也多来源于社交网站。依附于社交媒体平台，RT 利用其功能开发了一系列 App 产品，并针对该类产品单独拍摄了形象片。FOX 新闻频道的社交媒体形象片采用了图表的形式和扁平化的设计，重在强调宣传福克斯新闻在社交媒体的影响力，并特别以竞争对手 CNN 来作比较，指出福克斯在社交平台的参与度是 CNN 的两倍多，并打出了"让你的声音被听到"（Make Your Voice Heard）的宣传口号，在电视屏幕上为其社交平台账号进行宣传。

电视新闻节目时效性加强、信息量加大、表现形式更加生动、制作分工更为专业，电视形象设计也表现出技术日趋复杂、包装信息结构丰富、层次多元、表现手段多样化以及分工专业化等特点。在品牌形象识别系统越来越成熟的情境下，频道与频道、栏目与频道、栏目与栏目、节目与节目的播放画面空间形象设计也越来越要求统一，电视品牌形象设计更加注重可视化体验，现场信息、虚拟现实与图文信息融合多元，更加追求形象设计的品质和风格。形象宣传片、导视和品格演绎片等注重视觉节奏和动态表现，设计的品格和品质都大幅度提升，形成精致、灵巧的形象宣传系统。字幕和标识更加注意运动、变化，形成层次丰富的视觉流动。演播室在注重实用、效率的基础上，多以大屏、多屏展示信息，注重利用多屏与大屏把主持人与多地现场直观、面对面地连接起来。演播室分区，充分有效地利用演播室空间，多机位、多角度、动态地展示演播室访谈交流信息，形成流动的演播室视觉信息，尤其是在大时段的新闻杂志节目和谈话节目中，注重空间与视觉的流动与流畅成为主流。数字媒体技术的革新也为电视新闻的形象设计带来了新的突破，借助于实时图形渲染、虚拟、图形播出控制与多媒体显示等先进技术，电视新闻的图文包装手段与效果进一步丰富。电视频道借助网络的力量，通过多终端媒体平台互动推介，在频道内容设置方面营造出开放的频道姿态，在形象宣传上注重推介其多终端媒体平台。借此，把传统的电视媒体观众向其新媒体平台导流。随着视觉设计包装技术越来越复杂，视觉呈现越来越丰富，在线包装时效越来越强，电视频道也更需要专业团队来支撑频道的形象设计。

第四节　媒体融合时代电视新闻节目的发展

如今，人们可接收视频的终端越来越多，屏幕内容越来越丰富，屏幕间的互动不断增强，媒体快速进入多屏时代，其特点之一就是视频无处不在、无时不在地被分享，这给传统电视新闻的生产、传播、产业链和格局带来了新挑战。面对日新月异的传播科技变革，中国电视业面临着巨大的挑战和机遇，受众转变为用户，用户口味的变化、欣赏水平的提高，以及市场竞争的白热化，使中国电视业的发展面临着前所未有的巨大压力，求新、求变成为传统电视生存之道的突破口。

一、媒体融合时代新闻策划的必要性

互联网为媒体内容生产与传播拓展了前所未有的空间，移动端新媒体的强势生长正加速传统媒体的解构与重构，推动媒介融合进程进入深水区，从"相加"迈向"相融"。这种信息变革的状态前所未有，信息呈现形态、媒介工具都出现了巨大的融合，呈现出融（全）媒体的形态。有人说，全媒体是"一种业务运作的整体模式与策略，即运用所有媒体手段和平台来构建大的报道体系。总体上看，全媒体不再是单落点、单形态、单平台的,而是在多平台上进行多落点、多形态的传播。报纸、广播、电视与网络是这个报道体系的共同组成部分"①。信息不再单纯按介质划分,突破边界,重组要素成为内容创新的重点。电视也已经分化为大屏、中屏、小屏,节目已变成视频,从单向度的观看变为更多的互动、分享与社交。

在这样的背景下,加强电视新闻策划成为一个重要的策略。在载体上,依托多平台、多终端,打破单一路径依赖,深挖产品互联网传播特质,在姿态、语态、形态上开创全新风尚;从内容创新的角度而言,传统的艺术、新闻融合创新技术、创意表达与纪实表现相融合,一批优秀的融合产品正成为自带热度的现象级话题,得到了网民的普遍认同与自发传播。

二、媒体融合时代新闻生产的变革

1. 新闻生产流程再造:中央厨房

由于媒体组织旗下多个终端和多种产品的出现,为了统一协调资源,提升效率,传统的单一信息生产方式与流程也出现了巨大的变化,全媒体"中央厨房"的内容生产机制与协调方式应运而生。"中央厨房"最初源于食品餐饮业的中央厨房管理和运作方式,也是工业化、标准化的生成模式。它主要是指在规模化与标准化的餐饮业中,实现原料采购、加工和配送统一,通过集中规模采购,实行集约化生产,从而降低成本,提高效率和效益,通过标准化、专业化的工序保证质量。全媒体借助"中央厨房"的理念,将工业化、标准化、集约化的生产与分发模式应用于新闻传播领域,从而建设符合多种介质特点的全媒体信息处理平台,其核心内容就是"新旧融合、一次采集、多种生成、多元发布"②,从而实现管理的扁平化、功能集成化和产品的全媒体化③。用三个词来简单进行概括,即整合、融通、多元。

整合,即统一技术平台支撑。首先要在集团层面建立一个共享技术平台,融合集成报纸、杂志、广播、电视、网络、电信等媒介形式。

融通,即统一采制。要求传统媒体与新媒体混编,成立大编辑部,创新采编流程,对原材料实现多层级、多层次开发,实现一次采集、多形态生产、多时段展

---

① 彭兰:《媒介融合方向下的四个关键变革》,《新闻记者》2009 年第 7 期。

② 温建梅:《基于"中央厨房"制的全媒体运作模式探讨》,《中国出版》2011 年第 12 期。

③ 刘奇葆:《推进媒体深度融合,打造新型主流媒体》,《人民日报》2017 年 1 月 11 日,第 6 版。

示、多介质传播。

多元，即多元呈现。整合加工所有传统产品与新媒体产品的生产线与生产能力，生成电视终端、互联网、微信、微博、客户端等多元产品，最终在集团的所有媒体平台上发布，实现生产环节的集约化和多样化。

面向互联网和移动端的新媒体团队成为新的生产力，新媒体团队与传统广播电视媒体逐渐融合，协同生产。比如，CNN 的新媒体由数字新闻采集部门、数字新闻编辑部、数字产品部组成①，这些团队能够积极应对移动客户端、社交媒体的产品生产。

2. "记者"的多元组成与角色转变

随着媒介互动手段的加强，由于传统媒体的定位由原有的内容生产向整合型媒介平台发展，平台的开放性和整合性使原有的故事生产者由单一的专业媒体转向多元化的生产者，新闻生产形成了机构生产（OGC）、专业生产（PGC）和用户生产（UGC）的模式。用户正在成为"专业余者"②（pro-am），他们在业余时间"工作"，在生产的同时"消费"，非职业但很专业③。"专业余者"将成为有品质保障的新闻内容生产的重要力量。

这样的趋势在 BBC、CNN 等国际知名电视媒体中已经践行多年。在 2005 年 7 月伦敦地铁爆炸案的报道中，BBC 第一次使用非 BBC 记者录制的新闻视频，这也是用户生产内容第一次出现在广播电视新闻中。而多数英美媒体认为，2011 年为用户生产内容在新闻编辑室真正风靡并走向主流道路的第一年，自此，用户生产内容已经成为新闻采集的重要元素④。2017 年 2 月 19 日上线的央视新闻移动网也开辟了用户上传图片、视频的平台，鼓励用户"变身"记者，发起直播。

此外，专业新闻媒体人在新闻内容生产过程中所担当的角色在逐渐转变，其功能重心也发生了变化。传统广播电视记者向全媒体记者转型，由原来单一介

---

① 杜毓斌：《美国有线电视网（CNN）的新媒体转型之路》，《南方电视学刊》2016 年第 4 期。

② J. Van Dijck，"Users Like You? Theorizing Agency in User-Generated Content," *Media，Culture，& Society*，2009，31(1)，p. 41.

③ C. Leadbeater，P. Miller，*The Pro-Am Revolution：How Enthusiasts Are Changing Our Society and Economy*，Demos，2004.

④ C. Wardle，S. Dubberley，P. Brown，"Amateur Footage：A Global Study of User-Generated Content in TV and Online-News Output," 2014 - 12 - 3，http://towcenter. org/research/amateur-footage-a-global-study-of-user-generated-content/，2020 - 5 - 1.

质发稿转向多平台发稿,能够初步胜任文字、图片、视频、交互网页等多种介质的产品制作。比如,中央电视台积极推动新闻中心的本部、驻国内 31 个记者站和各海外分台、中心站的近千名记者"变身"全媒体记者。同时,随着专业媒体的功能重心逐渐从一线自采原创向后台编辑与策划转移,专业媒体通过建立平台构建渠道,进行议题设置,引导用户参与新闻生产,整合、编辑用户生产内容,并利用资源进行新闻内容的规模性策划。记者需要在大量的网络用户内容中淘尽黄沙始见金。媒体不仅要建立一整套筛选和甄别的机制与团队,单个记者的内容识别能力也需要获得提升。

三、媒体融合时代多元化视频新闻的发展

随着媒体深度融合过程中内容生产各个环节的瓦解与重塑,传统媒体之间的边界被逐渐打破,电视媒介内部边界被打破。在传统电视媒体生产活动中,根据时长、题材、拍摄方式等多种技术标准,电视剧、文艺、新闻、纪录片等每一种节目形态都有严格的界定,虚构表现和非虚构创作泾渭分明,艺术表现和纪实记录恪守着各自的准则和规律。但在当下,艺术化表现手法与数据可视化技术逐步渗入到新闻、纪录片之中,使新形态的新闻在信息量与现场感的基础上更具观赏性、体验性、交互性。归属于不同媒介的呈现形式、交互体验和功能属性正趋于重新集成在同一个作品中,从而形成同某一个特定内容传播相适配的"超"媒体。这些全新的媒体产品可听、可视、可读、可触,从而尽最大可能辅助媒体内容实现全新的呈现,同时提升产品交互性与界面友好性。

1. 全景视频叙事

全景视频给用户提供了 360 度的视角选择,但是由于人类视角的有限性,用户只能通过身体的转动或设备的移动来变换视角,获得 360 度的全景体验。这就意味着,在某一瞬间,用户仅能看到全景视频呈现的信息的一部分。视角的增广带给用户前所未有的视觉体验,人们可以看到任何他关注的部分,这在一定程度上也意味着,很有可能重点恰恰被忽视了。因此,与传统视频相比,全景视频势必会创造一个全新的影像叙事模式,这开拓了影像叙事的空间和手法,但也带来了全新的挑战。因此,这就要借助以下四个叙事要素的帮助,将用户适时带回叙事主线,至少不错过关键画面和信息,这也是目前全景视频叙事的主要特点。

第一,利用少量剪辑顺畅叙事。传统视频用镜头讲故事,频繁的镜头切换是

故事往前推进的重要保证,但是在传统视频里的普通剪切,到全景视频里就变成了360度的空间转换,镜头的频繁快速切换往往会给用户一种时空穿越的晕眩感。因此,除非特地制造以上这种"乾坤大挪移"的震撼效果,高频率剪辑、镜头移动等使视频内空间产生剧烈变化的叙事方式至少目前在全景视频中应尽可能少地出现。现阶段,少量的镜头切换确实能使用户获得更好的体验,使叙事更流畅、自然。

第二,注重运用引导视觉焦点。阿恩海姆说:"运动,是最容易引起视觉强烈注意的现象。"[1]我们的视觉焦点会自然而然地转移到画面中人物的走动、手势的指引及物体的运动等上面。

第三,运用声音吸引注意力。声音已成为影响影片叙事的一个重要因素。声音在叙事效果的呈现上表现在诸多方面,如声音在叙事视角、叙事时间、叙事空间、节奏控制、悬念设置、隐喻的表达、冲突的表现等诸方面起到重要作用[2]。在全景视频中,声音还起到吸引观众注意力、捕获观众视觉焦点的作用。通过声音的吸引,继而由导演间接引导叙事,确保观众不错过全景视频中的关键信息。通过声音来引导用户,这样即使在360度的空间画面中,用户也能捕捉到核心内容,不错过影响影片叙事的关键镜头。基于视听体验中"画面"和"声音"的不可分割性,与其他叙事要素相比,声音是一种最自然,同时也很简便、可靠的引导叙事的方法。

第四,利用字幕补充画面内容。字幕对画面信息有强调、提示、补充、说明的作用,能够简明扼要、直截了当地将画面中的重点信息传达给观众。全景视频中,字幕发挥的作用同样重要,但是在字幕设置方面与传统视频有很大不同。由于全景视频展示的是360度的画面空间,字幕若仅出现在360度空间的某一个方向,很容易背对观众,由于人类视角的有限性,继而导致字幕被完全忽略,其对叙事的诸多有益影响也就无从谈起。因此,在全景视频中,基于视频空间的全角度特性,导演可在多个方向设置字幕,确保画面补充的信息不丢失,从而使叙事更完整。

2. "微"视频的发展

在移动信息消费时代,得移动端者得天下。用户更多地在碎片化时间里消

① [美]鲁道夫·阿恩海姆:《艺术与视知觉》,腾守尧、朱疆源译,四川人民出版社1998年版,第508页。
② 姜燕:《论纪录片声音元素的艺术表现力》,《现代传播(中国传媒大学学报)》2010年第7期。

费内容,内容消费也在向"微"处发端,简短的文字、短小的视频、音频内容等更易于在微博、微信等社交平台上发布。微视频作为社交媒体上重要内容,最易于分享和传播。

从采制类别来看。"微视频"从采制方式而言,被划分为三种不同的制作策略。第一种是现场随机采访抓取的短视频,多为突发事件和日常生活中的即时场景。第二种是从设计层面就以"微视频"为出发点,且微视频是唯一构成故事的形式。故事总体时长偏短,从制作层面限制故事的长度。第三种方式是从"母故事"中脱离而出的"微视频",将传统时长的"长故事"通过剪辑,构建出"微视频"版本进行播出。对"母故事"的片段化截取构成了"形式化"的微视频,而故事生产的过程中并不以"微视频"为制作理念。

从故事建构策略来看。"微视频"的"微"字限制了故事的时间元素,故事时长的缩短意味着故事内容的减少,但仍必须保证故事的完整性,不能以牺牲故事质量为代价。因此,在相对简短而独立的环境中,观众更倾向于具有爆发力的信息呈现,而非铺陈式的娓娓道来。

3. 网络直播的异军突起

在移动化、智能化、交互传播信息的当下,移动新闻直播成为实时传递现场信息、营造共时空语境、搭建社交场景的重要形式,移动新闻直播作为时下信息传播的重要形式,在承继电视直播新闻性、实时性、现场感特点的基础上,又呈现出全新的传播语态和样态。

2016年被称为"移动直播元年",社交、电商、新闻资讯、手游、体育、活动等直播平台和频道如雨后春笋。新浪微博上线"一直播"视频社交平台,淘宝等电商也开辟直播频道。2016年同样是移动新闻直播的元年,移动新闻直播成为新兴聚合平台和传统媒体拓展新闻影响力的重要发力点,腾讯新闻、搜狐新闻、新浪新闻等互联网资讯平台纷纷上线直播频道。凤凰新闻推出"凤凰直播"(后改名为"凤直播"),新华社客户端打造"现场新闻",《新京报》联合腾讯新闻推出"我们视频",财新网建立官方微信公众号"财新视频",并开通直播频道。

当前,移动新闻直播成为媒体报道常态,以央视新闻移动网、人民视频为代表的视频客户端,将移动新闻直播和微视频定位为核心内容,在全国两会等重大新闻直播中发挥了较强的传播力。从题材上,移动新闻直播可以分为以下五类。

(1)重大主题策划类报道

重大主题是指有重要意义、影响的主题活动和新闻事件,这类报道往往可预见、可策划,有一定规模,受到社会各界关注。对重大主题进行现场直播是自电视新闻直播开始一直延续至今的新闻报道模式,包括节庆新闻策划、重大会议报道、重要活动报道等。移动直播能够实时展现过程,见证现场,激发交互,最大化新闻价值,包括节庆类新闻策划、重大会议报道、重要主题活动报道。

以"春运报道"为例,央视新闻移动网采用多点直播的形式展现各地春运热点。其中,广东站记者在高铁站台用一台手机直播的同时,用另一台手机关注网友的提问和互动,随时回应。有网友说"你回头,我看到你了",记者便回头与网友互动,将线上交互移到线下,体现了移动新闻直播的实时交互和点对点反馈,让移动新闻直播更接地气、贴近人。这次直播的很多场景和信息是在记者与用户的交互中完成的,这一时段的直播获得很高的观看量。

(2) 突发事件报道

突发事件报道要求时效性、连续性、阶段性,以直播形式呈现当下现场,是荡清谣言、扶正舆论走向最快、最直接的报道方式。当今时代,有人说"有图有真相",但缺乏背景和信息解读的碎片化影像往往更容易混淆视听。"有图未必有真相。"整合各方信息的突发事件动态直播就成为第一时间报道、第一时间解读的利器。而图片、文字、影像、图表等融合信息形态更为移动新闻直播的信息整合、满足用户多元需求提供了助力。

以突发性灾难报道为例。由于大众距离灾难现场远、事出突然、现场情况混乱、消息繁杂,谣言极易形成和扩散。尤其当涉及公众情感和切身利益时,谣言对灾区人员和大众都极易产生负面影响,对突发事件的现场直播不仅能够迅速传递真实情况,用权威事实及时辟谣,也能将移动新闻直播的现场感和交互性发挥得淋漓尽致。比如,在 2017 年 8 月 8 日 21 时 19 分发生的九寨沟地震报道中,澎湃新闻于 22 时 51 分开始现场直播,配合图文辟谣;闪电新闻客户端在两天内发起 10 场间断性直播,内容涵盖现场救援、震情通报、人物特写等,展现了现场真实情况和灾难中的温情,发挥了新闻媒体和记者的责任感。

(3) 现场调查报道

调查性报道移动直播就是将记者的调查过程完整地展示给用户,核心在于用户的过程感、未知感、参与感和获得感。如何调动用户互动的积极性以形成黏性,如何把握直播节奏,尽量减少信息泡沫是现场调查类直播报道需要着重注意的。

比如,《纽约时报》的报道《生活片段:路边的奥秘》(Fragments of a Life:A Curbside Mystery)就为调动用户参与调查性报道提供了创意。该报道的起因是记者在路边发现了一袋被丢弃的柯达照片,为探寻照片背后的故事,记者在Facebook Live中进行间断性直播,用户通过实时评论分析、主动提供线索,挖掘出了一个关于爱与自由的故事。在这则调查性报道中,记者身份隐匿在故事内,从一个新闻的主导者,变成了和用户一样的线索追寻者。用户主导、实时交流、多维呈现,使这则移动直播形式下的调查性报道呈现出令人眼前一亮的创意。信息交互状态下的移动新闻直播有助于形成一个传播者和用户共建的舆论场。

(4)慢直播

慢直播的最大魅力在于休闲陪伴式和视觉审美性,陪伴性、自然态、长时段是其主要特征。慢直播的内容大多是景区风景、生活观察等强调视觉感受的画面,最早在挪威流行,2009年第一期"慢直播"在挪威的NRK开播,内容是一列从挪威首都奥斯陆开往卑尔根市的火车,火车途中穿过漆黑的隧道,开过雪山雾谷……这个长达7小时的直播节目吸引了100万挪威人观看。在我国,腾讯新闻也开辟了"慢视界"频道,进行旅游风景、夜景的慢直播。

(5)泛资讯类移动直播

随着新媒体技术的发展,资讯的边界在突破,泛资讯类信息越来越多元,而泛资讯类移动直播也逐渐丰富,其涵盖的范围很广,目前以主人公、故事、情感三位一体的社会新闻为主,也包括科普、生活、美食、时尚等内容。相比于新闻直播所要求的时效性、现场感,用户在泛资讯类移动直播中寻求的是一种消遣、情感共鸣和社交需要。比如,腾讯新闻策划的移动直播《一个人的车站》,关注日本铁道公司为一个女孩上学而延迟铁路停运的故事,这趟列车在女孩毕业之际宣布退役,整个直播充满温情。它同时调动了拍客、观看用户的交互积极性,在半天内,实现了对社交网络,尤其是微信朋友圈的高频占据。

对于网络直播的新闻策划,需要掌握以下四点。

第一,增强直播内容质量。现在的网络直播与20世纪八九十年代的电视纪实潮时代颇为相似,技术的革新首先带来的是技术噱头的炫技,而很少挖掘有效信息量。直播需要明确报道主体、内容、角度等,否则容易加重用户接收信息的负担,导致真正有价值的信息没被传递。无论形式如何变化,"内容为王"这个本质不应改变。网络直播在选题和现场信息的开掘上仍然要下功夫。单对新闻直播进行有效策划,以开掘直播时的信息量,从这一点而言,网络新闻直播与传统电视新闻直播毫无二致。2017年1月,在腾讯新闻推出的"回家的礼物"新年特别节目中,腾讯新闻请来了原电视新闻节目主持人李小萌做新闻直播。李小萌有丰富的报道经验,而这次的直播也获得了良好的反应。跨时 5 天,历时 10 个多小时的直播,李小萌该传递给用户的信息立刻到位,该填补信息空白时也能立即填补,整个直播内容虽然时间长,但是张弛有度,观看性强。李小萌在这次手机直播首秀后接受采访时提到,她的"小屏幕意识"都是来自大屏报道的多年积累,她的每一个思考都能找到出处。

第二,网络新闻直播场景与内容的统一。由于移动新闻直播改变了原有的媒介与用户的关系,重新建立起人与人、人与信息、人与媒介在不同时空和情境下的联系。因此,场景将成为网络新闻直播的要素,使用户在了解新闻信息的同时获得愉悦的体验和情感共鸣。这也增强了用户的黏性。而新闻报道方式也将朝着立体化、体验化方向进一步发展。技术极大地释放了网络直播的能量,场景的变化可以通过在技术、形式上的创新与探索来实现。自 2016 年以来,许多视频直播平台纷纷引进所谓的"黑科技",将 AR、VR、GoPro、航拍、人工智能等高科技融入直播。在突发事件中,现场的全景角度、无人机视角无疑给用户提供了更沉浸式的体验感受。场景的获得感、在场感和即时性更加凸显,这也有利于吸引用户加入评论并提供信息等互动。如 VR 技术的运用带来的沉浸式体验,让使用者产生自己似乎完全置身于虚拟环境之中,并可以感知和操控虚拟世界中的各种对象,主动参与其中各种事件的逼真感,使用户体会到现场的氛围,感同身受。如半岛电视台(Al Jazzera)利用谷歌地图创造的"街景故事"(Street Stories:Explore the News as It Unfolds—Block-by-Block),讲述美国密苏里州弗格森小镇一名黑人男孩被警察枪击身亡并导致的大规模骚乱。讲述者把被枪杀男孩的照片及资料、弗格森警察局警长的新闻发布会、枪击以来的事态进展和骚乱情况、奥巴马总统的讲话等相关信息嵌入谷歌街景地图,用户通过 360 度的移动和点击获取详尽信息。

第三,及时跟进互动。与传统直播所不同的是,网络直播不仅要关注事件走向,更要关注用户的话题走向,直播内容随时根据评论和反馈进行适当调整,把握事件发生、发展的同时,关注用户对话题的开掘,及时深挖与用户相关的话题方向,积极引导用户的参与方向。可以充分利用客户端、微信、微博、QQ 等多个平台,留言、评论、弹幕、主持人的社群运营与互动等多手段形成联动,不仅吸纳用户留言评论,更通过事先策划吸纳用户对事件和话题的自制视频,获取多元素材,丰富直播内容和样态。

第四,合理引导舆论导向。用户根据直播事件和现场会延伸出更多话题,这带来了事件解读的丰富性,但同时也可能使讨论的话题走入误区。用户在互动交流中会有很多情绪化的表达和对不同观点的解读。比如在一些科技国防类的新闻直播中,除了表达对祖国航天事业的自豪之外,还有一部分人表达了不一样的观点:"该不该发展航天事业","那些吃不饱饭的人民重要还是星辰大海重要","浪费国家物力财力"等。一个直播主题下衍生了多个次生话题,但是再仔细看评论,其中并没有什么实质性的内容①。互动性带给新闻很多益处,但是其弊处也应该得到重视。这个所谓的弊端其实就是互动性引发的"舆论失焦"问题。新闻在通过移动手段进行直播的过程中,用户多方互动交流,每个人都可以根据面对的问题从自己既有的经验出发来提出自己的见解。争论、激变甚至争吵常会因所处立场不同而变得频繁,使舆论关注焦点不在新闻核心内容本身,转而指向了其他方向,甚至导致整个新闻直播出现娱乐化倾向。

思 考 题

1. 什么叫新闻？新闻的含义是什么？

2. 我国电视新闻节目都有哪些种类？

3. 新闻策划的作用是什么？

4. 新闻策划的本质是什么？

5. 新闻策划的要素有哪些？

6. 电视新闻现场直播策划的要点是什么？

7. 请结合实际,撰写一篇新闻策划文案。

8. 参考案例：《伊拉克战争直播报道》《抗震救灾　众志成城》《北京奥运会直播报道》《国庆 60 周年特别报道——盛典》。

---

① 李琳:《新闻网络直播——媒介融合时代下新闻报道的新思维》,《新闻世界》2017 年第 2 期。

第三章

电视综艺节目策划

第一节　电视综艺概述与中外发展情况

一、电视综艺的界定和分类

电视综艺是使用电视的手段和语法,吸纳多种表演、游戏、活动等展示形式,通过戏剧化表现、纪实化记录等叙事方式,以提供休闲、娱乐、新知等为主要目标的一种综合性艺术形式,主要有电视综艺节目、电视综艺晚会[①]等形态。

电视综艺在传媒艺术家族中的位置,如图 3-1 所示。需要说明的是,如果只说"电视"内容形态的分类,可以有简单的二分法,即"电视内容 ＝ 电视新闻 ＋ 电视艺术"。

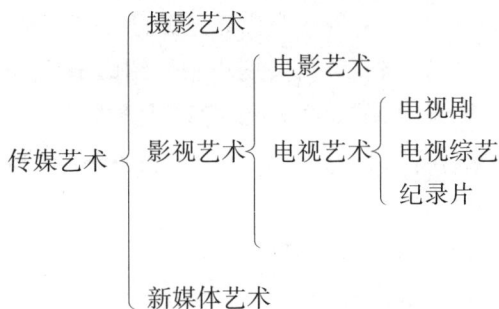

图 3-1　传媒艺术和电视艺术谱系图

删繁就简,电视综艺节目大致有如下类别(见图 3-2)。电视综艺节目的发展是动态的、创新的,因此分类也会常常有新的调整,但大致逻辑基本如本图。

---

① 从泛化的角度来说,此处也可以将电视综艺晚会归并于电视综艺节目。

综合演艺类（如 1990 年开播的《综艺大观》等节目）

谈话脱口类（如曾经风靡全国的《艺术人生》等节目）

娱乐资讯类（如 20 世纪 90 年代末出现的《娱乐现场》[后改名为《中国娱乐报道》]等节目）

游戏闯关类（如从 1997 年一直播出至今的《快乐大本营》等节目）

竞猜益智类（如从早期的《幸运 52》《开心辞典》到《一站到底》等节目）

生活服务类（如《交换空间》《非诚勿扰》《等着我》《幸福魔方》《一转成双》等节目，包括情感调解、婚恋交友、特殊诉求[如装修、整容等]、寻人寻物、健康保健、理财指导、生活技能等形态）

对抗类（如《超级女声》《极限挑战》《奔跑吧兄弟》《非你莫属》《星跳水立方》等节目，包括歌舞对抗、任务对抗、达人对抗、运动对抗、求职对抗、观点对抗、技能对抗等形态）｜按竞技状态分类

展示类（《幻乐之城》《国家宝藏》《朗读者》《中餐厅》《花儿与少年》《急诊室故事》等节目，包括表演展示、文化展示、旅行展示、生存展示、角色展示、演说展示、纪实展示等形态）

明星类（如《我是歌手》《演员的诞生》《真正男子汉》《围炉音乐会》《向往的生活》等节目）｜按嘉宾来源分类

素人类（如《中国好声音》《中国达人秀》《星光大道》《最强大脑》《超级女声》等节目）

混合类（包括明星对抗、明星展示、素人对抗、素人展示、星素结合类等形态）

综艺节目｛综合演艺类……生活服务类｝｛真人秀类｝

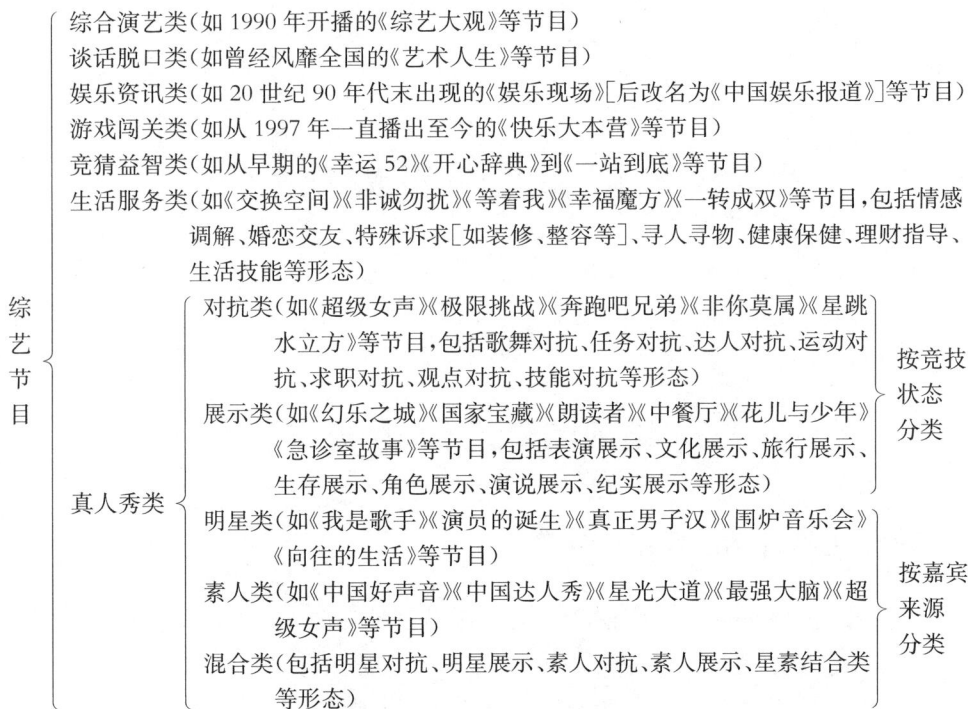

图 3-2　电视综艺节目的分类

就电视综艺节目分类而言，有以下四点需要说明。

第一，分类是一个较为繁复的事情，常常会出现类别重复，或者难以完全涵盖的情况，所以本书只能尽量呈现一个相对完善、整齐且清晰的分类方式。

第二，如后文中国电视综艺节目发展史中介绍的那样，图 3-2 中综合演艺类、谈话脱口类、娱乐资讯类、游戏闯关类、竞猜益智类节目占主导的时期显然是我国综艺节目发展的起步阶段。而真人秀类节目占主导的时期，是我国综艺节目发展得相对高级的阶段。

第三，这种分类自然还有一种"混合性"，这至少体现在如下三个方面。

首先，不同类别节目的出现以及这些节目是否主导荧屏的情况虽然有别，但当前它们几乎都共存于电视荧屏，即便不同类别节目的数量差异明显。

其次，不同类别节目中的不同元素常常是交叉的，比如，同一档综艺节目可以同时有表演、游戏、益智、对抗、展示等元素。

最后，"真人秀"类别中，"对抗""展示""明星""素人"的元素自然也常常是混合的，如明星对抗类的节目《歌手》（湖南卫视）、明星展示类的节目《向往的

生活》（湖南卫视）、素人对抗类的节目《中国梦之声》（东方卫视）[1]、素人展示类的节目《急诊室故事》（东方卫视）、星素结合类的节目《我想和你唱》（湖南卫视）等。

第四，就整体而言，电视综艺节目还有如下简单的分类方式：第一种，从拍摄场景上看，可以分为户外类、棚内类；第二种，从原创程度上看，可以分为原创类、引进类、原创引进结合类；第三种，从节目节奏上看，可以分为快综艺、慢综艺；等等。

二、中国电视综艺节目的发展

1. 中国电视综艺总体发展的三个阶段

中国电视综艺的总体发展体现为"综艺晚会"和"综艺节目"的发展是接续前进的，主要分为如下三个阶段。

（1）综艺晚会独大阶段

在 20 世纪 80 年代，中国电视栏目化观念尚未成熟，严格意义上的栏目化综艺节目也较少，彼时的电视综艺主要以中央电视台的春节联欢晚会等综艺晚会为支撑。

（2）综艺晚会与综艺节目"并驾齐驱"阶段

在 20 世纪 90 年代，随着 1990 年《综艺大观》和《正大综艺》的开播，使"春晚"形态得以日常栏目化，电视综艺节目在央视和各地方台逐渐发展起来，在数量和重要性上开始与综艺晚会"并驾齐驱"。

随着综艺节目的兴起和发展，综艺晚会的数量和影响力也在不断提升。以央视为例，一年之中凡是重要节庆日，均有相应晚会，如元旦晚会、春节联欢晚会、元宵晚会、"3·15"晚会、劳动节晚会、儿童节晚会、建党日晚会、建军节晚会、中秋节晚会、国庆节晚会等。这些"逢节必庆"的晚会一般都会有较强的收视号召。这一方面为当时休闲手段、娱乐信息并不丰富的普通百姓提供了休闲、娱乐以及感受媒介事件、媒介仪式的机会；但另一方面也因晚会举办得过于频繁、铺张和同质化而带来了不小的浪费问题。

---

① 即便是只有素人元素的达人类节目，也分为表演/对抗某种特定才艺的类型（如只是歌唱选秀）和表演/对抗多样才艺的类型（如一档节目中同时有音乐、舞蹈、杂技、魔术各类表演/对抗等）。

（3）综艺节目主导阶段

进入21世纪以来，特别是2004年《超级女声》的开播，标志着中国电视综艺进入真人秀时代。之后，以2010年前后开启的大规模海外节目引进和2013年、2014年开启的多元综艺类型节目井喷等现象的出现为标识，综艺节目在数量和影响力上一举超过综艺晚会，成为主导。

此时综艺晚会的数量逐渐减少，就央视而言，仅有春节联欢晚会、元宵晚会、"3·15"晚会、中秋晚会等尚有一定影响力，其他节庆晚会影响较小，或者直接被取消。相应的，因晚会数量过多而出现的铺张浪费之风也有所遏制。与此同时，各省级卫视的"跨年歌会"异军突起，经过几年的优胜劣汰之后，现存的几家省级卫视的"跨年歌会"品质较高、影响较大，如湖南卫视、浙江卫视、江苏卫视、东方卫视、北京卫视等的歌会。

2. 中国电视综艺节目发展的三个阶段

1978年我国社会进入历史新时期后，电视综艺节目的发展历程呈现出一些比较明确的阶段分期，如表3-1所示的三个阶段和四个时间节点，大致可以描摹中国电视综艺节目的何来何往。

表3-1　新时期以来中国电视综艺节目发展阶段划分

阶段/时期		时间节点	代表节目
第一阶段：综艺大舞台时代		20世纪80年代—90年代末	《综艺大观》
第二阶段：益智/游戏时代		20世纪90年代末—2004年	《快乐大本营》《欢乐总动员》《开心辞典》《幸运52》
第三阶段：真人秀时代	1."一枝独秀"时期	2004—2012年	《超级女声》(2004—2006)《星光大道》(2007—2009)《非诚勿扰》(2010—2012)
	2."百家争鸣"时期	2013年至今	数十种类型的数百个节目

（1）第一阶段：综艺大舞台时代

当我们提及20世纪80年代到90年代末期的中国电视综艺节目类型，回想起的可能多是歌舞、曲艺"大杂烩"的荧屏舞台，并辅以一些音乐电视类节目。

（2）第二阶段：益智/游戏时代

当我们提及 20 世纪 90 年代末到 2004 年前后的综艺节目类型，回想起的可能多是相对原始的益智类、游戏类节目中的你争我夺，并辅以一些访谈类的节目。

（3）第三阶段：真人秀时代（"一枝独秀"时期）

2004 年前后，《超级女声》的出现让中国电视综艺节目内容生产摆脱初级阶段，而整体进入"选秀时代"的同时，也让我们对综艺节目类型化问题有了一个全新的认识，彼时海外真人秀节目在中国网络上的热播也贡献了这种认识。

不过，随后的近十年里，中国电视综艺的节目类型并不多，并且一段时间内基本是单一类型或少数类型的节目大热，火爆的"类型"有歌唱类（含歌词类）、婚恋类、达人类等，大热的"节目"有 2004—2006 年的《超级女声》、2007—2009 年的《星光大道》、2010—2012 年的《非诚勿扰》《中国好声音》等。这些节目和它们代表的类型曾在很多年份里"独"占综艺荧屏。直到 2012 年，当我们提到当年电视综艺节目的代表时，还是基本把目光投向《中国好声音》这一档节目和这一类样态，其总决赛的收视率一度破 6。

（4）第三阶段：真人秀时代（"百家争鸣"时期）

开启这个时期的时间节点是 2013—2014 年，两年间突然有约 30 种新出现的综艺节目类型[1]，"井喷式"地活跃在中国电视荧屏上。如果算上先前长期存在的经典类型，这两年活跃的综艺类型超过 40 类。而且许多新类型节目很快成长为"现象级"节目，并实现了对综艺娱乐和社会文化话题的双重引领。此外，即便是 2013 年之前已有的类型，在这两年也出现了新的"现象级"代表节目。

这种电视综艺节目"类型井喷"的"综艺大时代"，至今已持续了相当长的时间。"综艺大时代"的形成，自然还有网络综艺繁盛的推动，虽然网综暂时还不是本书论述的重点。

2013—2014 年，可以说《中国好声音》依然保持了上佳的品质，赢得了瞩目；《爸爸去哪儿》《一年级》激发了观众对综艺节目的亲近度和情感投入；《我是歌手》《中国好歌曲》有效地制约了《中国好声音》在歌唱类节目中的强势；《花儿与少年》《花样爷爷》等节目巧妙地融合了情节、人物、旅游和美食；更有乐追韩国综

---

[1] 一定程度上说，此处的"新"是一种相对的概念，它既指全新的综艺节目类型，也指某些类型曾在中国电视综艺荧屏上以较为初级的形式出现过。但在 2013—2014 年，这些类型经过新理念、新设计和新包装，呈现出与之前截然不同的样态与品级。

艺节目的观众对《奔跑吧兄弟》一边吐槽其改编,一边抱有深深的期待;当然,还有人喜欢《中国汉字听写大会》《汉字英雄》,并认为它们在综艺节目与中国传统文化融合方面的努力值得褒奖;同样,《最强大脑》体现的理性精神和神性追求成为改变中国综艺节目精神品级的标识。

更为关键的是,在上述节目大热的背后,许多我们之前并不熟悉或根本没有看到过的综艺节目类型、主题,突然大规模、多样化地出现(见表3-2),有很多甚至可以作为稳定的节目样态发展下去。

表3-2 2013年、2014年央视及各卫视新推出的综艺节目类型及示例节目①

综艺类型	示 例 节 目
1. 亲子类	《爸爸去哪儿》(湖南)、《人生第一次》(浙江)、《爸爸回来了》(浙江)、《妈妈听我说》(北京)、《爸爸请回答》(贵州＋青海)、《爸爸回答吧》(浙江)
2. 旅行类	《花儿与少年》(湖南)、《花样爷爷》(东方)、《鲁豫的礼物》(旅游)、《如果爱》(湖北)、《两天一夜》(四川/东方)
3. 演讲类	《开讲啦》(央视)、《超级演说家》(安徽)、《我是演说家》(北京)
4. 竞速类	《奔跑吧兄弟》(浙江)、《极速前进》(深圳)
5. 文化类	《中国汉字听写大会》(央视)、《汉字英雄》(河南)、《成语英雄》(河南)、《中华好故事》(浙江)、《中国谜语大会》(央视)、《中国面孔》(山东)
6. 喜剧类	《我们都爱笑》(湖南)、《笑傲江湖》(东方)、《中国喜剧星》(浙江)
7. 医患类	《因为是医生》(浙江)、《急救室故事》(东方)、《健康007》(浙江)
8. 孕产类	《来吧孩子》(深圳)
9. 校园类	《一年级》(湖南)、《我们一起来》(东方)
10. 军旅类	《真正男子汉》(湖南)、《星兵报到》(北京)、《烈火雄心》(山东)
11. 农家类	《明星到我家》(江苏)、《喜从天降》(天津)
12. 寻人类	《等着我》(央视)、《有你一封信》(深圳)

---

① 关于表3-2对类别的划分,需要说明的是,综艺节目的类型划分不一而足,本表只是提供了一种方式,根据节目内容进行了较为细化的类型辨别。同时,为了突出新的节目内容与类型,本表也没有刻意对一些类型进行合并。此外,表中这些类别大致由两种划分体系进行框定,一种是"行为"的问题,如旅行、演讲、探险、跳水等;另一种是"主题"的问题,如亲子、文化、军旅、宠物等。表中括号内是电视台的名称,部分电视台省略了"卫视"二字。

综艺类型	示 例 节 目		
13. 汽车类	《最高档》(湖南)、《巅峰拍档》(东方)		
14. 模仿类	《百变大咖秀》(湖南)、《天下无双》(天津)		
15. 励志类	《超级先生》(安徽)、《花样年华》(江苏)		
16. 跳水类	《中国星跳跃》(浙江)、《星跳水立方》(江苏)		
17. 足球类	《中国足球梦》(天津)	24. 密室类	《星星的密室》(浙江)
18. 拳击类	《勇敢的心》(北京)	25. 生存类	《这就是生活》(浙江)
19. 台球类	《星球大战》(山东)	26. 戏曲类	《国色天香》(天津)
20. 魔术类	《大魔术师》(央视)	27. 歌团类	《最强天团》(江苏)
21. 粉丝类	《百万粉丝》(天津)	28. 服饰类	《女神的新衣》(东方)
22. 代际类	《我不是明星》(浙江)	29. 筑建类	《梦想改造家》(东方)
23. 探险类	《秘境》(天津)	30. 宠物类	《狗狗冲冲冲》(东方)

而面对诸多新的节目和类别,已有的如《快乐大本营》《天天向上》等节目,情感类、访谈类、益智类、职场类等类别,依然保持着稳定的收视份额。此外,虽然歌唱类、达人类、公益类、表演类等类别并非新近出现,但依然有如《中国好声音》《我是歌手》《中国好歌曲》《最强大脑》《出彩中国人》《梦想星搭档》《演员的诞生》等代表性节目让"老类别掀起新高潮"。

毋庸置疑,就现阶段中国电视综艺发展而言,虽然营销等问题十分重要,但内容生产的变化因其直接暴露在观众眼前,常被视为观众对电视综艺感知的最重要"抓手"。这其中节目类型的"多元爆发",更是观众可以不需要专业知识就能从荧屏上发现的。2013 年,观众眼中的电视综艺节目"精彩纷呈"的景观,把原本多是专业人士才热议的版权引进等提升综艺品质的问题,一下子放大了,使中国电视综艺面貌之"变"为更多的普通观众所感知。当最广大的观众切切实实感知到电视综艺的普遍性变化,是否意味着一种发展变化了的内容生产景观从萌芽逐渐走向成熟呢?

因此,从这个角度说,2013 年开始的这股节目类型多元化的浪潮,或许可以视为中国电视综艺内容生产的一个发展节点,至少它开启了中国电视综艺节目内容生产中类型发展的新阶段。而当不少制作精良的多类型"现象级"节目,对内主动而有效地引领了"多维"社会话题乃至流行文化生态,对外与国际流行的综艺实践和理念"多维"接轨时,这个节点就显得更为深刻了。

至此,本部分尚有如下三个问题,需要继续说明。

第一,有关近年来综艺节目持续发展的问题。2013年至今已过了十年左右的时间,电视综艺节目的发展依然处于2013年开启的真人秀时代的"百家争鸣"时期。

近年来,不少新的综艺类型持续不断地呈现在观众面前,例如,科技类(如湖南卫视的《我是未来》、中央电视台的《机智过人》)、穿越类(如四川卫视的《我们穿越吧》)、慢综艺类(如湖南卫视的《中餐厅》《向往的生活》)、配音类(如湖南卫视的《声临其境》)、朗读类(如中央电视台的《朗读者》《信·中国》,黑龙江卫视的《见字如面》)、刑侦类(如湖南卫视的《我是大侦探》)、亲情类(如湖南卫视的《我家那小子》)、影评类(如中央电视台的《环球影迷大会》),等等。新的类别还在不断涌现。

一些已有类型也呈现出新的节目样态,例如,音乐类节目中出现了戏剧音乐类节目(如湖南卫视的《幻乐之城》)、致敬类音乐节目(如四川卫视的《围炉音乐会》)、文化类音乐节目(如中央电视台的《经典咏流传》)、猜唱类音乐节目(如江苏卫视的《蒙面歌王》)、跨界类音乐节目(如北京卫视的《跨界歌王》)等;表演类节目中出现了演员养成类节目(如浙江卫视的《演员的诞生》);等等。

第二,多中心和多来源问题。与多类型节目井喷相关的,还有两个值得注意的景观:多中心和多来源。多中心是指中国电视卫视格局因综艺节目的多元崛起而呈一定的多中心化存在现象,央视和除湖南卫视、浙江卫视、江苏卫视、东方卫视外的许多二线卫视曾在一段时间内有明显进步。

"多来源"是指引进节目版本的来源国家和地区丰富多样,之前我们并不熟悉的澳大利亚、德国、西班牙、爱尔兰、比利时、以色列等都成为重量级节目的版权来源国。

多中心的格局是多类型节目井喷的重要结果,多来源的版本是"多类型"节目井喷的重要原因。

第三,有关网络综艺发展的问题。本书主要讨论的是电视综艺,但其实近年来网络综艺发展迅速,在数年内便已与电视综艺平分天下。虽然网络综艺不是本书的基本讨论范畴,但也提请读者对网综多加关注。

当然,网络自制综艺节目在相当大的程度上脱胎于电视综艺节目,前述的中国电视综艺节目的发展也深刻、直接地影响到网综的发展。同时,如果算上网络综艺节目,当前综艺节目的类型和代表性节目的数量则更多。况且,在未来,随着综艺节目的不断发展,无论是电综还是网综,新的类别也还会持续不断地出现。

由于出版周期问题,教材的更新是相对缓慢的,但实践的发展是迅速的,期望读者能够根据本书的核心理念,动态地密切跟踪综艺节目的变化。动态发展之中,总有一定之规。

三、西方电视综艺节目的发展

1. 全球电视业发展时期的电视综艺节目

如果说,从 1936 年 11 月 2 日英国广播公司(BBC)开启了电视的正式播出,一直到第二次世界大战之前,可以算作"全球电视业诞生时期"的话,那么,从第二次世界大战结束到 20 世纪 90 年代前后,可以算"全球电视业发展时期"。

第二次世界大战之后,全球电视业迅速复苏,并旋即进入快速发展的时期,这主要以彼时电视业较为发达的国家为代表,如美国、英国等。从电视形态来看,这一时期电视内容的形态逐渐健全,电视新闻、电视剧、电视综艺、纪录片等具有代表性的样态在这个阶段均已出现,并有所发展,成为电视内容的支撑性样态。

这一时期电视综艺节目的发展可以大致概述如下。早在 1946—1947 年,美国全国广播公司(NBC)综艺节目和戏剧节目的电视首播"不仅吸引了最好的赞助者,也吸引了最广大的观众"。电视综艺节目源于广播综艺节目。1946 年,NBC 的《计时器》(*Hour Glass*)节目播出,它是一个在多方面具有里程碑意义的节目:"它是为电视网制作的第一个为时一小时的系列娱乐节目;是第一个塑造自己明星的节目,其明星即海伦·帕里什(Helen Parrish);是第一个大型综艺系列节目……"该节目包括"喜剧中的滑稽短剧、舞厅中的舞蹈片段、音乐歌曲、一部关于南美舞蹈的电影,还有一个关于咖啡的长广告"[①]。

我们要特别注意 1948 年。在 1948 年,杜蒙电视网(Du Mont Television

---

① [美]加里·R. 埃杰顿:《美国电视史》,李银波译,苏晖校,中国人民大学出版社 2012 年版,第 55 页;Tim Brooks, Earle Marsh, *The Complete Directory to Prime Time Network and Cable Shows*, Ballantine Books, 2003, p. 469; Timothy Scheurer, "The Variety Show," in Brian G. Rose, ed., *TV Genes: A Handbook and Reference Guide*, Greenwood Press, 1985, p. 308.

Network)播出了一档名为《最初的业余时光》(*The Original Amateur Hour*)的节目,其中有歌唱、演奏、杂耍等内容,观众还可以通过信件和电话票选最喜欢的节目。1948 年,美国 NBC 电视台开播了由滑稽明星米尔顿·伯尔(Milton Burr)主持的《德克萨科明星剧场》(*Texaco Star Theater*),内容如前一档节目一样,有"大杂烩"的特点。同样,在 1948 年,哥伦比亚广播公司(CBS)的一档名为《阿瑟·戈费雷的达人搜索》(*Arthur Godfrey's Talent Scouts*)的节目播出,内容是具有各种才能的达人的现场表演,根据掌声测量仪显示的结果来决定胜负。同年还有美国广播公司(ABC)播出的一档名为《坦率的摄影机》(*Candid Camera*)的节目,被不少西方学者视为真人秀的起源,其内容是用隐藏的摄影机拍摄不明真相的路人落入事先设计的圈套的过程,以路人被整蛊的情形引爆观众笑点。

1955 年,CBS 开播了综艺节目《6.4 万美元奖金问答赛》($64,000 *Question*),并引领益智类节目的风尚至今。20 世纪 60 年代中后期则出现了大量的幻想类节目,如《我所喜爱的火星人》《我的活洋娃娃》《明斯特一家》《阿丹姆斯的一家》《迷失在空间》《我梦中的杰妮》《海底之行》《星际漫游》等。

同时,谈话类节目也发展得十分迅猛。早在 1956 年的谈话类节目《一日女王》(*Queen for a Day*)中,每期节目都有几位女性素人讲述自己的不幸遭遇,并由现场观众决定谁的遭遇最为不幸,"获胜者"会得到类似家用电器的奖品。美国电视谈话节目以 20 世纪 60 年代的《唐纳·休访谈》(*The Phil Donahue show*)为起点,以 80 年代《奥普拉脱口秀》(*The Oprah Winfrey Show*)、《拉里·金现场》(*Larry King Live*)为代表,以 90 年代《莉基·莱克节目》《杰尼·琼斯节目》等为后起之秀。及至 1989 年,美国已经有 15 个谈话节目。

1975 年开播的夜间节目《周六夜现场》(*Saturday Night Live*),截至 2016 年 5 月 21 日第 41 季完结日,已播出 808 集,是美国电视史上最长寿的节目之一。

从 1975 年到 20 世纪 90 年代初期,美国电视业发生了巨大的变化,有线电视崛起,传统电视网的观众大量流失①。

在这一发展阶段,引人注意的是 1973 年美国公共广播电视台(PBS)播出的《一个美国家庭》(*An American Family*)。1971 年,电视制作人克雷格·吉尔伯特(Craig Gilbert)想拍一部有教育意义的纪录片,初步构想是拍摄美国西海

---

① 参见周星主编:《影视艺术概论》,高等教育出版社 2007 年版,第 312 页。

岸、中西部、南部和东海岸 4 个不同地区的 4 个家庭的生活。制作人将不同的摄制组指派到各个家庭进行为期 4 周的拍摄,每天从第一个家庭成员起床拍到最后一个家庭成员睡觉,制作成 4 部一小时纪录片,每个家庭一集。但开拍后不久,吉尔伯特就改变了原来的计划,决定只拍摄劳德一家,并长期拍摄。至今我们无法确定当时吉尔伯特是否就已经嗅到了潜藏在这个家庭中的破碎气氛。事实是,在历时 7 个月(1971 年 5—12 月)的拍摄中,劳德夫妇的婚姻也走到了尽头,他们的大儿子兰斯成为第一个在电视上公开同性恋身份的人。当妻子帕特对剧组的存在习以为常后,她就不再隐藏对丈夫比尔的不满。在拍摄的 7 个月里,他们的关系一直在恶化,直到帕特怒吼着将比尔从家里赶走的一幕被摄影师雷家德记录下来。吉尔伯特历时一年,将 300 小时的素材带剪成了每集 1 小时的 12 集连续剧式纪录片。更为重要的是,在文本上,许多学者将《一个美国家庭》视为"真人秀"的发轫之作[①]。

2. 全球电视业鼎盛时期的电视综艺节目

(1)综艺节目模式

从 20 世纪 90 年代前后至今,是全球电视业的鼎盛时期。就电视综艺节目来说,其发展同样迅猛且具有典型意义。在这一时期,不仅单一电视综艺作品制作水准提升,优质作品更是层出不穷。更为重要的是,电视综艺节目还突破了单一作品创作的时代,进入了"模式化"生产的新时代。

电视综艺节目模式通常意义上指将成功的电视综艺节目的叙事方式(如故事表达、人物设置、流程推进、后期效果)和运营运作等进行归纳总结,从而固定下来的一种可供推广的模板。

从引进与输出的角度看,节目模式是一种未完成的、没有边界的、世界性流动的景观。然而,一个模式在全球进行改编的过程中,常常发现本地节目通常会模仿原版节目的人物性格设定、故事转折,甚至相似的结果[②]。全球电视节目发展历程,经历了"偶发的节目—归纳的模式—成型的工业—成熟的产业"的流变和沿革。

内容生产因模式而依赖产业发展。从世界范围内来看,无论是英美还是日韩,电视综艺节目内容生产之所以能够迅速发展,很大程度上是因为节目模式的

---

① 苗棣主编:《揭秘真人秀——规则、模式与创作技巧》,中国广播影视出版社 2015 年版,第 15—21 页。

② Albert Moran, Katrina Aveyard, "The Place of Television Programme Formats," in *Continuum*: *Journal of Media and Cultural Studies*, 2014, vol. 28, no. 1, pp. 18 - 27;"国内外新闻与传播前沿问题跟踪研究"课题组:《聚焦影视研究:经济、模式、从业者及影响》,《新闻与传播研究》2015 年第 6 期。

存在,批量复制、优质复加、规模运作、高性价比的工业化生产的节目模式,使电视综艺节目内容生产获得了新的产业化的"起跳点",有了成熟的获利方式,以及构成内容生产繁荣的表现形式和来源保障。

(2) 节目模式发展阶段

从全球范围内来看,21 世纪前后,电视模式产业成为一种成型而且重要的产业样态,进入了成熟且稳定发展的阶段。1999 年,蒙特卡罗电视节设立了第一个电视节目模式市场。

有学者对世界电视模式产业的发展流变进行了研究[①],认为在 2000 年之后,世界电视模式产业经过了三个阶段。

第一阶段,2000—2005 年是模式交易的全球酝酿期。电视模式逐渐成为全球电视制作和流通的重要部分。从产品价值来看,美国是最重要的单一模式市场。但从模式出口总量来看,欧洲媒体公司占了较大比例。

第二阶段,2005—2010 年是模式交易的蓬勃期。在该时期中,非正规的模仿朝着正规的模式交易方向转变。模式输出主体亦有扩展,欧美保持引领地位的同时,模式的开发和引进在亚洲也有渐发之势,尤其是日本开始崭露头角。在国际电视节目模式认证和保护协会(FRAPA)2009 年发布的名为《电视节目模式走向世界》的报告中,研究者发现从 2006—2008 年的三年时间里,世界上就有 445 个原版电视节目模式得以在海外销售播出,电视节目模式交易产生的交易额达到了 93 亿欧元[②]。

第三阶段,2010 年至今是模式产业的多元竞争期。2010 年以来,电视模式产业化发展特征更加鲜明,专业模式公司运作的商业化程度更高,市场进一步细分。一方面,越来越多的国家重视电视模式的出口,全球模式节目播出时间逐年增长,模式创造的价值也在不断提升;另一方面,欧美模式输出一头独大的局面开始改观,亚洲模式产业开始发展,模式交易市场变得多元化。

在早期,"益智类""游戏类"是重要的电视综艺模式,带动电视综艺的模式化发展,如《谁想成为百万富翁》等。随后,在即将步入 21 世纪时,"真人秀"又成为一种重要的模式,引领着电视综艺的发展,如《老大哥》(Big Brother)、《阁楼故事》(Loft Story)等。如今,"真人秀"又分化出很多模式,电视综艺的类型不断

① 殷乐:《电视模式产业发展的全球态势及中国对策》,《现代传播(中国传媒大学学报)》2014 年第 7 期。
② 王琴:《我国电视节目模式版权交易现状思考》,《长江大学学报(社会科学版)》2013 年第 3 期。

细化。全球排名前 100 的节目模式类型统计、所在国家统计,以及全球畅销节目模式排行榜如图 3-3、图 3-4、表 3-3① 所示。这些全球畅销节目模式排行榜的数据统计时间截至 2015 年,距今有一段时间,从中我们也可以看到,不少节目模式具有强大的生命力。

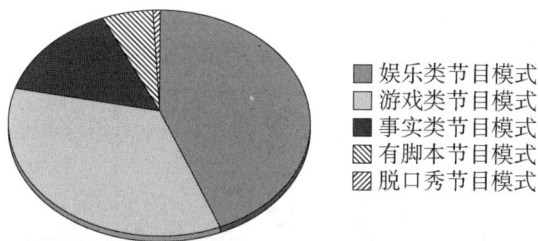

图 3-3　全球排名前 100 的节目模式类型统计

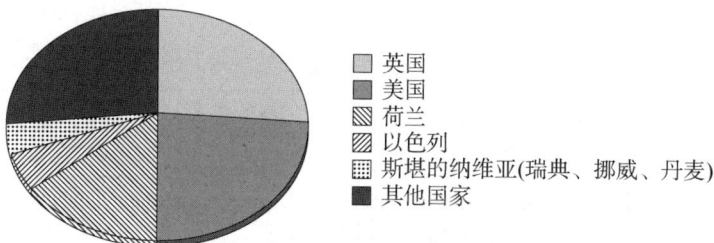

图 3-4　全球排名前 100 的节目模式所在国家统计

表 3-3　全球畅销节目模式排行榜

排名	节目名称	发行商	节目类型	来源国家	首播时间	中国引进时间	改编次数
1	老大哥(*Big Brother*)	ESG	游戏类节目	荷兰	1999 年	2015 年	100 +
2	谁想成为百万富翁 (*Who Wants to Be a Millionaire?*)	SPTI	游戏类节目	英国	1998 年	2007 年	100 +
3	厨艺大师(*Master Chef*)	ESG	娱乐类节目	英国	1990 年	2012 年	95 +
4	达人秀(*Got Talent*)	FMI	娱乐类节目	美国	2006 年	2010 年	70 +

---

① 图表引自 [法]Bertrand Villegas、郭瑛霞等:《全球节目模式养成记》,中国传媒大学出版社 2017 年版,第 16—18 页。

排名	节目名称	发行商	节目类型	来源国家	首播时间	中国引进时间	改编次数
5	好声音(*The Voice*)	Talpa	娱乐类节目	荷兰	2010年	2012年	60+
6	幸存者(*Survivor*)	Castaway Television	游戏类节目	瑞典	1997年	2001年	55+
7	家庭问答(*Family Feud*)	FMI	游戏类节目	美国	1976年	2010年	50+
8	天降百万(*The Money Drop*)	ESG	游戏类节目	英国	2010年	2011年	50+
9	与星共舞(*Dancing with the Stars*)	BBC Worldwide	娱乐类节目	英国	2004年	2007年	50+
10	流行偶像(*Pop Idol*)	FMI	娱乐类节目	英国	2001年	2013年	50+
11	一掷千金(*Deal or No Deal*)	ESG	游戏类节目	荷兰	2002年	2007年	50+
12	智者为王(*The Weakest Link*)	BBC Worldwide	游戏类节目	英国	2000年	2002年	45+
13	X音素(*The X Factor*)	FMI	娱乐类节目	英国	2004年	2011年	45+
14	价格竞猜(*The Price Is Right*)	FMI	游戏类节目	美国	1972年	2007年	40+
15	幸运转轮(*Wheel of Fortune*)	CBS Studios International	游戏类节目	美国	1975年	尚未引进	40+
16	分秒必争(*Minute to Win It*)	ESG	游戏类节目	美国	2010年	2013年	40+
17	农夫找妻忙(*The Farmer Wants a Wife*)	FMI	娱乐类节目	英国	2001年	尚未引进	40+
18	与我共进大餐(*Come Dine with Me*)	ITVSGE	娱乐类节目	英国	2005年	尚未引进	40+

（3）节目模式的版权问题

当然,论及综艺模式,就不可避免地会触及模仿和抄袭问题。在版权意识不强的早期中国电视综艺发展过程中,存在"中国内地模仿/抄袭港台地区,中国港台地区模仿/抄袭日韩,日韩模仿/抄袭欧美"的现象。即便是在欧美模式原产国,也曾存在普遍的抄袭和模仿现象。因此,模式的版权保护是每个模式输出公司都着力注意的事情。况且,模式的研发需要创意、时间和过程,所以优质的模式资源十分紧缺,新模式的生长速度也很有限。

因此,对于节目模式输出方来说,节目制作宝典一旦完成,就要尽快售出,一旦在某些场合(如节目交易节展)泄露一点内容,就会很快启发其他公司将这个创意改造成新的模式产品。如果某个节目在一个国家播出后反响很好,那么同类模式的抄袭者便会更加汹涌地出现。

(4)鼎盛时期西方的一些代表性节目

下面简单介绍一下这一时期西方综艺节目的几档代表性节目。

《谁想成为百万富翁》是益智类真人秀综艺节目,该节目1998年始创于英国,节目规则极为简单,只要连续正确回答15道题,即可赢得100万英镑大奖。节目在英国ITV电视台播出后,立即取得巨大成功,占领了高达59%的市场份额。随后,节目陆续在美国、荷兰、日本、澳大利亚等国家推出,全都获得了惊人的收视佳绩。1999—2000年,美国平均每晚收视观众达2900万人,ABC公司宣称该节目是其历史上盈利最高的电视节目,总收入达10亿美元[1]。

《幸存者》是CBS 2000年推出的生存类真人秀节目,在美国拥有相当高的收视率。在节目中,16名参与者被限定在一个特定的环境里,依靠有限的工具维持生存,并参与竞赛,最终的胜出者将赢得100万美元的奖金。《幸存者》的拍摄足迹遍布世界各地,但景点的设置主要是丛林、岛屿等,有些场地十分险峻,有人称之为与世隔绝的"流放岛"[2]。

《老大哥》是纪实游戏类真人秀节目,主要内容是一群陌生人以"房客"身份住进一间布满摄像机及麦克风的屋子,他们一周7天,一天24小时的所有举动都将被记录下来,经剪辑处理后在电视上播出。选手们在比赛时间内进行提名、竞赛、投票、淘汰,最终留下来的人将赢得大奖。节目的想法源于1997年3月10日由荷兰电视制作公司Endemol的创始人约翰·德·莫尔(John de Mol)提出。《老大哥》1999年在荷兰Veronica电视台播出了第一季,随后迅速成为风靡全球的电视真人秀节目,在数十个国家和地区播出了几十种不同版本[3]。

---

① 南方网:《在中国〈谁想成为百万富翁〉》,2002年4月22日,网易娱乐,http://ent. 163. com/edit/020422/020422_119109. html,最后浏览日期:2020年5月1日。

② 《新闻晚报》:《美国真人秀"鼻祖"〈幸存者〉取景中国》,2007年4月9日,搜狐新闻,http://news. sohu. com/20070419/n249550598. shtml,最后浏览日期:2020年5月1日。

③ 《知名真人秀现大尺度画面》,2015年5月28日,凤凰娱乐,http://ent. ifeng. com/a/20150528/42412998_0. shtml,最后浏览日期:2020年5月1日。

《学徒》（*Apprentice*，又译《飞黄腾达》）是商业类真人秀节目。在节目中，16名万里挑一的参赛者被以性别对等分成两组，在纽约接受美国地产大亨唐纳德·特朗普（Donald Trump，也就是后来的第 45 任美国总统，笔者注）的商业任务挑战。选手们轮流担任团队领导，每一周会接受诸如卖柠檬水、推销画、餐厅服务、蹬三轮车、卖婚纱、装修房子、楼宇交易等项目，获胜者将得到多种方式的巨额奖励。因盈利少而输掉的一方中会有一位对团队贡献最少的成员被"炒掉"。15 周后，最终胜出的选手则可以得到在唐纳德·特朗普旗下的某个公司担任 25 万美元年薪的总裁的职务①。

《美国偶像》（*American Idol*）是音乐类真人秀节目，其原型是 2001 年播出的英国电视节目《流行偶像》。《美国偶像》是福克斯公司在《流行偶像》的基础上加以改编，于 2002 年推出的真人秀，目标为寻找美国流行音乐的天王、天后。参赛者首先在指定的城市参加初选，被专家和嘉宾（都是当时流行音乐界的大腕）选中的参赛者可到好莱坞参加下一轮比赛。然后再选出 24 名选手（12 男 12女）参加半决赛。半决赛时，选手在电视上面向全国观众演唱，并设有观众打电话投票的环节，得票最低者将被淘汰。前三周每周淘汰 2 男 2 女，其后每周淘汰一人，最后胜出者就是"美国偶像"，奖品是唱片公司的一纸合约②。

值得说明的是，上述几档节目中，《美国偶像》对中国电视综艺的影响最大，直接影响了 2004 年湖南卫视《超级女声》的出现，从而开启了中国电视综艺的真人秀时代。

与中国大陆的电视综艺节目更迭速度很快不同，观众几乎看不到中国大陆有生命周期超过 15 年甚至 10 年的电视综艺节目，当下的一些曾经是爆款的综艺节目常常做不过 5 季。但在西方，有不少综艺节目长期存在，一直能够维持相对稳定的收视情况。通过如下梳理，我们不得不考虑，生命力持久的节目模式或许是变动小的模式。

以美国为例，它有世界上最专业、竞争最激烈的电视市场。在美国，收视率高的广播、电视和网络节目通常是那些播放历史悠久的节目。

例如，游戏类节目《价格竞猜》由弗里曼特尔国际传媒公司发行，首个版本启动于 1956 年。1972 年该节目改版，一直播出到现在。如今，这个品牌已经存在

---

① 冷凇：《从"学徒"现象看全球化背景下的真人秀节目发展趋势》，《中国电视》2007 年第 5 期。
② 参见电影网对《美国偶像（2002）》的介绍，http://www.1905.com/mdb/film/2124798/scenario/? fr = mdbypsy_jq。

了 60 年。该节目始终保持同一个节目规则——让参与者猜测普通生活消费品的价格。这个节目被许多国家不断重播,还催生了包括电子游戏在内的衍生产品。

游戏类节目《幸运转轮》由哥伦比亚国际制片公司发行,于 1975 年开始在美国播出。该节目模式使模式创作人在好几个国家获得了收益。

游戏类节目《家庭问答》由弗里曼特尔国际传媒公司发行,于 1976 年在美国首播,如今依然在美国播出。该节目的重播率很高,目前还稳步地在世界各地拓展着新市场。

探险类节目《幸存者》由美国哥伦比亚广播公司发行,已经播出了 30 季。

探险类节目《老大哥》由 ESG 发行,在哥伦比亚广播公司播出了 17 季之久,目前已更新至第 21 季。

对于所有上述节目模式而言,它们生命力强大的秘密就在于节目理念。虽然制作方会随着时间的推移对节目内容、参与人员和情节进行调整,但大部分观众不会注意到那些改变,也不会记住它们。制作方不会更改节目的性质,因为观众持续观看节目的原因主要在于节目的核心内容。如果节目模式还在正常运行,那么,不要为了改变而改变。制作公司、广播公司和发行公司修改节目模式的目的在于消除疑虑,防止节目老化[①]。

此外,这一时期西方代表性真人秀节目还有《智者为王》《一掷千金》《危险边缘》等。

当然,电视综艺节目模式既有其稳定性,更有其创新性。在 21 世纪的前 20 年里,全球综艺节目继续迅猛发展,以欧美、日韩为代表,每年都会有相当数量的新节目模式被研发出来,节目模式发展的动态性很强。

第二节　综艺节目策划的五大整体问题

本节讨论的是电视综艺节目策划中的五个整体性问题,包括主题和立意、单元和叙事、人财物配置、现场和后期、引进或原创的策划。综艺节目策划常常充

---

① ［法］Bertrand Villegas、郭瑛霞等:《全球节目模式养成计》,中国传媒大学出版社 2017 年版,第 136—137 页。

满艰辛和困难,在策划的初始阶段也常常处于"一无所有"的状态,甚至最终的成功率也较低。但也正是这些未知和痛点,成就了这个领域的莫大魅力。

一、策划主题和形态

主题和立意是电视综艺节目策划的起点,后面无论是单元、叙事、人财物、现场、后期等问题,都是围绕着"究竟要做一档什么样的节目"来展开的。在这个策划阶段中,需要注意如下方面。

第一,明确该综艺节目是定制类,还是非定制类。首先,定制类综艺比较特殊,是由特殊的部门、机构、企业等不同主体,或特殊的原因,定制出某个主题、立意和形态的综艺节目;其次,非定制类节目没有上述限制,可以相对自由地发挥主创者的意图。

第二,明确该综艺节目是版本引进,还是本土原创。首先,如果该节目是版本引进的话,下一步要着手准备的则是确定引进什么样的爆款节目,版本引进的手续和流程,以及引进之后的本土拍摄和本土改造过程;其次,如果该节目是本土原创的话,则要着手准备对节目进行各个维度、各个环节的策划,具体内容在本书后面的部分将详细讲述。

第三,明确节目的主题和形态。策划时要思考这档节目是全新类型、主题和模式的节目,还是从已经在播出的类型、主题和模式中衍生出来的节目,或者是重新将尘封的类型、主题和模式再启用。

一般来说,如果节目收视尚有保障,则适合对节目的环节、人物、叙事、规则等进行渐变。但如果节目收视已经非常惨淡,就要考虑停播或对节目进行较大调整。西方生命力达数十年的综艺节目,很多都是不断渐变创新而来的,几乎没有颠覆性改变。很多时候,在某些情境下对一些节目的弱点进行适当的改造,或者观众的口味在新的时代发生变化,弱点可能就会变为优势。

第四,明确节目的受众,思考要创作的是大众化节目还是垂直化的节目。首先,大众化节目是可供多种年龄、性别、背景、喜好、诉求的观众观看、娱乐、休闲的节目(如《快乐大本营》);其次,垂直化节目(或称圈层类节目)是供小众和特定爱好、年龄、背景、喜好、诉求等群体观看的节目(如戏曲类真人秀、乐队类真人秀)。近年来,明确是否是圈层类节目,成为策划伊始的重要问题。

第五,明确节目的名称、形象标识、音乐标识等问题。首先,一档节目是否能够起一个显眼的、容易让人记住的名字十分重要。这种辨识度、传播度、记忆度高的名字可能是震撼的，也可能是温润的；可能是猎奇的，也可能是日常性的。不一而足，这考验节目策划者、制作者的灵感和创意，并需要结合某些特定诉求、社会需求和传播情境。其次，一档节目还需要精心设计同样要有高辨识度、传播度、记忆度的形象标识，包括节目 LOGO、节目口号、节目基本色、节目舞美、节目音乐等。

第六，明确节目的禁忌。在进行主题策划时，也需要注意一些禁忌。比如像海外的《老大哥》等真人秀，使用摄像头、麦克风全维度甚至无死角地拍摄，暴露住房中选手的一举一动，同时直接表现封闭空间中选手的竞争与淘汰，这其中至少有三大问题导致它在我国国情下很难播出：首先，过度揭露选手的各方面隐私；其次，过度暴露两性关系，甚至直接展示性问题；最后，过度渲染、表现人际关系的复杂与阴险。因此，海外"爆款"综艺节目未必适合中国国情，如果忽视这个问题，甚至会造成血本无归的惨败之局。

第七，明确每期节目的主题。这一点并非对每一个综艺节目都适用，但通过观察可以发现，当下火爆的综艺节目往往不仅节目有一个整体主题，每期节目也都会设置一个独立的主题。对每期节目可以根据具体主题进行有的放矢的策划和设计，最终达到与节目的总主题相得益彰的效果。比如《王牌对王牌》中，不同期次节目会有类似致敬春晚、致敬四大名著电视剧、致敬某部经典影视剧、致敬某一类演员群体等具体主题。

再如，从《有多远走多远》到《十二道锋味》，旅游美食类节目的主要叙事线索和悬念设置，越来越成熟地直接落脚在"一个鸡蛋究竟都可以做成什么样的菜品"，"在欧洲海拔最高的雪山餐厅里、世界最奢华的远洋游轮中用餐时究竟会品尝到什么样的食物"，"一位主厨给一个庞大的剧组做饭究竟是一种什么体验"等具体的方面，通过每期节目设立的一个"主题"来展示旅游美食的总主题。

主题线索和悬念噱头是一种叙事牵引力，以主题线索为中心制造"主题式悬念"，让其他内容或依附、或围绕着这些单个事件、主题悬念，有利于"旅游"和"美食"元素的悄然合一，使二者互为"点面"并"点面"互带，将观众自然带入节目设置的主要线索中，提高观众的虚拟参与感，并增加对相关依附内容的认知欲望。

当然，在策划节目主题和形态时，要注意的问题不止于此，上面只是示例一些相对重要的问题，以供参考。在这个部分的策划中，还要考虑前述的如综艺节目分类,以及后面详述的各环节内容。

二、策划单元和叙事

节目主题、立意和形态等方向性问题确定了,接下来就是具体地策划单元和叙事了。在这个环节有两种方式可供使用,一种是天马行空式的策划方式,另一种是严谨精准式的策划方式。这两种方式在节目策划中一般会结合使用。

第一,天马行空式的策划方式,即所谓的头脑风暴。策划者以比较放松的方式坐在一起,轮流阐释自己的想法。这种阐释可以天马行空,开放思维,可以不必管逻辑和可行性;当某一个人阐释时,其他人也不要打扰和否定。这种方式的目的在于充分发掘策划人的想象力,而不是从一开始就因为"前怕狼后怕虎"而将创意禁锢。不少新奇的、优质的、可行的、能带来爆款节目的创意,很可能就是由头脑风暴里的某个人的某句话而引发的。当然,这种启发之后还需要通过大量合理化的论证和设计,最后才能塑造出完整的节目。

在头脑风暴时,很多时候是可以吃着小食、喝着红酒、坐姿懒散的,从形式到内容都是一派自由、开放之气。而且,头脑风暴不仅可以用于综艺节目策划,在商业策划等各类策划,甚至英语写作训练中也被广泛使用。

第二,科学严谨式的策划方式。这种策划方式要求策划者将一档节目的各种要素拆分出来(如本章后面说的十大要素),然后尝试不同的排列组合方式(如不同人物关系的组合,不同人物与场景的组合,不同人物、场景、情境的组合,不同故事发展和结局的组合,不同环节和效果的组合,等等)。对大量的组合方式反复比对,反复斟酌,选出最优方案。在策划时,策划者有时会将这些元素写在不同的纸片上,将这些纸片按照不同逻辑线索去尝试不同的配对。有时策划者会使用大白板,在上面画出各种元素的组合方式和逻辑线,随后会反复地否定并擦除白板上的一些内容,重新写出新的组合想法。

在策划中,如遇专业领域的内容,还要请该领域的专家参与前期策划。同时,策划主体会购买不断更新的全球节目数据库,以追踪最新浪潮。

当然,有时虽然我们在策划时注意到了节目各元素的合理性和科学性,但拍摄过程中,许多意外、偶然、即兴的内容不仅常常会出现,而且这些内容还容易成为节目的燃点,超出了事先策划的范畴。

在策划单元和叙事环节,有不少问题是本章后面的内容将细致描述的,如综艺节目策划的十大元素等。这里删繁就简,提示几个在这一阶段要完成的任务。

第一,策划模式/版式。模式或版式的确定,通常要考虑节目"内容"和节目"形式"两个部分。大致有如下四种组合方式:第一种,熟悉的内容＋熟悉的形式;第二种,陌生的内容＋陌生的形式;第三种,熟悉的内容＋陌生的形式;第四种,陌生的内容＋熟悉的形式。

一般而言,在进行综艺策划时,策划者会下意识地反对"熟悉的内容＋熟悉的形式",会认为它太老套,难以引发收视爆点。策划者还会下意识地想去做"陌生的内容＋陌生的形式",认为这样会点燃观众的新奇,带来"现象级"节目的传播和收视效果。很大程度上,固然这些想法都是正确的,特别是能够做好"陌生的内容＋陌生的形式",这绝对是所谓"创意""创新"的重要目标。

但同时,我们也不能忽视"熟悉的内容＋陌生的形式"和"陌生的内容＋熟悉的形式"的模式。这两种模式既有助于利用现有能力、资源和经验,又可能促使观众产生耳目一新的惊奇感和惊喜感。

就像浙江卫视《王牌对王牌》里的"传声筒"环节,虽然在1997年《快乐大本营》的第一期里就出现过,形式几乎一致,这个环节的形式看似很陈旧,但从内容上说,因为《王牌对王牌》的嘉宾不同、舞美不同、后期不同(如花字)等,这个环节常常是令人爆笑连连,成为节目的代表性环节。

第二,策划叙事和单元。叙事是艺术创作的重要概念,也是成就一个优质艺术作品的关键支撑。叙事简单说就是如何讲述内容、如何讲故事,优质的叙事会实现故事讲出来别人愿意听、愿意看、愿意相信的效果。叙事可以大致分为正向叙事、逆向叙事、反转叙事、悬念叙事等,具体内容将在下一节的"十大元素"中详述。

节目单元是构成综艺节目的基本要素,一档综艺节目是由多个节目单元构成的。一档节目可以由并列型、递进型、混合型等节目单元样式构成。例如,某档户外游戏类节目每期节目中假设有5个游戏单元,如果这个5个游戏单元之间彼此独立的话(前一游戏单元的结果与后面单元的内容无关),则构成并列型单元样式;如果前面的游戏单元结果直接影响到后面单元的进行(如只有在前一单元获胜才能进入后一单元,或前一单元获得的物品是后面游戏的必备品等),则构成递进型单元样式。

这里需要说明两点:其一,不少综艺节目会有"大单元套小单元"的"套层"结构,如果这种方式处理得当,会大大增加节目的可视性;其二,并非一档节目单元越多越好,综艺节目单元设置要注意可能"多就是少,少就是多",简洁的单元和游戏规则也会在一定程度上有助于观众收视。

第三,策划参与其中的人。最终激活、串联一档无论是叙事的还是单元的综艺节目,终究是参与其中的人。没有合适的人的参与和表现,再好的单元和叙事设计也难以打造出"爆款"综艺作品。反之,有些棚内节目的游戏似乎老套,形式似乎陈旧,但因为节目参与者的活灵活现,也常常让观众爆笑连连,或产生其他较好的观看感受,从而增加受众对节目的黏度。

例如,都是猜歌名、接唱、传话等在中国电视荧屏存在了数十年的传统游戏,其在浙江卫视《王牌对王牌》中呈现出来的爆笑效果,与在省级地面频道、市县级电视台呈现出来的尴尬效果,产生了巨大反差。产生这种反差的核心原因,就在于参与嘉宾的"综艺感"区别太大,从中可见节目中的"人"的价值。

选择"人"的时候,需要考虑主持人、明星嘉宾、素人选手等参与者的类型。值得一说的是,娱乐圈有些明星基本只在综艺节目上露脸,被称作通告艺人,他们有一定才华,但不依靠出演影视剧、演唱等专门性表演为生,而只是"闪转腾挪"地在不同的综艺节目中做嘉宾。这些通告艺人往往"综艺感"十足,搞笑、接话、抛梗、带节奏等的能力都很强,这些"综艺感"成为其独特的优势。

电视综艺节目策划的基本逻辑和内容主线总是与"人"紧密相关,比如"让平常人去做不平常的事"和"让不平常的人做平常的事"。后者如当前一些慢综艺里明星下厨房、开旅店等内容,而前者就如文化类节目中平凡选手带来的如达人般的惊艳表现。

现代综艺理念一直在"故事叙事"和"人物设定"两大维度不断精进和探索,探索的成果之一是综艺节目中"人格化"理念和手段的打造。

以近年来火爆的文化类节目为例,在文化行为和文化类节目中,素人身上是有美好的能力和品质的,在这些举手投足中呈现的人格,是值得打造并会有巨大吸引力的。这也是对当前综艺节目过度依赖明星、明星天价出场费扰乱综艺制作格局的矫正。如《中国诗词大会》等不少文化类节目中的选手,常常极具人格化,他们年龄普遍不大,在具有少年或青年人特有的天真、温暖的美好感的同时,却能出口成章、优雅从容、知书达理,让人暗惊、暗喜、赞许、赞叹。节目不仅比拼传统文化的知识储备,更展现了年轻人朝气蓬勃、知书达理的精神气质。如《国学小名士》中,节目和选手虽冠以"名士",但其展现的却全无陈旧迂腐之态,而是饱具青春、笑容、阳光之意及以文会友的快乐。在网络热播的以"月"为题的飞花令视频中,17岁的高晗最终获胜,而她获胜后第一时间做的,是给自己面前的对手、12岁的妹妹贺莉然竖起大拇指。于是,在"心向问学＋优雅风貌"中,不少文化类节目展现了中国青年、少年应有的性格特征和气质所在,并引领性地示范了青年、少年群体应有的价值。正如节目嘉宾郦波教授所言,节目中的青少年的母语感知能力在学习国学时被激活,他们谈吐自如的表达、腹有诗书的优雅,体现出优秀传统文化对理想人格和价值的塑造。这些关于"人"的形象、性格甚至价值的塑造,都值得策划者在电视综艺节目策划时参考。

最后,需要说明的是,在策划者拿出策划案之后,还可能会根据客户需求、平台"调性"、市场情况等因素不断调整策划案。节目策划往往难以"一蹴而就"。

三、策划人财物配置

现代电视综艺是一个与资本、市场、经济、收益、产业高度关联的领域,策划人财物其实就是在上述领域发挥作用,实现节目社会效益的同时,也力求实现良好的经济效益。具体来说,人财物配置需要注意如下问题。

第一,认真考虑和核算节目的投入成本和经济产出之间的关系,力争经济效益产出高于甚至大大高于投入的成本,以获得盈利。一般来说,如果客户、媒体或机构的预算较低,则需要缩小节目规模;如果客户、媒体或机构的预算较高,则可以加大投入,让节目成为高端的大制作。

这个过程中,节目制作人、制片人(或机构)需要提前对节目的各种开销和成本进行筹划,包括设备费用(如拍摄设备、道具设备、后期设备)、人员费用(如嘉宾、各工种人员)、版权费用(如版本引进费、节目中音乐等的知识产权费)、宣推费用、后勤费用(如车辆、餐饮、差旅、场地)等。

第二,策划争取多方为节目进行投资。主要方式如通过企业冠名获得投资,通过售卖节目植入和插播广告等获得投资,通过电视台和影视制作机构的注资获得投资,通过众筹获得投资,通过各类基金获得投资,通过其他多种原因和多类企业及机构的注资获得投资等。

第三,策划如何盘活节目的延伸产品和收益,使节目制作方不仅通过节目本身获得收益,还可以通过如开发节目题材的手机游戏,将节目改拍为大电影,开发各类节目同款产品(如服饰、食品、摆件等),开发节目衍生图书和数字音像产品等。

　　为了吸引观众购买,制作者可以和电商合作。比如在节目进行到某个桥段,以弹出二维码的方式,让观众扫二维码购买该桥段出现的同款商品。同时,微信公众号、各类长短视频客户端,都是消费导流的重要渠道。

　　传统上,我们在电视综艺节目策划中,较为忽视人财物等经济因素,而更强调节目内容和形式的因素。但在产业化、全球化、商品化的时代,我们不仅要重视经济因素在综艺节目策划中的地位,甚至某种程度上说要将成本和收益问题提到相当重要的地位。从综艺节目的策划伊始,就要安排专门的部门和人才负责这个领域的统筹、协调、安排,并与内容生产部门深度合作。

　　当然,在重视人财物等经济因素的同时,需要注意如下三点问题。第一,重视经济效益的前提是保证社会效益。这并非是唱高调,高经济收益的节目因社会影响低劣而崩坍的现象并不鲜见。第二,经济因素要适度介入节目内容,节目内容创作不能完全、无条件地被经济收益绑架,否则就是"杀鸡取卵",难以持续创作出"爆款"节目。第三,倡导资本的健康使用,反对资本的不良流向。例如,曾有较长一段时间,投入影视作品的资金里有相当大的比例被用于支付明星和嘉宾的酬劳(甚至是个别几位明星和嘉宾的酬劳),从而导致对其他部门的激励机制不足,也导致制作的其他环节资金投入不足,大大影响了作品的品质,"明星高片酬"也在社会上造成了恶劣影响。

四、策划现场和后期

　　一档节目进入对现场和后期的策划阶段,就是从前面的三个"前期策划阶段"进入新的"拍摄制作策划阶段",表明该节目的前期策划基本得到了各方认可或满足了特定需求,将要或已经正式开始拍摄制作。

　　1. 现场策划

　　综艺节目的拍摄现场,各类工种、各类任务、各类突发情况往往很多,情况复杂,甚至有较好的提前策划也未必能实现拍摄现场的有条不紊。关于现场策划,这里主要向读者提示两个重要的问题:一是现场场景和舞美的策划;二是现场机位的策划。

　　第一,现场场景和舞美的策划。这涉及户外节目的场景策划和棚内节目的舞美策划,既需要策划者的强创意能力,又需要策划者有较强的将创意和实际环境相融合的能力。拍摄现场的视觉问题、舞美问题、设计问题是一个专门的课程,也有专门的教材,本书仅做如下示例。

以《朗读者》为例,节目中"门"作为实物符号的设计成了"仪式"传播的一个载体,对每位朗读者而言,"门"的两次打开与关闭意味着他整个朗读行为的始与终,"门"既意味着心门,也意味着和受众一起分享的交流之门。门第一次打开时,朗读者随董卿一同进入访谈室,分享自己与即将朗读的内容之间的关联与故事,将一个人与一段文字紧密地勾连在一起。随着大门的再次开启,朗读也随之进行,伴随着朗读行为开始与结束的时间节点,全场观众会一同起身鼓掌致意。朗读,一个日常看来极为平常的行为,在节目中通过一系列象征符号的建构与组合,升华为一种仪式,甚至可以说是近乎神圣的行为,借助舞台设计、背景画面、经典音乐等符号的烘托,唤起并强化人们内心崇高的感情。《国家宝藏》《中国诗词大会》《朗读者》中使用的象征性符号,见表3-4①。

表3-4　《国家宝藏》《中国诗词大会》《朗读者》中使用的象征性符号

	《国家宝藏》	《中国诗词大会》	《朗读者》
图像符号	9个LED冰屏柱呈现的9座博物馆标志、纱盒投影呈现"国宝"全貌、巨型环幕等	卷轴、雕栏画栋、祥云、枫叶、明月、荷塘、盾牌等	翻动的书卷、书桌、飞舞着的经典名著书页、朗读者照片墙、放大的书(朗读过程中)等
实物符号	国宝守护人印信等	卷轴元素设计答题台等	书籍、阶梯、门、演讲台、台灯、朗读亭等
行为符号	宣读守护誓言(守护仪式)、特展揭晓等	群颂古诗(场内外联动)、飞花令等	"寻找朗读者"活动、朗读起止时间点观众共同起立致意等
音乐符号	开场号角、古风配乐等	笛声、琵琶乐、古风配乐等	交响元素的仪式性配乐、结尾主题钢琴曲等
色彩符号	中国红、金色、蓝色等	蓝色、金色等	金色、中国红等

第二,现场摄像机的机位布置。这是一件复杂而关键的事情,首先,如果是棚内节目,常常要在选手休息室、休息室到舞台的通道、舞台候场处、中心舞台、多个副舞台、观众席、评委席、主持人休息处甚至导播室都要设置机位。一般来

---

① 张晶、谷疏博:《论原创文化类节目的美育功能》,《现代传播(中国传媒大学学报)》2018年第9期。

说,棚内节目固定机位要比活动游机多。

其次,如果是户外节目,常常除了拍摄整体场景的一些机位外(含航拍),每个选手或嘉宾都需要至少一台摄像机跟拍,机位数量大且对摄像师的体力、动态构图能力都是考验。一般来说,户外节目的活动游机要比固定机位多。

最后,如果是纪实类节目,则需要无死角地布置大量固定摄像头,以忠实记录给定环境内发生的事情。这种给定环境有可能是节目组设计的场景,也有可能是如医院、餐厅、交通枢纽等已有的设施。

总之,在当前的电视综艺节目拍摄中,布置上百台甚至更多的摄像机是常有的事情,这也体现了当前综艺节目制作与二三十年前综艺节目制作的巨大区别。

现场机位拍摄的内容也丰富多元,既要拍摄主要主持人、选手、嘉宾的主体表演、游戏等的画面,也要拍摄现场场景、观众或围观者的环境画面,还要拍摄他们候场、进场、私聊、意外、偶然、自语、即兴、即时反应等大量细节性的画面。而且,需要注意的是,这些画面无论是空镜、花边还是有故事的画面,通过后期剪辑,都有可能深度参与节目的叙事。

2. 后期策划

这里主要谈后期剪辑的问题,当下的综艺节目对后期剪辑效果的需求和依赖较之以往显然苛刻得多。

电视综艺节目的后期剪辑有两个基本任务:一个是删,一个是增。第一,"删除"指的是从大量前期拍摄的原始素材中选取一部分(有时仅是一小部分),借助剪辑手段呈现出最终的完整作品。这个过程是对前期拍摄素材中画面、声音、时空、运动、节奏等的二次选择和再组织,会有相当数量的前期拍摄素材最终被弃之不用。很多时候我们面对前期的原始素材,不能"敝帚自珍"。

第二,"增加"从狭义上说,指的是通过后期特效等手段,在前期拍摄素材基础上,增加字幕、图形、动画、标识、声音、各类动态影像等内容;从广义上说,指的是通过后期剪辑,增加前期素材中原本不具有的元素、叙事、逻辑、意思、意义和意蕴,以增加作品的内涵,提升作品的品级。在后期剪辑时,需要注意剪辑的频率节奏、剪辑点的顺畅有序。

不同的综艺节目自然有不同的剪辑风格,这种剪辑风格很可能构成节目的最终风格。主要的剪辑风格有:一、快速风格,即快切、快剪,西方不少真人秀节目会达到平均1—2秒的剪辑速率,由此会造成很多"假高潮"的出现,如美国哥伦比亚广播公司的户外旅行探险类真人秀《急速前进》(*The Amazing Race*),在45 分钟的节目时长内,分镜头高达 1 800 个,平均 1.3 秒切换一个镜头;二、慢速风格;三,端庄风格;四,诙谐风格(如字幕的使用);五,理智风格;六,混合风格等。

关于后期剪辑的工作状态,有过这样一段对《我是歌手》总导演洪涛和后期剪辑团队的报道:"一开始,《我是歌手》一期节目素材多达 1 000 个小时,有的存在卡带里,有的存在电脑系统里。'光是上传素材,十几台机器同时工作,也要一两个通宵才能传完。我们的后期剪辑团队有 20 多人,负责处理这些素材,第一期节目剪了 15 天,洪涛导演 4 个通宵没睡觉,病倒了。'洪啸说。后来,慢慢摸出了门道,《我是歌手》的素材降到 300 个小时一期。'我们的拍摄、剪辑、制作都建立在科学、高效的生产方式上。以往从素材中找一个镜头,可能需要从头到尾看一遍。现在不用,有专业的技术,比如要从一个小时的素材中找一句话,很快就能检索出来。'即便如此,节目组的工作强度还是非常大的。韩国每期节目有两周准备时间,而洪涛团队只有一周。"①

五、策划引进或原创

1. 从引进到原创之路

在策划电视综艺时,究竟是购买海外版本和拍摄"说明书",直接使用海外成熟的节目样态、内容和形式来复制节目,还是依靠本土原创来打磨节目,是摆在策划人、制作人(或机构)面前的核心问题之一。引进和原创是两种综艺节目制作的来源,其效果各有利弊。

(1) 引进

以我国为例,自 2010 年前后,综艺节目的"洋版本引进"逐渐成为一种风潮。一般来说,我们认为 2010 年东方卫视播出的《中国达人秀》第一季开启了中国电视综艺正规海外模式版本引进的新阶段。当年《中国达人秀》在上海的收视率接近 35%,超过春晚 17%的收视率。

版本引进促进了随后我国电视综艺节目的井喷式爆发,为创作和传播主体

---

① 李红艳:《〈我是歌手〉的突围崛起》,2013 年 4 月 11 日,中国文艺网,www. cflac. org. cn/ys/ysyy/zxqy/201304/t20130411_181820. html,最后浏览日期:2020 年 5 月 1 日。

带来了较好的经济效益,也为接受主体带来了较好的收视感受,但对版本引进的负面评价和其引发的争议却一直不断。

争议是有缘由的。版本引进固然带来了一时之利,但长远来看,过度依赖海外版本会消磨中国综艺节目的本土原创力。很多海外版本就像我们日常生活中的物品"说明书",节目中的机位如何设置、选手个性如何设定,甚至点评导师需要说哪几句话,都有详细的"说明"。我们的综艺节目制作者似乎只需要"照章办理"即可。这虽然能够降低节目制作"机构"的"创新成本",却同样降低了节目制作"人"的"创新活力"。这便引发了我们对原创综艺节目的呼唤。

(2) 原创

① 对原创能力的呼唤。

综艺节目的本土化原创针对的是过度依赖"洋版本",缺乏本土创新与再造问题。成功的综艺娱乐节目必然重视本土化原创问题。这并非空谈,它是实实在在支撑一档节目能否可持续发展的关键因素。

"电视节目创新都需要付出相当大的资金与人力投入,并且可能会面临着失败的风险。模式困惑进而强化了选择性恐惧,对失败的恐惧进一步压制了自主创新的勇气和信心,助长了模式复制与克隆的行为,从而形成了一个'焦虑—迷惑—恐惧—复制'的创新怪圈。"[①]于是,模式引进大盛的背后,留给中国电视内容生产的一个重大困境,是原创力不足,这是一种原创力惰性。

原创力不足就容易导致"成于模式,败于模式"的问题,这考验着中国电视人的应变水准。对电视节目制作来说,借用模式显著的好处是有规矩可循、有本可参,"多快好省"地进行内容生产。但也正是因为模式下"说明书""手册""样例""模板"的相对封闭,如果缺乏随时而变、随机而变的原创和变通,应有的变化不能及时跟进节目发展,必然会导致受众注意力倦怠、分散和转移带来的致命打击。

对此,我们的观点是,一方面应以开放的姿态融入世界,通过"洋版本"的引进与世界进行对话;另一方面,应坚持民族文化主体立场,引进与借鉴绝不等于全盘抄袭,应避免自我主体性的迷失及原创活力度的松弛。

电视节目引进与原创是辩证统一的关系。电视节目引进与原创不是一个非此即彼的绝对对立关系。没有节目引进不意味我们的本土节目就一定会有原创

---

① 杨乘虎:《电视节目创新的路径与模式》,《现代传播(中国传媒大学学报)》2012 年第 6 期。

出现且取得成功,有了引进节目也不代表我们的本土节目就一定会失去原创能力[1]。如果不正确的模式引进方式会给我们民族电视内容生产的自主创新力和本国电视产业发展的可持续性带来显著的损伤,那么,我们过多地把期望寄托于模式引进,则必然令中国内容生产和产业发展的未来堪忧。

有学者提出提升原创力的两个标准:首创性(强调首发)和引领性(在一个大环境或某一特定领域内形成一种前赴后继的整体创新氛围)。同时认为,电视综艺节目的原创力提升要从以下四个维度思考:重视"人"的力量,满足原创力的精神需求;依托"物"的力量,满足原创力的物质需求;发挥政府力量,实现有效的政策法律;借助市场力量,实现原创力的效益价值[2]。这些观点值得借鉴。

② 原创文化类节目的示例。

近年来,传统文化类原创综艺节目大热,让我们看到了本土原创节目的魅力和可能。我们可以以此为例。

优秀的文化类综艺节目具有小成本、大情怀、正能量的特质。近年来,文化类节目的大热,从宏观环境来看,是对党和国家艺术战略的有效践行。

而从微观动因来看,当前中国已经几乎购买"尽"了全球几十年积累的综艺模式。所以,以文化类节目为代表的原创风潮不仅是政府的呼吁、学界的期盼,更是业界的自觉——中国综艺业若想持续这个来之不易的"大时代",哪怕更多是为了实现经济效益的可持续滚动,中国综艺人也需要实实在在地寻找更多原创机会。

早期如《中国汉字听写大会》《成语英雄》《汉字英雄》《中华好诗词》等节目的播出,让我们看到本土文化与电视综艺融合的可能。不过,此类节目虽然立意高远,也让观众感到新鲜,但始终难以找到可持续吸引观众黏度的叙事和表现方式,一些节目差强人意,昙花一现。

不过,之后的《中国诗词大会》《朗读者》《见字如面》《国家宝藏》等带有强烈本土色彩的节目,在舞美和画面呈现、叙事或赛制方式、后期和制作水平、宣传与推广智慧、传统艺术的现代传播转换等方面都有突破,迅速吸引了广泛的观众关注,并取得了良好的经济效益和社会口碑。这也让我们真切地看到,本土文化和

---

[1] 胡智锋、刘俊:《电视综艺节目,需在引进与原创之间寻求平衡》,《传媒评论》2014 年第 2 期。
[2] 邓文卿、张莹:《对中国电视综艺节目原创力问题的思考》,《中国电视》2015 年第 12 期。

在地元素不是"陈芝麻烂谷子",而是也可以饱具综艺气质。

经过版本引进阶段对中国电视综艺人的锻炼,同时也因为近年来版本引进的费用"水涨船高"等因素,近两年不仅是文化类节目,包括户外综艺在内的多样态的带有浓厚原创色彩的节目不断增多。这使得引进与原创之辩逐渐进入了一个平衡的状态。我们反对关门主义,也反对海外至上,正常的文化与艺术自由交流应该以平衡为意。

传统和本土文化元素之所以在新的融合媒介和社会环境中,很多时候会显得落伍或不那么时尚,重要原因是其中的一些元素不符合现代人快节奏的认知和审美需求,突出表现为节奏的缓慢、创新的缓慢、内容的封闭、形式的封闭等。因此,文化类节目在当下之所以能够通过这些原本并不易被现代观众接受的元素点燃收视,一定是"重组"发挥了重要作用。它对传统的文化元素进行了现代传媒改造。这种改造可大致总结为如下两种。

第一,内容的重组。将传统本土元素的内容进行抽离,如将原本节奏缓慢的铺排抽离出最精彩、最刺激的部分,只保留并连续性展示这些具有可视性的部分。再如将经史子集的形态和仁义礼智信的观念融入新时代的生活方式、行为方式、价值方式和人格方式之中,如此重组和转换就隐去了传统元素中的晦涩、生硬、陌生和遥远感。常见的方式有将传统、本土文化的精华元素抽离出来(如国学、诗词、书信、诵读、情怀、情感、意境、价值等的抽离),巧妙分插进当代综艺叙事的适合环节(如主题设定、人物性格、环节叠进、舞美视觉等),并与当代人的行为和价值喜恶融合对接。当然,这种重组也需要根据不同节目定位打造差异化策略。

第二,形态的重组。这里特别要肯定文化类节目因应新媒体的融合环境而进行的视频切割和重新分发,许多此类节目都注意到根据不同的渠道以不同的视频样态(包括视频长短、逻辑、组接等)进行再创作、再传播,通过精彩的短视频(如《朗读者》中不同对象的人生故事和况味、《国学小名士》中的两位小姑娘接续数十轮飞花令的过程),诱发观众通过观看短视频而寻找完整节目的欲望,这是传播在倒逼创作研发。

2. 两个辅助材料

在本节的最后,给读者提供两个关于节目模式研发的参考材料,供读者体会一些实务性的现状和方法。

第一个辅助材料来自访谈《少有人深知的中国综艺研发江湖》,访问了平台方(电视机构)的湖南卫视创新研发中心主任罗昕、江苏卫视节目中心副主任张烨镝,制作方的远景影视副总裁王刚、蓝色火焰副总裁徐帆,第三方的乐正传媒联合创始人彭侃。访谈节选如下:

20 多年前,20 世纪 90 年代,从国内自主做节目之始便有了研发的工种。在如《快乐大本营》形态的初代棚内综艺中,就有基于环节的、游戏的研发。当然,这种基于环节的、游戏的研发,还不是如今完整意义上的节目模式研发。

2016 年 7 月,"限模令"正式实施,研发江湖进入了新一轮大洗牌。曾经致力于引进模式节目的公司必须转型为模式研发;曾经高度依赖国外模式进行节目制作的机构也必须转向自主原创。

然而,因为直面市场,制作公司几乎没有试错机会,蓝色火焰副总裁徐帆表示,"制作公司很难做创新度很高的研发,要说服的对象太多,有平台、有客户、有艺人,天马行空纯创意的项目,几乎没有"。乐正传媒联合创始人彭侃分析,"单纯的制作公司往往忙着走路、无暇看天,眼界不够开阔、思维过于感性,但一个好的节目模式研发一要开阔的眼界,二要理性的梳理"。

推荐给制作公司的是两种可供参考的研发体系。一种是蓝火模式的"SC 型研发",即选拔具有模式思维的优秀导演,并将其培养成为 SC(show creator)。从事这个新生职业的人专门做 show 的设计,会熟练使用节目模式数据库,对社会热点有敏感度,同时也直接参与节目模式的研发。更重要的是,在节目立项之后,继续以核心导演或编剧的身份参与该节目的制作,"落地"为安。

另一种则是远景模式的"对接型研发"。远景影视是国内研发实力一流的公司,拥有《最强大脑》《非诚勿扰》两大经典代表作,有多支制作队伍和稳定的作品量产,这种组织规模让其可以承载一个独立的、支撑节目研发的部门。这个部门称为"海外对接部",共有 5 人,服务公司旗下七八支制作团队。他们专注于两件事。第一,情报分享。搜集海外最新情报,每月给各大团队做全球市场环境动态、节目模式的信息分享。第二,资源对接。组织海外成熟的制作研发人员,定期到公司与各大团队一起完善各自手中的方案。因此,远景模式仍是一种集研发与生产为一体的节目创作方式,海外对接部完成信息与资源的助攻,各大团队仍是直接进行研发的主体。

彭侃坦言,"最初本想参照国外模式买卖、授权的模式,后来发现行不通。中国人不太接受 paper format 的交易模式,定价、推行,非常困难。后来,参照电视剧编剧模式,进行分阶段合作、共同研发,让客户看到项目从无到有的一个科学化、体系化的流程"。在方法上,首先,为客户做加法,帮助他们开阔眼界、头脑风暴,形成大量的、零散的、灵光的点子;其次,为客户做减法,梳理模式主线、去掉不兼容元素。彭侃认为,中国思维是比较缺乏逻辑的、较为感性的,所以很多模式是乱七八糟、拼在一起的,但这不称之为模式思维,模式思维是以理性为支撑的。

相对而言,平台(如各大卫视、互联网影视机构,笔者注)在研发之上是有比较优势的。促成一个模式的落地,一要有平台,二要有广告。因此,一来它的创新效率快,王刚说,"平台认为好的模式可以直接上,不用像制作公司一样逐一去谈各大平台";二来它的创新力度大,徐帆说,"平台可以试错、可以协作,如果平台要做大的创新,只要说服广告客户就好"。

然而,正如本文反复强调的,任何组织形式的研发都有不同类型的局限。平台型研发可能遇上的问题便是"大组织病":能够有效调动组织活力的,研发能卓有成效;无法调动组织活力的,研发便饱受其累。"很多平台的研发部门被边缘化了,研发部门本该是平台的一个发动机,结果往往却变成了一个养老院。在大体制下,有的总台研发部与卫视平级、各自为政,彼此领导互不往来。你要模式,甚至需要打报告、走流程,两个领导达成一致才能继续。这种情况下,团队甚至会直接采购第三方市场化服务,加快效率",彭侃如是说。①

第二个辅助材料是《全球节目模式养成计》一书中中外模式专家给出的节目模式宝典制作清单,见表 3-5 ②,供读者参考。

---

① 参见浅度:《少有人深知的中国综艺研发江湖》,2019 年 3 月 13 日,商业新知网,http://www.shangyexinzhi.com/article/87753.html,最后浏览日期:2020 年 5 月 1 日,引用时有调整。
② 本表整理自[法]Bertrand Villegas、郭瑛霞等:《全球节目模式养成计》,中国传媒大学出版社 2017 年版,第 60—69 页,引用时有调整。

表3-5 如何制作节目模式宝典

做之前：制作节目模式宝典之前需要思考的问题	要做什么：节目模式宝典中包括的内容	如何做：节目模式宝典中指导实践的细节内容	做得好：节目模式宝典的宏观性要素
1. 谁：节目的参与者有谁？是素人还是明星？ 2. 何时播：是录播节目还是直播节目？（二者在预算和制作上差别很大） 3. 多问几个"什么"：节目的风险是什么？会带给嘉宾什么？什么是与嘉宾利害攸关的？他们会赢得什么？是金钱、爱情、工作，还是一份唱片合约？ 4. 怎样：节目将怎样被制作？依靠脚本还是脱离脚本？制作成纪录片类型还是真人秀类型？（针对这个问题的不同回答会影响制作过程。纪录片节目的制作需要更多的编辑工作，而实况转播节目则需要不同类型的导演） 5. 哪里：节目将在哪里拍摄？在一座小岛上还是在城市里？	1. 封面 2. 目录内容 3. 节目看点 4. 节目理念 5. 节目模式的标题 6. 节目模式的整季概览 7. 节目模式的主体部分 　(1) 风格 　(2) 参与者规模 　(3) 参与者类型 　(4) 艺人嘉宾 　(5) 主持人 　(6) 陪审团 　(7) 其他参与者 　(8) 专业参与者 　(9) 装饰和布景 　(10) 灯光 　(11) 图形和视频 　(12) 风险和奖品 　(13) 竞赛规则 　(14) 故事叙述 　(15) 编辑 　(16) 导演风格 　(17) 音乐 　(18) 画外音 　(19) 脚本、录像带 　(20) 多平台 　(21) 拓展性建议	1. 制作人员 2. 制作顾问 3. 制作方案 　(1) 进程安排：制作方案的案例 　(2) 日程表：严格掌控每个参与人的时间安排 　(3) 布景方案：使节目在视觉上更加完美 　(4) 技术信息：是否需要特技辅助等 　(5) 灯光、声音等的设置与安排 　(6) 脚本审核：在不同的制作阶段进行脚本审核 　(7) 摄像方案：摄像机的数量和对摄像师的引导 　(8) 联系人汇总表 　(9) 后勤服务：招待、备办食物、旅行等 4. 音乐列表 5. 视频资料 6. 保护节目模式	1. 节目名称 2. 问题的悬念性 3. 规则 4. 视觉形象 5. 文化普适性 6. 话题普遍性 　(1) 儿童 　(2) 金钱和职场 　(3) 烹饪 　(4) 音乐 7. 时长和周期的灵活性 8. 预算的可伸缩性 9. 可更新性 10. 可重复性 11. 可衍生性 12. 产业链产品

第三节　综艺节目策划的十大微观元素

　　本节将讨论的是电视综艺节目策划中,具体应用在节目内容生产中的十大微观的元素,以及相应的节目策划和制作的技巧、方法。与上一节更多地论述整体问题相比,本节的内容将更为具体和细致。需要说明的是,本节论述的十大微观元素,在一档综艺节目中常常是多元素搭配出现,很少有综艺节目只使用本节所述的其中某一种元素。因此,我们在策划综艺节目时,需要有融合的、综合的、联系的、关联的整体性思维。

一、规则(权谋)

　　综艺节目的规则是指在内容呈现上,节目的参与者(主要是主持人、嘉宾、参与的观众等)需要共同遵守的叙事准则。规则确定了,节目中参与者的任务、目标也就明确了。由此,节目的"起点(任务设置)—过程(任务执行)—裁决(任务完成情况)—目标与结果(奖励与惩罚)"四大基本流程也就完整了,节目吸引观众的魔力也就随之产生并被逐步点燃。

　　规则常常与权谋相连,一旦规则确定了,参与者总会为了取胜或特定目的而谋划、思考出各种路数的权谋。这个规律不仅在综艺节目中是如此,其实在社会生活的方方面面也大致如此。

　　1. 规则的功能

　　综艺节目规则的功能至少有如下五点。第一,设保障。规则能够规定节目基本的内容、走势、目标等叙事问题,为参加者规定任务及完成任务的方式,保障节目流程可以顺畅进展。

　　第二,建情境。规则为节目设置情境,这是一种人造的情境,规定了规则之下的人与环境(包括人、事、物)之间的关系。节目中的选手和嘉宾置身于这种规则营造的情境,可以"安心"地充分发挥自己的才能、智慧和实力,其中包括对选手潜能的激发,甚至可能让他们突然间有了"神性"。

　　第三,显真实。正是因为明确的规则设置,竞争性综艺节目的淘汰环节也因此变得真实可信,有助于吸引观众的注意力和情感投入。

第四，出权谋。规则设置之后，遵从规则的人之间必然产生关联。如此，如前所述，有助于节目中的选手和嘉宾因规则而思考出各种应对策略，节目的戏剧感、戏剧性也便因此出现。

第五，成模式。相对固定、合理、成熟的节目规则，既有助于某一档节目的多期次规模生产，最终成为长寿节目，也有助于其形成节目模式，进行跨国、跨地域推广。

2. 设置规则的注意事项

综艺节目优质的规则设置需要注意如下五点。

第一，规则设置要尽量清晰、清楚，不能过于繁琐或明显没有重点，同时，规则设置得要科学。

第二，规则引发任务，但规则和任务在一档节目中不是只有总体性的，还需要细化。总规则、总任务下还要设置具体环节的各类子规则、子任务，以推动节目叙事发展，不断引发和提升节目的丰富性和悬念感，最终实现节目规则设置的总目标。

第三，规则并不是设置得越多越好，很多时候规则如果过多、过细，会影响参与者的创造力，影响对参与者权术、悬念、意外、运气、逆向思维、反规则等的激发。如此一来，时间长了容易使观众产生欣赏疲劳和厌倦情绪。

第四，注意潜在规则的重要性，它有时比明确的规则更能保障节目的可视性。很多时候，参与者遵守潜在规则能够有更大的获利，而打破潜在规则会受到更多的惩罚，一些具有可视性的桥段便会因此出现。

第五，规则的设置还需要"意外感"，亦即"意外规则"或"反规则"（有些规则是节目临时增加的，或者将原来的规则变异，甚至反转了）。例如，在我们熟悉的韩国综艺节目 *Running Man* 中，嘉宾的最终任务是撕掉对方身后的名牌，但在某些期次中，节目设置了意外规则，如名牌变小、名牌数量再生、机会增加、救援复活，等等。

西方不少真人秀节目中都十分注重因规则而引发的权谋感，如《幸存者》《学徒》等，在选手的淘汰过程中，常常需要团队中的成员共同决定淘汰某人，这时，小群体拉帮结派、背后批评其他成员、为淘汰某个成员宣传造势、互相制造麻烦、打心理战等斗智斗勇的桥段和场景便层出不穷。

当然，一些西方真人秀的规则及其引发的权谋感并不适合在我国制作和播出。例如，《幸存者》《老大哥》中因为特定的淘汰规则，在表面上常常出现选手互相黑脸、互相指责的情况。更有甚者，节目规则会激发出人性不光明的一面，比如选手互相嫉妒，背后诋毁，暗中使绊，表面一套、背后一套，选手们既要拉帮结派打击对方，又要提防自己阵营出现漏洞或成员淘汰，等等。这些由规则激发出的内容，在西方个人主义、直接思维、契约导向、结果导向的社会里，或许还说得过去，会形成一定的可视性，但在中国集体主义、中和思维、伦理导向、过程导向的社会，就显得不合时宜，也往往难以做到"叫好"和"卖座"。

二、表演（才艺）

摄像机镜头是一个很神奇的东西，只要摄像机镜头对准一个人，总会或多或少地激发起人"表演"的行为或欲望。即便在纪录片领域，我们也基本认可一个观点：没有百分之百忠实的客观记录，镜头前的人总是不会完全像日常生活中那样表现出绝对真实的自己。

纪录片尚如此，更不必说电视综艺节目，何况绝大多数综艺节目都在相当程度上依赖竞争、爆笑、反转、悬念、情感等因素吸引人观看，这些正是表演及与之紧密关联的才艺所擅长营造出的效果。即便是综艺节目中的真人秀节目，除了如《急诊室故事》等极度强调社会纪实的类别，其他绝大多数的真人秀节目基本都存在表演的成分，有的甚至依赖表演和才艺支撑节目。

某种程度上说，没有表演，便难以突出戏剧感；没有戏剧感，便难以突出可视性。这或许是电视综艺节目对表演如此依赖的重要原因。综艺节目中的表演和才艺有如下五种情况值得关注。

第一，直接表演。一些综艺节目内容基本都是依靠表演来支撑的。第一类，表演竞赛类节目，如《演员的诞生》；第二类，才艺选秀类节目，如《中国好声音》《歌手》《中国达人秀》《欢乐喜剧人》等，才艺包括唱歌、喜剧、舞蹈、魔术、综合才艺等，参与者既可能是明星，也可能是素人；第三类，表演展示类节目，如大杂烩式的《综艺大观》、模仿类的《百变大咖秀》、情境类的《谢天谢地你来了》、综合表演类的《快乐大本营》等；第四类，混合类节目的表演环节，亦即非专门的表演、才艺类节目中，也会穿插一些歌唱、舞蹈等表演，比如一些户外游戏类节目，以展示才艺来完成某一环节的闯关。

第二，间接表演。这更多地指选手、嘉宾在节目中没有前述表演、才艺等的直接展示，而是将表演隐含在举手投足之中。例如，在访谈节目和真人秀中,乃至有较强纪实感的综艺节目中,选手和嘉宾在话语、动作、表情中都可能暗含表演成分,目的可能是掩饰自己的弱点,夸张自己的优势,或为了其他特定目的。

第三,反对表演。"反表演"的情况同样值得注意,例如,《中国好声音》的规则是导师背对选手,只依靠选手的声音来评定他是否能够晋级,而丝毫不依靠选手的视觉性表演。如此一来,选手的视觉容貌、视觉动作等"看"的层面的愉悦毫不起作用,只有纯粹的声音实力才是唯一的硬实力,这体现了一种追求纯粹音乐的理念。这种视觉之"盲"的"盲选"就是"反表演"的一种体现。

对于绝大多数的音乐类选秀节目而言,虽然它们叫"音乐"类节目,但其实"音乐"在很多时候是让位于"视觉"的,选手的靓丽、帅气、有范、有型、可爱等视觉"表演"因素干扰甚至决定了观众和导师对选手音乐素养的判断。

当然,虽然称《中国好声音》中存在一种"反表演"现象,但其实选手也是用声音在表演,只是这档节目是"反"视觉表演的,给原本不太可能有突出视觉表演效果的人、容貌一般的人、胖人、老人、盲人或外貌有缺陷的人等群体以更多机会和更大的空间。

第四,养成表演。综艺节目展示才艺,不仅可以展示选手已经具备的成熟本领,同样可以展示一个人养成某种才艺的过程。后者常见于偶像养成类节目、以明星跨界锻炼新才艺为内容的节目等。观看选手从某种才艺水平较低,到有较高才艺的过程,观众体验的是一种伴随感。

当然,这种养成秀或许还会引发观众的另外一种微妙的感觉。"德国有一种节目形态叫'养成秀'(casting shows)——许多年轻的艺术家被打造、消灭、淘汰,就像一个偶像的成长过程。观众通过观看选手被有趣地(或残忍地)打造或抛弃而得到快感。《流行偶像》是第一个以选手为核心目的,并且是最早把该理论变为现实的节目。节目中,专业人面试数千名参赛选手,尖锐地对他们进行点评,而观众则期待着选手的去留结果。《流行偶像》调动了观众的'虐待欲'和'窥视欲',在听到最终的结果之前人们会感到紧张,结果产生之后人们才放松下来,仿佛见证了一场公开的处决。"[1]

第五,过度表演。过度表演也是综艺节目表演环节中经常出现的现象。过度表演有时是选手或嘉宾没能很好地把控表演,但也有很多时候是节目组的有

① 〔法〕Bertrand Villegas、郭瑛霞等:《全球节目模式养成计》,中国传媒大学出版社2017年版,第33页。

意安排,以实现特定效果。例如,在音乐类选秀节目中,某些唱歌跑调却极度"自信"的选手,常常会在导师、点评嘉宾面前陶醉地表现自己,并认为自己演唱得很好。这种过度表演有时是节目组为了营造效果而暗示选手这么做的,当然也有不少这样的过度表演是真实的,是因为选手对自己认知不清,或选手本身有幻想症。这种过度表演的情况常常也会带来收视爆点,观众会因为反差而目瞪口呆,也会乐于看到此类选手被无情淘汰而释放情绪。

三、游戏(竞技)

在《审美教育书简》中,席勒认为,近代社会之后严密的社会分工与等级差别使人们身上的理性与感性两方面分裂开来,故而需要形成一种更高的"游戏冲动"以弥合人"感性冲动"与"理性冲动"间的对立,即通过美育的路径让人们从"感性的人"变成"审美的人",重新复归于古希腊时期形式与内容相统一的完整的人。席勒认为,只有当人是完整意义上的人时,他才游戏;而只有当人在游戏时,他才是完整的人[1]。

每一个人都本能地对游戏带有强烈的渴望和冲动,这份渴望便源自人们对自由的渴求……游戏也成为艺术不断创新发展的原动力[2]。荷兰著名学者约翰·赫伊津哈在其《游戏的人》中这样定义游戏:"游戏是一种自愿的活动或消遣,在特定的时空里进行,遵循自由接受但绝对具有约束力的规则,游戏自有其目的,伴有紧张、欢乐的情感,游戏的人具明确、不同于'平常生活'的自我意识。"[3]综艺节目中的游戏元素也可以顺着这个思路来思考。

游戏是综艺节目中的重要元素。一方面,不少电视综艺节目以游戏为主打环节,无论是在棚内完成道具游戏,还是在户外依托场景完成各类任务的游戏。20世纪90年代末,"游戏益智类"节目在我国就曾经风靡一时。另一方面,在非游戏类节目中也常常会有一些游戏穿插其中。从广义上来说,只要有竞争元素,那么这个综艺节目就可以算为广义的游戏类节目。

---

① [德]席勒:《审美教育书简》,张玉能译,译林出版社2012年版,第48页。
② 张晶:《文化记忆、崇高仪式与游戏表意:论原创文化类节目的美育功能》,《现代传播(中国传媒大学学报)》2018年第9期。
③ [荷兰]约翰·赫伊津哈:《游戏的人:文化中游戏成分的研究》,何道宽译,花城出版社2007年版,第31页。

提及游戏,还需要注意如下四个游戏的必备元素。

第一,规则。游戏中必须有相对明确的规则,"发起—竞争—淘汰—胜利"是游戏的一种基本模式,日常生活中是如此,综艺节目中也是如此。例如,在选秀类节目中,常常以如"50 进 30""30 进 20""20 进 10""10 进 7""7 进 5""5 进 3""冠亚季军争夺"的赛制进行。进入淘汰赛的话,每一场比赛都要淘汰选手,这种竞争赛制便是激发观众观看的悬念感的来源。

首先,悬念来自选手的实力,如选手的实力高低、发挥好坏、话语交锋等,都能激发观众相当程度的关心;其次,悬念来自观众的情感,如观众对选手的喜恶与否、观看时的个人情绪如何,都会激发他们观看的期待,特别是当选手势均力敌时,这些"非实力因素"会占据非常重要的位置;最后,悬念来自节目的宣传和造势,以及其引发的社会话题、社会舆论,这背后是媒体导向、制作方意图等许多维度在起作用,这也让游戏、规则等综艺节目问题触及更大的社会文化领域。

第二,奖惩。如果获胜没有奖励,失败没有惩罚,就丧失了游戏的基本目的及引发观众观看游戏的基本动力。因此,奖惩是节目中游戏桥段的必备元素。在综艺节目中,奖惩有时是"实"的,有时是"虚"的,但一般需要事先明确奖惩的内容或形式,以推动叙事。

第三,稳定与创新。游戏需要不断创新,不断提升可视性,以刺激收视。同时,游戏也有一些可供反复使用的形式,不同年代的人常常将同样的游戏玩出不同的新意。例如,《王牌对王牌》节目中的"传话"和"猜词"游戏早在 20 世纪 90年代末的《快乐大本营》等节目中就存在了,但沈腾、贾玲、黄渤等嘉宾依然能将传统的经典游戏玩得爆笑连连。

第四,价值。游戏不意味着完全的戏谑,也需要有相对确定的价值观。如果游戏中丧失了规则及规则带来的正义与邪恶、高雅与低俗、真理与谬误、仇恨与宽恕等基本价值,必然会使游戏和节目本身毫无趣味,还可能会引发社会文化层面上的更大的问题。

四、纪实(访谈)

1. 纪实与访谈的手法

"纪录片就是没有人造规则的真人秀。"作为电视综艺节目重要阵地的真人秀,其主要特点就是以纪实取胜。21 世纪前后出现的真人秀鼻祖式节目《老大哥》《诱惑岛》《阁楼故事》就全程使用了纪实方式,上百台隐藏在房子各处的摄像机监控式地拍摄着房子中各选手的吃喝拉撒、衣食住行,并对选手们勾心斗角、互爆粗口和三角恋等的展示也毫不忌讳,甚至以此为节目卖点。

如今,纪实手段不仅应用在真人秀节目中,更广泛应用到多类别的综艺节目之中,比如我们常见的在节目中对选手进行的补充访谈,跟拍明星参访、游走,拍摄选手、嘉宾在台下或生活中的花絮,加入历史、社会的纪实影像素材等,都是纪实手段的应用。更有甚者,如《急诊室故事》等综艺节目就是以忠实地记录社会现实为主要诉求和目标。

这其中又以纪实性访谈为更常用的纪实手段。且不论访谈类节目曾经在21 世纪前十年是中国电视综艺中相当醒目的类别,棚内访谈类节目往往制作成本比较低,而性价比较高。单说当前多元类别和样态的综艺节目,访谈元素依然被大量使用,甚至如今多数电视综艺节目中多多少少都有些因访谈而带来的人际传播因素。毕竟,通过主持人、嘉宾、选手等之间的对谈、聊天,以及他们对着摄像机的那些似乎与观众在说话的镜头而实现的对人物性格的塑造、观点的表达、情感的释放等功能,是其他手段难以比拟的。

纪实手段之所以能够释放良好的效果,真人秀之所以能够经年火爆,究其深层原因,这常常是在观众窥视欲的心理机制下起作用的。人或多或少总有窥探他人、窥探私密、窥探神秘的欲望,好奇机制是人的基本心理机制。很多综艺节目里的纪实元素和不少真人秀节目的内容会展示明星生活化的一面,表现他们不为人知的一面,揭露他们行为背后复杂而微妙的心理,或者是呈现观众平日不易见到的视觉奇观。这些对私密、神秘的展现也是通过纪实的方式、内容上的诱惑,以及形式上的可信,大大满足了观众与生俱来的窥视欲。

2. 电视综艺节目中的纪实功能

电视综艺节目中的纪实元素如果能够被正确和智慧地使用,会释放出不少独具魅力的功能。

第一,纪实能够使节目给观众带来一种"真实""可信"之感,有助于观众投入深度情绪和关注,进入节目的氛围。

毕竟,从观众心理学上讲,当观众观看一味编造的内容,捕捉不到现实生活逻辑时,总会在心中产生"被欺骗感"。综艺节目需要努力运用规则,引导出嘉宾、选手等参与者散发着"真实感"的表现。

当然,我们也不能低估观众,如今,影视素养提升之后的观众也会快速分辨出虚假的真实和设计的纪实,从而产生更为强烈的被愚弄感。近年来一些素人真人秀便因剧本化痕迹过重而被观众果断抛弃,这些综艺节目的生命也随之中断。

第二,纪实内容可以与现场内容融合,它可以是对现场内容的补充,同时,优质纪实内容也能够更好地表现现场。

综艺节目中常见的纪实手法使用情况如以纪实内容为先导铺垫现场内容,纪实内容和现场内容交替剪辑,现场内容大、小高潮落幕之后用纪实内容追述或作结等。这都是在释放纪实内容对节目的贡献,示例见表 3-6。

表3-6 《幸存者》第二十二季部分段落"现场追述"的内容及作用①

段落	现场内容	追述内容	作用
第1集:两个部落之间首次争夺豁免权的比赛	主持人杰夫宣布比赛项目和规则:每个部落从轨道上推动四块积木搭建寺庙地基,先完成者为胜方,将获得免于淘汰的豁免权和保证生存下去的火种;负方将举行部落会议,投票产生第一名被淘汰选手,也是第一个被送到救赎岛的人。结果是 Zapatera 部落获胜,Ometepe 部落的弗朗西斯卡被淘汰并被送往救赎岛。	Zapatera 部落的拉塞尔:"我们比他们更强壮,比他们更聪明。我知道罗伯(对方队长)在想什么,他一定在想,该死,摊上了这群废物。"Ometepe 部落的艾希莉:"今天我们输掉了第一次挑战赛,这相当糟糕,我不知道其他人是否有这个感觉,但我觉得我们让罗伯失望了。"	追述比赛过程。描述心理感受。
第2集:弗朗西斯卡被流放到救赎岛	"主持人+画外音"介绍上集精彩内容。弗朗西斯卡来到救赎岛,阅读岛上规则。	弗朗西斯卡:"部落会议太疯狂了,我本来有所准备,但没有想到这么变态,菲利普完全精神错乱,说了很多话。我没有想过会被淘汰,无所谓,还有机会,我现在就是岛主。我宁愿一个人在这儿,也不愿和菲利普等人在一起。"	描述被淘汰的心情,以及对队友的评价。

---

① 苗棣主编:《揭秘真人秀——规则、模式与创作技巧》,中国广播影视出版社2015年版,第105页。

续表

段落	现场内容	追述内容	作用
第10集:复活赛	马特成功复活,但却被盟友安德里亚第二次"暗杀"。	安德里亚:"我希望马特能留下,也许还能回来。如果回来,我想和他好好谈谈,不过估计他不会再相信我了……我是摧毁他意志的重要凶手,所以我感到愧疚。这种想法只是出于人情的考虑,而不是从比赛的角度。"	描述"暗杀"过程和细节;表达内心感受。

第三,纪实是一种节目制作者文化责任、社会责任的释放,同时不少的纪实类内容也有助于观众责任感、见识、情怀与价值观的提升。

无论是纪实类综艺节目,还是某些节目中的纪实片段,都常常有大量的社会纪实镜头,个中有万千世态、不同命运、多元人生,这些纪实的内容常常叩问观众的心灵。毕竟纪录片有"影视艺术的贵族"之称,很多时候也是因为它不是让人发笑,而是让人不笑的;它能够引导人们跳出个体生存的观察和思考局限,而在更广阔的层面进行观察和思考。

3. 拍摄综艺纪实元素时需要注意的问题

制作者在拍摄纪实元素时也需要注意一些问题。

第一,注重拍摄设备的全面覆盖。如果整个节目都以纪实为最主要内容的话(如东方卫视反映医院急诊室百态的《急诊室故事》),那么摄像机、摄像头的设置就一定要尽量合理,数量应足够,以保证360度无死角的拍摄。同时,合理的前期拍摄和后期制作的配合规划也是必不可少的,否则制作者会淹没在过量的前期拍摄素材中,而使后期制作的任务量过大。

第二,注重花边、边角料的使用。以往我们在节目制作中,认为一些对嘉宾和选手在表演间隙的一些转场、打趣、窘态等的记录,甚至是节目出意外、停录等的镜头都是"废镜头",因为节目主要展现选手和嘉宾"一本正经"展示的内容。但如今在综艺制作中,显然应该启用甚至大量启用这些内容,这不仅增加了节目的趣味,更会使节目因为这些生活化、有细节、意外的、偶发的"纪实"内容而给观众带来真实感、可信感。

第三,如何把握主观与客观、表现与再现的问题。这是关于纪录片、纪实主义、纪录元素话题的经典论题。我们的纪录究竟是否能实现完全客观,又能在多大程度上能保证客观？是否纪录中一定会有创作者的主观因素，这种主观因素是否就一定是有碍作品品级的？我们在创作中如何拿捏拍摄制作者的主观选择、主观表现力与客观再现对象的人、事、物之间的"度"？亦即主观与客观、表现与再现之间最恰当的"度"在哪里？诸如此类的问题都是策划者无论在拍摄纪录片还是带有纪实色彩的综艺节目时要注意、思考和反思的。

五、叙事（悬念）

1. 综艺节目的叙事

叙事，简言之，就是讲述故事。一个故事或事件如何被讲述，如先讲了什么，后讲了什么，最后讲了什么，这种讲述就是叙事。叙事的方式有很多，既包括画面、声音的表现方式，也包括情节、情境、场面、场景等的进展方式，等等。学理一点来说，叙事是指一连串真实或虚构的事件，按照一定的逻辑和方式进行编排、讲述和表现。

柏拉图早就说过，会讲故事的人能控制世界，拥有世界。综艺节目同样需要叙事，甚至要视精妙的叙事为成功的核心和关键。综艺节目的叙事流程如图3-5所示。

起："交代人物、交代规则、交代情境、交代动机"
→ 承、转："展示行动、展示过程、展示冲突、展示悬念"
→ 合："呈现高潮、呈现解决、呈现结果、呈现奖惩"

图3-5　综艺节目的叙事流程

在综艺节目中，需要特别注意叙事线索的设计和编排。综艺节目叙事线索的推进有一些经典手法和样式，内外冲突、激励事件和线索种类是其中较为重要的问题。

第一，外在冲突和内心冲突。顾名思义，就是主人公的内心活动，是主人公思想、情感、想象甚至是一些下意识的纠结、交织、斗争等活动。而外在冲突则与隐形的内心冲突相反，是主人公之间、主人公与环境之间的有明确外部行为活动的冲突。

第二,激励事件。按照麦基在《故事》中对激励事件的解释,激励事件是"一切后续情节的首要导因,它使其他四个要素开始运作起来——进展纠葛、危机、高潮、结局。……激励事件必须彻底打破主人公生活中各种力量的平衡"(图3-6)。麦基还认为"应该把主情节的激励事件尽快引入……但务必等到时机成熟。一个激励事件必须'勾住'观众,使之做出一种深刻而完全的反应。他们的反应不应只是情感的,还必须是理性的。这一事件不应只是撩拨观众的情感,还应导致他们提出那一'戏剧大问题',并想象出那一'必备场景'"①。

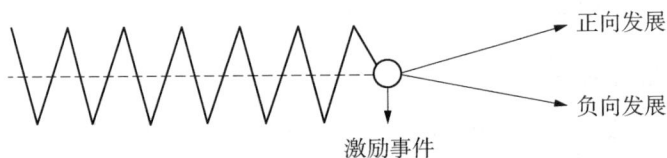

图3-6　激励事件是后续情节发生变化的导因

众多叙事线索必须在大大小小的激励事件的推动之下才能进展,并最终完成叙事,因此,激励事件是能够使后续情节发生明显变化的导因性事件和情节。

例如,综艺节目中经常出现情节反转的情况,反转一定有一个"转折点",大反转有大转折点,小反转有小转折点,这大大小小的"转折点"是重要的激励事件。再如情节中的各种冲突的纠葛,也一定会因为一些激励事件而累积形成。

第三,线索种类。影视艺术叙事中的一些主要线索如下:爱情线索、成长线索、考验线索、救赎线索(从坏变好)、惩罚线索(从好变坏)、战争线索、惊悚线索、教育线索、毁灭线索、悲喜线索、讽刺线索、社会线索、探秘线索、科幻线索、历史线索、记忆线索、纪实线索,等等。在叙事中,我们可以聚焦使用某种线索,也可以交叉融合使用多种线索。无论如何,线索的推进都是以调动观众的好奇心和感情为目标的。这些都可供创作者策划综艺节目时参考。

此外,还有一个比较独特的叙事问题,就是综艺节目每期之间的叙事连续性问题。亦即某档节目是每期的叙事独立成篇,期次之间没有关联,还是每期节目间有紧密关联,形成"下期揭晓谜底"的连续性叙事,这需要根据不同的综艺节目

---

① 〔美〕罗伯特·麦基:《故事:材质、结构、风格和银幕剧作的原理》,周铁东译,天津人民出版社2014年版,第202—212页。

诉求而认真斟酌。

每期独立叙事有助于观众观看切入的便捷，不必看之前的节目也能随时开始看新的一期；而各期叙事的连续有助于形成悬念感，维持观众连续观看某档节目的黏性。这就涉及"悬念"的问题。

2. 综艺节目的悬念

叙事造成的结果是多元的，其中一个重要的可能，就是通过叙事造成悬念性、戏剧性，如果能够通过新鲜、有趣、高黏度的悬念和戏剧性深度吸引观众，这是综艺节目制作者特别期待的。

综艺节目的悬念性、戏剧性指因为节目中情节和人物关系的冲突，伴随着节目叙事发展的起承转合而产生的一种紧张、复杂和纠葛的状态。这些冲突常常具有不可预测、突发、紧张、激烈等特点。

悬念的策划分为铺垫悬念（设悬）、拖延悬念（抑悬）、回答悬念（释悬）三个环节。设置悬念常常要循序渐进，使悬念环环相扣，毕竟观众悬念感的产生往往不是一蹴而就的。

悬念逐渐设置妥当后，根据实际情况还要适当抑制悬念的回答，拖延悬念感的同时也增强了悬念感。有的时候，创作者甚至以释然的方式去暂停悬念，这能够更好地在下一个叙事环节激发悬念。

最后，在回答悬念时，有逐渐回答和一次性回答两种方式，这两种方式各有利弊。

具体到悬念类型而言，有整体性悬念、细节性悬念、突发式悬念、期望式悬念等。制造悬念性和戏剧性的方式有很多。

第一，激化。通过节目中的规则或人的行为和选择，激化冲突、增加矛盾、丰富线索、带动节奏，从而产生强悬念和强戏剧性。

第二，未知。打破叙事过程的可预测性，让观众对情节下一步的发展总是怀有疑惑，难以准确判断叙事的走向和结果。

其中，就时间策略来说，为了营造悬念，创作者常常会强化时间的流逝感，比如通过渲染竞演倒计时、大揭秘倒计时（一天、十二小时、一小时、半小时、即将开始）和竞演第一天、复活赛、最后机会、最后排位、总决赛等特殊时间点的方式，来营造紧张气氛。

第三，反向。通过逆向思维让节目中的角色互换，容易激发戏剧化矛盾。这种互换可以是在某些环节中让角色互换，也可能是直接制作角色互换类节目。

总之,让平凡人干不平凡的事儿,或让不平凡的人干平凡的事儿,都是激发悬念的金律。

第四,变幻。通过多线索、多时空的叙事方式,在多元线索转换、多种时空转换中,容易出现强悬念的效果。这种多线索在表演类、才艺类综艺节目中同样适用——不仅有才艺的展示,还有选手、评委、环境、生活之间复杂的关系和幕后故事。当然,综艺节目毕竟不同于影视剧,在制作时也要注意线索和时空不能过于复杂和烧脑,从而影响了观众对综艺节目的娱乐化、休闲化观看期待。

第五,营造。通过现场和后期的多种手段来增强悬念感。比如棚内选秀类节目可以通过现场背景、灯光、音乐的变幻交织来辅助节目悬念感的提升。又如后期制作更是提升悬念感的重要方式,可以通过打乱拍摄时的事件发生顺序、快切或慢镜、各类字幕、动画特效等方式实现。

"索取故事是人的一种本能,从小时候开始,儿童就缠着父母讲故事,长大了喜爱小说散文,闲暇时看电视剧,老了喜爱听评书,听儿女和邻里们讲生活琐事。人的一生,热衷的无一不是'叙事性'的娱乐方式。亲朋好友热衷于聚会,邻里同事之间的闲话家常等行为依然是以'分享故事'的潜规则为原动力。历史和故事的使命是一样的:纪录行动并使之永恒。故事和历史的同源性在于其充满了可能性、复杂性、神秘性和内在冲突。陶东风教授将故事的地位放到至高无上的历史地位中:故事的消失同时也是历史和时间的消失,因为'人类的时间只能通过故事和历史来体验。所以,当故事遭到毁灭时,对于时间本身的体验也开始消失:时间像停止不动或者原地循环,好像崩溃成可以互相替换的碎片'(陶东风,《文学的反极权本质——关于阿伦特、哈维尔的阅读笔记》)。故事为生活提供了多样性、开放性、丰富性,为审美体验增添了'不可预测性和不可控制性'的神秘感,一句话故事提供了艺术创作的无限自由。"[①]

当然,追求叙事悬念的同时,还要追求叙事合理,即所谓的"意料之外,情理之中"。需要注意的是,不是所有的综艺节目都追求强戏剧性、强悬念性的情节状态,近年来火爆的慢综艺便是"弱情节"类综艺节目。弱悬念、从容态、生活化的叙事方式同样符合观众的一种显著心理期待和情绪喜好,即对日常性生活状态的期待和喜好。所以在节目叙事问题上,对悬念性和戏剧性的诉求是多元的,要根据节目主题、节目诉求来灵活策划。

---

① 冷淞:《西方电视审美文化》,中国广播电视出版社 2009 年版,第 153—154 页。

六、场景(奇观)

综艺节目的场景主要指综艺节目的内容发生和拍摄的环境。综艺节目不仅要有虚体的规则,还需要实体的人和场景环境,这些都是综艺节目制作的刚需。

而场景的布置和营造,一般来说,最终要服务于观众的视觉观看,因此,综艺节目常常会通过场景的安排,力求呈现"奇观"效果,以刺激收视。"奇观"效果常常是因为场景的"难得一见"——或绚烂,或恬淡,或激烈,或缓释,或美好,或丑陋,这些风格都可能营造出难得一见的视觉"奇观"。

综艺节目可以营造的场景有很多,如评审场景(选秀、调解)、决斗场景(歌唱、喜剧)、欲望场景(美食、相亲、创业)、幸运场景(游戏、娱乐)、情感场景(感恩、明星与亲属关系)、客户场景(买卖或契约双方)等,通过对这些场景的渲染,以最终达到商品想买、悲情想帮、明星想见、技艺想学、美食想尝、美人想聊、美景想询的效果①。

在场景策划的时候,需要注意以下三个问题。

第一,场景的真实与否之辩。综艺节目的场景有时越真实越好,完全给选手营造出一个类似于《楚门的世界》的真实感,激发选手因似乎是在一种真实的经历中而拼尽全力。这种强真实感的场景也会提升观众的体验感,他们仿佛也与选手一起置身某种人生情境中。如悬疑侦探类真人秀、体育项目类真人秀、时光穿越类真人秀等,都讲求环境和细节的真实。

当然,有的时候场景未必要讲求真实,而是越营造非真实的、炫酷、虚幻、璀璨的视觉奇观,收视效果越好。当下的许多综艺节目已经开始追求营造有电影级效果的"电影化"视觉奇观,这种奇观表现无论从艺术性还是精致度上都在追求极致。

第二,场景可以在封闭或开放的时空中营造。棚内、室内节目的场景往往是封闭的,总是有视觉终点,而户外节目的场景就相对开阔、自由得多,随着选手、嘉宾的位移,能够在镜头中呈现丰富多元的视觉场景。

特定的空间会呈现出特定的节目效果和结果。不少西方真人秀节目将选手置于一个几乎封闭的环境中,比如让他们在一个封闭的屋子或海盗船上生活等。

---

① 参见冷淞:《融媒体影响下的视频节目创新与营销传播》,《视听界》2017 年第 5 期。

这种高度封闭的环境使选手生活一段时间之后,性情会逐渐发生改变,甚至最后激发出人性之恶的一面,让观众甚至主创人员都大跌眼镜。这种方式在我国显然存在播出问题,不能受到鼓励,但足见场景、空间与人的心理、节目效果之间的关系。

第三,场景的营造方式有很多,要注意综合运用。首先,在棚内节目中,舞台、舞美、灯光、音乐等都是营造场景的手段。使用面光、耳光、侧光、逆光等灯光,以及烟雾机、泡泡机、冷焰火、水晶灯、摇头灯、效果器等设备,能够使场景多元且多变。例如,《中国好声音》中导师坐的能够旋转的红色座椅,其认知度、辨识度就伴随着该节目而火爆全球,并成为节目的一个重要场景标识。这说明一档节目要提前设计并固定具有高标识度的节目形象系统,以与场景营造互相协助。

其次,在户外节目中,虽然前述的灯光等相关设备未必是营造场景的主流方式,但此时道具、建筑、风物、自然风光却能极大地派上用场。这些方式之间的排列组合,可以使场景千变万化。

以近年来火爆的旅游美食类节目为例,从节目场景的营造来说,这类节目的场景不局限于美食品味阶段的场所,而是伸向美食制作的前端(如市场和厨房),且叙事场景更为多元。

传统的美食类或旅游类节目往往仅将美食的享用停留在吃的环节,这容易犯影像叙事的大忌——影像叙事不是简单的状态呈现(如吃的状态),而是要形成过程性的叙事(如食材采捕、购买、制作、食用的全过程)。从早期旅游卫视的《有多远走多远》到2014年的《十二道锋味》,这种过程性叙事的节目拍摄场景逐渐多元——不仅在市场、超市、星级酒店、民宿、露营地或巷陌人家的厨房,也可能在火车、游船、房车、荒凉边陲的草棚、白雪皑皑的山脊,等等。

将美食的制作伸向户外,伸向采集、购买食材这一前端,大大拓展了节目的空间表现范围,增加了节目表现不同地域的景观、习俗、食材与文化的可能性与容量。镜头记录的不仅是食材,还有买卖食材的人、买卖的地点,以及各种人的生活场景。如果选择得当,这些景观、习俗、食材的独特性会大大提高观众的观看欲望与观看黏度。从心理学上讲,未知(陌生的场景与生活状态)与已知(做饭、吃饭本身)的适度结合与配比,对提升人的心理认知效果能起到一种核心推动作用。

不过,在策划户外场景时,还需特别注意人造场景与自然场景的和谐搭配,顺自然场景、已有场景之势来营造人造场景,这考验综艺节目策划人的智慧。当然,特殊情况下,可以打破这个限制。

需要注意的是,不少节目为了追求视觉奇观,不惜过度动用奢华、贵气的场景元素,对此也应予以警示。奢华、昂贵的场景并非大多数人都能承担与享受的,人们对香车豪宅、奢侈之旅、珠光宝气、贵族美食接触多了,会不顾自身实际情况地追求它们,让它们变成自己的日常生活思维。问题是,绝大多数人由于自身条件所限,他们神往的那些电视休闲语态中所呈现的生活方式常常不能实现,人们那些被物质产品改造了的情感与追求没有了落脚点,反而让人更加感到痛苦和绝望。

七、人物(情感)

1. 人物问题

早期传统的游戏、益智类节目,如《幸运52》《开心辞典》中的每位选手基本只参与一次节目,而且只参与节目中一个段落的问答。由于这种参与不是连续性的、深度性的,因此对塑造选手性格来说显得捉襟见肘。如今的益智类节目,如《一站到底》等,早已开始注意对选手性格和标签的打造,让选手连续式地参与节目,放大选手某个方面的性格,如北大选手王照宇因超乎年龄的沉稳和冷静,甚至一度被打造成知识网红。

综艺节目的人物设计可能性有很多,如表现型人设、天才型人设、雷人型人设、勤勉型人设、柔弱型人设、颜值型人设、欲望型人设、坚毅型人设、期许型人设、智慧型人设、搅局型人设、领导型人设、控制型人设、叛逆型人设、佛系型人设、知识型人设、完美型人设,等等。

在综艺节目的人物设定上还要注意以下问题。

第一,少设计完人,而更多去张扬人物的某些特质,甚至将某些特质极致化,在多人物性格互补中完成节目叙事。如果节目中的嘉宾都是方方面面很完美的人,则很难产生冲突性和话题性。但也不是节目中绝对不能有完人,少量点评嘉宾和优秀选手可以适当完美化。这就是为什么相当多的综艺节目里,在参与者的团队中常常会有一个或几个人的性格显得有些怪异(至少是在某些行为上很怪异)或者脾气显得有些暴躁的人,这是为了增加因选手的"摩擦"而产生的戏剧性。

第二,少邀请温吞的嘉宾,更多发掘选手的综艺感、镜头感、表达感和网感。一档节目中哪怕有一两个核心嘉宾和选手性格温吞,这档节目就容易频现尬聊、冷场的情况,降低节目的可视度。当然,如果某人"温吞"是节目有意为之的人设,以供引发节目的某些话题或调侃,则另当别论,但此类人设在一档节目中需要严格控制数量。

第三,人设在一些情况下可以互相转换,或者偶尔改变。如在音乐类节目中,当多位导师选择了同一位选手时,这时裁判角色就从导师转向了选手,选手要从多位导师中选择一位,在被选择时,导师似乎成了选手,使出浑身解数让选手选择自己。此外,在节目中适当地偶尔转换一下某位选手、嘉宾或导师的人设,也会出现意想不到的效果,但这种转换不能运用得过于频繁,以致影响该选手、嘉宾或导师的核心人设形象的打造。

第四,节目中的人设和日常被认知的人设有较大反差,这特别见于明星跨界类的节目。在人们的日常认知中,明星是被崇拜的,是光鲜亮丽的,但在一些反串、跨界类节目中,明星常常会出丑,如让歌手做菜、让主持人跳舞、让明星爸爸带孩子、让众人吐槽某位明星等。这让观众看到光鲜的明星也需要付出极大的努力和挣扎才能完成任务,看到他们所崇拜的名人的"惨"的一面,这也是综艺节目人设的一种方式。

第五,综艺节目的人物设计和关切不能只聚焦于选手,同样要聚焦于点评嘉宾和裁判导师。在传统型比赛类节目中,点评嘉宾通常是作最终决断的人,甚至在节目中没有多少镜头,也不发言(即便是近年来制作的《中国汉字听写大会》中,裁判嘉宾竟也依然只是一个按胜负键的"摆设",这对节目叙事来说十分可惜)。

在当下的综艺节目中,点评嘉宾、裁判导师的戏份甚至不能低于选手的戏份,因为他们才是全程深度伴随节目发展的人,其人设、表达、形象及姿态需要用心设计。如果一个节目有多位点评嘉宾和裁判导师,还要对每个嘉宾有细致的人设区分,使嘉宾群能够互补且突出叙事爆点。

第六,节目在策划人设时,要充分了解参与者的情况。在面对一位之前并不熟悉,又值得打造和培养的新选手(或参与者)时,编导要在一段时间内与选手同吃、同住,不断了解选手的背景和性格,找准选手身上特殊的、值得挖掘的点。这里有一个逻辑关系:节目越立体、丰富、完整地了解选手,就越能准确地展示选手;节目能够赋予更多选手以准确的人设,其品质自然就会散发和释放出来。

　　第七，充分关注主持人的选择。在策划节目时，首先要思考该节目是有主持人型、泛主持人型（一般由选手同时做主持串联的工作，如《我是歌手》《奔跑吧兄弟》），还是无主持人型（如用画外音代替主持人，或者如不少慢综艺直接不设主持人）。

　　如果确定节目要有主持人，则应思考是用成名主持人、主持新人、转型主持人（如学者来主持）、跨界主持人，还是草根主持人（如从素人成长起来的网红）等。同时还要对主持人的人设进行精心设计。要知道，不同人设的选手都可以被类似人设的选手替代，但主持人在节目中却无法被替代，一般来说会贯穿节目始终。

　　以旅游美食类节目为例，无论是起步阶段《有多远走多远》的 Johnny、《蔡澜逛菜栏》的蔡澜，还是《十二道锋味》里的谢霆锋，旅游美食类节目在主持人选择上逐渐呈现出一个趋势，即倾向于选择男性主持人，特别是偏中年的男性主持人。这些主持人往往经历丰富、成熟可靠、朋友众多，每到一地都会有老朋友前来迎接，指引或参与美食的制作与享用过程，以串联节目进程。

　　这种选择优势有三：第一，这些经历丰富、成熟可靠的中年男性主持人会唤起观众对他们"稳妥、靠谱"形象的想象，从而相信他们的判断，更增加观众对节目呈现的"旅游＋美食"情境的信赖与欲望。第二，成熟可靠的主持人形象还有助于主持人在节目中穿插介绍文化、历史、地理等方面的知识，这让观众在认知时有天然的信任感，吸引观众跟随主持人去扩展自己人生的广度与深度。第三，由于美食享用的影像呈现是"我吃你看"的传受关系，成熟可靠的形象有助于主持人表现出对观众的真诚感，而不是让观众感到主持人在炫耀自己的味蕾是如何被刺激的，以致使观众产生类似自己被戏耍之感。

　　此外，综艺节目中主持人的定位也是多元化的，常见的叙事定位有串联者、引导者、仲裁者、相助者、赠予者、互动者、被派遣者等。

　　第八，考虑参与者的代表性、参与者与节目的关系，以及参与者的可塑性[①]。选取参与者时，多数情况下需要注意参与者群体中不同个体的特点、性格、人设要丰富，这样参与者彼此之间便能够互补。当然，某些特定主题的节目在选择参与者时也要特别注意参与者的代表性、典型性；一些圈层类、垂直类节目更要注意这一点，不然圈层内的观众会认为节目的专业感不强，节目也不容易"破圈"

────────────

① 周文主编：《电视艺术概论》，中国传媒大学出版社 2017 年版，第 177—179 页。

传播。

同时,参与者与节目之间的关系也可以适当多元,如戏剧性关系、安排性关系、选拔性关系、偶发性关系、连续性关系等。而对参与者的塑造则要依靠前述节目编导对参与者的亲近式深度发掘。

第九,充分利用节目中的规则、环境、物品、道具等"硬"元素来塑造人物形象。此外,现场的拍摄技术和方式以及后期的剪辑技术和方式,也是塑造人物的重要手段。在棚内拍摄过程中,通过舞美、灯光、大屏、音乐的配合,会极度放大节目参与者某个方面的特点(优势或弱点)。例如,通过上述方式会使即便相貌平平的选手也能在一瞬间散发夺目的光辉。这需要现场环境的巧妙配合。

在户外拍摄过程中,节目参与者往往在遇到困难、陷入困境的情境下,会展示其性格中真实或特定的一面。同时,参与者在完成节目中的某些任务后,也常常会展示出他们欣喜若狂时的性格侧面。这需要镜头的巧妙记录。

后期剪辑的作用同样如此,在剪辑时经常要对人物行为和心理的逻辑线进行重组,一些原本不相干的举动被前后接续剪辑,表现出别样的人物特点,甚至是某些人物原型未必具有的特质。

第十,在各方条件许可的情况下,节目可考虑尽量选择高颜值或颜值有特点的人。虽然生活中过于看重"高颜值"是带有以貌取人的色彩的,但电视综艺毕竟是视觉产品,每个人心中都隐藏着下意识的对美好视觉的向往。视觉愉悦本身就是人的一种基础性愉悦。在观众以感性释放、休闲娱乐的状态观看综艺节目时,理性思维容易被搁置。

更有甚者,人的高颜值可以是一种特殊的"质感",即便隔着屏幕也能引人亲近,"身体审美""身体美学"本身就是美学研究的重要话题,也代表着一种美学转向。演员的高颜值、草根选手的高颜值以及各行各业中各人士的高颜值,都可能有效地拉动节目的收视。

当然,这种对高颜值的追求并非是刻板的、绝对的。例如,如果一档节目需要搞笑能力强的嘉宾,但恰恰没有既颜值高又具备搞笑能力的人选时,颜值就要让位于人设。

又如,一档节目中,选手的颜值也需要一定的搭配,如果都是同类型的高颜值,也容易造成观众的视觉疲劳,就像观众常常对某些养成类节目中男性的"娘化"颜值泛滥十分反感。

再如,观众虽然看重节目中出镜人的颜值,但未必就一定是看重他/她们绝对的帅和美,很多时候,颜值有特色(如可爱、搞笑)也是创作者在策划时值得关注的。

当然,无论如何,颜值都是服务于节目内容的,甚至服务于节目的价值,如果一味追求节目中参与者的高颜值而损耗了正向节目内容和节目价值的释放,这不仅会使节目制作和传播不利,更可能会因为观众的唾弃而导致节目的失败。

最后要提醒的是,关于人物塑造的失败案例也有不少,典型的如早年间的歌唱竞赛类节目(如央视的"青歌赛"),节目中只是机械地呈现选手歌唱的过程以及评委打分的结果,其中没有任何生活化、纪实化、细节化的片段塑造人物性格、各种关系等,节目最终只落得落寞的结局。反而是在"青歌赛"的"文化知识考核"环节中,因为歌手面对的题目是完全未知的,在困难面前反倒使选手的性格特征有所流露,再加上评委余秋雨先生表达到位、金句频出,使"文化知识考核"这个非演唱、似乎是节目"边缘"的环节反而更有看点,拉动了收视。这不得不令人深思。

2. 情感问题

观看综艺节目为当代人在快速、繁忙的生活中提供了一个快速逃离的方式,但这并不表示观众观看综艺节目只图一个"娱乐至死"。很多时候节目中表现出的情感,无论是深度的悲伤还是肤浅的快乐,常常会给观众更深刻的印象,甚至在观众的生命中留下了痕迹。

观众看综艺节目,很大程度上是在看一种情绪、情感,无论是欢乐的情绪(搞笑、娱乐),还是悲伤的情绪,抑或是平淡的情绪。

情感的类别较多,而综艺节目主要动用人的悲或喜情感,有时也在悲喜之间的混合情感上做文章。

第一,动用"喜"的情感。多见于喜剧类综艺节目以及其他类别综艺节目中的快乐、欢乐成分,可以说"喜"应该是绝大多数综艺节目的基本情感主调。说到底,电视综艺的本性就是提供快乐,观众观看电视综艺的第一诉求是放松,甚至是期待"笑"。

当人处于紧张状态时,需要欢愉的情绪来"溶解",适度的快感可使紧张的人恢复和谐,这是席勒所倡导的"溶解性美"[①],也是电视综艺在社会文化生活方面的一个基本任务。

---

① 〔德〕弗里德里希·席勒:《审美教育书简》,冯至、范大灿译,上海人民出版社 2003 年版,第 128—146 页。

第二,动用"悲"的情感。从心理学上讲,不仅"喜"的情绪得到释放时会产生快感,"悲"的情绪得到充分释放时也会产生快感。任何情绪,只要被压抑,都是令人不悦的;任何情绪,只要能够充分释放,都会让人感到舒畅。

动用"悲"的情感,不仅见于情感类或情感谈话类节目,更逐渐见于多类其他综艺节目中,如《演员的诞生》《幻乐之城》等表演类节目中,常常有嘉宾、选手选择或创作悲剧片段,并进行表演,不少力道十足的表演让观众动容不已。又如《王牌对王牌》这样的游戏类节目中,不仅嘉宾在游戏中迸发出的"梗"能让观众爆笑,同时该节目的致敬与怀旧的内容也常常会让观众一下子感受到岁月的冲刷、过往的不再,乃至时光的重拾,从而泪眼蒙眬。

在综艺节目表现情感的方面,有如下值得注意的地方。

第一,节目尽量能使选手或嘉宾流露真性情,务必求"真",任何矫揉造作的情感都会被如今影视和媒介素养大有提升的观众迅速察觉,并迅速抛弃。当前在一些节目中,尴尬"煽情"、硬"煽情"的现象并不少见,如通过对选手进行"硬贴标签""硬编故事"来实现所谓的情感效果,这种现象被戏称为"中国好故事"。

正如一首由两位歌手合唱的歌曲《选了个秀》的歌词:"今年夏天我选了个秀/莫名其妙被忽了个悠/没有背景我只留下背影……千辛万苦、重重关卡终于见到了导演/他见面三个问题让我立刻傻眼/你有公司吗(没有)/你有投资吗(没有)/那我只好把你俩分开/这个可以有(no)/苦口婆心之下终于让我们唱了一首/听完后他终于对我们点点头/他说我唱得不错/长得也较有特色/捧一捧就能成为中国的贾斯丁·比伯/他问我做什么工作/我说我玩音乐的/他说要有戏剧效果你必须开黑车/开黑车还不算/还得酒驾被警察临检/放出来痛定思痛才找到音乐灵感/我知道拿人家手软/只好说您说了算/虽然我觉得太二还得继续陪他扯淡(陪他扯淡)……他灵感源源不断/嘚吧嘚吧说个没完/他为我写的小说很快就超越莫言/他问我有没有苦事/我说我生活美满/唯独我父亲走得太早让我有点遗憾/他问清个中缘由/竟然嫌老头死得不够惨/非让我现场开个天眼跟老头隔空对谈/说只有这样观众才会情绪崩盘/也只有这种方法才能让我过关……"歌词中反映了不少当下综艺节目在人物和情感塑造上的虚假、刻意和造作问题。

第二,情感背后是人性,因人性而引发的情感才更为深刻,所以如果节目能通过揭示复杂、真实的多元人性,而潜移默化地引发观众的情感变化,才是一种高级手段。综艺节目如果不仅简单地给观众带来或悲或喜的情感体验，而是能够使观众在悲喜之中有所思考或感悟，让节目不仅有意思，也更有意味，这便使电视综艺走向与观众在价值和精神层面的深度交融。

八、运气（意外）

1. 运气和意外

综艺节目的实际拍摄结果与前期策划往往有差异，综艺节目实际内容的走向也往往并不像规则设定的那样固定而精确。在这种预期策划与实际拍摄的差异中，一个相当重要的影响因素就是运气或意外的出现。

无论在生活还是在综艺节目拍摄中，意外并非都是负面的，如果能够出现"意外之喜"，会增添许多正向的效果。而运气更不用说，无论在生活中，还是嘉宾、选手在综艺节目中，都希望受到它的眷顾。更为重要的是，意外和运气常常会给节目带来意想不到的可视性。

意外常常会带来节目的悬念或转折，它能让原本马上要出现的结果发生反转；能让原本平静的叙事突然出现爆笑点、动情点或思考点；能让节目在新情况发生后，突然有了比策划时更具合理性和吸引力的内容。运气也有同样的效果，意外包括运气，运气是正向的意外。

如果一切预定、一切已知、一切固定、一切期待精准，则难以构成最优质的综艺节目。优质的综艺节目一定会留下相当的空间给运气、意外等非智力因素。强者未必一定席卷全胜，弱者未必一定唯唯诺诺，因为运气、意外等非智力因素而形成的反转、逆袭，往往很可能成为一档节目中最核心、最卖座的爆点。

如今，一些综艺节目为了提升内容吸引力，甚至刻意事先安排好"意外"和"运气"。从专业伦理的角度，我们反对这种做法，但从收视拉动角度，我们又难以避免这种做法。当然，如果这种"意外"和"运气"，被"安排"的痕迹过重，自然会受到观众的唾弃，从而影响节目的整体效果。

2. 功能和诱因

一般来说，"意外"和"运气"在综艺节目的叙事里，至少有如下功能：第一，突如其来的意外和运气打破节目叙事的可预测性，增强节目的悬念感；第二，突如其来的意外和运气会激化冲突或反转冲突，改变游戏、表演等的结果；第三，突如其来的意外和运气会瞬间撩拨起观众的如悲、喜等情感，使观众深度卷入收看。

　　而诱发"意外"和"运气"的原因则有如下可能。第一，毫无安排。这是出现了纯粹的意外或运气，出现之前毫无征兆和事先准备。第二，引诱安排。适度减少规则的规定性容易使意外和运气出现。节目中的规则如果制定得过多、过细，会影响参与者和节目内容的创造力。第三，明显安排。如果节目的意外和运气必须事先安排的话，特别需要注意这种安排的合理性，一定要符合节目的逻辑走势，呈现出所谓"意料之外，情理之中"的效果。

　　人总有过剩的精力，过剩的精力需要释放，电视综艺是当前人们重要的释放手段。关注他人的运气和意外虽与己无关，却常常实现了观众与节目中人"感同身受"的效果，有助于释放观众自己的情绪和压力。这是运气和意外效果在综艺节目中奏效的观众心理学因素。

　　罗振宇曾在一次演讲中讲到这样一个故事。某世界知名公司每天都会收到大量简历，因为简历的数量巨大，这个公司在筛选时用了一个办法，就是把简历堆在桌子上，然后用电风扇吹。被吹到地下的简历最终会被工作人员抱起来扔掉，留在桌子上的简历才能进入终审。这个方式看起来不合理，但公司的理念是，运气也是一个人实力的一部分。虽然是否有公司真的这么做有待考证，但故事中关于运气的道理值得思考。

　　在西方的价值观念中，运气（也就是正向的意外）被视作人的"神性"，从而被尊重。这也是西方综艺节目、真人秀节目中常常给运气和意外以更大空间、更多可能的重要原因。

九、体验（投射）

1. 体验（投射）的两层含义

　　综艺节目的体验问题，不仅指提供给嘉宾和选手参与节目过程的体验，更指的是让观众在观看节目时也产生一种参与其中的感受，甚至误认为自己已经是节目中的一员。

　　因此，在策划综艺节目时要兼顾两个方面。一方面，要想办法给嘉宾和选手提供在节目中的良好体验感，以最大限度地使嘉宾和选手的能力、潜力释放出来；另一方面，要想尽办法提升观众在观看节目时的体验感和投射感，本部分内容将在这个维度展开。

　　唤起和增加观众体验感，主要依靠的是唤起观众的心理投射，其中有两个方式：第一，让观众把自己也"投射"到节目中，认为自己似乎也在参加节目；第二，引发观众把节目的内容和情境"投射"到自己身上，让观众在观看节目时产生对自己过往经历、当下状况和未来发展的思索。

2. 观众的体验（投射）

本部分重点探析观众是如何把自己也"投射"到节目中的——观众把自己的经历、擅长和喜好投射到节目中，使节目内容让观众感同身受。这种观众的心理投射、体验感的唤起，常常体现在诸多类型的节目中。

比如，观众在观看歌唱类节目遇到自己熟悉的歌曲时，也常常情不自禁地跟随着旋律哼唱起来，甚至一瞬间自己也仿佛站在那绚烂的舞台上。

又如，在观看益智类节目时，观众常常会不由自主地和选手一起回答主持人提出的问题，甚至在比拼自己是不是比节目中的选手答得更快、答得更好、答得更多。此时，观众俨然是节目中的一员了。

再如，在观看户外游戏类真人秀节目时，观众常常因为情节的悬念感而深度卷入节目，不仅一时间"忘我"地紧跟着节目看下去，还容易让自己化身为拥有"全知视角"的上帝，对节目中选手的选择、表现、能力加以评价，俨然化身为节目的裁判导师、点评嘉宾，从原本仰视膜拜明星的视角转变为平视、俯视明星。

还如，在观看旅游美食类节目时，主持人在品尝饕餮盛宴或街边小食时，也是对观众味蕾激发的一种强烈的诱惑。《有多远走多远》的主持人 Johnny 还较早引入了西方同类节目的"伴随式"主持叙事风格：在主持人出外景购买食材之后，主持人往往深入后厨与主厨一同做饭；或者主厨边热火朝天地做饭，主持人在厨房边趁热吃，边吃边评价，而且主持人的品尝与评价在举手投足间往往表现得十分从容。这种"伴随式"叙事策略增强了观众的体验感，有助于观众期待的"摹仿真实"的达成。

旅游美食类节目作为以"体验"为核心、"体验"先行的节目，需要动用各种方式让观众盯着本身"不着一物"的黑洞洞的荧屏，却如同自己已经遍用味蕾、攀山登岳、船走鄱波、游历千里。该节目在制作时更多地让镜头去交代食料的种类与烹饪，主持人的语言只是最简单的辅助。《有多远走多远》的主持人 Johnny 在品尝美食时的状态十分值得称道，他只是对食物带给自己的感觉稍加表述，更多地用如点头、竖起大拇指、微笑，以及适当的语气词等愉悦表情和声音，从容地把自己的感觉传达给观众。而摄像师则将主持人"慢"品（闻、吃、喝）的细节镜头给细、给足，让观众通过观看主持人的动作（如享受地吞咽等动作）和表情来进行自己的嗅觉和味觉"完型",给观众以时间和空间的"体验"余地。

主持人的神情与动作已然是一种强烈的主观表达,可以形成叙事的主要来源,所以,此类节目对主持人语言等强烈的主观表达进行抽离和删减是值得肯定和探索的。这样可以将画面叙事的分量提升,把叙事交还给画面,不把节目的主观判断强加给自己,而是在观众看到丰富而生动的食材购买、制作全过程后,更多地让他们自己判断,并产生观看的愉悦,这是一种深度卷入观众体验的自信和先进理念。

细节的强调也是激发观众体验感的重要方式,比如《有多远走多远》里经常呈现的:一家瑞士人的冰箱里都有什么食材,主妇究竟在打蛋器中放入了哪些奶制品,甚至主持人吞咽生蚝的长镜头特写,等等。这些镜头增强了观众体验的"仿真性"。除了镜头细节外,节目中还有意捕捉烹制、品尝食物时器皿碰撞的声音,以实现增强观众体验感这一叙事目的。

因此,在策划综艺节目时加入体验的因素并增强观众的投射感是十分重要的思维,特别是对于以唤起观众体验和投射为主的节目来说更是如此。

十、益智(知性)

观众在观看综艺节目时固然是要追求休闲、娱乐的感受的,但并不止于此。并非所有传媒艺术的接受者都将对传媒艺术的接触视为闲暇之举。有的艺术接受者对传媒艺术的需求源自他们放大自己智慧、炫示理性的愿望。对他们而言,看一幅照片、看一场电影、看一部电视剧、看一次综艺节目、看一段网络微电影,都是一次次难得挖掘与锻炼自己的智慧、释放和运用自己的智慧的机会。通过分析叙事逻辑、构图色调、价值传达,他们因运用了自己的理性,提升了自己的智慧而兴奋不已。

网络移动新媒体环境为大众提供了个性化、少限制、便捷的艺术批评发布平台,艺术接受者可以随观随评,或许还能大范围地影响其他艺术接受者,甚至创作者和传播者,这更使他们"理性"参与传媒艺术创作的欲望增加。

就综艺节目这个单一传媒艺术类别来说,很多时候,观众在看过之后收获娱乐感的同时,常常伴随着愧疚感,比如常常因为看娱乐节目而影响工作、学习或未能做更有意义的事而感到愧疚。就好像人们在刷"抖音"时,刷的过程中自感愉悦,但关掉 App 后也常常会因为一两个小时不知不觉地过去了、被"浪费了"

而感到后悔、沮丧甚至懊恼。

但看有明显或大量知性、益智元素的益智类节目或综艺节目时,人们的这种沮丧感就会降低,人们会自我安慰——看节目并不是在浪费时间,也可以丰富自己的知识,或拓展思维方式、增强判断力。

在这样一个快节奏生活的时代,有的观众看综艺节目是为了休闲娱乐,缓释快节奏的情绪,但也有不少观众即便是在娱乐时也期待着自己不是完全在"浪费"时间,最好同时能在娱乐时也提升自己某个领域的修养和能力,使自己有"获得感"。这要求综艺节目不仅要有意思,还要有意义。

所以,在策划综艺节目时,不要忽视益智和知性的因素,它们可以让观众通过观看节目收获如提升智商,提升情商,获得新知,巩固所学,诱发理性沉思,价值观上有所得等满足感。这些涉及知识层面、能力层面、思考层面、精神层面的新知及所得。

其实不少综艺节目都散发着思考和精神层面的启示。例如,有不少综艺节目能带给人深刻思考:胜利的一方付出了巨大代价,失去了不少珍贵的东西;失败的一方收获了难得的经历和情感,甚至因祸得福。这正如人生的轨迹一样,福祸相依,万事平衡,事缓则圆。因此,不少综艺节目带给观众的就不仅是看节目本身的快感,更能引发观众绵远而悠长的体悟。

当然,也有综艺节目让人在默默观看中丰富了人生新知。每个人无法决定自己生命的长度,但可以决定生命的广度与深度,生命的广度在于人们能够游历四方、开阔眼界,生命的深度在于这游走与见识过后的经年沉淀。

附：十大创意来源

除了上述十大电视综艺节目的常备元素之外,在本节的最后,再介绍十个进行综艺节目策划时的创意来源。

第一,综合某个领域。即一档节目能够让观众有"一站式"的观看体验,节目中综合了同类节目的优势,或综合了同类节目的手法,或综合了某个领域的内容,等等。

第二,提供某种实用。即节目不仅能够在"务虚"的层面上让观众休闲放松,也能在"务实"的层面让观众在生活、能力或想法等方面有实收际获。

第三,唤起某种记忆。即一档节目能够借助观众的经历,引发观众的某种共鸣和情感冲击,比如用有年代感的或特殊的时空元素,能唤起观众的特殊记忆,从而引发他们情绪的爆点。

第四,点燃某种新奇。即一档节目能动用观众的好奇心和窥探欲,让观众感受到视觉新奇、听觉新奇、情绪新奇、知识新奇或观念新奇等"新"的、反常态的认知,如反常态的言论和逻辑。

第五,给予某种体验。即一档综艺节目能给观众带来体验感,如前文所说,或是引发观众主动将自己"投射"到节目的内容中,或能使节目内容唤起观众已有的某些体验,并引发观众情绪的波动或思考。

第六,展示某种身份。即一档综艺节目能让一些观众群体找到一定的归属感,形成"想象的共同体",让观众感到观看某个/某些节目、热爱某个/某些节目,是展示、彰显自己青春的身份、时尚身份、特定粉丝的身份、特定爱好的身份,或特定圈层垂直身份等。

第七,表达某种理念。即综艺节目中除了有"情趣"之外,也要自然流淌出相应的"理趣"。在表层欢闹的背后,释放出相应的、合理的、适度的理念,这可以是节目制作理念或观念价值理念。

第八,呈现某种极致。即综艺节目要有极致的思维,如极致人物、极致选题、极致视听、极致形式等。任何选题、内容、形式,只要做到了极致,便有一定的收视保障。感受、情绪、态度释放的极致,也恰是当代人迫切需要的。

第九,诱发某种期待。即几乎任何综艺节目都要在悬念上做文章,这是基本的观众心理学道理,否则难以吸引观众持续观看。当然,这种悬念未必一定是解密、烧脑的大悬念。悬念诱发期待,这种期待可能是对新节目、新改版、新样态、新话题、新人员、新创意的期待,也可能是对下一节、下一期、下一季节目的期待。

第十,赋予某种美好。即一档节目最好是能让观众在观看时产生明显的美好感(如岁月静好、时光无恙的感受),可以是视觉上的美好、内容上的美好,也可以是感情上的美好。最终表现为观众情绪上对节目有强烈的正向共鸣,让观众体验到审美中的高峰时刻。

最后要说明的是,综艺创作方法和限度是随着时代发展而不断发展的。综艺节目要"时刻把握时代脉搏,了解社会时尚信息。昔日被视为厚脸皮、见不得人的'露脸'方式,今天被堂而皇之地搬上 PK 殿堂,并广受好评。以往忌讳的问题可以回答了,以往不习惯的竞技方式被接受了,以往不曾想过的出场方式、求助方式都通行无阻了"[①]。

第四节　综艺节目策划的五大创新理念

前一节讲述的综艺节目策划的十大元素更多是基于微观的、具体的内容叙事、环节策划的手段、方法。本节关注的问题则是相对宏观的问题,是综艺策划的整体理念层面的问题。我们认为,如下五大理念是综艺节目策划、综艺节目推陈出新时可以重点参考的。

一、话题化

1. 话题化的界定及其功能

综艺节目的"话题化"是指在内容生产中,首先是"顺应"当下社会热议话题(如育儿、成长、尊老、婚嫁、衣食住行等),其次是"创造"新的社会话题。

前者顺应话题的情况,如健康养生话题是社会经久不衰的热点话题,"怕死"是人之常情,这种话题每个人每天都可能会关注,北京卫视《养生堂》《我是大医生》《生命缘》等节目的热播就是基于对这个话题的顺应。

后者引起话题的情况,如曾经热播的《爸爸去哪儿》引发了社会对"80后新一代父母的育儿"问题的关注;《真正男子汉》引发了社会对后现代甚至中性化社会里,追求强健体魄和健康精神的关注;《中国诗词大会》《国家宝藏》等文化类节目引发了社会对传统文化魅力的再体认;等等。

总之,无论是顺应社会话题,还是引领社会话题,都需要节目提升"抓住社会痛点"的意识、能力和智慧。

话题化的功能有很多。第一,可以增加节目的曝光度、受关注度、品牌度,引发强社会话题和全民热议的节目常常是某一个时期的"爆款""现象级"节目。

第二,顺应和创造一个时期内社会相对集中讨论的问题是综艺节目在达成"娱乐属性"的同时,对自身传媒艺术"媒介属性"的强化,是综艺节目大众传媒功能的体现。

[①] 冷淞:《西方电视审美文化》,中国广播电视出版社2009年版,第169页。

第三,综艺节目的"话题化"针对的是综艺节目"为娱乐而娱乐",缺少现实社会关怀,不易引发人们长久的关注与兴趣,与社会生活和日常生活缺乏"共振"等问题。

总之,节目引发的社会话题讨论是大众分享和参与的过程,其背后是千千万万的口耳相传、人际传播,无论一档节目的口碑是好是坏,哪怕是槽点多多,但能够唤起大规模人群的讨论,这本身就是节目知名度、品牌提升的重要成效。

随着前述的"综艺大时代"的到来,当前不少电视综艺节目在播出时已经同步实现了对社会话题的引爆和引领。例如某些综艺节目的类型、主题、故事、人物等,常常在播出之后,迅速在网络空间和现实空间点燃了某个话题,聚集了一些讨论,引发了许多思考。当我们看到某个综艺节目在朋友圈里刷屏,某个综艺爆点成为亲朋聚会时的谈资,某个综艺特征成为学者研讨的焦点时,这种"综艺引爆社会话题"现象的普遍度和深刻度便不言自明了。

如果电视综艺的快速发展,其影响只限于电视领域本身,那么就还不足以用"大时代"来称呼和定义当前这个时期。连普通观众和社会大众都感受到某种电视艺术形式的"霸屏",自然是因为电视综艺的影响已经突破了电视自身,而向更广阔的社会维度延伸。

2. 话题化需要注意的问题

处于剧烈转型期的中国,社会生态多元且复杂,置身其中的中国电视综艺固然可以躲在"娱乐至死"的外衣下"无论魏晋",但考察近两年来成功的综艺娱乐节目经验,我们发现它们或多或少都试图对社会话题进行回应或引领。同时,能不能引发社会对节目所呈现话题的关注,成为一种社会"现象",也是评判一个综艺节目是否成功的重要标准。

"话题化"要趋利避害,注意以下两个方面的问题。

一方面,我们倡导综艺节目对话题的正向引导。例如,湖南卫视的亲子类节目《爸爸去哪儿》,节目中展现的是新一代父母肩负责任,勇于承担自己的家庭角色,在节目中与孩子一起成长。这是一种正向的代际传承状态,也是人类生生不息发展的基石。"记者调查发现,受热播电视节目《爸爸去哪儿》等因素影响,不少男家长也注意到了自己在孩子教育中的作用,主动请假参加家长会。……从去年下半学期开始,参加家长会的爸爸们就明显多了起来。以往,每次开家长会,几乎清一色都是妈妈,爸爸很少参加家长会。'最近几次家长会,明显感觉爸爸的数量在增长,很多爸爸都特意请假来参加。'……不只这个班级,在另外的几个班级也出现了这样的情况。'很多人都是看了《爸爸去哪儿》,意识到了自己对孩子的重要性和责任,所以主动陪着孩子参加学校的一些活动。'"①

又如许多歌唱类、达人类、公益类节目都显著地张扬"草根"逆袭,这是对当下中国年轻人生态和中国社会结构进行的自发性回应。再如前文所述,《中国好声音》中的背对背选择,也是一种"公平之梦"的外化,是对视觉社会中"视觉满足至上"的反驳,毕竟社会中外形上佳的人是少数,而"纯粹音乐"与"歌者容貌"二者关联度并不大。这种选择背后体现了一种逻辑,即张扬人的核心能力(如该节目所提倡的音乐能力),弱化人的附加粉饰(如视觉愉悦的干扰),给了更多真才之人成功的机会。

另一方面,还要避免综艺节目引发的话题走向争议或产生负面影响。例如产房真人秀节目《来吧孩子》,持反对观点的观众认为,对孕妇生产过程的赤裸裸的展示,不仅让观众对节目呈现的毫无保留的血腥画面产生不适,也可能会引发社会适龄女子对怀孕生产的恐惧。海外的此类节目如美国的《名人卡戴珊一家》、日本的《无助产家中分娩》等也曾遭受类似指责。再如《爸爸去哪儿》第二季,许多网友因为个人喜好的不同,竟然在微博上肆意留言谩骂自己不喜欢的"爸爸和孩子",特别是许多对三四岁不悟事的小孩子的攻击与不宽容,让人不免深深担忧当代中国的一种集体性格和社会主流价值观。

综艺节目的影响力因为对社会话题的引领而走向了更为广阔的场域,并借助电视和互联网实现了对艺术和社会的双重影响。同时,在这个"撕裂"转型时代如何实现价值引导和价值凝聚,中国电视综艺人的责任担当和自我约束便更显重要。

二、网感化

1. 青春化:网感化的背景

大量统计数据表明,综艺节目特别是带有时尚气息、引燃收视爆点的"现象级"综艺节目的主要收视群体是 35 岁以下的青年,他们是综艺节目的"主流"收视群体。显然,一档综艺节目如何吸引主流收视群体,是节目策划和发展的命脉

---

① 徐美中:《爸爸去哪儿? 开家长会去了/电视热播节目提倡父亲教育作用　昨天中小学家长会男性明显增多》,《青岛晚报》2014 年 7 月 3 日,第 6 版。

之一。

　　且不说轻灵、时尚、青春类型的综艺节目,近年来,即便是以传统文化为元素或主题的文化类综艺节目,同样也十分关注青年的接受心理和接受状态,并收获了良好的效果。因此我们常常看到一种奇特的极"新"与极"旧"碰撞出火花的现象,即在新新人类聚集的B站上,火爆的恰恰是不少传统文化类节目和影视作品(如纪录片《我在故宫修文物》、综艺节目《国家宝藏》等)。这让我们看到,传统文化不是陈芝麻烂谷子,只要重视青春化问题,它们是能够爆发出巨大的综艺能量的。

　　以火爆一时的文化类节目为例,可以发现当前文化类节目中"青春化"的手段主要有两种:一是节目本身的参与者便定位为青少年,如《国学小名士》;二是节目本身充满时尚气息和可视魅力,能吸引年轻人观看,如《中国诗词大会》《朗读者》《国家宝藏》。我们看到,在多数文化类节目的录制现场,观众的安排都是以年轻人为主,也可见节目组的用意。

　　下面以国学、诗词类文化节目为例来分析这个策略及其意义,不少此类主题的节目都以青春化为精准定位,聚焦中国青年,将益智竞技答题、国学知识表现和节目嘉宾点评有机结合,激励青少年心向问学、锻造人格,弘扬优秀的中国传统文化。在当下的融媒体时代,随着媒介科技的不断发展并全面介入大家的生活,人们一方面感受到了生活的便利,如电脑、手机和其他移动/智能终端为美好生活带来的诸多可能;另一方面,我们也看到,在青少年教育方面,非线性的手机、Pad的App和视频点击代替了线性的书籍阅读,对"王者荣耀化"的游戏沉迷代替了对优美话语、山河意境的体味,对当下的、零碎的、即时的事物的兴趣代替了对沉淀的、经典的、亘古的事物的向往。这些都将对青少年群体当下的价值观,以及他们未来的行为取向造成深远影响。

　　面对一个新的媒体时代、新的社会阶段,我们并不是要螳臂当车,反对青少年接触新鲜事物、反对自然形成的新生活状态,在顺应时代发展的同时,仍不能抛弃人在社会化过程中应有的能力和素养,如对语言文化的亲近、对过往经典的接触、对大脑识记的锻炼、对感知思考的鼓励、对端庄举止的要求、对学习能力的锻造、对美好价值的追求,等等。

　　中国梦需要中国文化的支撑,中国梦需要中国青年的铸就,不少文化类节目中令人惊讶、赞许并喜爱的青春选手们,或节目中散发的青春化气息的魅力和价值吸引,不仅在影视艺术领域,在更广阔的社会文化领域也是难得的样本。

2. 网感化：界定与示例

电视综艺的青年化收视倾向及目前青年人作为综艺节目主流收视群体的状态，必然要求综艺节目创作者考察青年人的传播和接受心理。

当前青年人突出的传受心理是融合时代由新媒体互联网长期培养出来的网感化接受，是数字原住民和早期数字移民的集体性格的投影，如后现代式思维、二次元式交往、"宅萌腐基佛"式生存等。这些既是网感的表征，也是网感的来源。即便是中老年观众，也因"全龄化"地沉浸于微信式生存之中，不可避免地接受网感化或带有一定网感化传受的心理特征。因此，这一状态也是一种"全龄"现象。

所以，增加网感成为许多综艺节目近年来成功的重要策略。所谓网感，就是因长期接触互联网而形成的认知方式、行为方式、价值方式，最终化作了文化选择和集体性格。

增强网感的方式有很多，而且依托于节目策划者的发散思维，可以不断发掘出无尽的方式。这里仅对增强网感的方式进行示例。

首先，人物塑造的网感，如塑造选手、主持人、点评嘉宾甚至古人先贤的多面、活泼、暖萌、无忌、反转等特征，或进行适度放下包袱的自嘲等。

其次，节目叙事的网感，如跳脱台本的意外，带有后现代色彩的悬念、创意和反差，星素结合的娱乐精神，巧用节目内部和网络空间的各类"梗"，神字幕＋鬼畜理念，等等。

再次，舞美风格的网感，如炫目的视觉包装，不少文化类节目会将传统元素如星海、七星、司南等老物件包装为新萌宠，塑造背屏、地屏、选手席、点评席、主持席、观众席时搭配有视觉冲击、视觉新鲜、视觉沉浸的创意环境，等等。

最后，节目传播的网感，如根据不同的融媒体传播时段、渠道、人群、情境，以不同的方式切割视频并进行精准化分发、刷屏式传播等。像前些年热播的文化类节目《国家宝藏》，央视不仅通过有设计地切割或重组逻辑制作出短视频，在微博、微信、长短视频 App 上推出，还将其放到年轻人聚集的 B 站播出，常常引发弹幕刷屏，有些网友甚至呼吁自发翻译出英文字幕，将其放到海外 YouTube 上进行国际传播的民间主动传播。

由此可见，除了内容网感化，还需要传播网感化。如今，一档节目的制作完成往往只标志着节目组另一层面的工作的开始，因为在后续的传播工作中，节目组如何动用一切可能、尽最大努力进行渗透式、刷屏式、网感式的传播,对一档节目的成败甚至更为重要。

当然,需要说明的是,并非所有成功的节目都以网感化为主要手段,网感化的使用程度也要根据节目内容、形式和定位而定。同时,网感更要适度,任何单纯以提升网络传播为名过度甚至恶意消费节目品牌的行为,都要坚决反对。

例如,在文化类节目快速刷屏的同时,也面临不少质疑声,如质疑资本和商业力量对文化的过度干预和操控,质疑大众文化语境将精英文化和传统文化过度消解,质疑一些文化类节目沦为伪精英的自娱自乐,质疑文化沦为娱乐内容和节目形态的装点,质疑文化沦为一种民粹主义的集体狂欢,等等。无论这些质疑是切中要害,还是危言耸听,"文化"终究事关精神攀爬和灵魂锻造,事关一个广阔群落的价值选择和集体性格,事关一种通向伟大和亘古的阶梯登临,事关一个民族和国家是走向最深度的繁荣还是最惊人的荒凉。策划者在对节目进行综艺化、青春化、网感化处理时,必须小心谨慎,认真拿捏。

三、本土化

土耳其综艺节目《完美新娘》(*Perfect Bride*)是关于单身汉寻找伴侣的真人肥皂剧,版权被卖给了韩国、印度、黎巴嫩、俄罗斯等八个国家,但该节目却没能进入某些西方国家市场。原因之一就在于,上述八个国家中的单身男孩和母亲住在一起时,母亲有权为单身男孩挑选"完美新娘"。而在某些西方国家,未来的婆婆无权选择儿媳,因此,此类真人秀节目的制作在这些西方国家无法实现[①]。这让我们不得不深思综艺节目的本土化问题。

对于引进而言,完全依赖和照搬节目的版本引进不是万能灵药;对于原创而言,原创节目完全脱离播出国家和地区的实际情况,也基本难以成功。所有这些的核心"解药",便是重视综艺节目的本土化。

综艺节目的本土化针对的是过度依赖"洋版本",以及原创节目缺乏本土创新与再造能力的问题。成功的综艺娱乐节目必然重视本土化问题,这并非空谈,它是实实在在支撑一档节目实现可持续发展的关键因素。

本土化的核心有两层意思。首先,在宏观的层面,从全球语境看,它指彰

---

① [法]Bertrand Villegas、郭瑛霞等:《全球节目模式养成计》,中国传媒大学出版社2017年版,第110页。

显民族特点；从国家语境看，它指彰显不同地域特点。其次，在微观的层面，它一则指本土原创，即利用本土元素，依托中国国情，创作出表现本土内容、喜好、特色、价值和生态的综艺节目；二则指本土改造，即外来样态和版本需要与本土社会现实、文化特征和集体性格相结合。本部分我们将更多在微观层面进行分析。

首先，就本土原创而言，《中国诗词大会》《国家宝藏》《经典咏流传》等节目的热播、热议，以及霍尊《卷珠帘》歌词中"梦中妩媚，不见高轩，夜月明，难为情，夜静谧，窗纱微亮，空留伊人徐徐憔悴"的绵远悠长，似乎一下子将《中国好歌曲》带入了"现象级"节目行列。这都彰显出传统元素和文化元素与综艺元素巧妙、适度搭配后产生的巨大能量。

其次，就"本土改造"而言，中国电视综艺节目在这方面尚处于摸索阶段。一方面出现了一些值得肯定的尝试，如亲子类节目弱化原版强调竞争和胜负的风格，更符合传统意义上中国圆融的家庭观念和仁和的教育理念。另一方面，失败的案例也不少，如《激情唱响》《老公看你的》《完美暗恋》《明天就出发》《最高档》等节目，都是引进版权后制作的，但也都因"水土不服"而销声匿迹；《奔跑吧兄弟》刚刚落地中国时，较之于韩国 *Running Man* 中刘在石等明星团队而言，也存在主要叙事者收敛与内敛的问题。这也可见本土化改造中的常见矛盾。

四、宣推化

1. 两大时代性特质：宣推化的背景

在这样一个媒介融合的新媒体时代，对于综艺节目的传播而言，特别要关注两大时代性特质：接受而非寻找、众乐而非独乐。

第一，所谓"接受而非寻找"，指的是在当前这样一个互联网信息海量的时代，每个人面对的信息都是"过量"的，因此，很多时候即便"过量"的信息主动涌到人们的眼前，人们都未必有精力去看，更不能期待他们主动地、费时、费力地去寻找、搜罗信息。亦即，"前互联网时代"是"人找信息"，而如今这样一个融媒时代则是"信息找人"。

第二，所谓"众乐而非独乐"，指的是当前人们看到一个信息（无论是微信公众号还是短视频等）时，仅仅愉悦了自己还不能令人满足，这似乎不是真正的、最终的快乐。在新媒体"全龄"普遍化使用的当下,人们逐渐被"培养"出看到令人愉悦的东西总想第一时间分享出去的习惯。于是,人们看到令自己愉悦的东西便第一时间分享出去,试图让别人也看到,甚至看到别人点赞、认同时,会产生愉悦被共享的感受,这时人们似乎才体会到最大的、真正的、最终的快乐。

因此,在策划电视综艺节目时,一个重要的理念便是"宣推化",即对节目进行竭力的宣传和推广,将节目内容和关于节目的各类信息,尽全力、尽最大可能地推送到观众面前,并引导观众分享节目内容及节目的各类信息。

2. 宣推化的厘定、目标及需注意的问题

传统上而言,在策划节目时,可以把绝大部分力量和精力放到节目内容本身的策划上。而如今,面对这样一个融媒体、全媒体、自媒体、新媒体、多媒体、跨媒体时代,策划时投入到对节目传播、宣传、推广上的精力甚至不亚于投入到节目内容策划的精力。

说得极端一些,传统的策划者在节目策划时可能会将100%的精力放到对内容的策划上,因为在频道稀缺的年代,节目只要播出就意味着自然会有相当的观看流量。而如今,如果投入的力量还是100%,则策划者可能只能将50%的精力放到对内容的策划上,另外50%的精力要放到对传播(即宣推)的策划上。

节目宣推要借助的方式和要实现的结果是竭尽一切力量将内容推到观众眼前,竭尽一切力量引诱用户的分享行为。

这就需要策划者竭尽一切可能,渗透式地、网感式地、大规模覆盖式地推送各类节目信息,并使受众看到关于节目的各类消息(如节目介绍、视频、评论、报道等),营造出节目传播的刷屏之势。如此一来,节目的被接触度、被认知度、品牌度、影响力才有可能提升,甚至实现打造"爆款""现象级"节目的目标。

对于节目宣推应明确如下三个问题。

第一,对节目的宣传和推广的目的,是让更多观众接触、认知节目,并对节目及节目信息进行分享。而在观众接触、认知、分享节目之后,根据需要还要再引导观众的消费,比如因节目产生的各类购买行为。节目的宣推最好能在保证节目释放社会效益的同时,实实在在地为节目经济收益助力。亦即实现流量变现。

第二,节目宣推的方式有很多,其中短视频是其中较为重要的方式。在节目宣推中,要将长段的节目"拆条",拆分为更易传播、更易观看、更吸引眼球的短视频内容。让观众看到节目短视频后便被吸引,从而引导他们观看完整的节目视频。这种短视频宣推可以遵循"重组—渗透—分享"的方式,"渗透"与"分享"前文已作阐释,"重组"则指的是必要时拆条的短视频可以打破节目原来的逻辑线索,为了吸引观众目光而重新组合、安排逻辑。

第三,节目宣推的技巧也有很多,不仅可以通过给节目进行正向形象的设计而宣推,也可以适当让节目留有一些"槽点",甚至适度的争议也会成为节目宣推的抓手。当然,一些节目宣推的"斜招""歪招"要在合理的限度内使用,这样才能既增加节目的辨识度和亲近度,又能保证节目形象不会因越线而崩塌。

五、主流化

综艺节目的主流化针对的是一些偏执的娱乐观念,如以非主流为上、为荣,消解崇高、消解宏大、消解深度,去历史化、去本质化、去和谐化,拥抱世俗、拥抱浅平、拥抱欢愉。这些偏执的观念可以使传媒机构取得一时的收益,但偏执和简单的狂欢难以长期而持续地吸引观众的目光,从而使电视综艺走向困境。

综艺娱乐表面看是文化消费问题,但从根本上看,它更是一个价值观问题、意识形态问题,它总能体现主流价值、意识形态对政治合法、社会凝聚、文化认同的努力,世界各国概莫能外。中国体制下的情况更是如此,综艺娱乐节目对此必然需要一种自觉调适。虽然适应主流价值等意识形态需求不是综艺娱乐节目的根本出发点,但兼顾对意识形态的认知一定有助于节目的发展。

近年来部分电视综艺节目在如下几个方面,主动、积极地回应或借助主流需要,取得了一些经验:第一,对"公益"的打造,通过传媒平台筹集公益基金,通过梦想类选秀节目发放公益基金,达成公益目的;第二,对"理想"的张扬,尊重、聚焦普通人的人生和理想,为普通人取得成功提供渠道和舞台,这在许多达人类和歌唱类节目中都有体现;第三,对"情感"的珍视,特别是对亲情、爱情、友情、乡情、爱国情等的展现与抚慰;第四,对"公平"的彰显,不少素人竞技、纪实类节目通过规则和叙事常常展示出"公平感",让观众感受到在综艺节目中可以让所有人都受到平等对待;第五,对特定"正能量"的放大,如《最强大脑》的科学精神、《开讲啦》的励志精神、《中国好歌曲》的原创精神、《国家宝藏》的文化精神、《真正男子汉》的强健精神、《向往的生活》的友爱精神等。

当然,在市场经济与资本喧嚣的时代,有引领力的内容也要借助对市场的占有,才能通过如去政治化的方法和手段传播到位,意识形态的引领力与话语权需要市场力的支持。

当然,上述五大理念仅是众多综艺节目创新和策划理念中的代表。在这样一个媒介融合的跨媒体时代,信息实现了快速、自由的流动,许多新现象、新理念、新技巧、新方法不断涌现,需要综艺节目策划的学习者、实践者和研究者去动态把握。

同时,从综艺节目的策划而言,虽然绝大多数电视综艺节目策划的元素、方法、技巧、理念可以直接应用到网络综艺节目中,但网综毕竟有其特殊性,一些特别适合网综策划的理念(比如如何制造密集的、燃的"笑点")也需要节目策划的学习者、实践者和研究者灵活把握。

第五节　电视晚会策划的一些要点问题

电视综艺晚会也可归为电视综艺的一种形式,而且它与综艺节目有较大区别,其策划问题需要专门论述。应该说,电视综艺晚会是带有一定中国特色的电视综艺类型,在全球范围内也有其独特性。

一、我国电视综艺晚会的发展简史、界定与分类

电视综艺晚会一般是指在舞台空间演出并由电视媒体传播,为取得某种较大社会影响而制作播出的综合性文艺表演节目。与其他电视艺术种类相比,电视综艺晚会的自身特点非常明显:一是现场表演和观看的空间一般较大,可容纳较多演员与观众,现场效果追求观演互动;二是呈现的艺术门类众多,以歌曲、舞蹈、相声、小品等文艺表演形式为主,同时包括魔术、戏曲、杂技等其他形式,综合多种艺术形式于一体,综艺晚会也由此得名。

早在 1958 年前后北京电视台(中央电视台前身)和上海电视台就播出过联欢性质的专题片、晚会,当时舞台都设在电视台封闭的剧场中。1960 年春节期间,北京电视台首次在演播室内播出了经过本台排练的综合性文艺晚会,是国内第一次有剧本的综艺晚会,也是央视春晚的雏形。1959 年 10 月 1 日,北京电视台实况转播了在天安门广场举行的庆祝中华人民共和国成立十周年的文艺晚会,这是另一种新颖的节庆类晚会播出方式。20 世纪 60 年代初,北京电视台先后举办了三次《笑的晚会》,影响较大。第一次《笑的晚会》是在 1961 年 8 月 30

日播出的,内容全都是相声。第二次《笑的晚会》是在 1962 年 1 月 20 日播出的,仍然以相声为主,不过与第一次相比,第二次《笑的晚会》增加了其他形态的喜剧节目,如话剧片段、独角戏和笑话等。在一片赞扬声中,北京电视台在 1962 年 9 月 30 日举办了第三次《笑的晚会》。这些以电影、话剧演员表演小品为主的综艺晚会,成了当时电视荧屏上继春晚雏形、实况转播之后,又一种备受欢迎的电视综艺晚会节目形态①。但《笑的晚会》在当时的政治环境下,因被指有讽刺性内容而引发争议,相当程度上导致了停播。

　　20 世纪 80 年代起,电视开始寻找适合自身发展的道路,出现了以演播室和直播形式为特色的电视化晚会,尤其以 1983 年中央电视台春节联欢晚会为标志,开启了电视综艺晚会的新纪元。除以剧场和越来越大的演播室作为演播现场外,目前许多大型电视晚会还经常在大型露天场所、体育场馆搭建舞台作为表演区,以容纳更多观众。与其他电视文艺节目相比,无论在剧场、演播室,还是在广场,电视晚会都拥有相对较大的观演空间。

　　从晚会内容来看,歌曲、舞蹈、相声等是传统的主要节目,20 世纪 80 年代中期后,小品逐渐发展起来,并成为晚会的看点和宣传热点。此外,魔术、杂技等其他艺术形式也经常杂糅其中。应当说,电视综艺晚会在 80 年代中期到 90 年代中期充当了人民群众生活的“文艺大餐”的角色,这与晚会“雅俗共赏、老少皆宜”的定位与宗旨不无相关。90 年代中期后,“综艺”逐渐走向“分艺”,出现了像《同一首歌》这样的歌会,“南北笑星火辣辣”这样的相声、小品专场晚会,还有一些专场戏曲晚会、歌舞晚会等②。

　　总体来看,在 20 世纪 90 年代,中国电视综艺晚会曾经数量繁多,每逢节庆,央视和各地方省市电视台都会举办晚会,如央视元旦晚会、春节联欢晚会、元宵节晚会、“3·15”晚会、劳动节晚会、儿童节晚会、建党纪念晚会、建军节晚会、中秋晚会、国庆晚会等。

　　21 世纪以来,各类晚会得到精简,但如央视“春晚”等晚会的地位和热度依然不减,同时一线、二线省级卫视的跨年歌会、跨年晚会成为新兴样态,较早的可见于 2005 年湖南卫视的跨年歌会。同时,每到除夕前后,一些主要卫视、省级地面频道、市县地方电视台常常会举办自己的“春晚”,如湖南卫视小年夜“春晚”、

---

① 胡智锋主编:《影视艺术导论》,高等教育出版社 2012 年版,第 181—182 页。
② 胡智锋主编:《电视节目策划学》(第二版),复旦大学出版社 2006 年版,第 111 页。

辽宁卫视"春晚"、北京卫视"春晚"等，口碑均较好。21世纪以来，在电视屏幕上，晚会的形式多种多样，以"春晚"为代表的综艺晚会、以"同一首歌"为代表的专场晚会、以各卫视跨年晚会成为代表的歌会式晚会，以及一些专题晚会成为主要形式，电视晚会的发展形成交相辉映的格局。

按照不同的标准，电视综艺晚会有不同的分类：按播出是否即时分为直播型晚会（如央视"春晚"、湖南卫视元宵喜乐会、各卫视跨年歌会）和录播型晚会等；按主题是否聚焦分为主题晚会（如央视"3.15"晚会、抗震救灾晚会、影视颁奖晚会等）和娱乐晚会等；按时令是否明显分为节庆晚会（如"春晚"、跨年晚会、周年庆祝等）和常规晚会等；按诉求是否特殊分为行业/企业晚会（如文化、艺术、体育方面的重大活动晚会和企业年终晚会等）、节目特别晚会（如节目特别策划、节目周年庆祝晚会）和常规晚会等；按播出是否常态分为栏目化常态播出晚会（如早年的《同一首歌》《欢乐中国行》等）和仪式性固定播出的晚会（如节庆晚会等）等。

二、电视晚会策划实践

本部分主要从实践的角度探析电视综艺晚会（本部分简称"电视晚会"）的策划[1]。电视晚会一个非常突出的特点就是唯一性，即一次性投入、一次性播出，甚至成功或失败就只有一次机会。所以，电视晚会的前期策划便显得尤为重要。晚会的成功多数取决于好的创意，晚会的失败则多源于对创意的执行不力。

1. 主题和定位策划

主题即一场晚会的灵魂，是晚会所要表达的主观意愿和主题思想，而定位是根据晚会的主题对晚会样式、风格提出的总体要求。一般来说，电视晚会都有明确的主题和定位，晚会的主题与定位的确定取决于主办者理想中想要达到的社会效应，而晚会就是表达主旨与定位、制造社会效应的手段。

在晚会策划的最开始，首先要明确晚会的类型，是如"春晚"一类的大杂烩式的综艺式晚会，还是如跨年晚会的歌会式晚会，抑或是其他特定主题、特定栏目、特定诉求的某种晚会类型。

---

[1] 本部分的一些内容参见胡智锋主编：《电视节目策划学》（第二版），复旦大学出版社2006年版，第112—119页。

在确定晚会类型之后,需要明确晚会的主题和定位。虽然观众在观看晚会时未必在意晚会的主题和定位,但在策划、筹备、制作晚会时,节目主题却是串起晚会内容的一条重要线索。节目主题对如春晚类、栏目类、特定主题类的晚会来说尤为重要,对跨年晚会等歌会类晚会也有相当的作用。

一般来说,主题和定位的确定需要注意以下四个问题。

第一,符合晚会的诉求。如"春晚"的大团圆类主题、影视颁奖晚会的星光璀璨类主题、"3·15"晚会的严肃类主题、跨年晚会的时尚娱乐类主题等。

第二,寻找差异化表达。近年来,随着各卫视跨年晚会的兴起,电视晚会出现了一种新的景观,即在某一个时间点可能有多台晚会同时直播,这种情况就需要各台晚会进行差异化定位,避免同质化消耗。

例如,2020年跨年夜,就有中央电视台、湖南卫视、江苏卫视、浙江卫视、东方卫视、北京卫视(与河北卫视、黑龙江卫视合办)等多台跨年歌会同时直播。每年的各台跨年晚会逐渐有意识地在区分彼此的风格,有的晚会走端庄风格,有的晚会走怀旧风格,有的晚会走本土和民族风格,有的晚会完全打时尚牌(多用"抖音"神曲,打造网红晚会),有的晚会重视通过科技手段打造视觉之风,等等。在其他几大卫视直播跨年歌会的同时,深圳卫视多年来一直选择直播罗振宇的跨年演讲《时间的朋友》,打造"思想跨年",这也是一种跨年时间点上的差异化风格和定位策略的体现。

第三,结合社会热点。如每年"春晚"、中秋晚会常常根据当年的政治社会文化生活的热点设置晚会主题。例如因应"构建和谐社会"的政治社会文化生活热点,2006年央视"春晚"就提炼出"天地人和万事兴"这一晚会主题。为此,导演选择了2005年部分社会热点事件作为晚会多个环节的内容,甚至作为高潮部分的内容,如"给赠台大熊猫征集乳名'团团''圆圆'","飞天英雄费俊龙、聂海胜首次公开部分太空录像"等,这些"万事兴"的具体事件都是意在表现"天地人和",并由此来形象诠释"构建和谐社会"这一宏大主题。

第四,把握主办方的目的与意愿,提炼适合电视表现的主题。晚会不仅由电视台来主办,一些行业系统、社会团体、大型企业或文化公司都有意出资主办大型文艺晚会。当然,主办方办晚会基本都有明确的主办目的与意愿,一般来说是要通过电视媒介的影响力来宣传行业系统、相关活动,以提升行业、机构或活动的知名度。所以,这些晚会在策划时一定要充分照顾主办方的目的与意愿,尽可能将其行业系统、团体、企业和公司的利益着眼点转化为观众普遍可以接受、适合电视表达的主题,使其目的与意愿潜移默化地转化为晚会各种艺术形式所要承载的内容。

在确定主题和定位之后,还要特别思考晚会流程问题。从流程角度而言,电视晚会的策划至少包括两个方面的工作:一是晚会"节目"的方案策划;二是晚会"行进"方案的策划。

2. 内容和形式策划

(1) 内容策划

内容定位指对晚会节目创作的指导原则、品位格调及价值取向的设计,雅俗共赏、喜闻乐见的精品节目是晚会走向成功的保证。这需要注意对如下五对关系的处理。

第一,处理好综合性与精品之间的关系。晚会是综合性强的艺术,且不说如"春晚"那样汇集各类艺术形式于一体的晚会,即便是艺术形式比较集中的各卫视跨年晚会、各类主题聚焦较强的晚会,也一定是有林林总总的节目按一定逻辑拼接而成。这时,综合的泛化效果与精品的"醒目"效果之间便产生了矛盾。

我们认为,晚会在不可避免地面对、运用、处理综合性元素的基础上,更要树立精品意识,打造精品节目是内容定位策划的核心内容。中央台资深导演邓在军说过:"一台成功的晚会,离不开给予人们以深刻印象的过硬的节目。如果我们把美好的晚会形容为一串珍珠项链,那么,晚会的每一个节目就应是一粒粒晶莹夺目的珍珠。近年来,人们反映晚会难办,主要是'明珠难觅'。但是,功夫不负苦心人,关键还在于编导人员需有足够的时间调查研究,深入发掘,组织创作,尽量避免'临渴掘井'。千万不能凑合,凑合是出不了精品的……"[1]曾有导演提出"春晚"的"五个一工程",即"一首好歌、一个好相声、一个好小品、一个新人、一个好形式",也不无道理。

40年来,央视"春晚"推出了一系列精品节目和创意,如1984年的《难忘今宵》、1993年的《涛声依旧》、1998年的《相约1998》、1999年的《常回家看看》、2001年的《卖拐》、2003年的《让爱住我家》、2005年的《千手观音》、2006年的《吉祥三宝》、2010年的《传奇》,2013年春晚的舞美与内容的创新搭配、近年来春晚的多会场内容呼应,以及赵本山和开心麻花的小品系列、刘谦的魔术系列等。这些出彩的节目通过晚会的播出,传遍了大街小巷,妇孺皆知,普通观众都耳熟

---

[1] 张凤铸主编:《中国电视文艺学》,北京广播学院出版社1999年版,第456页。

能详。

第二，处理好雅与俗的关系。由于不少晚会是"全龄观众"在观看，不同观众的年龄、背景、知识结构差异往往极大，众口难调，雅俗问题便成为晚会策划的难题。雅与俗的关系在晚会中已经争议多年，纯粹的高雅往往曲高和寡，得不到最广泛观众的认可，但又不能走全盘通俗化乃至娱乐化的路子。

近年来坚持"雅俗共赏""有意思同样有意味"是许多晚会走向成功的主要经验，避免过于高雅而削弱了晚会的可视性、易视性，也避免因过于低俗而降低了晚会基本的大众传媒的社会功能。媒介融合时代，在观众的媒介素养、影视素养普遍提升的情况下，对晚会策划中"雅"与"俗"的拿捏提出了更高的要求。

第三，处理好仪式性和贴近性的关系。电视晚会常常是为了庆祝、纪念特定节日、事件等而制作播出的，因此它通常不具有日常性，而具有仪式性，给人以特殊的期待感、体验感和情绪感。

关于电视营造的仪式感可参见"媒介事件"的概念。丹尼尔·戴扬（Daniel Dayan）和伊莱休·卡茨（Elihu Katz）曾以"媒介事件"来框定重大事件的电视直播，并将对重大事件（如加冕、征服、竞赛）的电视直播视为一种大众"节日"①。大众经常等待着这种电视直播的"节日"，等待一种大众同时同刻的对"视觉奇观"的分享，无论是等待一场足球比赛、一场选秀决赛、一个盛大晚会、一次国家仪式、一瞬特殊时刻，都是如此。借由电视直播的这种"媒介事件"，大众可以组成本尼迪克特·安德森（Benedict Richard O'Gorman Anderson）所言的"想象的共同体"，大众会产生一种虽然"素未谋面"却"休戚与共"之感②。总之，电视直播由于其同时同刻的共享性、无可复制的瞬息性、无远弗届的传播性，成为人们的一种观看仪式甚至是生活仪式。

有学者专门归纳了"春晚"的仪式性内涵："其一，民族的'庆典'；其二，集体的'狂欢'；其三，家庭的交流场。"③增加晚会的仪式性内容，设计出既具有中国传统文化底蕴，又反映当今时代发展的标志性环节，将是央视"春晚"等具有仪式感的晚会在现在和将来要探索的重点。

---

① 参见［英］丹尼尔·戴扬、伊莱休·卡茨：《媒介事件：历史的现场直播》，麻争旗译，北京广播学院出版社2000年版。
② 参见［美］本尼迪克特·安德森：《想象的共同体：民族主义的起源与散布》，吴叡人译，上海人民出版社2011年版；刘俊：《传媒艺术刍论》，中国传媒大学2014年博士学位论文，第158—159页。
③ 胡智锋、张国涛：《电视春节晚会"模式化"之思》，《电视研究》2004年第2期。

但电视晚会在营造仪式感的同时,又不能忽视贴近性。艺术源于生活,反映并表现生活。加强晚会的贴近性,使观众感受到晚会节目与百姓的生活息息相关,与现实、群众和实际非常贴近,让老百姓在晚会中看到自己的生活、看到美好的希望。所以,晚会节目的创作要真正从生活出发,从老百姓的身边事寻找灵感,挖掘资源。早在 2006 年的央视"春晚"中,《吉祥三宝》一歌婉转动听,富于浓郁的生活气息,博得了很多观众的喜爱。其创作者同时也是演唱者的一家人在接受采访时表示,这首歌的创作灵感来源于生活中教女儿学蒙语的经历,这一创作缘由也饱具生活化的温暖感。

第四,处理好经典与流行的关系。经典的价值在于示范意义和标本意义,可以为某一领域的艺术生产与创作提供榜样,往往具有较强的艺术本体价值;流行的价值在于符合大众的口味和时尚趣味,有较广泛的群众基础,往往具有较强的市场价值。经典与流行并非一成不变的,经典未必流行,流行未必经典,但经典也可能流行,流行也有可能成为经典。经典与流行都具有时代性、历史性。晚会要兼顾经典与流行的内容比例,用经典提升晚会的审美品格与文化品位,用流行拓展晚会的受众群体和创作空间。

曾经导演央视"春晚"的邹友开先生在早年间就曾指出,"纵观春节晚会的变化、发展,摸索着其各类节目的特征,不难看出,春节晚会节目正朝着'新、奇、精'的方向发展,就是节目的趣味性、娱乐性和可视性要强"①。也就是说,目前晚会在经典与流行的关系处理上,流行成分有加重的趋势。

而在当前各卫视的跨年晚会中,流行音乐则更多掩盖经典音乐,成为年轻人狂欢舞台的装点,但在一派流行气氛之中,用心点缀经典音乐(如再现 20 世纪八九十年代的经典流行音乐),反而能够引发观众的怀旧情感,常常成就晚会情感撩拨的高潮。

第五,处理好艺术与时代的关系。电视晚会常常要反映宏大的社会与时代,以及其变革与发展中的人与事。在晚会的内容中,处理好艺术与时代的关系也是非常重要的。艺术客观地再现特定的时代生活,又能能动地表现特定的时代生活。在时代生活的基础上,艺术以独特的形式和主体的创造对时代生活进行更新鲜、更生动、更典型、更突出的概括和表现。同时,艺术创造可以引领时代前进,它可以具有超越时代的创造力与想象力,引领时代的前进。

---

① 邹友开:《晚会节目今日谈》,《电视研究》1990 年第 2 期。

电视晚会从主题到内容都面临着艺术与时代关系的处理问题,既不能无视这个时代社会所能提供的背景与事件,也不能简单地充当这个时代社会的"传声筒",而是要对时代社会中具体的人和事进行艺术的润饰、改造和提升,使其成为晚会的有机组成部分。

(2) 形式策划

形式定位是指晚会呈现形式以及其技术表现的策划和设计。一个好的形式可以成为一台晚会最大的亮点,新颖的形式、富于技术含量的形式设计是晚会创意策划中的关键。这需要注意如下两点。

第一,运用高科技带动形式创新。近年来逐渐引入电视晚会的多终端互动、LED 舞台包裹、高性能灯光、水幕墙、冷烟花、虚拟/混合/增强现实等技术,都有效地增强了晚会的易视性与可视性。央视"春晚"在 2013 年前后明显加强了舞台视觉效果的策划,至今一直将视觉奇观作为吸引观众的重要手段。同时,近年来各地的跨年晚会更是在新技术的运用上颇费苦心,不少晚会在新技术的支持之下,营造出良好的动态、时尚、前沿、新锐的视觉效果,既符合青年人的观看期待,又不断吸引青年人的观看行为。

当然,在成功的晚会中,技术肯定是"有内容的技术",与艺术表现相得益彰的技术,是节目内容表现所需的技术,而不是喧宾夺主,技术至上。对于晚会而言,观众接受的主要还是它的内容,所以要防止盲目的技术崇拜。

第二,提高现场效果,保证屏幕场景的效果。晚会的现场效果和电视转播之后的屏幕效果之间存在着一定的矛盾。在节目策划中,首先要保证屏幕效果,保证绝大多数电视机前的观众的观看效果。例如,晚会的演出场地一般较大,空间的拓展为晚会的形式创新创造了可能性,许多晚会追求多表演区的设计,这种设计可以满足节目在播出时的无缝衔接,保证晚会播出时流程的流畅。但是,从现场效果看,实际的情况是除主表演区外,分表演区的现场效果常常较为冷清。

不同的节目类型对表演空间也有相应的需求和规定。例如,语言类节目在较大的演播现场中就面临较大的挑战,相声、小品这类节目的表演人数相对较少,但表演的实体空间又很大,如果没有一连串的"包袱"就很容易冷场,因此要通过道具、布景的设计减弱表演空间的空旷感。再如,一些晚会虽然意在模仿大型演唱会,意在调动现场观众的参与热情,以活跃晚会现场气氛,但如果操作不当,就容易减弱电视画面对宏大场面的表现效果,不一定能收到良好的屏幕效果。

在本章的最后,需要说明的是,在未来,我国综艺节目要实现可持续发展,要注意解决以下三个问题。

首先,从宏观上说,要继续在借鉴海外成功模式和样态的基础上加大自主创新能力,不断挖掘新的综艺样态和元素,不断提升综艺节目的内容和价值,保持综艺节目市场和产业的健康发展。

其次,从微观上说,要处理好因明星出场费用过高而挤占研发、后期费用和相关人员的激励费用的问题,以及制播分离或制播一体过程中的机制问题,还要注重如 VR 等新技术在电视综艺中的应用等。

最后,从国际传播上说,提升中国综艺节目在世界综艺格局中的地位,争取将优质的节目反向输出,不断提升中国影视文化的软实力。只有这样,中国综艺节目的"大时代"才会长久而深刻。这需要策划人员在电视综艺节目的策划中,不断提升能力和理念,砥砺前行。

思 考 题

1. 请简述电视综艺在传媒艺术家族中的位置。

2. 请简述当前电视综艺节目的分类。

3. 请简述中国电视综艺节目的基本发展史。

4. 你如何看待中国电视综艺节目的引进与原创之间的关系?

5. 请简述电视综艺节目策划的五个整体性问题。

6. 电视综艺节目策划的十大微观元素分别是什么? 自选 1—2 个案例,阐释该案例在策划时聚焦了十大微观元素中的哪几个。

7. 电视综艺节目策划的五大创新理念分别是什么? 自选 1—2 个案例,阐释该案例在策划时运用了五大创新理念中的哪几个。

8. 从 21 世纪以来的中央电视台春节联欢晚会中,选取某一年的"春晚"为分析对象,结合所学知识,指出该年度春晚的策划亮点与不足。

第四章

电 视 剧 策 划

　　"电视剧策划"一词,20世纪90年代始见于电视领域,但随着电视媒体间竞争的日益激烈,策划作为一个职位逐渐被确定下来,并越来越发挥着重要的作用。在电视剧的生产与传播中,策划的作用也是非常重要的,"总策划""策划人"大多是主管部门的领导,负责项目的总体运作和出品发行,"剧本策划""宣传策划"则负责项目运作过程中的一个具体环节。总之,策划作为电视剧生产与传播的全过程的一部分,从创意到剧本,从剧本到成品,从成品到商品,到最后获得发行收入和广告收入,都发挥着重要作用。

第一节　电视剧策划的基本界定

一、电视剧策划的界定

　　策划是伴随着市场经济发展活跃起来的一个概念,从一开始就有着浓厚的商业色彩。电视剧策划,虽然在20世纪八九十年代电视剧实际运作中已经崭露头角,如在一些电视剧开拍前,邀请专家、学者对剧本进行研讨、论证,可以算作电视剧策划的最早的形式,但电视剧策划为业界认可并转化为制作机构、制片人的自觉行动,是在90年代中期电视剧市场初步形成之后。当时民营影视制作公司如雨后春笋般涌现,市场竞争日益激烈,为争取主动,这些制作机构、制片人开始有意识地在前期运作中引入策划环节,由此电视剧策划在业界成为一种"时尚",并作为电视剧运作中的"必选动作"。

　　电视剧策划既是电视剧生产与传播的基础环节,同时又贯穿于电视剧的生产与传播全过程之中。因此,电视剧策划可分为狭义与广义两种:狭义的电视剧策划仅指为电视剧投拍之前围绕剧本所做的准备工作;广义的电视剧策划指为电视剧的生产与传播所进行的创造性定位和预设性筹划。本章倾向于从广义的角度来认识电视剧策划。因此,本书认为,电视剧策划是为实现理想的经济效益与社会效益,项目运作者对电视剧的生产与传播进行的创造性定位和预设性规划。

电视剧策划包括以下五个因素。

1. 策划的目的

电视剧策划的目的,是实现理想的艺术效果和商业目标。不同的投资人和制作机构对艺术效果与商业目标的侧重不同,国有制作机构投资拍摄的电视剧,多为主旋律题材,其主要目的是实现良好的社会效益,商业目标次之,如《长征》《延安颂》《陈云在临江》《解放》《东方》等。除此之外,国有制作机构也会拍摄一些题材宏大、艺术质量较高的电视剧,可以在取得良好社会反响的同时获得可观的经济效益,如《雍正王朝》《大宅门》《闯关东》等。民营制作机构投拍电视剧多属于商业投资行为,追求最大限度的经济利润回报,其题材集中于有市场卖点的商业性题材,而艺术效果是其实现商业目标的一个主要手段。如"康熙微服私访"系列、秘史系列、海岩系列、金庸系列等。

当前,一部电视剧多由几家拍摄主体联合摄制,其中有国有制作机构,也有民营制作机构;在题材上,主旋律与商业性电视剧的区分已经不十分明显。因此,电视剧的策划目的已经不再单纯是经济效益或者社会效益,而是两者兼有,互为支撑。

2. 策划的主体

电视剧的策划主体即电视剧项目的运作者,包括投资人、制片人、发行人和导演等,而制片人是项目运作的核心。在实质上,电视剧的管理属于项目管理范畴,所以电视剧的制片人也是电视剧的项目管理者。

当前电视剧的投资有80%来自社会资本,但大多投资人对电视剧很少懂行,而是通过制片人或委派制片主任来实现自己的投资意图。制片人制(或制片人中心制)是当前电视剧动作中最流行、最实用的管理机制,为一部电视剧选择一个好的制片人就意味着电视剧成功了一半,而一个电视剧制片人首先是一个优秀的项目策划人。

在制作与发行分立的情况下,发行人也是电视剧项目的管理者和策划人之一。发行人的职责是制定电视剧的发行方案,并对电视剧的发行收益负责。发行人参与到前期策划中,对电视剧的未来市场进行评估预测,这样制定的发行方案才有针对性和可行性。

导演要对电视剧的艺术质量负责,一个好的导演将直接决定一部电视剧的艺术质量,在前期策划中,导演要对影响电视剧艺术质量的各种因素,包括剧本、演员、道具、美术、灯光、化妆等进行充分考虑和衡量,做到心中有数。

3. 策划的对象

电视剧策划不仅要考虑电视剧的创作生产问题,还要重点考虑电视剧的宣传发行和市场推广问题。说到底,电视剧是一种商品,创作出来的电视剧作品只有广泛流通和有效传播,才能实现最大化的市场价值。

电视剧的生产包括选题、剧本、投资等,即业内常说的"点子、本子和票子"。电视剧的传播不仅仅指电视剧的销售与发行,还包括市场、宣传、营销等。通过策划,力求实现电视剧产销的一体化,加快资金的周转速度,为投资更多的电视剧创造条件。

4. 策划的手段

电视剧的策划手段一是定位,二是筹划。所谓定位,即确定符合电视剧题材特征的类型、风格、样式、目标受众和导演、演员。通过定位,制片人、主创人员等在头脑中要逐步形成这部电视剧的雏形,并达成共识。所谓筹划,即为电视剧制定具有可行性的各种操作方案,如融资方案、拍摄方案、宣传方案、发行方案、营销方案等。通过筹划,主创人员逐步熟悉电视剧的工艺流程、工作进度、调度安排等内容,为顺利完成生产拍摄任务奠定基础。

5. 策划的特点

电视剧策划必须有前瞻性和可操作性。一部电视剧尤其是长篇电视连续剧是一个宏大的系统工程,如《三国演义》《水浒传》《西游记》等大戏,人物形象多、演员阵容强、拍摄周期长,一旦开始拍摄就不能轻易停机,所以要求在前期要将电视剧拍摄过程牵涉的所有内容解决完毕,只有充分发挥前期策划的前瞻性,才能避免拍摄过程出现大的问题。

同时,与其他电视节目策划不同,电视剧策划中一个重要内容是对投资与市场的策划,而这部分策划内容将直接关系到电视剧的经济效益,如果投资属于商业性行为,就必须重视电视剧策划方案的市场预期和可操作性,所以,对于商业电视剧来说,策划的重点是电视剧的市场营销策划。如《北京人在纽约》的拍摄资金来自银行贷款,总额 150 万美元,剧组直接面临偿还贷款的压力,所以在前期策划阶段,制片人将策划重点放在对未来市场的预期上,按照市场和观众的标准,对剧本进行了多番修改,对演员也是精挑细选。由于前期策划充分,《北京人在纽约》不但及时偿还贷款,还获得不错的利润。

二、电视剧策划的流程

电视剧生产与传播流程大体如下:创意调研、创作剧本(策划书)—立项(申报题材规划)—筹措资金、制定预算(投资与融资)—成立剧组、拍摄制作—审查(获得发行许可证)—营销宣传、发行销售—播出。

在这个流程中,立项和审查是一部电视剧必经的两个环节,由广电总局的相关部门负责,制作机构和制片人需配合工作。此外五个环节中,前四个环节都由制作机构和制片人负责,而播出环节由电视台负责,对此本文不过多涉及。

1. 剧本策划

创意、选题、调研,并创作剧本是电视剧运作的基础环节,也是电视剧策划中最重要的一部分,这一环节的策划工作围绕剧本进行,因此称为剧本策划。在剧本策划阶段,制片机构和制片人要从政治、艺术、市场,即思想性、艺术性和观赏性对创意和剧本进行详细论证,并就市场前景做出分析,提出修改和完善意见,完成剧本和策划书。详细而周密的剧本策划,使电视剧项目立足于一个高的起点,可以有效地防范投资风险,增强融资的信心。

2. 市场策划

在剧本策划的同时,制作机构和制片人要依据当前的市场状况编制好成本预算,做好融资准备。财力雄厚的制作机构,对于有良好市场前景的剧本,会选择自行全额投资,但一般情况下,为了防范投资风险,尤其是资金实力较弱的制作机构会选择联合投资的方式。同时,在融资过程中,许多制作机构和独立制片人是依靠社会来筹集资金用于电视剧的生产,这涉及融资渠道、融资方式以及风险共担和分红等问题。

3. 制作策划

为保证电视剧保质保量顺利完成,制作机构和制片人要为电视剧选择一名适合剧本的导演和一批适合角色的演员,建立由各专业部门组成的剧组,同时还要为剧组建立一套良好的管理制度和一个合理的工作进度。拍摄制作过程中,制片人要统筹兼顾,妥善安排,充分调动剧组各位成员的积极性,在保证艺术质量的前提下,按照进度展开工作。

4. 营销策划

电视剧的所有投入,要通过最后的发行和销售,收回成本,赚取利润。这是许多电视剧投资人的主要目的。良好的发行和销售建立在充分宣传和推介的基础上,因此,在策划过程中,要制定合理的宣传策划,并在电视剧运作的整个过程中,展开充分的宣传。同时,能否制定出合理的发行和销售策略也是影响电视剧能否获得最大市场效益和社会效益的重要因素。电视剧音像版权的销售也是电视剧销售的一部分。营销策划的目的是理想商业目标和艺术效果的最终实现。

第二节　电视剧策划的运作机制

一、电视剧策划的运作机制——制片人制

在影视领域的实际运作中,有两种运作机制:导演中心制和制片人中心制(简称"制片人制")。经过多年实践,制片人制成为中国电视剧走向市场化、产业化的一种必然选择。1980 年,中国电视剧制作中心出现了中国第一批电视剧制片人,这些制片人均由领导任命,目的是为了集中剧组管理,减少因导演、制片主任两权分离而出现的制约现象,并没有"制片人中心制"的明确意识。但此种方式迅速推广开来,得到众多业内人士的认可,并逐步形成了明确的以制片人为中心的管理制度,延伸到电视节目生产的其他领域。

在管理学意义上,一部电视剧就是一个项目,一部电视剧从生产到传播的过程管理就属于项目管理的范畴。所谓项目管理,就是管理者在有限的资源约束下,运用系统的观点、方法和理论,对项目涉及的全部工作进行有效的管理。而项目具有的明确的目标、独特的性质、成本的有限性、不可重复性、不确定性、委托书的特定性和结果的不可逆转性等特征,要求项目管理者通过有效的管理,实现项目所设定的目标。

所以,制片人是一个电视剧的项目管理者,即电视剧实际意义上的总负责人。对于制片人,《中外广播电视百科全书》的解释是:"电视节目制作的总负责

人,负责选定创作题材,组织剧本写作、选择导演、摄像等主要创作人员,制定拍摄计划,负责监督节目制作的进程,协调各方面的关系,直到节目完成后的商业交易。"

根据分工的不同和承担责任的多少,电视剧的制片人可以分为以下四种类型。

1. 总制片人

正如上述定义所描述的那样,制片人要对电视剧从头到尾的所有事项负责,这种类型的制片人一般称为总制片人。

2. 执行制片人

这类制片人的职责要求一般局限于电视剧的生产过程中,像剧本管理、选择导演和主要演员、制定预算、控制经费、剧组管理等。至于融资、投资、发行、资金回收、承担法律责任等事项,不用其考虑和承担。这类制片人多出现于合作项目的制片人。

3. 委托制片人

如果说执行制片人属于项目目标责任制的话,委托制片人通常属于任期目标责任制。这类制片人经常见于电视栏目、晚会、综艺和谈话节目中,也可用于电视剧,但他不能同时承担两部以上电视剧的生产任务。

4. 独立制片人

独立制片人是影视产品生产的策划、组织、实施、管理的最高领导者,他们通常是企、事业单位的法人代表,既可以统领全局完成项目实施的全过程,又可指派执行制片人或委派制片人代行部分权利。目前国内知名的独立制片人有张纪中、刘大印、张铁林等。独立制片人与其他类型制片人的不同之处在于资金自筹,民营制作机构的负责人多属这种类型。

制片人作为电视剧总负责人和项目管理者,是电视剧的主要策划人之一。制片人的策划重点在于对电视剧市场的分析与定位。

二、影响电视剧策划的若干因素

1. 电视剧市场状况

电视剧是目前"制播分离"最为彻底、社会化运作最为成熟、市场竞争最为激烈的一种电视节目类型。

　　从市场需求来看,数目众多的各级电视台对电视剧有相当大的需求。据国家广电总局公布的数据,2018 年全国公共电视节目播出时间 1 925.03 万小时,其中影视剧类电视节目播出时间 822.09 万小时,占比超过 40%。从市场供给来看,近年来电视剧市场年度生产规模一般维持在 600 部上下,而经过审查获取发行许可证的电视剧一般在 400 部左右,总集数在 15 000 集上下。但随着电视频道近年来的"精简精办",每年电视频道黄金时段首播电视剧也仅在 5 000—6 000 集,总体上供给大于需求。

　　中国在 21 世纪的第一个十年已经成为世界第一大电视剧生产与消费国,但目前中国电视剧市场的现状仍然不容过于乐观,还存在诸多的缺陷,表现在:第一,电视剧制作与播出的(购销)关系尚没有形成良性循环;第二,规范、开放的电视剧产业形态还未形成;第三,随着电视媒体的式微,电视剧市场可能还会进一步萎缩。

　　在成形但不成熟的电视剧市场环境中,电视剧策划要依据市场中的确定性因素作出准确的决策和判断,同时要尽量避免不确定性因素带来的市场风险。

　　2. 资质与资金

　　制作机构和制片人在进行策划时,要充分考虑自身的资质与资金实力。按照产权所有制形式,制作机构可划分为国有制作机构和民营制作机构两类。国有制作机构和部分实力雄厚的民营制作机构一般拥有电视剧制作许可证(甲种),在题材立项上拥有有利条件,但除中央电视台所属机构外,其他国有制作机构大多资金实力一般,每年投资电视剧的规模也有限。民营制作机构虽然都持有电视剧制作许可证(乙种),一剧一报的烦琐程序影响了投资的积极性和力度,但其运作机制灵活,融资能力较强。因此,在当前许多电视剧运作中,联合投资、合作拍摄的现象成为一种主要投资模式,这样可以把国有机构的资质优势与民营机构的资金优势相结合,在市场竞争中取得先机。

　　国有制作机构受到政策和形势的影响,一般倾向于宏大叙事的历史题材、弘扬时代进步的现实题材和讴歌民族精神的主旋律题材等。国有制作机构的资金实力也并非整齐划一,中央电视台是全国最大的制片单位和投资机构,实力首屈一指,对于许多重大主旋律题材电视剧,中央电视台都是自主投资、独立完成拍摄制作,如《长征》等。近年来,中央电视台逐步采取多种形式与外部电视剧制作机构合作拍片,一方面通过多方参与,广开片源,将优秀的电视剧留在中央电视台播出;另一方面可以集中精力,加大重点作品的投资力度,力争多出精品和巨制,如《汉武大帝》等。在省级电视剧制作机构中,山东影视制作服务有限公司每年投资生产的电视剧数量也有相当大的规模,具有不俗的实力,而其他省市电视台的电视剧制作中心或电视剧部则大都实力有限,每年投资拍摄的剧集数量有限,大投入、大制作的电视剧多为联合制作。

民营制作机构的资金实力更是参差不齐。24 家跻身于制作许可证(甲种)行列的制作公司代表了国内民营制作机构的最强阵容。目前,民营制作机构承担着中国电视剧制作的主要任务,它们的投资行为多为商业行为,获取经济利润是主要投资目的,通常,武侠剧、言情剧、偶像剧、戏说剧、涉案剧、公安剧等类型剧成为它们投资的重点。

3. 主创人员与社会资源

演员尤其是明星演员的片酬是电视剧制作成本的一项主要支出,如果制作机构本身有签约演员,就可以节约不少成本。著名制片人张纪中的系列金庸武侠剧依靠的是一个相对固定的制作班底,从改编到导演,再到后期制作,都有专业化分工,从《笑傲江湖》到《射雕英雄传》再到《天龙八部》,每一部都比前一部受到更多好评,这种系列化的运作对主创人员的创作与制作水平有着很大提升。社会资源的占有状况也影响着电视剧的运作,军事题材电视剧必须得到军队的人力与物力支持,否则像《长空铸剑》《导弹旅长》《DA 师》这样的电视剧就难以出炉;革命和历史题材电视剧必须得到理论界的支持,否则像《长征》《延安颂》《解放》《东方》《雍正王朝》等就不可能得到认可。

4. 制片人的素质与观念

制片人的素质也是影响电视剧策划的另一项主要因素。作为一部电视剧真正意义上的总负责人,制片人对一部电视剧未来价值的判断决定着电视剧的命运。但如《牵手》《大宅门》《激情燃烧的岁月》《和平饭店》《长安十二时辰》等的题材和立意具有一定的独特性,并不是所有制片人都能从中发现"卖点",这些电视剧最后能取得成功,都显示出制片人素质的重要性。应该说,制片人的知识结构、个性特点、思维方式、思想观念都会影响他对电视剧价值的评价。如果说对电视剧市场的准确判断,是对制片人的基本要求,而对电视剧价值的准确评价,是制片人必须应具备的素质。如何在纷繁的素材中,发掘电视剧的潜在价值,这就要求制片人不断适应社会的需要,紧紧把握时代的脉搏,贴近老百姓的生活,熟悉老百姓的情感心理,突破自我,更新观念。

在电视剧策划中,制作机构与制片人应该准确地找到自己的定位,明确自己的投资目的与方向,根据自身资金、资源和人员班底,选择合适的题材类型和生产规模,做到量力而行,物尽其用,稳中求进。

5. 电视剧项目本身

(1) 剧本因素

实力雄厚的制作机构、经验丰富的制片人所拍摄的电视剧也不可能百分之百成功,这与电视剧项目本身有很大关系。一个电视剧的项目运作是从剧本开始的。剧本乃一剧之本,据业内人士的经验,电视剧对剧本的依赖程度要超过电影和话剧(电影靠导演,话剧靠演员,而电视剧靠编剧,即剧本)。但国内真正优秀的职业编剧实在不多,得一剧本不易,得一优秀剧本则更难。有时制作机构和制片人明知剧本不行,但出于侥幸心理或某些原因,项目勉强上马,结果大多不太理想。

(2) 类型因素

除了剧本的因素外,电视剧类型对电视剧策划也很大。类型化是中国电视剧发展到一定阶段之后的必然趋势,也是中国电视剧市场逐步成形的标志。按照不同的分类标准,中国电视剧有以下类型:历史正剧、古装戏说剧、古装武侠剧、都市言情剧、家庭伦理剧、青春偶像剧、名著改编剧、涉案反腐剧、军事题材剧、农村题材剧、情景喜剧等。每一种电视剧类型的形成,都经过了几部甚至几十部类型化电视剧的探索,叙事模式、故事情节、人物关系形成了基本的套路。电视剧类型化为电视剧的市场化运作提供了有利条件。业内人士一般认为,言情剧、偶像剧、都市生活剧、戏说剧、涉案剧等商业电视剧具有较大的投资价值,而且资金投入规模较小,所以这类商业电视剧多为民营制作公司青睐,而现实题材剧、历史正剧、革命题材剧等主旋律电视剧,也具有较大的投资价值,但资金投入较大,涉及政策、政治等敏感问题较多,不易操作,所以主旋律电视剧多由国有制作机构尤其是中央电视台所属的制作机构拍摄制作。

当前电视剧创作中出现了两种趋势:一是类型化创作,二是反类型化创作。为了寻找更多的"卖点"和"看点",制作机构和制片人会在一部电视剧中运用两种或两种以上类型叙事的创作模式,融入更多的戏剧化因素。如海岩的系列电视剧就是将言情、悬疑、侦破相结合,往往收到出人意料的故事效果。所以,在电视剧策划中,制作机构和制片人熟谙电视剧的创作趋势,明确电视剧的创作方向和创作重点,从剧本开始就为电视剧打下坚实的基础。

第三节　电视剧策划之一——剧本策划

剧本,乃一剧之本,它在整个电视剧中的重要性是不言而喻的。日本著名电影导演黑泽明曾经说过,一个不高明的导演能把好剧本拍成糟糕的影片,一个高明的导演却可以把糟糕的剧本拍成好影片。电视剧也是如此。凡是大获成功的电视剧无不与优秀剧本有直接的关系。《贫嘴张大民的幸福生活》《雍正王朝》《大宅门》《空镜子》《激情燃烧的岁月》《暗算》《士兵突击》《潜伏》《我的团长我的团》《借枪》就是例证。如郭宝昌从十几岁时就开始构思创作《大宅门》,其间几易其稿,才形成最终剧本,从剧本到电视剧也是几番周折,剧本也随之一改再改,精益求精,直到他60岁时电视剧《大宅门》才得以问世。在电视剧《大宅门》热播的同时,其同名小说在图书市场也异常火爆,可见剧本质量之高。电视剧《长安十二时辰》的诞生,最初源自知乎上的一个问题:"如果你来给《刺客信条》写剧情,你会把背景设定在哪里?"有网友针对一款热门游戏的背景提问,"文字鬼才"马伯庸便开了一个"脑洞",信手写了一段游戏剧本:"俯瞰长安城,一百零八坊如棋盘般排布,晴空之上一头雄鹰飞过。"这段带有强烈互动感的"同人文",最后成了《长安十二时辰》开头的雏形。

当前,许多制作机构和制片人宁愿高价请明星演员,也不愿意在剧本上下功夫,这是值得注意的现象。业界常说,不是"人托戏",就是"戏托人",所谓"戏"就是剧本,"人"就是演员。明星演员固然重要,但是,如果没有质量过硬的剧本,名气再大的演员也无力回天。高质量的剧本不但能将刚出道、不出名的演员带上演艺事业的高峰,如海岩剧捧红了不少刚出道的新人,《还珠格格》成就了"小燕子"赵薇,而且还能帮助制作机构获得良好的经济效益和社会效益。所以,好的剧本将使电视剧的市场运作事半功倍,选择和打造高质量的剧本是制作机构和制片人的核心工作之一。

一、剧本的来源

1. 投稿

当前有许多作家、高校教师、在校学生、自由撰稿人、自由职业者纷纷投身于剧本创作。这种途径创作的剧本尽管质量参差不齐,但其中也不乏优秀作品和别出心裁的创意。制作机构和制片人应当具备"慧眼识金"的能力,能从这些投稿中挑选出具有拍摄价值的剧本,按照观众收视的需要和市场的供求状况加以修改,使其丰富和完善。制作机构和投资方应与剧本作者签署一个保密协议,剧本作者有权要求投资方为其剧本的重点情节、内容保密,必要时可通过法律手段保护其合法权益。

2. 改编

不少电视剧的剧本直接改编自小说、戏剧、漫画等,这种剧本在当前电视剧作品中占有相当的比例。一些名家名作也都改编成了电视剧,如《贫嘴张大民的幸福生活》《尘埃落定》《少年天子》《康熙大帝》《金粉世家》《半生缘》和金庸的系列武侠小说等。

3. 策划

制片机构结合市场调研,做出策划方案,制作机构和投资商认可,然后寻找合适作者来编写剧本。这种途径取得的剧本策划在先,事先对观众的收视需求、审美心理、价值取向等影响市场的各种因素做了详细研究,真正做到了从市场出发,从观众出发,根据需求"量身定做",符合市场运作的规律,易于达到投资目标。商业电视剧一般都是这样操作的,而且越来越普遍。如《粉红女郎》、"康熙微服私访"系列、尤小刚的秘史系列等。这类剧本诞生的过程是名副其实的剧本策划,在电视剧前期运作中使用越来越普遍。

二、剧本策划的步骤

电视剧的剧本策划大致可分为以下几个步骤:市场调研、创意策划、针对创意的调研、对创意的修改完善、写作与修改剧本。

1. 市场调研

不难看出,在电视剧的前期策划中,两度的市场调研是一项核心工作。首次市场调研的目的是充分了解电视剧市场状况,把握观众的观赏心理,寻求题材空白点和增长点。评价电视剧最关键的一个指标是收视率,而收视率背后是收看电视剧的观众规模的大小,所以,只有弄清楚观众的观赏兴趣,才能确定拍摄什么样的电视剧才会有收视率。观众的观赏兴趣、观赏心理由于地域、时代、季节、性别等因素的不同而有所差别。如有人曾断言《刘老根》"打不过长江去",这不无道理;《渴望》在 20 世纪 90 年代初引发轰动效应,如果在今天播放就不会有那么好的收视表现。甚至同一部电视剧由于播放时机的不同,其收视表现也会迥然不同。如《激情燃烧的岁月》档期恰逢"十六大"前后这一特殊时期,武侠剧、古装剧、涉案剧难有机会登上荧屏,为《激情燃烧的岁月》的热播提供了条件。

2. 创意策划

在市场调研和分析的基础上,寻找电视剧市场中可能存在的题材空白点、增长点和创新点,有的放矢地组织相关策划人员,以各种方式提出各种创意,并由专人汇总、提炼、概括,形成创意策划方案,作为下一步策划的基础。一般情况下,电视剧创意的内容包括:题材及题材的价值分析、主题定位、运作方式及市场分析、人物设置、故事梗概等。

3. 二次调研

这次调研带有较强的目的性和针对性。初步确定创意后,制作机构和制片人面向业内人士广泛征询意见,以专题讨论会、专家研讨会、观众座谈会等方式,就创意方案的可行性、操作性与投资价值进行评估。如果创意得不到超半数的认可,不妨另换其他项目,毕竟创意还只停留在纸面上,未涉及实质性的费用投入,尚不能构成损失,以避免更大的损失。

4. 修改并完善创意

根据两度市场调研的结果,制作机构的创意策划方案应该基本确定电视剧的题材、类型、风格、演员、观众规模、观众层次、目标市场等内容,以此作为剧本创作的基础。

5. 写作与修改剧本

制作机构和制片人根据题材、类型与风格确定剧本作者的合适人选。在剧本写作之前,制作机构和制片人应与编剧进行充分沟通,就创意策划中所有内容展开深入交流。这样做的目的,是让编剧按照创意策划确定的思路写作,以免出现偏差。如果发现编剧不理想,应及时更换,以免贻误商机;而编剧应阶段性地将剧本交与制作机构和制片人,双方共同探讨,一起修改,这样可以提高剧本质量,大大降低市场风险。

需要强调的是,市场调研是一个系统、完整的过程。它包括调研目标的确定、资料的收集、资料的分析三个阶段。调研目标的确定非常重要,它会影响整个调研过程,因此目标不但要明确、科学,而且要有针对性和目的性,避免面面俱到。资料的收集与分析要运用到多种调查方法,并涉及许多专业性问题,因此尽量要由专业人员来完成,这样得出来的结论才真实可信。

三、题材选择的策略

剧本策划要从选题开始。精选题材,搞好剧本创作是剧本策划的核心。题材有很多种类型,如何选择适合的、具有投资价值的题材呢? 有两种基本策略。

1. 求同策略

所谓求同,即关注当前电视荧屏上的热点剧目,选择相同或相近的题材。当一部电视剧走红荧屏之后,相同或相近题材的电视剧就会蜂拥而至,而速度最快的几部电视剧往往也会取得不错的效果,这种战术就是求同策略的运用。相同题材的"求同":如历史古装剧《宰相刘罗锅》的走红,与台湾版《戏说乾隆》在大陆的"热播"有一定关系;《永不瞑目》之后,公安题材电视剧作品纷纷被搬上荧屏,以至于 2001 年广电总局不得不明令禁止同类电视剧的投产,等等。相近题材的"求同":古装戏说剧《还珠格格》带动了一大批相近题材电视剧的涌现,如《将爱情进行到底》《缘来一家人》《像雾像雨又像风》等。在求同策略中,最忌讳的就是"克隆",求同中一定要有创新:新创意、新人物、新视角、新内涵。如中央台与广东台等几家单位联合摄制的《英雄无悔》,在公安题材电视剧比比皆是的情况下仍以崭新的角度、崭新的人物形象赢得了广大观众的喜爱。

2. 求异策略

所谓求异,即避让当前电视荧屏上的热点剧目,选择相反或类型差别较大的题材。"跟风"与"克隆"、创新意识不足是电视界的通病,前几年电视剧领域流行的"戏说风""辫子风""滥情风"就是这种通病的表现。求异策略是要避让这种"跟风"与"克隆"给观众带来的"审美疲劳",如果运用恰当会收到与众不同、耳目一新的效果。求异的第一步,是在市场调研的基础上,通过市场细分找出差异,根据差异确定题材的定位,满足目标受众的收视需求。求异并不局限于题材的范围,还包括与众不同的人物形象、语言、艺术风格、情感等,都是求异策略的一部分。近年来平民题材剧成为收视亮点,如《贫嘴张大民的幸福生活》《空镜子》《结婚十年》等,这与"戏说风""辫子风""滥情风"的泛滥不无关系。《不要和陌生人说话》作为一部侦破悬疑剧是没有新意的,但作为中国第一部反映家庭暴力问题的电视剧无疑是一大创新。军人形象的阳刚、威武、严肃早已深入人心,而《激情燃烧的岁月》中"石光荣"的一反常态,却让人觉得更加贴近生活,大受欢迎。

2017 年上半年播出的《人民的名义》系多年来反腐剧创作领域的仅存硕果,在湖南卫视播出后反响强烈,但之后跟风而上的其他反腐剧则均无下文。

在选题策略的运用中,求同与求异往往是分不开的,同中有异、异中有同的策略更为普遍。制片人刘文武在《雍正王朝》大获成功后,仍坚持致力于古装剧的制作,这是求同策略。但在具体操作上,他下一部作品选择了《李卫当官》,这部广受欢迎的电视剧以草民百姓为主角,风格谐趣幽默,不同于《雍正王朝》以高高在上的皇帝为主角,主题严肃、凝重的风格,二者对比鲜明。这是求异策略。

在选题的过程中,最稳妥的办法是选择那些受众相对广泛的题材,并加入一些新的内容、新的情节、新的人物,重视从大众、传统题材中寻求新意,以区别于其他作品,绝不能照方抓药,比葫芦画瓢,那样的作品只会随波逐流,难成大器。

四、剧本价值的判断标准

当拿到一个剧本,其价值如何,是制作机构和制片人最关心的事情。对观众而言,如果说电视剧的价值在于娱乐和消遣,让观众在虚构的现实中得到满足,那么剧本的评价标准就看其有没有为观众提供娱乐和消遣的可能性。对于制作机构和制片人来说,剧本的价值在于能否通过从剧本到视听产品的转换,最终实现理想的经济回报。因此,制作机构和制片人对剧本价值的判断,集中于剧本是否具有可操作性、可行性,以及是否具有投资价值上。

1. 剧本的可操作性

剧本必须具备可操作性。决定剧本可操作性的主要因素包括:政治倾向、思想品位、情节的合理性等。广电总局对剧本有严格的审查规定,不符合审查标准的剧本将不准予拍摄,所以制作机构和制片人应具备政治头脑,熟悉审查标准中对禁止性内容的规定,严把剧本的政治关,防止出现有错误政治倾向的内容,避免产生投资无法回收的巨大风险。电视剧的思想品位不能流于低俗和庸俗,给观众以误导,如曾被勒令停播的《风流才子纪晓岚》《流星花园》,就存在这样的问题。情节的合理性也十分重要,不少编剧缺乏生活积累和相关体验,闭门造车,追求情节的离奇性,胡编乱造,不着边际,这样的剧本就缺乏可操作性。

2. 剧本的可行性

据国家广电总局公布的数据,2018 年全国电视剧国内投资额 242.85 亿元,占全国电视节目制作投资总额的近 60%。资金是制约电视剧正常运作的最关键因素,即电视剧的资金投入(成本)是否与制作机构和制片人的投融资能力相匹配。不同的剧本容量需要不同的投资规模,当拿到一个剧本时,制作机构首先要评估自己有没有能力投资,或者能否通过其他途径获得投资,对于严重超出投融资能力范围的项目,应暂时搁置。目前电视剧资本市场还不成熟,但仍有一定数量的资金处于观望状态,等待着有潜力的投资项目出现。所以,质量过硬的剧本通常也能得到投资商的认可与青睐,吸引到足够的投资,顺利上马。除资金外,能否为剧本寻找到合适的导演和符合角色的演员,也是剧本可行性的重要内容。不同的导演擅长不同的电视剧类型,大牌导演固然重要,但如果剧本不适合他,他拍的电视剧未必会出彩。演员不是名气越大就越好,而是越符合角色定位越好。另外,导演与演员是否有档期、是否一致也是很关键的因素。

3. 剧本的投资价值

剧本的投资价值,是指投拍而成的电视剧能否为市场认可并为电视台购买。这里的市场主要指电视台的广告客户和观众。电视剧的售卖具有"二次销售"的特点:制作机构将电视剧卖给电视台,完成第一次售卖;但电视台购买的目的是将其卖给广告客户,以从中获得广告收入,而广告客户才是电视剧最终的买主,它获取的是观众的注意力,这是第二次售卖。剧本的投资价值在第一次售卖中实现,但制作机构和制片人必须同时考虑到第二次售卖中的广告客户与观众,只有如此,电视剧在市场上才能具备一定的竞争能力。所以,制作机构和制片人在对剧本进行价值判断时,要结合深入的市场调研,以及观众的收视需求、审美心理和价值取向,对剧本的市场价值做出准确评价,对目标观众及其规模进行细分,并将其实事求是地写入项目策划书,取得投资商的认可。

投资商一般会根据以下因素来判断题材的投资价值,制作机构和制片人应该把握。

(1)题材本身的社会影响力

这个因素直接影响着电视剧的受众规模和目标市场的大小。一般来说,以下几种题材具有广泛的社会影响力。

以文学名著为基础的改编题材:如中国四大古典名著、近现代名家名作、国内外文学大奖获奖作品、金庸系列武侠小说等。这种题材拍摄成电视剧,主要在于如何处理电视剧与原著之间的关系,"神似"如《水浒传》、"形似"如《三国演义》都曾有过争论,而 2012 年播出的《西游记》则遭到观众的批评。

以重大革命人物与革命事件为题材。这种题材的电视剧都是主旋律电视剧,具有较浓厚的意识形态色彩,如《长征》《延安颂》《解放》《八路军》《东方》《中国命运的决战》《周恩来在贵阳》等。这种题材的电视剧,要将政治人物人性化、生活化,情节处理细节化,还原历史人物或事件以真实和人性的光辉。

以有影响的历史人物与历史事件为题材。由于创作手法的不同,历史题材分为历史正剧和戏说剧两类。历史正剧忠实于史实,剧中人物和故事都曾在历史上出现过,或源于比较可靠的民间传说。如《雍正王朝》《康熙大帝》《武则天》《太平天国》等;而戏说剧则以历史为背景,历史人物和故事都没有可靠的历史依据。如《戏说乾隆》《还珠格格》《宰相刘罗锅》《康熙微服私访记》《铁齿铜牙纪晓岚》等。历史题材创作比较复杂,争论也较多,焦点集中于"历史真实"与"艺术真实"孰轻孰重,当前倡导的原则是:基本遵照历史史实,基本还原历史真实,基本再现历史人物。

以现实社会生活中的热点人物和热点事件为题材。如《9·18大案》《大雪无痕》《荣誉》《任长霞》中的案件在现实中都曾经发生过,《21天》讲述的是"非典"期间的是是非非,《牵手》关注了社会中的婚外恋问题,涉案剧《黑洞》中反映的官员腐败也是观众普遍关心的社会问题。

(2) 世俗性主题与人性化叙事

电视剧是大众文化的主流产品,关注和满足观众的世俗性追求是电视剧的分内之事。近年来兴起的"平民叙事",一再张扬的就是与老百姓切身利益相关的世俗性主题。从《贫嘴张大民的幸福生活》《咱爸咱妈》到《空镜子》《结婚十年》《浪漫的事》《动什么别动感情》《王贵与安娜》《媳妇的美好时代》等一批以家庭伦理剧为主的平民叙事电视剧,将"平民情结"作为一种价值取向,以平等的视角、平民化的创作心态,展现老百姓身边的人和事,挖掘社会底层大众的细腻真实的情感,风格上追求冲淡平和,境界上追求宁静致远,由此深得观众的喜爱。

关注人性是实现电视剧世俗性主题的一种叙事策略。电视剧只有注重对"人性关怀"的深层追求和诠释,才能引导故事情节在逐步推进中揭示复杂的人性内涵,展现丰富的人性价值,塑造有血有肉、富于文化意义与审美价值的艺术形象。近年来,电视剧创作中,人性化叙事逐渐为人所接受,但反面人物的"人性化"的过犹不及,带来了不小的争议。尽管如此,人性化叙事在当前电视创作中还是有相当大的积极意义,应该提倡。尤其在主旋律题材电视剧中,刻画人性,展示人性复杂的一面,不但使人物形象丰满,而且真实可信。如《长征》《激情燃烧的岁月》《我的团长我的团》《潜伏》等一些革命历史题材的电视剧中,对人物的人性化刻画都可圈可点。

(3) 故事情节的观赏性

"观赏性"一向是衡量电视剧是否具有市场价值的主要标准。故事情节是否具有观赏性,这是一个仁者见仁、智者见智的问题,没有统一的答案。甚至有人感叹:真不知道这年头观众喜欢看什么。一般来说,独创性的情节、个性化的形象、富有张力的悬念设置是最具备观赏性潜质的。这与观众的欣赏心理和市场的关注点是相符合的。

情节的独创性。开风气之先,无疑是最有难度的,也是最受欢迎的。近几年具有开创性意义的电视剧有:《渴望》之于室内剧、《戏说乾隆》之于戏说剧、《9·18大案》之于纪实性电视剧、《牵手》之于情感类题材、《贫嘴张大民的幸福生活》之于家庭伦理剧、《大明宫词》之于人文剧、《暗算》之于谍战剧,等等。将已有题材做出新意,也能收到良好的收视效果,同样是"戏说"题材,率风气之先的《还珠格格》《宰相刘罗锅》"一炮走红"在情理之中;而《康熙微服私访记》、尤小刚的秘史系列经久不衰,而且集集有看点,部部有市场,其原因在于每一部电视剧都有新的故事、新的看点。这其中,选择独特的视角是决定电视剧成败的主要因素。同样是"纪晓岚",《铁齿铜牙纪晓岚》就大获成功,而《风流才子纪晓岚》却被禁播;同样是以老军人的生活为题材,《激情燃烧的岁月》就比《军歌嘹亮》更受观众喜爱。

个性化的形象。塑造典型人物形象始终是叙事文学的主要任务,电视剧也是如此。电视剧塑造的典型形象既要成为观众眼前的"熟悉的陌生人",更要成为观众心目中的"这一个",所以,富有个性色彩的人物形象应成为电视剧核心的艺术追求。例如,在众多公安题材中,《黑洞》给人以全新的感觉,剧中人物关系错综复杂,情与理、情与法的矛盾冲突扣人心弦,而且在人物刻画上视角独特,深入人性深处,使人物形象丰满,尤其陶泽如饰演的刘振汉、陈道明饰演的聂明宇都摆脱了以往同类人物形象的脸谱化,使该剧在市场上获得巨大成功。

富有张力的悬念。讲一个好故事,讲好一个故事,是电视剧另一个主要任务。中国电视剧中"好故事"不少,但由于叙事技巧欠缺,情节模式化,不会制造悬念,"讲不好故事",观众看一集就差不多知道如何结尾,淡而无味,平而无奇,吊不起观众的胃口。国内电视剧也不乏制造悬念的精彩之作,如《还珠格格》《祥符春秋》《大宅门》《大宋提刑官》《潜伏》《借枪》等。一部电视剧有一个总悬念,而每一集有一个小悬念,小悬念层层累积,使整个电视剧一波三折,跌宕起伏,扣人心弦。一般情况下,一集大约有三五个事件,每个事件都会有冲突,而冲突的结果都可能形成高潮,即业内人常说的"三分钟一个冲突,五分钟一个高潮"。当然这种编剧手段人为痕迹很严重,也受到学界人士的批评。

五、剧本的长度及其要求

电视剧的长度以 20—40 集为宜。电视剧长度过短,形不成投资的规模效应,也难以形成广告效应,电视台和广告客户都不青睐;而长度过长,则投资过高,风险加大,电视台和广告客户难以承受。另外,在音像市场上,20—40 集电视剧的价格易于被观众接受。而且市场上表现不俗的电视剧已经证明了这一点,如《空镜子》20 集、《激情燃烧的岁月》22 集、《长征》24 集、《黑洞》31 集、《大宅门》40 集、《潜伏》30 集、《媳妇的美好时代》36 集、《林师傅在首尔》30 集等。但近年来,电视剧篇幅出现越来越长的现象,在社会资金供给与观众接受心理都能忍受的情况下,不失为一种市场化的探索。

一个完整的电视剧剧本通常包括以下三个部分。

1. 故事梗概

一般要求不少于 1 500 字。投资商通过故事梗概可以看出电视剧明确的题材定位、主要人物的命运走向和故事情节的大概轮廓。这是向广电总局有关部门申报题材立项和申报拍摄许可证(乙种证持有者)不可缺少的一项内容。

2. 分集梗概

每集 300—500 字。分集梗概是剧本的基础,是未来电视剧的主体框架,从中基本可以看出电视剧的人物性格、情节冲突、人物关系等。投资商可以对分集梗概提出自己的意见,这样剧作者修改起来比较方便。

3. 文学剧本

每集约一万五到两万字,拍摄长度约 45 分钟。文学剧本有偏重文学性的剧本,也有偏重于镜头的剧本。偏重文学性的剧本具有一定的修辞和文采,可以作为普通读者的文学读物。而偏重于镜头的剧本,是为导演提供较为明确的场景、镜头和对白,较少文学性。

第四节　电视剧策划之二——市场策划

如果说剧本策划解决的是电视剧的"本子",那么市场策划要解决的是电视剧的"票子",即资金的筹集、使用与回收等。市场策划包括三个方面:一是投资、融资,即如何筹集资金;二是如何成本预算,控制费用,即如何使用资金;三是确定目标市场,收回投资,即回收资金。

资金问题始终是困扰中国电视剧繁荣发展的一个重要因素。有些制作机构虽然握有一些不错的剧本,但由于缺乏资金而流产的项目,也为数不少。最近几年,电视剧供大于求,市场竞争激烈,近年来被视为"暴利产业"的电视剧日子也不太好过。面临严峻的投资、融资环境和日益理性的投资商,制作机构和制片人应该认识到,只有对电视剧项目进行充分的可行性论证,拿出合理、详细的资金预算方案,才有可能筹集到所需投资。

根据制作机构提供的成本预算和市场前景预测,正常的投资人如果认为投资收益率能高于同期银行利率,那么就存在投资的可能,反之则不投。当然,制作机构提供的成本预算和市场前景预测要真实可信,而不是主观臆测、随意夸大。为此,制作机构要在市场策划方面投入足够的精力,以保证电视剧获得充裕的资金支持。

一、投资模式与融资渠道

1. 投资模式

按照投资商在一部电视剧中的投资比例,投资模式可以分为以下三种。

(1) 全额投资

制作机构如果非常看好一个电视剧项目,而且有较大赢利把握,那么就会选择全额投资方式。这种投资方式的好处是可以独享利润,便于控制整个投资过程,更有效地树立品牌形象,增进品牌价值。其不足之处在于,投资方必须独自承担投资风险,这种风险不但体现在资金压力上,而且来自从制作到发行各个环节。资金实力较强的制作机构,如中央电视台,在采用全额投资方式时,多依靠自有资金,地方电视台则可通过银行贷款、财政拨款来筹集资金,其他资金实力较弱的民营制作机构,则更多向社会筹集资金。全额投资在具体操作上有两种方式。一是委托制作，一些制作机构或行业部门对电视剧拍摄不太懂行，只能将资金委托或承包给某个导演或制片人，由导演和制片人负责电视剧的资金使用，如果资金出现超支现象，超支部分则由承包人垫付。二是间接委托制作，为将财务管理权控制在自己手里，有些制作机构选择直接向剧组派出制片主任，对一切财务费用进行严格控制。

（2）联合投资

为了避免高收益带来的高风险，很多制作机构宁愿选择联合投资方式，以避免承担更大风险，这是当前一种主流投资模式。联合投资分两种情况：一是多家制作机构联合投资，如电视台与民营制作机构，或多个电视台联合，或多个民营制作机构合作等，这种联合投资方式可以实现优势互补，共同打造强势阵容。二是某个企业或集团欲投资影视业，但对行业了解不足，便拿出资金，选择一家制作机构，合作投资拍摄电视剧，然后按投资比例确定最后的收益。

（3）抵押性投资

这种投资方式是指一些机构和个人以自身资源投资电视剧的生产制作。如一些国内知名的影视城，在电视剧拍摄过程中，他们不收取任何场地费用，而是以此作为投资，等电视剧播放后，他们从所得利润中收取一部分作为场地租金。这种方式多见于一些大场面的现代剧或历史剧、古装戏等。再如国内一些知名导演和演员，在电视剧拍摄过程中不收取报酬，而将报酬与电视剧的后期收益联系在一起，等电视剧播放完毕获得利润后，他们再获得一定比例的利润作为片酬。这种抵押性投资模式有利于降低电视剧的前期成本，增强主创人员的责任感，对提高电视剧的艺术质量有一定帮助。

2. 融资渠道

按资金来源的不同，电视剧的融资包括两条渠道：国有渠道与社会渠道。因为两者投资目的不同，国有渠道的资金也可称为公益性投资，社会渠道的资金也可称为商业性投资。

（1）公益性投资

这种资金主要出自各级电视台影视部、制作中心，以及国有制作机构。其中，中央电视台下属的文艺中心影视部、中国电视剧制作中心、中国国际电视总公司等，都有雄厚的资金实力和生产拍摄能力，每年自行投资、参与投资的电视剧不少。此外，一部分资金还出自党和政府的相关部门，以及一些行业部门的宣传费，它主要用于主旋律、行业电视剧的拍摄制作。当前国有资金投资占到全国电视剧总投资的 20%—25%。国有资金的特点在于其公益性,投资目的注重社会效益,较少计较经济收益,但对题材和艺术质量有比较严格的要求。随着"制播分离"、体制改革的深入,电视台、国有制作机构的投资性质逐渐向商业性投资转变,但国有资金仍不失为一个重要融资渠道。

(2)商业性投资

是指制作机构和制片人通过各种非国有渠道筹集的资金。这些资金主要出自一些电视剧专业投资公司、一些大型的综合集团、一些经营文化业的大公司、一些跨行业的公司,等等。目前社会资金占到电视剧投资总额的 75%—80%。不难看出,社会资金是当前电视剧投资的主要力量。相对于国有渠道的资金,社会资金有着相对强烈的商业性目的,即希望通过投资电视剧获得高出银行利率的经济回报,所以更加注重电视剧的经济效益,其次才是社会效益。所以,社会资金投资的电视剧多为商业电视剧。

3. 融资方式

目前,很多电视剧制作机构是向社会筹集资金的。即使是电视台和国有制作机构,虽然拥有从国有资金渠道融资的机会与能力,但有限的资金不足以投资大制作、大手笔,也需要从社会上筹集更多的资金。因此,电视剧实际运作中出现了多种融资方式。

(1)制作机构与电视台合作

在电视剧策划阶段,制作机构将剧本、导演和主要演员的情况介绍给电视台,电视台如果看中并同意购买后,就可将购片资金提前支付给制作机构用于电视剧的前期生产。但由于对电视剧选择余地较大,电视台不轻易选择这种方式,除非对电视剧特别有信心。

(2)电视台投资入股某些电视剧

与前一种不同,一些实力雄厚的电视台有时会主动出击,在市场上寻找市场预期良好的电视剧,以投资入股的形式把购片资金提前投入到电视剧生产中去。这样做的目的,可以提前购买电视剧的播映权,同时还可以从电视剧的经济利润中分红。

(3)向社会募集资金

这是制作机构一种通常的做法。根据回报方式的不同,社会资金可分为两种:一种是要求固定回报的社会资金,即投资但不承担风险,这实际上是一种变相贷款;另外一种是风险共担,投资按比例分红,即制作机构与投资商联合投资,共同承担风险,利润分配按投资比例分红。

(4) 向银行贷款

实力较弱的电视台或国有制作机构,以自己的固定资产和信誉为抵押,并由第三方担保向银行贷款,并以电视剧未来的收入偿还贷款。这种项目投资信心足,赢利把握大,在全额投资中经常采用。如北京电视艺术中心向中国银行贷款150万美元,投资拍摄《北京人在纽约》,并大获成功。

电视剧市场中,无论投资还是融资,其资金到位一般都分为三步,即前期准备阶段、拍摄制作阶段和拍摄结束的时候,这样可以避免一些盲目开支问题,也可以防止由突发事件引发的投资风险。

二、成本预算与预期收益

1. 费用支出与成本预算

电视剧作为商品,在生产和营销过程发生的一切费用都是电视剧的成本。

(1) 费用支出

在电视剧生产与营销过程中发生的一切费用支出,都要计入电视剧的成本,主要包括以下几个方面:

● 前期的策划费用、购买原著改编权、剧本的稿酬、剧本的讨论费及咨询费;

● 拍摄期间的导演、演员、职员的报酬、设备的租赁费、场地的租用费、服装道具的租用、制作费用等;

● 后期制作期间的机房租用费、特技制作费、音乐歌曲创作及制作费、工作人员、技术人员的劳务费等;

● 销售期间的宣传费用、发行费用等;

● 各种保险与税收等;

● 其他费用:如交通费、通讯费、食宿费等。

由于有相对成形的市场价格,电视剧的成本较容易计算。按照电视剧的一般行情,室内剧每集投资约5万—10万元之间;都市剧、生活剧、农村剧等一些当代题材,每集投资约20万元,一般古装剧,每集投资约30万元,而一些大制作就必须单独预算,如新四大名著电视版《三国》《西游记》《红楼梦》《水浒》的投资额分别是 1.5 亿、1.3 亿、1.18 亿和超过 1 亿,单集成本均超过 160 万元[①]。近年来,随着明星出场费的提高和制作成本、人力成本的提高,目前中国电视剧市场上单集 35 万元的成本投入是比较公认的价码。

(2)成本预算

制定成本预算要掌握以下原则。

可行性原则。对电视剧生产与销售过程发生的所有费用进行测算,既要遵循市场规律,又要充分考虑不确定因素对成本的影响,做到既不大幅虚超,又不故意压低。而投资商根据成本预算,确认项目投资的市场价值,预估资金承受能力,在此基础上做出投资决策。

可控性原则。制作人是成本预算与控制的主体,对成本控制效果负责任。为了合理反映制片人的成本控制效果,成本可分为可控成本与不可控成本。可控成本是可能通过成本预算进行计量、并能加以限制和调整的成本,而不可控成本多由不确定、不可知和突出性因素造成。在实际运作中,制片人应全面考虑各种因素,尽可能将不可控成本转化为可控成本,做到心中有数。

质量优先原则。电视剧的艺术质量是实现电视剧社会效益和经济效益的前提。只有艺术质量过关,电视剧才能有好的市场回报,否则,所有投资将难以回收。所以在进行成本预算时,应该首先保证电视剧的艺术质量,在此基础上,合理地控制成本和费用。当然,质量优先并不意味着花钱大手大脚,无故浪费。

制定成本预算时,还有两个问题需要注意。一是不要盲目迷信明星效应。在上述的成本费用中,导演、演员报酬占总成本的比例变化较大,由于请了名导演、名演员,现在很多电视剧制作成本中人员酬金已达到 60%—70%,这使许多制作机构和投资方不堪重负,很不利于提高电视剧的艺术质量。二是电视剧的制作长度问题。从经济角度来看,一部电视剧的集数越多,其平均成本就越低,所获得的利润也就越多,这是电视剧制作中的规模效应。但是,一些投资商在投资不增加的情况下,为了压缩制作成本,故意拉长电视剧,导致节奏拖沓缓慢,影响了电视剧的艺术效果。这种行为在 2019 年已经引发国家广电总局相关部门的高度关注,并拟出台相关规定,对电视剧篇幅长度加以限制(40 集)。

制作机构和制片人要本着实事求是的态度和严谨认真的工作作风,对成本

[①] 《解密中国式大剧运作:见证电视人始于理想的豪赌》,新浪网,2010 年 5 月 22 日,http://ent.sina.com.cn/v/m/2010-05-22/07482966/64.shtml,最后浏览日期:2020 年 5 月 1 日。

按照市场规律进行测算,编制出切实可行的成本预算表和项目策划书,为投资商下定投资决心创造条件。

电视剧制作过程中的费用控制是以成本预算为依据的,就是要在保证艺术质量的前提下,尽可能地将成本控制在总预算的范围之内。

2. 收益渠道与预期利润

编制成本预算表的同时,制作机构还要对电视剧所能创造的收益进行测算。即制作机构和制片人先要知道拍摄电视剧能赚多少钱,然后才能决定投入多少钱来拍摄这部电视剧。电视剧获取经济利润的收益渠道有以下几个方面。

(1)电视播映权

包括电视台一般播映权、上星播映权和海外市场版权。一般播映权是指电视台付出一定资金,获得该部电视剧的播映权,时间一般为2—3年,在此时间限制之内,电视台可以不限次数播放,而在时间限制之外,电视台必须向电视剧版权持有者支付一定费用。上星播映权指如果电视台要安排电视剧上星播出,那么要向制作机构取得上星播出的授权,并且要额外支付一定的费用,这是因为上星播出将影响电视剧在全国范围内的发行。尤其国家广电总局加强管理之后,目前只有四家卫视可获得一部电视剧首轮上星播出的机会。海外市场版权:一些优秀电视剧在海外也有良好的市场前景,一些制作发行公司瞄准海外市场,开拓国际生存空间,有时海外市场的收益可达20%左右。如果没有海外市场,电视剧通过发售国内播映权的收入,可占到总收入的85%左右,音像制品可得10%,还有一些其他收入。

(2)图书、音像的出版发行权

一些熟谙市场运作的制作公司,一般会选择在电视剧播出的同时,推出与电视剧相关的图书和音像制品,利用电视剧的影响来获得更大范围内的经济收益。

(3)赞助

电视剧的赞助有两种方式:一是资金赞助,二是实物赞助。资金赞助分两种:一种通过贴片广告获得的资金,前提是必须得到电视台的允许。原则上一部电视剧的片尾商标不能超过5家,每家商标的停留时间不能超过15秒。二是以联合拍摄方式争取资金,而且赞助方不要求利润回报,这相当于一种变相广告。实物赞助是一些企业为提高产品知名度或树立良好的形象,免费提供电视剧中相关实物或服务,如手机、汽车、饮料等,还有一些酒店为剧组提供免费食宿,只希望在剧中出现酒店的形象。

（4）相关产品的开发

电视剧的相关产品也极具开发价值，如与电视剧有关的服装、玩具、化妆品、纯净水等，但在国内尚未形成大的气候。

（5）短期效益与长期效益

有市场远见的制作机构和制片人不仅重视电视剧的短期效益，还着眼于长期效益，借电视剧之影响带动相关产业的开发，如旅游业、音像出版业、建筑业和娱乐业等。如中央电视台的四大影视基地是为了拍摄《水浒传》《三国演义》而投资兴建的，后来都成为国内外游客的旅游胜地，每年为中央台赚回不少收入。

电视剧的市场销售通常有两种形式：一次性卖断和分售权利。一次性卖断是一些不具备发行实力的制作机构为了尽快回笼资金，收回投资成本，而选择将电视剧的所有权利一次性出让给发行机构或电视台，这样的做法一般利润回报率相对较低。分售权利是将电视剧的各种权利分别出售，这样可以为制作机构带来比较理想的经济收益，但是发行周期长，资金回收速度慢，存在一定风险。

电视剧的发行收入是其经济收益的主要部分，它是通过出售电视播映权获得的。发行收入的大小主要取决于电视剧所占有的市场份额，尽可能地扩大发行量，最大限度地占有市场，就意味着能最大限度地获取经济收益。为此，制作机构要制定合理的宣传和发行策略，建立畅通的多元发行渠道，加大市场营销力度，确保电视剧获得最佳收益。

通过成本预算和市场收益的测算，就会得出一部电视剧投资的预期收益率。而预期收益率正是影响投资商投资决策的关键因素。

三、市场价值与市场价格

与一般工业产品不同，电视剧作为特殊商品，它的市场价值以及所反映出来的市场价格，不是取决于已经投入的制作成本，而是取决于电视剧的质量与电视剧能够产生的社会效益和经济效益。

1. 制作成本

一般说来，制作成本越高，电视剧的市场价值就越高。前提是电视剧质量要上水平、上档次，并为业内人士所公认。如古装戏一般要高于农村剧。电视剧的制作成本是客观、量化的，而且业内有一个相对稳定的认识，所以它一定程度上决定着电视剧的基本价位，但对市场价格的波动幅度影响不大。

2. 电视剧的艺术质量

电视剧的质量是电视剧包括编、导、演、服、化、道、后期制作在内的整体创作实力的体现,是电视剧题材定位、思想品位、艺术水准、制作精良程度等多个评价内容的总称。在创作实力中,电视台作为电视剧的购买方尤其看重导演、演员的实力。对于那些由名导演执导、名演员担当主角的电视剧,很多电视台宁愿出高价也愿意购买。而一些导演、演员都名不见经传的电视剧,即使低价售卖,购买方也不一定看得上眼。由于对电视剧的质量评价,带有强烈的主观色彩,往往会出现"仁者见仁,智者见智"的现象,市场中卖得最高的电视剧并非是荧屏上播得最火的,而一些收视"黑马"的出现令人眼前一亮,可它在市场上却未必卖得好,最终导致播前与播后出现严重的评价差异。

3. 电视剧的预期效益

购买方购买电视剧时,除了对质量做出判断外,还要对电视剧播出后产生的社会效益和经济效益做出预测。社会效益指电视剧播出后引发的社会关注度及其范围、强度和好坏程度。而经济效益通过收视率间接体现出来,收视率高的电视剧一般会有高的广告收入,反之亦然。如果购买方认为预期效益良好,播出后"既叫好又叫座",那么电视剧价格就会高一些,相反价格则会低很多。由于发生购买行为时也属于主观判断,购买方判断电视剧的预期效益,更多的是依据电视剧的题材定位、思想品位、艺术水准、制作精良程度以及市场号召力等多个评价向度,与电视剧质量有密切关系。

上述三个因素基本决定了电视剧市场价值的高低,这与一般商品相比,已经非常复杂。但对于电视剧市场价格的判断,除了市场价值在起决定性作用外,发行时机、区域经济实力、观众情感取向的变化、宣传是否到位、发行策略是否合理、发行渠道是否通畅等因素,都对电视剧的市场价格产生相当大的影响,并直接影响电视剧的最终收益。有些电视剧最终收益可能超过其投入的几十倍、几百倍,而有些电视剧不但没有利润,连投入成本也难以回收。可见,电视剧投资虽然存在相当大的市场风险,经常也会有出乎意料的高利润空间,这就是电视剧的投资魅力所在。有些投资商、制作机构与制片人往往只看到电视剧的高利润空间,而忽略对市场风险的判断,最终造成不可挽回的损失。

由于体制的原因,在电视剧购销市场上,作为购买方的电视台占据绝对主动地位,制作商和发行商处于被动地位。因此,投资商、制作机构和制片人必须保持清醒的头脑,不断增强对市场的判断和把握能力,丰富电视剧项目运作的实力和经验,提高对电视剧质量和预期效益预算的素质和能力。从这一点来看,电视剧的市场价值与市场价格并不取决于制作成本,更多取决于电视剧的质量和预期效益。

四、市场策划与收视率

与其他电视节目策划一样,收视率在电视剧策划中有广泛的应用,尤其在市场策划中,电视剧的预期收视率直接关系着投资商、制作机构和制片人的投资兴趣和投资决策,直接影响着电视剧的投资规模、成本预算与成本控制等。为此,对电视剧策划中的收视率问题应该有充分而清晰的认识。

1. 关于收视率

收视率是指一定时段内收看某一节目的人数(或家户数)占观众人数(或家户数)总体的百分比。目前,国内权威的专业收视率调查机构是央视索福瑞(CSM)。收视率的意义在于它直接反映了特定时段内某一电视节目的观众收视人数的规模大小。电视竞争在本质上是对电视观众的争夺,收视率是评价和衡量电视节目注意力资源价值的重要指标,对于电视剧及其策划而言也不例外。

在电视剧市场中,市场规律的支配和调节作用正日渐显现出来。政治经济学认为,生产决定消费,而消费影响着生产,这一规律在电视剧市场中表现也很突出。而电视剧的消费(电视播出)对生产(拍摄制作)的影响主要是通过收视率这一指标来实现的,主要表现如下。

第一,收视率的高低直接反映着观众对某一作品或某一类型电视剧的喜爱程度。只有观众关注、关心的电视剧,才有可能产生广泛的社会效益,并产生可观的经济效益。

第二,收视率是购买方决定是否购买电视剧、按什么价格购买电视剧的重要依据。收视率高,广告时段才能卖得好,经济创收目的才能实现。

第三,收视率是广告主是否决定投放广告、按什么价格投放的重要参考指标。收视率高,广告投放效果好,广告主自然青睐。

第四,收视率是投资商、制作机构和制片人是否决定投资拍摄电视剧的重要依据,也直接影响着电视剧的题材定位、投资规模、成本预算、发行策略等。

从以上四个方面来看,收视率的高低是反映电视剧市场需求、衡量电视剧市场价值、影响电视剧市场价格的主要指标。

需要指出的是,在电视剧播出之前应用的收视率是一个"预期收视率",即事前对电视剧未来收视表现的期待值。电视剧实际播出后,实际收视率与预期收视率之间往往出现一定的差距,这种差距如果控制在一定范围之内,都是合乎情理的。如果出现截然相反的差异,那么就应该从各个方面找出原因,确认这种差异是由确定性因素还是由不确定性因素造成的,从而在以后的实践中避免类似问题的再次发生。

因此,投资商、制作机构和制片人重视收视率,是实现其主观目的和现实需求的最佳途径。毕竟,他们生产电视剧的目的只有三个:社会效益、经济效益,或者两者兼有。

2. 收视率与市场价值

预期收视率与电视剧市场价值有着密切的关系,并对市场价格形成影响。一般来说,电视剧市场价值高,预期收视率相对较高,而市场价值低,预期收视率则低,反之亦然。总之,两者基本成正比关系,这与播出后的收视率和广告收入之间的关系有一定区别,现实中经常出现"叫好不叫座""叫座不叫好"的现象,这种现象与电视观众的观赏取向、情感心理变化有一定关系。

所以,对发行和播出前的电视剧来说,预期收视率是电视剧市场价值的数字化反映。正如其对市场价值和市场价格的决定作用一样,电视剧的质量和预期效益也是决定和影响预期收视率高低的主要因素。

3. 收视率与市场策划

在电视剧策划中,预期收视率在一定意义上就是其"指挥棒"。电视剧策划的第一步,就是进行市场调研。市场调研中一个主要目的,是要了解当时电视荧屏上播得最火、最受观众喜爱的电视剧是什么,属于什么题材、什么类型。要达到这个目的,其主要手段就是收视率分析。

收视率分析的结果,是那些收视率高的类型和题材得到更多的关注,而收视率低的则被淘汰。根据策划的求同策略,及时策划同种或相近类型、题材的电视剧,也意味着有不错的市场前景。然而,电视剧策划中绝不能盲目追求收视率,对收视率要保持清醒的头脑。

(1)制作周期

电视剧从策划到播出存在一个至少一年以上时间的制作周期,在策划阶段收视率比较高的题材和类型,等一部电视剧制作完成后,能否仍然保持较好的收视表现,似乎还存在疑问。所以,以收视率为核心进行电视剧策划时,要充分考虑到制作周期对收视率的影响,根据收视率的变化适时调整预期收视率。在策划策略上,讲究求同策略与求异策略相结合,既要在热点题材上抓机遇,又要在冷门题材上找机会,这就要求策划者具备丰富的经验和专业的素质,尤其对市场要有准确的把握和敏感的判断。

（2）题材重复与视角创新

当一部电视剧热起来,许多同类型的电视剧就一哄而上,鱼龙混杂,良莠不齐,其中虽不乏优秀作品,但多为粗制滥造之作。造成这种局面的主要原因是制作机构的急功近利,忽视艺术规律,简单"克隆",盲目跟风。综观那些优秀作品,它们的一个共同特点是视角独特。尽管是同样或相近的题材,优秀作品总能在故事情节、悬念设置、人物塑造上不落窠臼、独树一帜。

（3）观众意识

业内经常提到"观众就是上帝""让收视率来说话",来强调观众之于电视剧的重要性。应该说,电视剧最终是做给观众看的,但对于制作机构来说,他们更重视电视台和广告主的意见,因为他们所生产的电视剧主要是给电视台和广告主看的。因此,在实际运作中,制作机构更多按照电视台和广告主的意愿行事,而忽视观众的中心位置。从长远来看,电视台和广告主的意愿与电视观众的观赏取向是一致的,因为电视观众通过调控器"投票"而形成的"收视率",不但直接关系着电视台的经济创收,而且直接关系着广告主广告投放的效果。所以,电视台和广告主也要对电视受众有充分的了解和把握,才能购买到有收视率的电视剧作品。在这个意义上,电视剧做给电视台和广告主看与做给观众看是一样的。尽管如此,两者在细节上仍存在不少的差异,这要求制作机构进一步提高观众意识,更加重视观众在电视收视中的主导作用。

（4）逐利与引导

收视率经常用于考察电视剧为投资商和制作机构带来经济利益的能力。收视率高,受众规模大,发行和销售面广,经济收益就会高。同样,收视率高,社会影响也会大,但这种社会影响是积极的还是消极的,是正面的还是反面的,都要细细甄别。2004 年 4 月,广电总局下发了《关于加强涉案剧审查和播出管理的通知》,禁止电视台在晚间 23 点之前的黄金时段内播放任何涉案剧。近几年来涉案剧一直有不错的收视率,也涌现出不少优秀作品,如《黑洞》《黑冰》等,市场前景看好,许多制作机构纷纷投身于涉案剧的生产制作。但是,随着涉案剧的泛滥,它的负面影响逐渐显现出来,这是它被紧急叫停的主要原因。

近年来，国家广电总局出台的关于规范电视剧管理的通知和要求有几十种，关乎电视剧题材、篇幅、创作、风格和播出等多个方面，其中的一个核心就是要求电视剧创作和播出都要把社会效益放在第一位。总之，对国家和社会来说，虽然经济效益与社会效益都不能偏废，但总体上社会效益比经济效益更重要。总之，电视剧担负着引导整个社会走上良性发展轨道的重要社会责任，尤其要为青少年的健康成长营造绿色空间，不能因小失大，有所偏差。

第五节　电视剧策划之三——制作策划

拍摄制作阶段，是电视剧整个生产与传播过程的重中之重。再好的剧本和市场策划，都要通过拍摄制作来实现。在这一阶段，制作策划的目标是：确保质量，抓好制片管理。电视剧制片管理，包括剧组（人员）管理和过程控制两个方面。

一、剧组（人员）管理

电视剧制片管理工作的一项主要内容是对剧组的人员管理，包括剧组筹建、剧组经费的管理等。剧组的人员管理由制片人和导演共同负责。

1. 剧组的构成

剧组一般由以下几个部门构成：

● 导演部门：导演、副导演、导演助理、场记、演员、剪辑等。

● 摄像部门：摄像、摄像助理、照明、照明助理等。

● 美术部门：美术、化妆、道具、服装、置景等。

● 录音部门：录音师、录音员、音乐制作人等。

● 制片部门：制片人、执行制片人、制片主任、现场制片、外联制片、剧务、司机、会计等。

2. 剧组的筹建

要筹建一个有创造力的剧组，最关键在三个方面：导演、演员和执行制片人。

（1）选择导演

选择导演的工作一般在剧本和市场策划阶段就已进行,这样导演可以较早介入电视剧的创作,对电视剧的质量有一定好处。导演对一部电视剧创作的成功起着关键作用,在选择导演时,制片人应注意一些主要因素。

第一,具备二度创作的艺术才能。剧本是电视剧创作的蓝本,导演要做的工作是将剧本的文字语言转换为电视剧的视听语言,在这个过程中,导演既要立足于剧本,又要根据自己的理解和经验展开二度创作,使电视剧比剧本更富有艺术的创造性。因此,制片人要重点考察导演的创作理念、专业修养和艺术创造力。

第二,具备题材定位要求的创作风格。制片人要根据剧本的题材风格,有针对性地寻找合适的导演,这样可以保证电视剧具有鲜明的风格特点。考察导演的创作风格可以借助以往的电视剧作品。

第三,具备良好的信誉与丰富的经验。一个具有良好信誉和口碑的导演,可以为整个剧组带来活力,并形成积极的工作状态。丰富的经验可以提高工作效率,保证拍摄工作的顺利进展。

（2）选择演员

导演确定之后,他的首要工作是为电视剧选择合适的演员。角色是一部电视剧最核心的艺术元素,演员是否适合角色、演员表演的好坏直接关系着电视剧质量和价值。对于导演挑选的主要演员,制片人一般要把关。挑选演员应考虑以下因素。

第一,演员是否适合角色。导演的创作意图要通过演员的表演来实现,只有挑选到与剧中角色定位适合的演员,导演的创作意图才能顺利实现。如果演员与角色之间找到了契合点,演员的表演则会更加真实自然。《激情燃烧的岁月》中石光荣的形象塑造得很成功,就得益于孙海英生活化的本色表演,令观众感觉亲切、自然、真实。

第二,演员的收视价值。明星演员是电视剧永远的"看点"与"卖点"。不但电视台购片时非常在意演员的名气,观众的观赏有时也冲着演员。明星演员能为电视剧的宣传与发行增色不少,可以带来潜在的观众,具有收视的价值。

第三,演员的声誉与艺德。对于演员来说,演技固然是一个重要的方面,声誉和艺德也非常重要。在拍摄期间,剧组是一个工作集体,演员如果搞不好和他人,尤其是和导演的关系,将直接影响到拍摄进度和质量。演员的责任心直接关系到合同能否正常履行,没有责任心的演员往往给制片人带来意想不到的经济损失。

第四，演员的和谐搭配。选择演员时，主要演员之间及主要演员与次要演员之间的搭配应该和谐、合理，不但在年龄上要有层次，而且在风格上要统一，演技上也要互相衬托辉映。

（3）选择执行制片人

在电视剧拍摄阶段，制片人不一定每天都亲临现场，他对剧组的管理是通过执行制片人来完成的。执行制片人是剧组的常驻人员，受制片人委托管理剧组事务，相当于剧组的行政主管。考察一个执行制片人，要掌握以下因素。

第一，政治和法律素养。执行制片人应该能够把握拍摄工作与政治、法律、社会生活有关的尺度和要求。

第二，艺术鉴赏力。执行制片人对电视剧的艺术创作规律有一定把握，以防拍摄工作出现偏差。

第三，工作能力。执行制片人要熟悉电视剧拍摄的工作流程，具备较强的管理能力和处理突发事件的能力。

3. 剧组的日常管理

剧组一旦筹建完毕，剧组的日常管理成为制片人和执行制片人的主要工作。对剧组的日常管理主要通过两个手段来实现。

（1）制度管理

过去剧组常常靠人来管理人，往往费时费力，效率不高。现在很多剧组的管理日益现代化，多采用制度来管人，建立一套规范、有效的管理制度，可以使日常管理工作事半功倍。一般剧组的管理制度包括《剧组管理规定》《财务管理规定》《摄影棚管理规定》《枪支管理规定》等。

（2）合同管理

为了保证拍摄期间责、权、利清晰分明，在电视剧筹备期间，具有法人代表资格的制片人就要签订各种合同、协议，包括导演聘用合同、演员聘用合同、其他工作人员聘用合同、临时用工合同等，作为双方合作过程中的法律依据。

二、过程控制

1. 前期准备

（1）剧本的修改与完善

导演根据拍摄和市场的需要，对剧本内容进行最后的修改和完善，其中主要是根据季节、场景的需要进行适当的增删。剧本定稿后,由场记根据剧本内容做剧本分场景表,这是制片主任和副导演制订剧组拍摄计划的重要依据,也是剧组各个部门进行创作准备的主要参考。

（2）制作详细的拍摄计划

为保证拍摄工作按部就班地开展,导演部门和制片部门应制订详细的拍摄计划。拍摄计划分整体计划、阶段性计划、周计划、日计划和机动计划,做到每个工作部门、每个工作岗位都清楚知道什么时候该做什么工作,做到有条不紊、忙而不乱。

（3）经费预算和控制

剧组成立后,制片人委托制片主任在考察各个部门环节的资金使用情况的基础上,根据各部门上报的经费预算,制定精确的资金预算,力求做到资金的使用合理、科学、充分。

（4）签订合同、购买保险

除了上述与人员管理相关的合同外,制片人还要签订一些关于器材、服装、道具、场地、车辆的租赁合同,后期音乐制作承包合同、赞助合同、人身保险合同、食宿承包合同。除外,为了防止拍摄过程中出现意外,制片人应提前购买多种类型的保险,如责任保险、人身保险、器材设备保险等。

2. 中期拍摄

中期拍摄阶段是制片管理的中心环节。制片部门的工作主要包括财务管理、督促生产、对外联络、后期保障等。在此期间,制片人要全面掌握剧组的情况,善于发现问题,并及时解决问题。制片人在管理剧组时,要掌握以下四个原则。

（1）注重制度管人

在管理制度面前,剧组人人平等,制片人应以身作则,并为此作为管理剧组的依据。制度管人的好处在于责、权、利清晰,杜绝人情风和裙带风。

（2）加强信息沟通

一部电视剧拍摄工作的顺利完成,离不开剧组每个工作成员之间的团结协作。要保持这种状态,制片人应加强各种信息的沟通和交流,把集体精神贯彻到电视剧创作的全过程。

（3）统一创作思想

电视剧是集体创作的结晶,没有统一的创作原则、统一的创作思想是不可能完成电视剧拍摄的。所以，制片人应通过各种渠道和方式，短期内将剧组的思想和认识统一起来，保证摄制工作的顺利进行。

（4）营造良好氛围

一个氛围良好的剧组，可以为每一个成员提供积极向上的动力。在管理中，要以人性化的管理让每一个成员处处感觉到集体的关怀和温暖，特别在工作和生活上，互相支持，彼此鼓励，让每一个成员在融洽、和谐的氛围中积极投入工作，这样可以使摄制工作高效完成。

3. 后期制作

后期制作是对前期拍摄的素材进行精加工，并组接成一部完整的电视剧的过程，也可看作是对前期素材的再度创作。由于后期制作直接关系着电视剧的最终面貌，制片人一定要重视电视剧的后期制作工作。

后期制作仍然是在导演的总体把握下进行的，制片人要做的工作除了工作计划和预算外，主要任务是协调几个部门的工作，保证较好的创作条件，严把创作质量关。制片人重点要从以下几个环节对后期制作加以控制。

（1）画面剪辑

画面剪辑是导演和剪辑师合作完成的，在剪辑过程中，导演要善于将自己的意图表达给剪辑师，由剪辑师进一步发挥创造力来实现剪辑效果。画面剪辑一般分为初剪和精剪。初剪主要按场次顺序对画面素材进行串编。而精剪是一项创造性的工作，要求剪辑师运用蒙太奇思维，熟练掌握视听语言，创造出令人悦目的视觉效果和叙事效果。制片人在画面剪辑阶段也要参与其中，从专业创作的角度对电视剧的剪辑质量把关。

（2）声音、音乐制作和录制

无论采用同期录音，还是采用后期配音，声音都是电视剧艺术创作的重要部分。录音制作是录音师在导演的指挥下完成的，负责电视剧的声音造型。声音的制作包括录制对白和录制音响效果。作为制片人，应对声音和音响效果有比较专业的鉴赏能力，确保声音的质量效果。电视剧的音乐包括主题曲、片头曲、片尾曲、配乐等，音乐制作人在与导演充分沟通的基础上，按照剧情的要求，创作出动人的音乐。音乐制作人是电视剧后期制作的最后一位创作者，制片人在选择音乐制作人时应注重考察他/她的创作风格、创作经验以及信誉状况，保证创作出的音乐能成为电视剧整体构成的一部分。一些优秀的电视剧音乐、主题曲随着电视剧的播放而受到观众的热爱，为电视剧增色不少。

（3）特技制作、片头片尾、字幕的设计与制作

当前，后期剪辑中，非线性编辑系统得到了广泛的应用，大大提高了后期创作的速度，尤其是特技制作更加方便和快捷。对于片头片尾，后期制作要加大力量，力争做到别出心裁，调动观众连续收看的欲望。字幕包括剧中对白、独白以及片头片尾的演职员表，用字要准确规范，不能有错别字。为了取得更好的观赏效果，可在字幕中加入一些艺术设计。制片人应对特技制作、片头片尾、字幕的设计提出自己的要求和建议。

（4）混录合成

画面剪辑和声音、音乐制作完毕后，制片人要进行全面审查。制片人应联合一些专家一起对电视剧毛片提出修改建议。导演和剪辑师根据建议进行修改，在审查通过后，便可以进入混录合成阶段。混录合成是一部电视剧中所有的画面和声音按其应有的位置、效果混合录制完成，混录合成之后，电视剧的整体面貌就基本定型了。

电视剧后期制作阶段，不但可以使好的素材锦上添花，还可以弥补中期拍摄阶段留下的诸多遗憾。这对于提高电视剧的整体质量有很大的作用。

第六节　电视剧策划之四——营销策划

一、现代市场营销理念与电视剧营销

1. 现代市场营销理念

营销理念是指导企业开展经营销售活动的态度、观点和思想方法。传统的市场营销理念认为，市场环境是不可控制的，企业只能消极地适应环境、服从环境。而新的市场营销理念认为，一家成功的现代企业，必须使其内部的可控因素与外部的不可控因素紧密结合，并在一定程度上变不可控因素为可控因素。在新的国际市场环境下，传统的营销观念越来越受到挑战，传统的营销因素组合理论也从"4P"发展到了"11P"。新的理念认为，营销组合中的因素不仅包括产品（product）、渠道（place）、促销（promotion）和定价（price），还应包括调查（probing）、细分（partitioning）、优先（priority）、定位（position）、权力（power）、公共关系（public relations）和人（people）。

在"11P"中,产品、渠道、促销、定价称"战术4P",调查、细分、优先、定位称"战略4P"。"战术4P"合理与否,还要取决于"战略4P"。企业在"战术4P"和"战略4P"的支撑下,还必须运用"权力"和"公共关系"这"2P",以便排除通往目标市场的各种障碍。而企业从事生产销售活动的最终目的还是为了"人"这个"P",即为了获得人的支持,并向人提供更优质的服务。

在市场营销新理念的冲击下,如何将营销因素组合高效地作用于目标市场,使之成为应付激烈竞争的有力手段,是每个企业都需要认真考虑的问题。

2. 电视剧营销

近年来随着电视剧市场走向产业化,现代市场营销理念开始渗入到电视剧生产与发行中,电视剧营销也就应运而生。当前,电视剧营销已经成为回收前期投资、获得最大限度经济效益的有效手段。

从战略高度考虑,电视剧市场营销要建立在深入的市场调查基础上,对市场和观众做出准确的细分,确立明确的市场目标和定位。这在剧本策划和市场策划中已经得到比较广泛的运用。从战术角度考虑,电视剧营销必须以质量过硬的电视剧作品为基础,依靠多元的发行渠道,辅之以有效的宣传和合理的价格策略。这在电视剧发行中也有较大范围的运用。

因此,电视剧营销是一个系统工程。有营销观念的制作机构和制片人从电视剧投拍的第一天,就有意识地启动电视剧的市场营销行为,并将市场营销贯穿在生产、制作与发行的全过程。当然,起步没几年的电视剧营销离现代市场营销理念的严格要求还有相当的距离。在营销的定位策略、产品策略、价格策略、广告策略等方面都缺少成熟的理论和案例。目前,电视剧营销工作主要集中在宣传和发行上,所以电视剧营销策划也主要体现在宣传策划和发行策划两个方面。

除了现代市场营销理念的要求外,电视剧营销必须充分考虑到电视剧作为商品的特殊性,不能盲目追求经济利润的最大化,而要将电视剧的经济效益与社会效益密切联系起来,坚决杜绝"低俗"的电视剧流入市场,走向荧屏。对于优秀电视剧,制作机构则要运用市场营销的手段和方式去推广,使之产生最广泛的社会效益和经济效益。

二、宣传策划

电视剧营销策划是提高电视剧营销水平、实现电视剧经济效益与社会效益的重要途径。宣传策划是通过提高电视剧的知名度,引导电视台和观众产生购买和观赏的欲望,并达到为发行服务的目的。而发行策划是通过对市场、渠道、价格策略的充分把握,直接为电视剧发行服务。

应该说,当前的电视剧运作中普遍对宣传重视不够,即使有些宣传也缺乏策划,导致电视剧在发行时,电视台和观众还一无所知,当然也难卖出好的价钱。近年来中国电视剧项目越来越重视宣传发行的宣传,也诞生了大量专事营销发行的公司机构,目前中国影视剧的宣传发行费用一般能占到总投资的10%—20%。

1. 制定宣传方案

制定宣传方案是电视剧进行宣传的第一步,也是宣传策划的首要任务。在电视剧筹备阶段,就要开始宣传方案的制定,这样可以保证整个电视剧宣传有步骤、有条理地进行,并达到预期的效果。制定宣传方案要注意以下问题。

(1) 在预算范围内追求影响和效果的最优化

制定宣传方案的一个主要依据是电视剧的宣传费用预算。宣传费用制约着宣传的规模、范围和力度。制定宣传方案,首先要将费用控制在预算范围内,这样的宣传方案才能得以顺利实施;其次,宣传方案要有针对性。在市场调研的基础上,根据电视剧的题材、类型、风格等,制定出具有针对性的宣传方案,争取宣传能够有效地到达目标观众和相关购片商,在力度、范围、效果上达到最优化。

(2) 宣传要适时

宣传一部电视剧要掌握合理的宣传时机。一般情况下,电视剧的宣传分四个阶段。第一,开机时的首轮宣传。一般是举办由相关媒体参加的开机仪式。开机仪式上,应向媒体和观众介绍剧中的一些主要演员、导演,电视剧的主要情节等,通过媒体将其宣传出去,达到先声夺人的效果。第二,拍摄期间的媒体宣传。拍摄中期,要主动邀请一些媒体尤其是电视娱乐栏目的记者前来"探班",或对拍摄过程进行跟踪采访,通过他们将拍摄过程中的花絮呈现给观众,让观众保持兴趣。第三,封镜前后的宣传。在电视剧封镜时要进行适当的宣传,这时的宣传不但要给观众看,更要给电视台、广告商看,这样做是为了博得电视台和广告商的认可,减少发行、播放时的阻力。第四,播放时的宣传。这一阶段的宣传也很重要。当电视剧在电视台播放时,制作商可以联合电视台通过一些渠道,如信件、声讯电话、有奖问答、手机短信等,让观众参与进来,这种宣传可以帮助制作机构树立形象、建立品牌,使观众更容易接受其日后的电视剧作品。

(3)宣传要适度

电视剧的宣传要掌握好一定的"度"。不少电视剧在进行宣传时,人为地炒作一些花边新闻,尤其对于导演、演员的宣传更是添油加醋,无中生有,甚至制造事端,给他们带来不小的压力,导致合作双方关系紧张。有的电视剧在宣传时,对其艺术质量、社会效益过分夸大,把电视台和观众的胃口吊得很高,但在电视台播放时,却离他们的期望很远,很容易招致"骂评""恶评",这样对制片方的信誉损伤是很大的。所以,制作方在宣传时要把握好一个"度",这才有利于与电视台、导演、演员保持长久、良好的合作关系。

2. 电视剧的推广方式

制作机构不仅要面向电视台宣传,还要面向观众推广。协助电视台完成电视剧向观众的推广工作,越来越被业界所重视,成为一种趋势。电视剧的推广方式有四种。

(1)人员推广促销

人员促销是最常规的、最直接的电视剧推广途径。人员推广可以从电视剧前期策划、中期制作到后期发行,贯穿电视剧生产与制作的始终,进行全方位的信息沟通。电话联络,邮寄样带、宣传册是人员促销最常用的手段。

(2)公共展示

公共展示的手段包括参加电视节、交易会,举办见面会、看片会。现在,国内有名的电视节、交易会有北京国际电视周、上海电视节、中国广播影视博览会、四川电视节等。见面会不仅可以吸引电视台的注意力,同时能借助记者的力量。看片会通过直接邀请目标客户的购片人员观摩样片,进行现场磋商,较其他渠道来说,这是一种主动性较强的促销方式。

(3)媒体广告

电视台制作机构利用大众媒体发布广告,将信息传达给各个电视台,引起观众注意,从而降低电视台的收视率风险。广告形式有报刊广告、网络广告、电视广告等。

(4)新媒体推广

近年来,微博、微信公众号、短视频、网络直播等新媒体推广手段层出不穷,推广效果更加精准和有效。电视剧使用新媒体手段开展推广,一方面可以节省成本,另一方面还可以收到更好的推广效果,因此制作方对此青睐有加。

3. "看点"与"卖点"

电视剧宣传策划首先要明确宣传什么,即提炼出电视剧的"看点"与"卖点",这也是电视剧的宣传点。

所谓"看点",是指一部电视剧吸引观众保持连续观看状态的关键点,而"卖点"则指一部电视剧引发购片方购买欲望并付诸行动的关键点。

"看点"是对于观众而言的。观众眼中的"看点"大多从电视剧自身出发,而较少牵涉其他因素。而"卖点"则是对于购片方而言的,各级电视台要考虑到经济创收、播出档期、价格、风格定位等因素,所以"卖点"包含许多经济或商业方面的考虑,一般要超出电视剧自身的范围。

由于观众的喜好直接关系着收视率的高低,电视台不得不在意观众的收视取向,所以从长远来看,"看点"即"卖点"。但制片方和电视台眼中的"卖点",观众却不一定认可和接受,所以"卖点"不一定是"看点"。这是"看点"与"卖点"的区别和联系。

"看点"与"卖点"的提炼于宣传策划阶段开始,并在宣传过程中被不断丰富和完善。提炼"看点"和"卖点",要深入了解观众和购片方的心理取向,再根据电视剧的题材、类型、风格、演员等因素,将其中的"亮点"用简洁的语言表述出来,作为吸引观众观看的"看点",吸引电视台购买的"卖点",这对于宣传来说,则是电视剧的"宣传点"。

电视剧是一种大众娱乐消费的艺术样式,观众观看电视剧的目的是通过看故事得到娱乐和放松,所以,好的电视剧一定要讲一个好看的、诱人的故事,这是最大的"看点"和"卖点"。要做一个好看的故事,即业内常说的电视剧"有戏",需要编剧和导演多下功夫。具体而言,剧本出自名家之手,人物要有个性,故事要有悬念,叙事要有章法,台词要有张力,情节要有细节,结局最好出人意料、耳目一新等,不一而足。对于一部电视剧,要具体问题具体分析。

《贫嘴张大民的幸福生活》的"看点"在于具有浓郁北京胡同文化特色的人物形象和幽默语言;《大宅门》的"看点"在于白景琦、白文绣、白三爷等艺术形象,还有独特的宅门文化和中医药文化;《激情燃烧的岁月》的"看点"在于孙海英饰演的石光荣和浓浓的怀旧情调;《林海雪原》在宣传时总结了六大看点:怀旧情怀、不一样的英雄、各具特色的反面人物、地地道道的地方特色、演技派演员集萃、严酷的拍摄环境;《都挺好》的宣传点有:姚晨的电视剧力作、苏大强的"作"、郭京飞的"浑"、大哥的"虚伪"等；《长安十二时辰》的宣传"看点"有："文字鬼才"马伯庸、"长安"再现盛唐气象、与现实时间同步的情节发展；等等。

对于电视剧"看点"与"卖点"的提炼和宣传，涉及电视剧评价的许多问题，评价结果一般容易出现"仁者见仁，智者见智"的情况。电视剧实际播出中，也经常出现"叫座不叫好""叫好不叫座"的情况，所以，要求电视剧宣传策划要有相当高的专业素质和艺术鉴赏能力，充分了解观众的收视心理和审美取向，争取把握准确电视剧的"看点"和"卖点"。

三、发行策划

发行是电视剧实现从产品向商品跨越的必要环节和利润分配的关键环节，制作机构通过发行收回前期的成本和投资，并获取一定的利润。

近年来，电视剧的发行渠道不再仅限于电视台，还有优酷、腾讯、爱奇艺等视频网站。一般来说，电视台较视频网站出价都较低一些，但好处是一部电视剧可以同时出售给两个卫视频道（"一剧两星"）和若干个地面频道，还可以实现多轮发行。但视频网站之间都具有较强的排他性，对中意的剧目一般采取独播剧策略，即一次性买断该电视剧的所有网络传播权，所以视频网站高出价也是物有所值。

为获得最大限度的经济利润，电视剧的发行部门或机构一般会与多家电视台、多家视频网站进行直接接触和洽谈，从而最终确定电视剧发行销售的策略与方案。

1. 发行策略与购买形式

电视剧发行的对象主要是中央电视台、省级台和城市台三级电视台。但是大多数的制作机构的发行策略是"全国发行，分省销售"，而省级台和城市台是其主要的销售对象。由于中央电视台的特殊地位，再加上自身制作能力强，它对于从市场途径购买的电视剧要求比较严格，在题材选择上注意主旋律、现实题材和历史正剧，对于社会效益十分注重，一般出价相对较低，所以只针对中央电视台的发行风险很高。对于省会台以外的地市电视台，许多电视制作机构也不愿涉足，一方面地市台预算有限，广告市场也有限，另一方面发行到地市台会延长电视剧的发行周期，增加发行成本。

由于各级电视台定位不同，对电视剧的购买形式也不尽相同。

（1）中央电视台

多种购买形式。在购买形式上，中央电视台拥有最优秀的资源和最好的播出平台，可以保证它在购买时采用多种形式。

第一种是购买全国播出权和中央电视台永久播出权。这样操作的电视剧有《过把瘾》《康熙王朝》等。

第二种是购买电视剧的国内版权。中央电视台以刚刚高出成本的价格购买到电视剧的国内版权。这样制作公司可以"保本"，同时省去不少发行费用，资金回笼较快。此外电视剧也可以通过音像版权的出售、海外发行获得另外的收益。

第三种是中央电视台买断全部版权，即包括国内的首播权、中央电视台永久播出权和音像版权、海外版权等。这种方式多适用于与中国国际电视总公司的合作。

第四种是中央电视台买断电视剧的有线版权。

（2）省级电视台

主要购买全省播出权和卫视播出权。全国 30 多家省级电视台是电视剧的主要发行市场。省级电视台从发行商处购买电视剧的全省播出权，播出期限 2 年，播出次数不限。此外，如果要购买卫视播出权，则需要单独签署购买协议，这样交易价格就会较高。目前卫视频道已经从"一剧四星"过渡到"一剧两星"，交易价值较以前有更大的提高。

（3）城市电视台

购买本地区播出权。城市电视台一般是购买电视剧的本地播出权，播出期限 2 年。

与电视台相比，视频平台的购剧策略相对多元，二者虽存在相同之处，但更多的是差异。目前而言，视频平台主流的购剧策略大致分为三种：版权采购、投资制作和成片分账。

首先，是版权采购，可分为买断版权和分销版权。买断版权就是独播，对于看好的头部剧、流量剧，视频平台与以往电视台的购剧思维是一致的，都倾向于一掷千金出高价（最高单集价格可以超过千万），一次性买断单部优质剧集的播出版权，之后再采取"独播"策略在自家平台播放，以此吸引受众/会员观看，然后将收视率/点击量估值后经由广告来折返成收益。分销版权就是由一家播出机构购买后分销给其他机构，或是几家机构为缓解资金压力降低风险一起购买版权播出。在电视台方面，这种情况是"一剧四星"；在视频平台方面，这种情况则是"全平台"播映。因此，在版权采购上，视频平台曾沿袭电视台一贯的内容采购策略。然而,随着"台""网"之间优势地位的逆转,以及对内容成本可控、播映风险把控等因素的考虑,视频平台逐渐开始由"外购"转向"自制"。近两年,由视频平台全版权买断独播的剧集比例已大大降低。

其次,是投资制作,可分为参与投资和参与制作。参与投资,指的是播出方和制片方共同投资一个剧集项目;参与制作,指的是播出方对剧本、主创团队等环节进行评估后,选择为优质项目提供制作经费或制作团队等物力、人力资源的方式参与剧集生产制作。这一间接的购剧方式,实则就是"制播合一"。在电视剧开始制播分离前,电视台本就是电视剧制作的主要单位,即便是近年来也仍有头部卫视在筹拍自制剧。因此,当前视频平台风行的自制潮流并非完全是新路。可是,在互联网的收视语境下,自制模式的确赋予视频平台在内容制作层面更多的话语权,令视频平台可以通过细分化的定制为平台用户创造出更具贴近性的内容,从而将资金投入最大化回收,这一点对于一线卫视台而言是相当难实现的。因此,"自制 + 独播"模式逐渐成为当下视频平台剧集内容播映的主流。

最后,是成片分账,指的是根据剧集内容的有效付费点播量给合作方结算分成收益的合作模式。不难发现,与此同类型的模式在电视领域也存在,那就是滋生"收视率造假"现象的"收视对赌"协议。视频平台的成片分账可视为是合法、合理、合规则的"收视对赌"。视频平台通常会经过审片后根据内容质量将剧集分为 A 类、B 类、C 类等不同等级,不同等级有不同的合作和分成模式,如爱奇艺为会员付费期分账金额 + 贴片广告 + 植入广告,腾讯视频为付费分成 + CPM 分成,优酷为"会员观看时长" + "集数奖励系数"。虽然各个视频平台有各自独特的内容合作标准,但优质内容获得高位分账定价的价值逻辑却是相对统一的。目前而言,在爱奇艺、腾讯视频、优酷等主流视频平台,成片分账的模式架构已经相当成熟,只不过在范围上多局限于网络剧和网络大电影,对于台网同步的剧集和院线下映的电影的分账引进模式仍有待探索。同样,成片分账模式也会遭遇刷点击量等恶性造假行为,因此,以爱奇艺为首的视频平台关闭前台播放量的举措也可视作对这一现象的机制性规避。

近年来,《琅琊榜之风起长林》《延禧攻略》《都挺好》《长安十二时辰》《鹤唳华亭》《庆余年》等热播剧,在收获高关注度和好口碑的同时,也为视频平台带来了丰厚的收入。对于有热播潜力的头部剧集,视频平台的购剧策略往往是"一剧一策",甚至一些剧集在前期筹划阶段就得到了某些视频平台的注资参与,制作完成后,自然顺理成章地上线该平台播映。现在,好的剧集作品已不愁卖不出去,愁的是以何种方式卖来实现利润最大化。可以发现,从版权采购到投资制作,再到成片分账,视频网站的购剧自由度在一步步提升,内容交易的市场化程度也有所加深。当然,这三种模式也并非相互替代的渐进关系,而是占比不同的并存关系。灵活且多元的购剧策略也进一步强化了视频平台相较于电视台的内容优势,拓展了其发展空间。因此,对视频平台的未来发展而言,建构更加合理的购剧策略尤为关键。

2. 制作成本与市场价格

在国内电视剧市场中,经常按照制作成本,将古装剧和现代剧可以分为三个档次。不同制作成本,形成了不同的市场价格梯次。

一般来说,古装剧制作成本较高,市场价格也高。一档剧单集成本甚至在100万元以上,单集市场价格在200万元以上;二档剧单集成本在60万至100万元之间,单集市场价格在100万元以上;三档剧单集成本在60万元以下,单集市场价格在100万元以下。

相对于古装剧,现实题材剧制作成本和市场价格都稍低一等。一档剧单集成本在50万元以上,单集市场价格可卖至70万至80万元;二档剧单集成本在35万至50万元,单集市场价格在50万元以上;三档剧单集成本在35万元以下,单集市场价格则在50万元以下。

一档剧主要安排在各个卫视频道的黄金时段播出,或者入选各大视频网站的独播剧目,这部分能占到电视剧市场的15%左右。其中古装剧居多,现实题材剧中以主旋律、都市生活剧、家庭伦理剧为主。二档剧一般在卫视晚间次黄金时段或非黄金时段播出,或者入选各大视频网站的非独播剧目,这部分占到市场总量的20%左右。由于这个档次的电视剧数量较多,价格适中,市场竞争也最为激烈。三档剧占据整个市场总量的30%以上,数量最大,价格很低,一般难以实现全国发行。还有一部分电视剧存在很多问题,如制作粗糙、缺乏明星效应、题材出现偏差、故事情节失控等,一般很难发行或无法收回成本。

虽然制作成本对电视剧的市场价格有一定影响,但两者之间没有根本的必然联系。大投入、大制作的电视剧不一定卖出好价格,观众也不一定接受;而小投入、小制作的电视剧有时卖得很火,而且收视率很高。影响电视剧市场价格的主要因素如下。

(1) 电视剧质量

电视剧的质量是电视台定价的第一标准。电视台一般通过三个指标对电视剧质量进行考察:一是故事情节,二是拍摄阵容,三是制作水平。故事情节由剧本质量决定,编剧的实力很重要,拍摄阵容主要包括导演、演员的实力与知名度。

(2)播出频道和时段

电视台确定价格时,要充分考虑到电视剧播出频道和时段的价值。主要频道的广告价格高于其他频道,黄金时段的广告价格也高于其他时段,在主要频道和黄金时段播出的电视剧多为一档剧,价格也相对较高,其他频道和其他时段次之。

(3)预估收视率

电视台在对电视剧质量、播出频道和时段统一考虑的基础上,可以预估出一部电视剧可能达到的收视率。根据预估收视率的高低,电视台再进一步确定购买价格。

(4)制作机构的信誉

电视剧的制作质量是制作机构经济实力和商业信誉的直接反映,有良好的信誉和口碑的制作机构一般会成为电视台视频网站购买电视剧的首选。

(5)发行区域

受地域经济实力、广告市场大小、观众收视习惯的影响,一部电视剧在不同的区域有不同的市场价格。一般来说,华东、华北地区平均市场价格高于东北、华南和华中地区,其中上海、北京两地的市场价格最高,西南和西北地区电视台平均市场价格最低。由于视频网站不受区域限制,区域性题材的电视剧在视频网站能拿到很好的价格。

(6)发行轮次

发行轮次也是影响电视剧市场价格的主要因素。一般情况下,二轮发行电视剧只有首轮发行的十分之一。

思考题

1. 电视剧策划包括哪些因素?
2. 简述电视剧策划的流程?
3. 影响电视剧策划的因素有哪些?
4. 如何判断剧本价值?
5. 收视率与电视剧策划的关系是什么样的?
6. 电视剧的发行渠道与发行方式有哪些?
7. 自选题材,独立完成一部电视剧的完整策划案。

第五章

电视广告策划

    在当今社会,人们越来越离不开广告,广告似乎成了伴随人类生活和未来发展的必需品。人们在抵御光怪陆离的广告诱惑的同时,其实也正在品味着现代生活的丰富多彩。在 20 世纪上半叶,广告还一直被视为一种极具美国风格的事物,可是今天,广告已经深入世界的每一个角落。正如英国小说家诺曼·道格拉斯(Norman Douglas)1917 年的预言:"通过广告你可以发现一个国家的理想。"而今天的我们也正通过无穷变幻的广告改变着对世界的认知。

    策划是现代广告的生命,现代广告宣传不再是传统广告以"灵感"为保障,带有随机性和偶然性的简单操作,而是在精心策划下的全方位、多形式的综合宣传。

    在种类繁多的电视节目中,电视广告是一种极为特殊的节目形态,这一借助电视媒介载体的新型广告形式,呈现了其独特、崭新的结构魅力。正因融合电视与广告这两大特点,电视广告策划也呈现出两重性,即电视策划和广告策划的和谐统一。同其他广告形式相比,电视广告的信息容量受到极大的限制,电视广告的视听语言必须简洁,但同一时刻传递的信息可以是多元的。经典的电视广告不会错综复杂,不会让观众做许多头脑"体操"。欲使受众记住你的产品,就必须意念单一。单一也并非简单,而是"意料之外,情理之中"。

    电视广告在极其短暂的时间里展示了极其巨大的想象力与创造力。尽管随着互联网等新兴媒体的快速发展,电视广告受到了一定冲击,但电视仍然是今天向目标受众传递特定信息的重要途径。特别是在提高企业或品牌知名度和树立形象方面,电视广告迄今为止无可企及。不断发展的电视广告凝聚了创作者的智慧,从某种意义上来说,电视广告策划其实也是一项最富有挑战性的智力博弈。一个合格的电视广告策划者应当具有丰富全面的理论素养、敏锐的判断力、丰富的想象力和较强的组织运作整合能力。同时,还应拥有对电视媒体运用的各个层次、环节的广泛知识储备,并能根据电视媒体运作规律乃至社会经济、政治、文化的演进,善于灵活变通,具有开阔的视野和创造性思维。

电视广告策划有宏观、中观、微观三个层面,分别对应一般学理(理念)、具体对策(策略)和可操作性技艺(工具、方法)。本章我们将从电视广告的特性、分类、体裁、构成要素及运作流程、目标策略及其定位、思维方法及创意原则、诉求和表现方式、创意构思及其手法、趋势与前瞻等方面来探讨电视广告策划,从而全面认知电视广告策划的运作流程。

第一节　电视广告策划的界定与作用

一、电视广告策划的界定

电视广告策划,顾名思义,就是对电视广告的策划,具体而言是指电视广告人通过周密的市场调查和系统的分析,利用已掌握的知识、情报和手段,借助特定的电视媒体信息、素材和表现手段,为实现广告的目的、目标而提供的创意、思路、方法与对策。

电视广告策划具有两方面的特征:一是事前的行为,二是行为本身具有的全局性。因此,电视广告策划是对电视广告活动进行的事前性和全局性筹划。电视广告策划在整个电视广告活动中处于指导地位,贯穿于电视广告活动的各个阶段,涉及电视广告活动的各个方面。

从某种意义上讲,电视广告策划生产的不是物质产品,而是一种科学化的知识成果,它对企业具有不同程度的增值作用。在电视广告策划活动中,人是策划的主体。由于电视广告策划活动是众多学科知识渗透交叉的产物,必须充分发挥集体智慧的作用。因此,一个企业要想进行成功的电视广告宣传,就必须依靠素质全面的电视广告策划人。电视广告策划人的思维特征包含感性、理性及艺术性。由于电视是多符号的、立体信息场的传播,所以电视广告人的思维特征是立体信息的场性思维,运用创造性的思维方法进行广告创意。

电视广告策划一般是委托拥有专业人才的广告公司承担,广告公司围绕广告主(商品广告的投放者)委托的任务,以取得最好的经济效益和社会效益为目标进行电视广告策划,制定出一个与市场情况、产品情况、消费者群体相适应的、科学的"电视广告策划方案"。方案一经广告客户认可,即可成为未来创制电视广告的蓝图。

二、电视广告策划的含义

简而言之,电视广告策划应包含以下含义。

第一,广告主的营销策略是电视广告策划的根本依据。电视广告是营销组合的重要因素,直接为广告主的市场营销服务,因此电视广告策划也不能脱离广告主的营销策略的指导。

第二,电视广告策划有其特定的程序,这种程序应该是科学、规范的,以保证电视广告策划不是漫无目的凭空设想和缺乏章法的随心所欲。

第三,电视广告策划应该提出电视广告的总体战略,仅仅停留在具体拍摄或制作层次上的"电视广告计划"并不是全面的电视广告策划。

第四,电视广告策划应以市场调查为依据和开端。虽然广告主的营销策略已经为电视广告策划提供了依据,但是它仅仅来自广告主的单方面,还不足以显示由消费者、产品和竞争对手所构成的市场的全貌。

第五,电视广告的诉求策略、定位策略、表现策略和电视媒介推广策略是电视广告策划的核心内容,它们必须脱离平庸、与众不同,但是又要产生实际的广告效果。

第六,电视广告策划的结果以电视广告策划文本的方式来体现。

第七,电视广告效果的测定方法应该在电视广告策划中预先设定。

第八,进行电视广告策划的目的是追求电视广告进程的合理化和广告效果的最大化。进程的合理化,就是电视广告活动要符合市场的现实情况并且能够适应市场的发展;效果的最大化,就是电视广告策划要提供能够产生最佳电视广告效果的策略和方案。

三、电视广告策划的作用

电视广告策划是整个电视广告过程的核心和灵魂,对广告运作具有指导性和决定性的作用。任何成功的电视广告运作,都需要预先精心策划,尽最大可能使电视广告"准确、独特、及时、有效、经济"地传播信息,以刺激需求,引导消费,促进销售。电视广告策划的优劣,是决定广告运作成败的关键。任何一个电视广告运作,首先都要明确广告为什么目的而做,要达到什么目标,应该如何预算,怎样做,向谁做,何时何地以何种方式做,如何测定效果等,这些因素及其策略都要通过电视广告策划来确定。

第二节　电视广告的特性与分类

一、电视广告的特性

电视广告是采用电视的艺术表现方式向目标受众传递广告信息的一种广告形式。它视听兼备、声画合一。由于电视媒体所独有的个性,也赋予了电视广告区别于其他广告形式所独有的特性。

1. 传播符号综合性

与其他广告形式比较,电视广告所使用的传播符号要多得多,它是视觉符号与听觉符号、语言符号与非语言符号的一种兼容与综合。心理学的实验结果证明,用视听觉手段传递信息给人留下的记忆效果,要比只用视觉手段传递信息的效果高三倍以上。用音像传递信息,具体写实、表现丰富、感染力强。据分析研究表明,在一般两个人的会话中,语言所表达的意义平均不到该环境的社会意义的 35%,有 65%的社会意义是用非语言符号传递的。也就是说,非语言符号传递的信息比语言符号传递的信息要丰富、感人、准确。电视广告中非语言符号的成分占比较大,便于表现广告信息的质感,并且能营造一种情境,对受众有强烈的感染力和诱导性。这也决定了电视广告的画面丰富度,而广告词则短小精悍。

2. 传播范围广泛性

电视广告的传播范围相当广泛。从理论上讲,只要通过卫星进行电视广告传播,世界上 90%的人都有可能看到播出的广告。在我国电视是每个家庭的必需品,电视节目备受欢迎。当然,电视广告传播的广泛性也决定了其传播对象构成的复杂性,造成电视广告诉求的不准确和对其效果预测和评估的困难。

3. 信息传播强制性

绝大多数观众看电视的目的不是为了看广告。大多数情形下,观众极不想看广告,也不喜欢广告,甚至讨厌广告。在观看电视时,电视广告对观众而言是一种强制性的灌输。由于电视是时间与空间的艺术形式,既然是时间的,它的存在就具有一定的顺序性和不可逆转性。观众在收看电视节目时,就不得不被动、不情愿地收看该节目前后或中间插播的广告。这就不像其他广告形式,观众可以自主选择,想看就看,不想看可以撇开。电视广告以插播的方式播出,经常打断电视观众的收看情绪,易使观众产生逆反心理。电视观众被迫接受广告信息时,收看节目的情绪就越高涨,产生的逆反心理就越强烈。针对电视广告播出的这一劣势,为保证广告信息较高的到达率,应该做到插播的电视广告总长度尽量不超过节目规定的时间比例,以减少其负面效应。

随着新媒体的不断发展,视频形式的电视广告内容在其他平台传播的机会也越来越多,如电脑、手机、iPad、LED 等,播出方式日益灵活多样,逐渐提高了受众对广告的选择权,在一定程度上降低了广告的强制性。

4. 传播效果瞬时性

电视广告以光速传播,因此它具有很强的实效性,各种信息通过电视台迅速传播,让公众立即知晓,甚至可以做到几乎在同一时间将信息传递出来。由于电视广告在传播中是以时间为结构的,所以具有瞬时性。不论看不看得清,听不听得懂,都无法让观众马上再看、再听。不像其他纯视觉的广告,如报刊广告、摄影广告、路牌广告、楼宇框架广告等,受众可以反复看,直到看清为止。电视广告在观众面前是稍纵即逝的。尽管绝大多数电视广告都是重复播送多次,但因为受到广告经费与广告预算的限制,其传递的信息必须单一、简洁。因此,需要详细说明的广告不适合电视广告的形式。

5. 传播影响穿透性

与其他广告形式相比,电视广告通过视听语言与广告情节结合,调动观众的多重感官,使观众产生强烈的代入感和情感共鸣,增强了电视广告的穿透性和影响力,产生独具特色、潜移默化的影响效果,进而实现广告主的预期投放效果。

6. 传播成本高价性

电视广告成本在所有广告媒介中是最高的,这是因为其制作费和播出费用昂贵。电视广告制作是集综合性、集体性、艺术性于一体的技术。电视广告需要在短时间内达到广告主的诉求,需要在制作上投入大量的人力、物力,以保证广告的效果。电视广告制作技术含量高,工艺复杂,需要多工种的配合。另外,电视广告的播出费用更是昂贵得惊人,美国黄金时段的每分钟广告费用高达几十万美元。一些中小企业是承担不起的。当然,能拿出巨额经费用于制作广告,是广告主经济实力的一种体现,对提高企业形象有积极的意义。但巨额广告费无形中也增加了消费者的负担。同时,电视广告的制作时间长,应变能力弱,一经摄制不易更改。

7. 传播到达干扰性

电视广告传播受到客观干扰和制约的因素是多方面的,如传播技术、受众的收看方式和收视习惯、电视广告制作者的制作水平等。为避免干扰,电视广告发布者应掌握充分的第一手材料,有针对性地工作,尽量排除干扰因素,避免无用信息。

二、电视广告与电视节目的区别

电视台每天不间断地向公众播出十几到二十几个小时的内容,这些内容按其承载传播作用的不同,分为电视节目和电视广告两大部分。二者简单的区分方法如下。

第一,通过电视信息内容进行甄别。

第二,通过其是否由电视机构本身制作且是否须付费播出。如果是由电视媒体本身制作并在固定时段向电视观众播放,并且播放不需要支付费用,就是电视节目内容,如中央电视台《新闻联播》《焦点访谈》《开门大吉》等节目。这些电视节目一般是向电视观众传达生活、新闻、法制、时评、娱乐、体育和科技等方面的内容。与此相对应的是商业广告,即由商家提供广告片,并向电视台支付播出费用,传播商家产品、服务和形象等内容的电视信息,亦即我们平常所说的电视广告。

第三,看电视信息内容是否不断更新,并且是不是电视节目主体内容。比如中央电视台的《新闻联播》栏目,从每晚 19:00:00 到 19:00:15 之间的音画内容(即红、绿、蓝三柱虚拟长方体围绕地球旋转的画面及配乐)是《新闻联播》的片头,属电视广告范畴;而从 19:00:16 到 19:29:45 之间的内容属于新闻联播的主要内容,不属于电视广告,是电视节目;从 19:29:46 到 19:30:00 之间的工作人员字幕表是《新闻联播》的片尾,从严格意义上讲也属于本章所探讨的电视广告之范畴。

三、电视广告的分类

电视广告可以按照广告内容分类,按照广告的制作分类,也可以按照播出类型区分。在进行电视广告策划的时候,通常是按照播出类型对广告进行分类。

1. 按电视广告制作类型分

按制作类型分,电视广告有现场直播广告、FM 电影胶片广告、CM 电视摄录广告、幻灯片广告、字幕广告、电脑合成广告等。

(1) 现场直播广告

在演播现场直接拍摄、制作、转播的广告。一般是插播电视广告片,或者由演员现场做广告,也可以让广告主直接介绍广告内容,具有真实感和现场感。这种广告插播在电视节目中,随着节目播出,到达率高,效果好。

(2) FM 电影胶片广告

以拍摄电影的方式拍摄的电视影片广告。原指用电影摄影机将广告内容拍摄在 35 mm 或 16 mm 的电影胶片上,然后再转录到电视磁带上播放。现在,35 mm 的胶片广告已经数字化,不必转成磁带,可直接在电影院放映。这种广告利用电影的拍摄技术和各种表现手法,具有理想的视觉效果,艺术感染力强。一般而言,电影胶片广告制作费用比较昂贵。

(3) CM 电视摄录广告

用电视专业摄像机拍摄的电视广告。把广告内容记录在电视录像介质上直接在电视台播出。这种广告摄制过程简单快捷。随着电视摄录设备技术的日新月异,电视摄录广告的拍摄质量也在不断提高,因而被广泛采用。

(4) 幻灯片广告

用专业照相机拍摄广告内容,制成幻灯片,在电视台播出。其画面是静止的,叠加字幕,或配音乐,有画外音解说。也可利用电脑和电视编辑设备制作幻灯片广告。这类电视广告简便灵活,投资少,播放及时。一般在设备条件比较差或追求特殊效果时才采用这种制作方式。

(5) 字幕广告

用简洁的字幕打出广告内容,伴随节目的进程在电视屏幕不显眼的地方随时播映。因为没有声音,不太干扰电视观众的视听,观众在观赏节目的同时也了解了广告讯息,广告效果比较好。字幕广告可以播出时效性比较强的信息,字幕可以游动的方式出现;也可以是赞助商的品牌字幕,静止叠加在屏幕的一个角落。

(6) 电脑合成广告

合成的电视广告往往采用电脑制作技术制成单纯的二维或三维动画广告并转录到电视播出设备上播出,或把电脑制作的动画与电视摄录画面合成在一起。电脑动画的神奇效果与电视画面的真实性相结合,使电脑合成广告具有极大的魅力。

2. 按播出类型分

按播出类型分,电视广告有节目广告、插播广告、冠名广告、口播广告、场景植入广告、互动式广告、个性化推送广告和O2O广告等。

(1) 节目广告

广告主(企业)向电视台购买或赞助一个电视专栏节目,在节目中播映自己企业的广告。广告内容和播出时间的长短依据广告主付费多少而定。这类广告的播出方式和播出内容灵活多样。

(2) 插播广告

穿插于节目与节目之间或某个节目中间,是目前电视广告的一种常规形式。根据电视观众的欣赏习惯和对电视广告的收视承受能力,电视节目的长度与电视广告时段的长度应有合适的比例。广告主可以自由地选择不同广告时段插播自己的广告。插播广告播出费用要比专栏节目广告费少得多,因此,为了加大广告播出效果,同一个广告可以选择在不同时段或不同频道播出。

(3) 冠名广告

由于广告主付费,有的电视节目出卖节目的名称给广告主,在电视节目的名称上冠以广告主的名称或广告商品名称;也有的在节目片尾冠以广告主的名称或商品名称,以"独家赞助""特约播映""协助播出"或者与广告主品牌标志结合等方式出现。

(4) 口播广告

口播广告作为一种传统的广告形式,是指由主持人口头播报广告语来达到宣传产品或品牌的目的。在新媒体时代,单纯的口播方式已经无法满足赞助商和广告商的需求,因此诞生了"花式口播"这一全新的广告形式。花式口播的广告词通常夸张、犀利、年轻化、口语化,以一种看似不经意的调侃的方式将广告主推销商品的诉求直白地表达出来,不仅迎合了互联网时代年轻人追求"真诚、接地气"的心态,而且将广告词与节目内容完美地结合在一起,模糊了广告与内容的界限,巧妙地避开了广告本身让人反感的商业化特点,化解了受众与广告主间的隔阂。

(5) 场景植入广告

场景植入广告是指以广告品牌的商标或产品本身作为故事发生的场景或场景组成的一部分出现在镜头中,观众会在潜意识里增进对此品牌的印象。场景植入广告可分为三种：对白植入、情节植入和品牌概念植入。与其他广告形式相比，场景植入广告具有隐蔽性、强制接受性和激发主动性等诸多优势。场景植入广告把要宣传的内容渗透于节目内容，建立起与观众的亲和力，达到了"润物细无声"的效果。从表面上看，场景植入广告比较"亲切""柔和"，不会引起观众的逆反、排斥心理，实际上它"比强制还强制"，让观众无法排斥和逃避。对于广告主来说，场景植入广告还能达到"一次购买，永久获利"的效果。

（6）互动式广告

互动式广告的概念是区别于传统广告而言的。传统的电视广告由于其所处的传播平台还是广播的模式，是一个单项传播的过程，不具有可以实现双向交互的渠道。而互动式广告是基于数字电视平台的，是一种通过数字技术应用在数字电视平台上实现与受众双向沟通的广告形式。观众只需按下类似于遥控器的相关按钮，就可以获得额外信息，定制菜单，表达观点，甚至购物。也正是由于其互动性的特点，它又被称为互动广告。互动广告使观众对广告信息进行控制和选择，并能够通过互动广告把消费者的需求传递给广告主。它结合了传统电视广告同互联网视频广告的特点，不但为广告主提供了一种接触消费者、与消费者交流的新渠道，同时也为广告创意和表现提供了新的可能。

（7）个性化推送广告

个性化推送广告是基于大数据技术的发展而兴起的。在新媒体时代，电视商家利用有关受众的大数据，对用户的行为特征进行分析，了解观众喜好，进而通过大数据、人工智能等新技术为观众推送个性化广告。相较于其他广告形式，个性化推送广告的传播范围广泛，价格低廉，针对特定观众投放特定广告，能够很好地抓住观众眼球，达到预期的传播效果。

（8）O2O广告

O2O即Online to Offline，它把广告当作一种资源，让普通消费者也可以有植入式体验。这种广告模式仅需要很低的附加成本投入便可以实现大于原来广告效果的营销价值。

3. 按功能类型分

按功能类型分，电视广告包括电视商品广告、电视节目广告、电视公益广告和电视形象广告。

（1）电视商品广告

电视商品广告是通过电视媒体传播的、用声画结合的表达方式向电视受众传播商品(服务)信息的广告形式。

电视商品广告和其他各类商品广告(例如报纸广告)一样,承载着广告主所期望的市场营销作用,广告主想通过电视商品广告的投放,使自身品牌的知名度、美誉度得到提高,并能从心理上影响消费者的购物行为。电视商品广告在电视广告中处于主体地位。

为了完整、准确、清晰而又技巧性地在电视商品广告中表达一种商品的广告信息,需要根据电视商品广告的表现特点,采用针对性强的表现策略。

(2) 电视节目广告

传播电视机构自身某些具体栏目或具体服务的一种电视广告。电视节目广告按其承担的诉求主题的不同,可以分为节目预告、栏目宣传广告、栏目片头三部分。

(3) 电视公益广告

在电视媒体经营日益商业化的今天,电视仍然承担着巨大的社会教育责任。因此,各家电视台经常播放公益广告来影响受众,促进社会文明进步和人类和谐。电视公益广告的内容是对公众行为进行有益的引导,旨在修复社会上某些群体间的不和谐。电视公益广告发布的主体,或者说电视公益广告的倡导者,一般是政府或政府部门、社会团体式国际组织、特殊行业的厂商、一般厂商。

(4) 电视形象广告

电视机构向公众播放的形象类广告,有电视机构自身的形象广告和企业形象广告两大类。

相对于具体的商品广告和电视栏目广告,形象广告多采用隐喻、暗示或通感的手法,表现企业总体或媒体总体的形象。换言之,电视商品广告和电视栏目广告都诉求微观、局部及相对精确的信息,而电视形象广告则是表达企业或电视媒体整体、宏观和气质上的信息。

4. 按诉求方式分

根据不同的诉求方式,可以将电视广告分为理性诉求广告和感性诉求广告。

(1) 理性诉求广告

理性诉求广告一般是指从商品的质量、作用等方面直接引导消费者购买使用产品的广告,也称作直接诉求广告。理性诉求广告通过真实、准确、公正地传达企业、产品、服务的客观情况,使受众理智地作出决定。理性诉求广告的基本思路是明确传递产品信息,如广告形象的造型、特点等。

（2）感性诉求广告

感性诉求广告也叫间接诉求广告。一般利用情感因素打动观众，使观众对产品或品牌产生好感，从而产生购买欲望。与直接诉求广告相对应，间接诉求广告通常使用故事、情节、情感、气氛渲染等方式向观众传递产品信息。

以上是几种主要的电视广告分类方式。此外，还可以按照发布方式的不同，将电视广告划分为联播广告、定点广告及点播广告；按电视媒体传播范围的不同，把电视广告划分为国际性广告、全国性广告、区域性广告和地方性广告。科学地划分电视广告的种类，有利于我们深刻理解电视广告的基本特征，充分发挥电视媒体的优势，掌握电视广告的功能，提高电视广告效果。

第三节　电视广告的体裁

通过上一节，我们了解了电视广告的分类，而按照不同的传播功能，电视广告可以被划为电视商品广告、电视节目广告、电视公益广告、电视形象广告四个类别。这四个类别也称作电视广告的四种体裁。

一、电视商品广告

1. 电视商品广告的界定

从发布信息的主体上看，全部电视广告信息可以分为两部分，即商业广告信息和媒体广告信息。

商业广告信息是由电视机构以外的商品厂商或社会团体提供信息内容（即广告片），并向电视机构付费，从而拥有电视特定时段的使用权而播出的电视广告。由于商业广告传播的信息内容不同，又有商品（服务）广告和商业形象广告两类。商品广告是目前商业广告的主体，这是由市场经济时代的经济特点决定的。

电视商品广告是通过电视媒体传播的、用音画结合的表达方式向电视受众传播商品（服务）信息的广告形式。

2. 电视商品广告的市场作用

电视商品广告和其他各类商品广告（如报纸广告）一样，承载着广告主期望的市场营销功能。广告主想通过投放电视商品广告,使自身的品牌知名度、美誉度得到提高,并从心理上鼓动消费者去进行购买。

美国广告大师大卫·奥格威(David MacKenzie Ogilvy)说过,广告是为了销售。这就要求电视广告的市场作用也应该与其他类型的商品广告形式,如报纸广告、广播广告、户外广告、DM(直邮)广告、POP(售点)广告的市场作用一样,推动广告主的产品或服务的销售。

但同时,由于电视广告自身的传播特点,它还拥有一些有别于其他广告形式的相对独特的市场作用。

(1) 强势广告形式

根据权威消费行为调查机构的市场调研结果,一个消费者在面对不同品牌的同类商品进行购买决策时,其选择行为是受引导并可以被影响的。影响消费者在不同品牌的同类产品之间进行取舍的因素主要有两个:日常生活经验和日常媒体广告。

日常生活经验对消费者进行品牌选择的影响作用最大,这里所说的日常生活经验是指消费者不是被动或有意地被媒体广告影响的一些日常生活信息的获得,比如父母教导、朋友推荐、自己身边人的使用情况以及自己以前偶然的使用经验等。

决定消费者进行品牌取舍的第二个因素是媒体广告的影响。各种媒体对消费者的品牌选择的影响程度各不相同,大致有如下规律:除互联网广告外,电视广告影响力最强,报纸广告次之,户外广告、车身广告、POP 广告、DM 广告及其他形式的广告对消费者的影响力较弱。

影响消费者进行品牌选择的第一类市场因素,即消费者的日常生活经验。对商品销售者来说,这是无法控制的。厂商最易控制,最为有效的影响消费者选择倾向的方式是进行广告劝说。

如上所述,电视广告是所有广告形式中影响力较大的一种广告方式。广告主一般通过制作冲击力强、诉求点明确、能充分调动消费心理感受的电视广告来对产品进行主要宣传。而将报纸广告、广播广告、户外广告、POP 广告、DM 广告及其他一些广告形式作为电视广告的跟随力量,在整体上形成合力,也可以影响消费者行为。

(2) 产品销售利器

促进产品销售是所有商品广告共同的、唯一的目的。但是,由于电视媒体在当前社会生活中的地位,电视网触角无所不在,电视传媒已成为人们日常生活中获取各类信息的主要途径之一。因此,电视广告在促进产品销售方面发挥着重要作用。

当今社会,电视传媒业内竞争日益加剧,各电视频道为了商业目的,为求在竞争中占得一席之地,纷纷依据自身的资源状况寻求与受众更为有效的沟通方式,与观众日常生活接触更为紧密,从而加深对观众日常生活的影响,并提高了百姓对电视节目的参与度和关注度。日益发展的电视传媒业和日益普及的国际互联网正成为"注意力经济"时代电子传媒的新主体。电视与国际互联网共同加强了对人们日常生活的影响力,其对人们日常消费购买选择的影响作用也将更为广阔。

电视被发明、普及并日渐盛行之后,电视广告就承载起了引导、更新人类消费观念的作用。其实,每一则新版电视广告在电视台播出,都意味着人们有了一种新的消费选择品牌或新的消费方式。同时,每一种新的消费方式的盛行,就是一种产品或一种服务的销售量的增长。

(3) 提升品牌形象,创造无形资产

企业无形资产的形成因素涉及诸多方面,但最主要的就是通过广告,特别是电视广告的传播,在观众心中留下知名度和美誉度。

商业广告包括商品广告和企业形象广告两部分,其中,在电视上播放企业形象广告是形成广告主无形资产的主要途径。但播放具体的商品广告又是不可或缺的,甚至有厂商根本就不播放自身的形象广告,而是通过对自己各种类别产品广告的搭配组合播放,以塑造企业形象,增加无形资产。

例如,全球最大的电视广告商宝洁(B&G)公司就一般不在电视上播放自己专一主题的形象广告,而只播宝洁旗下的各类产品广告。目前经常出现的宝洁公司的商品广告就有汰渍洗衣粉、奥妙洗衣粉、熊猫洗衣粉、海飞丝洗发水、飘柔洗发水、潘婷洗发水、沙宣洗发水、舒肤佳香皂、洁诺牙膏、佳洁士牙膏等。宝洁公司通过精心的广告策划、精良的广告制作和合理的广告投放,使各类产品的电视广告共同承担起塑造企业品牌的目的,共同增值企业的无形资产。

企业是通过产品与消费者进行联系的,如果消费者因企业产品的质量和信誉而选择购买该公司的产品,那么这个企业的无形资产就会不断增值。企业产品的电视广告实质上就承担着提高企业品牌美誉度的任务。

(4) 创造产品差异,竞争市场份额

同种产品在主要功能上是大同小异的,比如市场上的各类洗发水大都具有净发、滋润、去屑和亮泽功能,甚至各类洗发水的功能都是相同的。但消费者为什么在购买时会出现指牌购买的情形呢? 这就是因为不同产品的电视广告传达给消费者以不同的产品功能、心理和时尚概念,这正是厂商在投放电视广告时采用差异化广告诉求策略而造成的。

那厂商是不是把所有的产品优点都罗列出来就会使全部消费者来购买自己的产品呢? 回答是否定的。在电视广告有限的时间内,力图将产品的所有功效都全部表达出来是不科学的,是违反人类认识记忆规律的。想让大家记住全部的产品亮点,反而会适得其反。观众在看了言之过多的产品广告后,记下来的东西反而更少。

相同功用的产品在进行广告传播时,对商品功能的传播重点和传播主题必然不同,这就是电视商品广告的差异化策略。差异化策略对于厂商进行商品广告是十分重要的,它也是电视商品广告策划、创意的核心思路。

3. 电视商品广告的类型

电视商品广告从其在电视媒体上发布的时段、音画内容的时间长度、表达信息是否明确等方面可以划分为两种类型,即电视商品标版广告和电视商品专题广告。

电视商品标版广告一般在电视收视的黄金时段发布。比如电视商品标版广告一般是上午8时至晚上11时之间发布,这个时段的收视率较高,发布电视广告的到达率高,广告发布的千人成本较低。目前中国各电视台的运作方法及国人的收视习惯也决定了这个电视时段是一种较为稀缺的资源,因而此时发布广告的媒体费用也较高。厂商一般从节约成本的角度考虑,在此时发布的标版广告长度较短。

电视商品专题广告一般选择在无差别受众总数收视率低,而特定人群收视率高的所谓"垃圾"时段播放。比如电视购物类广告一般选择在特定人群收视率高的上午、下午或深夜播出。在"垃圾"时段播出的电视专题型商品广告媒体投放费用一般较低,厂商可以购买相对较长的播放时段,因而专题型商品广告一般时间较长,表达商品功能相对完整。

4. 电视商品广告的构成要素

电视商品广告的形式构成要素有画面、声音和文字三部分。其中,文字大多以字幕或画面形式存在,但其承载的信息传递功能又与纯粹的电视广告画面有所区别。电视商品广告的结构构成要素分为主题内容和标版两部分。

5. 电视商品广告的表达策略

为了完整、准确、清晰而又技巧性强地在电视商品广告中表达一种商品的广告信息，需要根据电视商品广告的表现特点，采用针对性强的表现策略。电视商品广告的表达策略大致可以分为两种类型，即相等性的表现策略和相通性的表现策略。

相等性的表现策略是指直接从产品的功能、产地、生产厂商、工艺流程等方面表现产品的记忆点，让受众从与产品本身相连的一些方面去认识产品本身。

在电视传媒服务日益发达的今天，观众的收视选择权日益增强，如果商品广告都采用相等性表现手法，很容易使观众反感，他们会轻易地调换频道。而采用相通性表现策略的一些广告，由于其创意的新颖性和趣味性，会在最大程度上吸引观众。

6. 电视商品广告的内容

每一则具体的电视商品广告表现的内容都有所差异，这些内容是由电视广告制作前期的市场调研人员、广告传播策划人员和具体创意人员经过科学的市场调研分析、创造性的市场广告策略构思和别出心裁的广告创意而最终确定的。

电视商品广告的表现内容大致有以下类型。

（1）认知产品制造商

如果生产产品或提供服务的厂商知名度、美誉度极佳，且有一定的市场接受力，那么通过广告表明商品或服务的提供者、制造商将会是一种很好的广告内容。受众可以根据回忆自己原有的对商品厂商的认知，迅速构建起对这种产品的认知。

（2）熟悉产品原理

专业性电视商品大多表现产品作用原理，特别是科技含量高的商品广告，大多通过对产品作用原理的介绍来进行广告传播。

（3）了解历史渊源

商品的历史渊源是这种商品被消费者接受的历史见证，这种历史渊源越有内涵，表明这种产品或这种服务的优越性越会被人们长期接受；能长期接受考验的商品，表明其质量、品牌、信誉极佳。

（4）熟悉工艺流程

具有不可思议的生产过程的商品，其生产的过程就是一个很好的商品广告表现题材。

（5）了解产品功用

这是一种最直接的商品广告形式，直接将商品本身的功用表达出来，让需要这种功用的受众直接取其所需。以产品功用作为广告内容具有直接有效、受众精准的特点。

（6）满足消费者

不管是将商品制造商、商品的历史渊源、商品的工艺流程，还是商品功用作为电视广告的表现内容，都是展现与消费生活有一定距离的内容，这是一种表达产品自身的广告沟通方式。其实，广告的内容还可以直接从消费者角度来进行内容挖掘。比如，可以将消费者从使用商品中得到的心理满足作为电视商品广告的表达内容。表现消费者心理满足内容的电视商品广告一般采用相通型的表现策略。

（7）了解地域风情

随着改革开放的不断深入和人民物质生活的富裕，旅游作为一种新的休闲消费方式日益盛行。人们之所以离开自己生活的地方到别处游山玩水，是因为那里有别于自己家乡的地域风情。所以，许多旅游广告片都把展示当地地域风情作为广告的内容。

（8）认知产品外形

进入后工业时代，商品造型、商品外包装的视觉形象日益重要，它是商品得以流行并引导消费时尚的关键。在商品功用大致相同时，决定商品销量最重要的因素就是价格和产品外形了。产品外形对同质化商品的市场成败具有决定作用，如果一种产品具有超出同类竞品的外观造型，这本身就是一个很好的广告卖点。把产品外形作为电视商品广告的表现内容也会引发巨大的市场效果。

（9）制造悬念内容

通过制造悬念，引导电视受众的期待心理，从而达到加深受众记忆和认知的目的，此类广告创作必须切实抓住受众心理，否则事倍功半。

（10）"无厘头"

"无厘头"是以周星驰电影为代表而兴起的一种亚文化。此类影片的情节突破常规，无规律可循，大量运用反向思维和发散思维手法，但对观众冲击力极强。这种"无厘头"的情节设计手法也是一种很好的电视商品广告表现内容。

电视广告的内容传播并无定法，这是由广告的特性决定的。每一则广告都承载着广告主的极大期望,所有广告主都不希望自己的广告淹没于广告的海洋中。每一则广告都要突破常规而又要求更新、更有效。所以,电视广告表现内容是不断被挖掘、被拓展的。

以上总结的电视商品广告表现内容,仅仅是对目前电视商品广告内容的总结,而不是不可更改的教条。随着电视商品广告的发展,新的表现内容会不断涌现,这是广告业不断进步的必然规律。

7. 电视商品广告的表现形式

电视广告的表现符号丰富多彩,体现在表现形式上也多种多样。

(1) 直截了当式

也称直陈式,即由推介人出镜或不出镜直接介绍产品特点。这种形式是电视广告最古老、最简单的表达方式,摄制费用较低。

(2) 解决难题式

首先把消费者经常遇到的难题或尴尬情境用夸张的手法呈现出来,然后切入消费者使用商品的过程,使难题得以解决,这是目前最普遍的表现形式。采用这种形式时,要注意商品特征和劳务特性与难题要有直接、有效的关系,夸张但不失真实性,难题解决的过程要清晰易懂。

(3) 戏剧故事式

通过戏剧化的故事情节,表现商品、劳务等与人之间的关系,令受众了解产品的好处。这种形式要求情节与商品、劳务等有关联,真实可信,简单明了,前后连贯,且有一个故事发展的起伏高潮,使感染力得到集中渲染。

(4) 实证示范式

示范式也叫纪实式、演示式或实证式,即通过电视画面展示商品特性,使消费者对商品的质量、功能等一目了然,说服力强。采用这种形式要注重趣味性,吸引消费者的注意力,对示范动作及效果要用特写予以突出展现,同时还要强调品牌和商标。

(5) 生活片断式

通过日常生活中的某个片断,把商品或劳务同人联系起来,经过别人的介绍,使消费者感到真实、亲切,产生身临其境感。这种形式往往会选用真实、常见的生活场景。

(6) 人物推荐式

通过知名、权威人士或普通消费者之口,对商品或劳务等进行评价、推荐,借人物的影响力获得消费者的信任,继而购买产品。运用这种形式时一定要注意真实性,人物和推荐的商品与劳务等要有一致性,最好是亲自使用过该商品,接受过该项劳务。另外需要注意的是,选择名人时一定要谨慎,因为名人如果名誉度较差,那么他(她)所推荐的商品或劳务等也将随之蒙受不白之冤。

(7) 卡通动画式

这是用卡通、木偶和电脑等动画技术来表现较为复杂、夸张的题材,对儿童具有特殊的吸引力。动画式广告的制作费用较高,使用时要注意创意新颖、情节精炼、富有情趣。

(8) 日常生活式

通过使用商品者对现代生活方式的满足,来衬托商品的现代文明生活象征,对年轻人有极好的效果,适用于日常生活用品、社交用品、同类商品多而差别甚微的商品等。运用这种形式时要注意将使用者的生活方式戏剧化,使环境、商品、生活方式、使用者的精神面貌呈现出愉悦的情景。

(9) 音乐表达式

音乐表达式也称歌唱式、歌谣式,是通过歌唱或歌舞的方式传达广告信息,通常是把品牌、商品功能、广告语等编成歌词,配上曲调来传情达意。

二、电视节目广告

1. 电视节目广告的界定

在电视媒体每天播放的大量广告信息中,按其版权所有者的不同和宣传内容的不同,可分为两部分。一部分是电视机构以外的厂商或社会团体,由个人付费发布;另一部分是电视机构本身为传播自身产品(电视栏目内容)或为塑造自身形象而发布的。前者为商业广告,后者为媒体自身广告。

电视媒体自身的广告又可以分为两大类:一类是传播电视机构自身某些具体栏目或电视机构某些具体服务的,被称为电视节目广告;另一类是电视机构为塑造自身媒体形象而发布的自身形象广告,这一类广告被称为媒体形象广告。

电视台播放的公益广告从某种程度上说可以归结为媒体形象广告,因为电视台播放公益广告可以在观众中塑造自己关注社会、回报社会、体贴民生的情怀,增强在观众心目中的亲和力。

2. 电视节目广告的分类

电视节目广告按其承担的诉求主题的不同,可以分为节目预告片、栏目宣传片、栏目片头三部分。

(1) 节目预告片

电视台的栏目时段安排是具有一定规律性的,这种规律性表现在几乎所有的电视栏目都安排在每周的固定时段播出。

电视媒体从本质上讲是服务类产业,它是为大众服务的,它每天的栏目安排必须符合大众的作息规律和收视习惯。只有符合大众作息规律,按照不同人群的收视习惯,策略性地安排每天播放的具体节目内容,才能使每一个有具体服务指向的栏目最大限度地发挥作用,最大限度地有效传达信息内容。

电视媒体在安排电视节目时都会考虑观众的具体要求,从而在最大限度上发挥电视信息资源的优势,更好地服务观众,提高收视率。

电视台按照固定时段安排电视节目,虽然在极大程度上方便了不同的观众,但也给电视台带来了另外一些问题。现在电视台的做法是,每天在不同时段播放大量特定时段特定栏目的节目预告;在中央电视台各频道的广告时段,经常会对近期将要播出的电影进行预告。可见,电视节目预告对电视媒体传播相对重要。

(2) 栏目宣传片

电视台的节目预告是对将要播出的栏目的具体内容进行预告,比如介绍《周末影院》中将要播出的具体影片的片名和内容,或对《艺术人生》下一期的特邀嘉宾进行介绍。

同时,在电视台针对自身栏目播放的广告宣传片中,还有一类只对栏目的整体风格、改版情况、典型特色和服务对象进行宣传的,我们称之为电视栏目宣传片。

(3) 栏目片头

电视台在固定时段播放的每一个栏目都可分为三部分,即栏目片头、栏目内容和栏目片尾。

每一个栏目的片头都是固定的,它一般在栏目起始时段用 15—30 秒的时间用各种音画方式将栏目的片名推出。在一般情况下,栏目片头并不承担表明栏目内容的作用,而仅仅是一段视听独特的音画内容。它在电视节目的整个流程中起到过渡作用,告知观众一个特定栏目的开始。片尾在整个电视栏目中一般承担着介绍演职人员及本栏目相关背景的内容(比如联系方式、地址等)和版权信息的功能。

按照栏目片头的技术制作原理,一般可分三种类型,即三维动画型、平面(二维)动画型和实拍镜头剪辑型。

三、电视公益广告

1. 电视公益广告的界定

电视是一种大众媒体,它对公众日常消费信息的获取和生活观念的形成具有巨大的引导作用。在电视媒体经营日益商业化的今天,电视仍承担着巨大的社会教化责任。因此,各家电视台经常播放大量公益广告来影响受众,以促进社会进步、人类和谐。

电视公益广告顾名思义,其内容是对公众行为进行有益引导的,但这并不能从根本上区分公益和非公益广告,因为每一则合乎国家法规、合乎社会需求的商业广告也同样是对公众有益的。

2. 公益广告与商业广告的区别

公益广告与商业广告的根本不同在于其表达的内容上,它并不是有意引导受众对广告发布者即广告主本身进行回报,而是旨在修缮社会中某些群体间的不和谐。

3. 电视公益广告的发布者

电视公益广告发布的主体,或者说电视公益广告的倡导者,一般有如下四种。

(1) 政府或政府部门

由于观念等原因,在以前,我国的政府部门一般不在电视媒体上发布公益广告,而是通过电视新闻或电视专题的形式将国家的某项政策、举措和政府意图传播出去。

随着改革开放和人们对电视媒体传播规律认识的深入,政府也认识到公益广告对受众的影响更为直接,更为有效,也更易被接受。因此,政府利用电视媒体发布公益广告的行为也日益增多。

其实,在欧美发达国家,政府发布政策告知性公益电视广告盛行已久。在美国,国家大事,包括总统竞选、税制改革、裁军扩军、外交举措等都可以采用电视公益广告的形式进行发布。

（2）社会团体或国际组织

社会团体或国际组织一般是非营利性的,它一般是由社会进步人士发起成立的,其作用是保护一些行业利益,或一些特殊人群的利益。社会团体一般是通过自己的活动或播放公益广告,来呼吁一般民众对特殊人群或特殊非营利性事业的关注。

国外社会团体进行电视公益广告的宣传久已存在,但国内社会团体由于资金、观念的制约,进行公益广告宣传的并不多。

（3）特殊行业厂商

有一些行业,比如烟草业,因其行业特性,国家广告法规规定其不得进行商业广告。但是由于利润的驱使,或者说由于竞争和发展需要,它们也需要社会知名度,需要公众告知。因此,出于经营策略的考虑,它们一般会选择进行一些电视公益广告宣传。

（4）一般厂商

公益广告的目的是对人们日常生活的一种劝诫和引导,因此能引起公众的好感。商家从塑造自身社会形象的角度考虑,愿意投资制作并发布一些电视公益广告,以期增强自身在公众心目中的亲和力。

上述单位为目前公益广告的投放主体,而公益广告的内容则可以丰富多样。一般情况下,公益广告是时代社会主流声音的反映,它总是鼓动和宣传一种文明向上、有益的社会潮流和主张。

四、电视形象广告

1. 电视形象广告的界定

电视机构向公众播放的形象类广告有电视机构自身的形象广告和企业形象广告两大类。

形象广告相对于具体的商品广告和具体的电视栏目广告而言,有别于只具体宣传商家或电视机构的具体产品和服务,而只采用隐喻、暗示、通感的手法表现企业总体或媒体总体的形象。也可以这么说,电视商品广告和电视栏目广告都诉求微观、局部或精确的信息,而电视形象广告是表示企业或电视台整体、宏观和气质上的信息。

人们对事物的认识有"先整体、后局部,先直觉、后科学"这样一个规律。对一个企业和一家电视机构的认识,在某种程度上也存在这样的规律。如果一家企业给消费者带来高科技、现代化的感觉,则其产品的销量就会提升。同样,如果一家电视机构能从整体上给人带来一种丰富多彩的感觉,则具体节目的收视率(或者说尝试收看率)就会较高,反之亦然。

现代商家和电视机构本身都十分重视利用电视形象广告来塑造自己的品牌亲和力。

2. 企业形象广告

在现代商品经济社会里,实现销售是每一家企业的最终市场目的。销售是指企业商品的售出。为了使企业的商品能够被消费者认知、购买,企业往往通过媒体发布各种创意独特的广告,其中大部分商业广告是对商家产品或服务的技巧性兜售,每一则广告往往是以落脚具体的产品为结束。

但有一些商业广告自始至终不会提及广告主的具体产品和服务,而是向公众披露广告主自身的信息,这就是企业形象广告。

(1)企业形象广告的分类

企业形象广告可以分为企业理念型和企业社会公益型两类。

企业理念型广告多体现企业的整体观念、经营宗旨和价值观念,这类形象广告向社会传播的是一种哲学思想、价值观念、理念风格和企业精神,有利于全体员工树立共同的价值观念,培养一种凝聚力,同时也能给广大的社会受众以良好的印象。

企业社会公益型是企业对社会公共事业和公益事业的响应,以企业名义倡导一种精神文明观念,亦是对社会的一种看法。它展示一个企业的高度社会责任感,以此来博取消费者的赞同或支持,产生一种关注效应,继而转嫁这种关注到企业或产品上,提高品牌的知名度和亲和力。这样的手法是目前企业形象广告使用中最为广泛的一种。

(2)企业形象广告的市场作用

企业形象广告的市场作用大致而言有三个。

第一,有利于企业品牌的延伸,是企业市场营销的一种战略。它是指当一个企业在消费者心中拥有良好的企业形象之后,会有一定的品牌忠诚支持者,这些支持者会对企业新推出的产品抱有与企业老产品一样的信赖感,从而接受企业的新产品。

品牌延伸是许多企业走上规模化经营的必由之路,进行品牌延伸的一个重要条件就是企业形象为消费者所接受,企业实力得到消费者认可。企业形象广告是塑造企业形象、形成品牌忠诚度的重要手段。

第二,有利于企业产品销售。企业通过适量企业形象电视广告的投放,可以提高消费者对企业的认知度、亲近感和信任感,从而刺激消费者购买企业产品和服务。有一些企业,如商业银行和烟草制造商,其自身行业的一些经营规律要求它必须通过企业形象广告的形式来推动企业产品或服务的销售。

第三,有利于企业公共关系的协调。严格按照现代企业制度组建的现代化企业,日常发生公共关系的对象包括投资人(股东)、债权人(银行等)、政府部门、一般消费者等。

企业要处理好与各个公共关系对象之间的关系,必须树立良好的企业形象。拥有良好企业形象的企业可以较容易取得银行的信贷支持、政府部门的政策支持及股东和消费者的信心、资金支持。

(3) 企业形象广告的一般表现内容

企业形象电视广告在目前中国的发展程度不高,表现的内容相对狭隘。经常体现在企业形象电视广告的表现内容有以下四种。

① 企业理念。企业理念可被认为是企业做"人"的准则和做"人"的理想,它是企业奋斗精神和凝聚力的源泉。所有企业的企业精神都是指引企业走向更辉煌的明天的灯塔。健康、积极、向上、有利于社会的企业精神,可以引起消费者的认同和共鸣。把企业理念作为企业形象广告的表达内容,极易取得公众的认可。

② 企业行为准则。在消费者和合作伙伴眼里,商家永远是利益、利润的追逐者。如果商家能把自身光明磊落的经营原则通过电视广告传播出去,也可以树立起企业的形象。

③ 企业公益行为。将企业进行的有益性质的社会行为通过电视广告传播出去,这就会是一则很好的企业形象广告。

④ 企业资信状况和科技实力。消费者相信"好的商家能提供好的商品",评价商家好坏的等级标准主要包括其资信状况和科技实力。如果商家把企业的资信状况、科技实力作为形象广告的主题内容,对于塑造企业形象也是十分有益的。

3. 媒体形象广告

媒体形象广告是一种较为概括的说法,它的具体表现形式多种多样。下面简单罗列几种。

(1) 常规台标

常规台标也称版权台标,它经常出现的位置是电视栏目的结束部分,以表明播出节目的电视机构。

(2) 非常规台标

非常规台标是指在电视台广告时段插播的趣味性极强的台标出现形式。

(3) 频道宣传片

现在有线电视网络发送的每一个电视频道都有其独特的个性,用具有感染力的频道宣传片在较短的时间里向观众集中表达频道自身的定位、风格、服务对象等信息,可以使观众在最短的时间里对电视频道有一个总体的感性认识,并决定喜爱还是放弃它。这是现代媒体传播的一个典型特性。

(4) 频道呼号片

电视节目日渐多彩,电视频道也越办越多,为了不使观众在茫茫的电视节目海洋中迷失,有必要时时提醒电视观众"您现在正在收看的是××电视台"。

频道呼号片的表达内容相对单一,表达形式相对固定。一般做法为:①画面一般是频道标志(台标)进行三维、艺术化变形或表现本频道总体风格的一些实拍、剪接画面;②音乐一般固定不变且易于听觉识别;③标版为电视台(频道名称);④广告语为:您现在收看的是××电视台××频道。

其实,作为电视频道重要识别标志的频道呼号片和频道宣传片,两者的区分并不十分明显,二者是可以以组合甚至融合的形式出现的。

(5) 地域宣传片

把在电视台播放的地域宣传片归为媒体形象广告是基于中国当前的电视媒体经营体系的地域划分。目前,一般是各省一家卫视,卫视节目向全国发射,不同省份的卫视代表着所在省市的地域形象。所以,各省卫视,甚至包括一些地方电视台都会受所在地区委托或自制播出一些具有浓郁地域文化、风物特色的形象宣传片。

第四节　电视广告构成要素和运作流程

一、电视广告构成要素

1. 电视广告视觉要素

电视广告视觉要素有两种形态：图像和字幕。

电视广告图像（又称画面）是电视广告中最重要的因素。图像的造型表现力和视觉冲击力是电视广告取得效果的最强有力的表现手段。电视广告图像以运动和定格两种方式存在。

依靠运动的图像增强表现力和感染力，注重对商品的动态表现。巧妙创造商品运动的方法很多，比如可以让商品自身运动起来，用人的行为创造商品的运动，或运用光影创造商品运动。此外，还可通过加入运动的附加物及人或物的出画、入画等方式来创造商品运动。

定格的图像大多出现在广告片的片尾，用于展示商品的图形或产品的包装，起强化视觉识别的作用。

电视广告字幕在电视广告的内容传达和画面构成中是一个十分活泼的元素。主要功能是强化创意主题、强调商品品牌、参与画面构图。电视广告中的字幕是一个重要的视觉要素，必须精心设计，力求变化丰富、活泼多样。其运用原则应该是文字不宜多，字号不宜小；字体要容易辨认；色彩要区别于背景色；出字要巧妙；构图要灵活；用光线进行辅助造型；字幕停留时间适当。

2. 电视广告听觉要素

电视广告的听觉要素包括广告语、音乐及音响三部分。

电视广告中作为听觉部分的广告语有两种形态：第一种是旁白，第二种是广告中模特儿的台词。电视广告音乐包含背景音乐和广告歌。电视广告的音响是电视广告中人或物在运动时发出的，也有的是为了渲染情绪和气氛而附加的。

二、广告运作程序与电视广告制作程序

1. 广告运作程序

广告运作是一个动态的过程,具有系统性。一次完整的广告运作过程基本包括市场调查、广告定位、广告创意与设计、广告预算与媒体组合、广告效果测定五个环节。五个环节循序渐进,环环相扣,相互制约,共同组成了广告运作的作业链。

（1）市场调查

市场调查是广告运作的前提。只有做到知己知彼,才有胜算的把握。市场调查就是要透彻地了解市场和消费者,充分掌握有关信息和数据,以此为基础制作出较为准确的广告策划,指导具体的广告创意活动。市场调查的结果直接影响着广告创意的方向。

（2）广告定位

广告定位的形成来自对商品品质、价格、消费者利益的分析,以及对竞争对手的调查、了解和分析,在分析中寻找广告商品的特殊个性,即在同类商品中的独异性,以此确定广告宣传的商品在市场的准确位置和广告促销的诉求突破口,使广告创意准确、到位,有效地强化广告说服的力度,促进广告目标的实现。定位的目的就是要明确广告说什么,对谁说,强调什么,以及用什么形式来说。

（3）广告创意与设计

根据广告定位确立广告主题,接下来就要运用独创的、新奇的诉求方法,准确地传递出商品和服务信息,有效地引发消费者的购买动机,激发消费者的购买欲望,使他们采取购买行动,实现广告目标。这种围绕广告主题,寻求创造性的活动就是广告创意。根据广告创意寻求具体的表达方式,组合电视多种表现要素表达广告创意的过程就是电视广告设计。

（4）广告预算与媒体组合

广告预算与媒介组合是直接影响广告主利益的重要问题。媒介选择和发布时机安排得当,广告发布的投入产出效果就比较好;反之,广告主投放的广告费用就不能收到预期的效果。广告预算与媒介组合就是确定、落实某一个广告周期内广告主计划投放在整个广告活动的总费用,以及这些预算在各种媒体活动中的支出分布。在此基础上,根据广告效果与广告费用的主要参照系数进行媒介选择与优化组合。

（5）广告效果测定

广告效果测定就是运用科学的方法鉴定广告活动全过程中的每个工作环节，并评价效果和质量，以及鉴定广告活动所产生的效益，包括社会效益、经济效益、心理效益等。所以说，广告效果的测定具有非常重要的作用。

广告效果测定采用合适的测定方法，全面、科学地验证实施情况和实际效果，将通过测定得出的信息反馈给广告主和经营者，就可以总结出广告活动的得失，并指导下一步广告运作和产品的更新换代。广告公司的工作水平、服务质量如何，整个广告活动是否成功，广告主是否感到满意和更有信心，都将以此为依据作出评估。

2. 电视广告制作程序

电视广告制作一般可分为四个阶段：市场调查阶段、案头制作阶段、前期拍摄制作阶段、后期编辑合成阶段。

电视广告制作等程序可分为：①经过市场调查后确定广告目标，明确诉求定位；②确定广告策略，构想广告创意文稿；③制作体现形式与拍摄方案，制作分镜头剧本及广告效果图（故事板）；④与客户论证定案；⑤拍摄前期准备，拍摄计划的制定；⑥导演、演员、摄影、录像、美工、灯光照明、化妆、音响、置景、道具、场地、剧务、统筹等落实到位；⑦具体拍摄；⑧编辑合成，包括剪辑、特技制作、配音、配乐、拟音、加字幕等；⑨审片、修改、定稿通过。

电视广告的创作程序包括广告策划、前期调查、创意、制作及后期反馈调查。

第五节　电视广告的目标、策略及其产品定位

一、电视广告目标及其定位

1. 电视广告的目标

广告目标是什么呢？ANA（Association of National Advertisers，美国广告主协会）的定义是："广告目标是在一定的时期，对特定的对象（听众、观众、读者）实行交流传达任务。"在何种市场环境中，面对怎样的竞争对手，以什么姿态来展开市场营销战役，必须明白广告策略，并且决定广告表现的方向，这就是最基本的原则。从这个意义上来看，最能明确表示广告目标的无疑是广告的词与句所组成的创意作品。但如前所述，语言符号仅传达了35%的意义，现代电视广告

更多用场景、音乐、人物和语言搭建创意集合以明确目标。

2. *广告目标的分类*

我们在进行广告创意时,需要正确地认识和理解为什么要使用这些创意。创意人员首先要正确把握广告目标。

在创意构思阶段,"首先必须留意的不是怎么说,而是说什么"。从这个意义上来说,广告目标不是"怎么决定",而是"决定什么"。广告是活的,想去套用广告的类型和过去的成功例子是徒劳的。要寻找合适的点子。广告目标必须找准合适的诉求对象和招徕顾客的路线、方向。必须认识到广告目标是广告系统和广告路线的核心。具有明确目标的广告让人联想到"健康、有活力"的劝导者。

决定广告目标不仅是创意人员的工作,更是整个广告策划的核心。创意人员在决定广告目标的讨论会上要给予最强烈的关心,同时要具备有关广告目标的所有知识。

广告目标可以是多种多样的,大致可分为以下几点:品牌形象的提升,商品知名度的提高,商品认知率的提高,商品知识的普及,商品概念的转换,商品和企业活动(服务等)的通告,即时性的销售额增加,流行的创造,企业形象的提高以及形象的转变,舆论高涨和制造舆论,消除抵触、增强受众对企业活动的理解,新生活方式的提示,其他。

当然,还可将广告目标作如下细分。

第一,心理性目标:将产品新的使用途径或服务及新的构思传达给消费者、产品必须与消费者能得到的最大便利联系起来、告诉消费者使用该产品的话不会产生任何厌烦、将产品与消费者广泛认可的人物或符号联系起来、将产品与消费者共有的心愿或理想联系起来、将产品与一种独特的东西联系起来、促使消费者回想起先前有过的经验、表明该产品或服务如何能满足消费者的基本要求、利用消费者的潜意识需求、试图改变消费者原有的态度。

第二,行动性目标:鼓励消费者增加使用次数、鼓励消费者增加更换产品的频率、劝说消费者购买非时令产品、鼓励消费者试用某一产品的代用品、感动一个人并让这个人影响其他人来购买该产品、向消费者推荐试用品、让消费者前去点名购买该产品、采取试样和其他形式的咨询、欢迎消费者来商店浏览。

第三,企业的目标:表明公司富有公众意识、搞好内部员工之间的关系、增加股东对公司的信赖、使大众理解公司是行业中的先锋、吸引从业人员进入公司、表明公司的产品和服务范围广泛。

第四，营销的目标：刺激对该产品的基础性需求、确立对该产品的选择性需求、使本公司的推销员热情高涨、鼓励商家扩大销售本公司产品、拓展本公司产品的零售网络。

二、电视广告策略与创意策略

创意活动首先必须从清楚地认识广告目标开始。但是，广告撰稿人如果不清楚以广告目标为中心的广告计划大纲，就创作不出好的作品。在这里，有必要阐述一下有关创意活动不可或缺的广告整体计划。它包括搜集信息、制订广告目标、制订广告创意策略和媒介策略等步骤。确立广告计划，首先必须从信息的收集整理开始，文稿工作同样是如此。只有依靠尽可能多的资料，正确的广告计划才会成为可能。广告计划所必要的信息如下。

1. 市场信息

① 行业规模有多大？

② 商品购买者是谁？规模有多大？

③ 消费者的特性如何？

④ 地域和季节的特性如何？

⑤ 该类产品特有的市场倾向如何？

⑥ 潜在消费者的规模及其显现的可能性如何？

⑦ 竞争对手的数量、竞争状况和市场份额如何？

2. 商品信息

① 商品的特性如何？

② 商品是怎样使用的？

③ 商品知名度达到什么程度？

④ 售价、包装和销售途径如何？

⑤ 商品形象如何？

⑥ 商品的历史及其在企业产品组合中的位置如何？

⑦ 商品的技术开发特点如何？

⑧ 商品的生命周期正处于哪个阶段？

⑨ 商品的普及度如何？

⑩ 竞争对手同类商品的优缺点是什么？

3. 消费者信息

① 消费者的购买理由、购买动机是什么?

② 消费者的生活意识和使用习惯如何?

③ 消费者的属性及其生活方式如何?

④ 商品的特点和消费者的满足度如何?

⑤ 消费者的购买、使用及所有状况如何?

⑥ 消费者的商品知识达到什么程度?

⑦ 消费者的理解和嗜好如何?

⑧ 消费者的媒体接触状况如何?

⑨ 潜在消费者的规模如何?

⑩ 商品的消费者群与竞争对手的消费者群相比有何区别?

4. 环境信息

① 企业的内部环境如何?

② 企业是否与政治动向有关?

③ 企业与经济和社会的环境关系如何?

④ 企业与自然环境的关系如何?

⑤ 企业与生活环境的关系如何?

5. 广告信息

① 营销目标和广告目标是什么?其关系如何?

② 广告投入量与销售额的比例如何?

③ 产品概念和创意的特点如何?

④ 媒体组合和选择的特点如何?

⑤ 广告目标及其特点如何?

⑥ 公关对策如何?

⑦ 公共与促销的关系如何?

6. 企业信息

① 企业的历史和规模如何?

② 经营者的经营理念和企业方针是什么?

③ 企业的社会存在价值和定位如何?

④ 企业的技术开发力度达到何种程度?

⑤ 产品的品种、数量及其特点、市场占有率如何?

⑥ 企业形象有何优缺点？

⑦ 企业的眼光和未来的发展目标如何？

通过分析以上这些信息，确定广告所需解决的问题，找出广告宣传的机会点，然后就可以制订广告目标。广告目标当然应该在可能的范围内以效果测定为前提来决定。那么，能够便于广告效果测定的广告目标是什么呢？

"广告目标与效果测定从广告计划阶段开始就应该是相互紧密结合的。"这是最基本的想法。为了更顺利、平稳地展开策划过程，以下六点是必要条件：第一，广告目标要尽可能明确地陈述市场营销作业中相互交叉的各细分市场；第二，广告目标要用具体文字来表述；第三，广告目标应该由创意阶段和评估阶段两方面的作业人员来检验；第四，广告目标必须基于市场环境和消费者购买动机；第五，效果测定要确定基准点；第六，效果测定的方法与目标设定需同时予以明确。

遵照这些条件，按各阶段的顺序，集中广告目标的焦点。集中目标焦点的工具被称为6M核对目录，即为明确广告目标而制定的信息收集清单。这些与先前介绍的信息收集几乎完全相同，但效果测定的科学手段很重要。

6M包括：商品（merchandise）——商品或服务的重要卖点是什么，市场（markets）——诉求对象是何人，动机（motives）——消费者有何购买心理，信息（messages）——广告传达的主要概念、信息、企业形象是怎样的，媒体（media）——传达文稿的载体是什么，测定（measurements）——如何测定文稿顺利传递给消费者。

这些项目中集中设定的信息可以成为实施效果测定的广告目标（事先评价）。通过比较广告发布前后的评价，可根据差异来进行广告效果的测定。这些广告目标被确定后，才可以说进入了广告计划的第二个阶段——核心创意策略和媒体策略的决定。创意策略是根据广告目标制订的创意构思及实施方法，最终会成为具体的报纸、杂志、广播、电视、促销、互联网等各种各样的广告作品，被送至一般大众面前。

广告目标对于创意者来说，成为创意构思的限制是事实。正所谓"广告创意的乐趣是在众多的限制条件中制作出富有效果的广告"，也可以说突破限制的创造是创意者的使命。

此外，广告目标可以说是广告宣传成功的保障。未来广告计划的设定将更系统地进行。一方面，广告目标对创意策略的提议要求很强的敏锐性；另一方面,在媒体策略中,依据广告目标,为更有效地发挥创意作品的功能,应科学地选择和决定具体的媒体组合(media mix)。在这两个战略中,决定"诉说什么"的创意战略应优先,媒体据此而选定。但各企业的情况是极其复杂的,而且企业的媒体购买也建立在各种各样的原因之上,所以也不能一概地说创意战略必须优先。两者主要是相互依存的关系。随着广告和促销策略的联系日趋密切,今后的广告策划必须充分考虑改善流通部门和广告活动的关系,并据此制订计划。

三、产品概念及其定位

创意策略始终以产品概念为中心展开构思。产品概念通常要与消费者的利益联系,并具有多种特性,那就是诉求点(又称 SP)。

从诉求占领中选择最重要的东西,并从中酝酿出构思是比较一般的做法。今天的广告已不再那么单纯了,这是因为消费者正以前所未有的速度变化着。

1. 产品意义

厂商"制造产品"是手段,借"销售产品"来满足消费者的欲望,增进企业利润才是目的,故行销人员了解"产品意义"为第一要务。产品意义包括以下几个层面。

(1) 实体产品

可直接提供给购买者的产品实体或服务,如电子计算机、药等,亦称"正式产品"。

(2) 核心产品

指消费者购买产品所欲追求的基本利益,如购买化妆品,虽然顾客获取了各式化妆品,但其主要目标在于实现"美丽"的希望。

(3) 引申性产品

指含有一连串服务的实体性产品,如消费者在取得实体性产品的过程中,尚包括付款服务、送货服务、品质保证、教育训练和操作服务等。

2. 产品分类与行销重点

依照购买习惯,产品可区分为消费性产品和工业性产品。其产品特性与行销重点如下。

(1) 消费性产品

① 便利品:消费者在购买时通常都很迅速,花费在"比较"上的精力非常少。

② 选购品:消费者在选择过程中通常都会依据舒适度、功能、品质、价格及

形式等特性加以比较。

③ 特殊品：通常具有明显的品牌形象，以至某类消费群体乐意花费特殊的购买努力来购买该产品。

（2）工业性产品

① 原料品：即制成成品所用的原料，大多是天然未经处理的可用资源，如铁砂、棉花、木材等。

② 制造原料、配料：指供制造某产品的原料和配件，如塑胶粉、塑胶粒等。

③ 设备：指工业用户制造产品所需的机器设备。

④ 附属设备：指一切辅助生产行业的工具，但不成为成品的一部分，如化验设备。

⑤ 营业用品：即工业市场上的便利品，产品大多是标准化的。

3. 产品概念

产品欲寻求销售利益，就必须进行严谨的调查分析，设法在商品概念、产品定位、对象设定方面把握正确的方向，在目标市场区隔与消费者心目中建立良好的产品形象，以从事市场活动。

（1）无形的商品概念

商品是有形的，而商品概念是无形的，行销学对商品的贩卖方式是以市场导向为前提，先决定"当作什么来贩卖"，后决定"怎么卖"。

（2）商品概念的设定

商品概念的设定方法有三个：①商品的实质效用：商品本身在功能和用途方面能带给消费者何种"实际的好处"；②商品的感觉性效用：商品本身在功能和用途方面能带给消费者"感官上的效果"；③商品的心理效用：当拥有该商品本身或使用该商品时，消费者可能获得社会地位或心理上的"满足感"。

4. 产品定位

企业欲成功，必先将"企业"定位成功。同理，产品也要先定位成功，之后才有销售业绩飞升的机会。企业想经过妥当的规划获得产品概念，首先要寻求适当的产品定位；其次是寻求产品在市场上的定位，此"市场定位"不仅要符合厂商的期待，而且更要便于消费者接受，否则所谓的"市场定位"将只是一厢情愿的想法。

（1）产品定位的重要性

在实际运作中，"定位"过程应从产品本身开始，先预计"产品定位"，其次才是创造这个产品在市场上的"市场定位"。市场定位成功后,经过一段时间,社会上便会对拥有此"产品"的企业形成"企业认知"。

由于没有一个产品可以满足所有市场上的客户,故产品定位的意义就是将本产品品牌定位在具有先天竞争优势的地带,借由"产品定位"可轻易地告知客户本产品与竞争同类品牌的差异。

(2)产品定位的方法

适当地区隔产品特性可以便于产品定位,其方法有下列几种:①以产品属性类别来区分,即以产品的属性、特色或顾客追求的效益来定位;②以价格与品质的高低来定位;③以产品的用途来定位;④以产品使用者的身份区别来定位;⑤以产品群的相对性来定位;⑥以竞争厂商的相对性来定位。

(3)商品定位的步骤

产品欲寻求商品利益,必须进行严谨的调查分析,设法借由商品定位和对象设定突出商品概念,在目标市场区隔与消费者心目中建立良好的产品形象,继而从事市场活动。

商品定位步骤可分为八个步骤:第一步,以商品概念来贩卖商品,商品是有形的,而商品概念是无形的;第二步,了解本牌商品的"概念"后,进行市场研究,了解令顾客感兴趣的全部可能因素;第三步,过滤上述因素后,了解有哪些令消费者特别喜爱的特点;第四步,根据第二步的调研资料,绘制产品特性空间图;第五步,根据消费者形象调查,确定现有品牌所处的产品特性空间;第六步,寻求已有品牌在此区隔市场中因服务不周而产生的销售介入机会;第七步,分析此区隔化市场的大小与价值;第八步,了解此区隔化市场具有的相关特性,以使本牌产品定位成功。

(4)商品定位策略

此定位策略有三种:第一种,针对别人尚未占有的市场而定位;第二种,针对某种具有竞争性的产品而定位;第三种,必要时,产品要"重新定位"。

(5)产品的重新定位

当面对竞争层面的变化、原先的定位失误、消费偏好转移、公司经营策略改变等种种新情况时,企业为求生存,必须尽快对产品进行重新定位。

产品的重新定位策略也有三种:第一种,将产品重新定位于新的用途上;第二种,针对新的客户群进行重新定位;第三种,针对原有客户群进行产品定位调整,再以新的定位出现。

第六节　电视广告的思维与创意原则

正确的思维方法是人类认识世界和改造世界的武器,也是电视广告策划取得成功的重要保证。学习本节要把握电视广告策划中的一般思维方法及特殊思维方法,并了解思维方法的新发展,通过学习,为电视广告策划的科学化提供思想武器。制作电视广告应遵循视觉中心原则、简洁单纯原则、自由创意原则、系统连续原则和真实艺术原则。电视广告创意通过综合性的艺术手段和处理来表现广告的主题,这是核心的部分。同时,新颖、独特的风格是广告的生命,生动和富有情趣的内容能使人过目不忘。电视广告创意总体上应该遵循关注原则、理解原则、印象原则等,并经过收集资料—确立诉求点、选择定位点—戏剧化过程—形式化过程四个创意阶段。电视广告创意的一般方法有营造意境、传递情感和变换视角等,电视广告的主题创意是核心内容。创意策划主题时应单一、明确,集中、稳定,准确、易懂并带有刺激性。一般可根据商品特征、企业特征或消费者特征来确立主题。

一、最短时间内流通最强信息的原则

电视广告已成为一种艺术形式,它可能是每天节目中投资最高、制作最精致、研究最仔细、事前测试最充分的节目。电视广告受时间限制(因为广告时间是非常昂贵的),我国的电视广告长度通常为 15 秒和 30 秒(国外甚至更短)。在如此短的时间内传达所有有关商品的信息,并将广告主题明白无误地表现出来,画面必须非常精练得当。电视广告作为一种信息载体,最佳方式为活动画面。因此,根据这一特点,电视广告艺术创作要以活动为中心,处理好活动画面与静止画面的关系。电视广告的内在逻辑要依靠广告诉求主题的纲举目张来体现。同时,电视广告在创作中可以同时诉诸视听等多种器官,电视画面因而具有丰富的表现力,定位语句在广告关键处适时推出,可以起到画龙点睛的作用。

二、简洁与载负容量的高度统一

与报纸广告相比,电视广告的信息容量要受到更大的限制。由于电视广告的长度有限,所以在电视广告中要重点突出一种信息,如果面面俱到,反而达不到应有的效果。简洁明了的广告能使观众过目不忘,印象深刻。电视广告制作与发布的成本皆高,所以更要做到内容简洁、明了。我们生活在一个信息过剩的时代,要想撬开把住人们心智的重重大门,穿过拥挤、狭窄的信息通道,钻入人们的心灵,也要求广告内容必须简洁、单一。电视广告的视觉语言要简洁,同一时刻传递的信息可以是多元的。要使观众从画面上得到准确的信息,就必须把干扰信息主体的事物排除在画面之外。杰出的广告不会是错综复杂的,也不会让观众做许多头脑体操。广告的内容可以概括为"名称—要求—示范"。换言之,它必须包括商品名称、消费者利益以及让消费者信服的理由。欲使受众记住广告产品,就必须意念单一,而单一并非简单,它凝聚的是广告创作者的智慧。能否引起观众注意是广告成功与否的第一要素,也是广告创作中的至高原则。"删繁就简三秋树,领异标新二月花。"中国的传统文化艺术往往追求以精练简洁的手法来表现意蕴深厚的内涵,如山水写意,寥寥数笔,出神入化,又如唐诗宋词,区区数句,意境无穷。现代广告追求以单纯、明确的广告目标,少而精的内容与形象和简洁、明快的形式构成,给人以集中展现的效果和强烈的印象,并在单纯中求丰富,在简洁中求变化,努力将买主最关心的、最有价值的信息、最感兴趣的产品精髓,充分加以动人的表现。如今,电视广告更偏爱"讲故事"的形式,将广告目标融合在简洁而感染力强的故事里,发挥观众的想象力以提高思想负载容量。正所谓"一沙一世界,一水一汪洋",以此达到简洁与载负容量的高度统一。

三、时间与空间的重新组合

电视广告深具空间思维的独特性,由于电视屏幕的画面有限,它所赢得的直接空间范围也是极其有限的。美国著名作家海明威曾倡导"冰山理论",认为作家应通过对冰山露出水面的八分之一部分的绝妙描写,使读者想象出沉于水面下的八分之七的部分的丰富内涵。电视广告应充分拓展画面的含量,以使观众通过画内有限空间的内容启示,联想出更为广阔的画外空间。电视广告具有独特的时空形象,广告中的人物活动都在一个极短的时间结构内结束,许多不必要的中间过程被省略,只选动作的高潮点加以组合表现。因此,电视广告的时间构成具有高度精练与自由的特点。电视广告的时间限制了它不能表现对象的完整活动过程,因此,电视广告的空间是构成空间。

电视广告的时空特征有以下四点。第一,电视时空再现的真实性。电视的记录本质决定了它会相对准确地按照人的生活经验再现时空的特性。第二,电视广告时空再现的自由性。对电视广告的时空处理是无限自由的,可以随意在任何时空中断、转换、时态交混、时序颠倒,甚至把不同时空重叠、重复、拆开。第三,电视广告时空表现的可变性十分丰富,如拉长、缩短时间,拓展、压缩空间等。第四,电视独有一种"心理"时空,即"五维"时空。

四、多种信息渠道的同时组合

渠道原意为航道、水道、途径、渠道、波道、通路等,在电视领域也可释义为频道。传播学中的渠道,即进行传播时通过某种媒介与个人之间面对面的交流。电视广告是高度综合的视听艺术,它融合了摄影、绘画、音乐、舞蹈、戏曲、文学、电影等众多的信息渠道,综合运用其集约潜能,是视听结合的艺术。广告作品应该能够引起观众或听众的注意,否则,广告的内容是无法深入人心的。因此,电视创意的首要原则是以各种可能的手段吸引尽可能多的观众或听众的注意,在短短的几十秒中要给人以强烈的印象、动人的情节、构思与艺术的内涵。

对电视广告创意者来说,要想及时集纳各种渠道的精髓,打开受众的"注意"之门,主要的方式就是保持信息的差异。心理学家的实验表明,差异越大的信息越容易引起人们的注意。差异,在视觉上有色彩的差异、形状的差异及体积的差异;还有来自听觉的,如音高、音量、音色及节奏诸方面的差异。善于利用各方面的差异都有助于吸引受众的注意。除利用信息差异之外,匹配原则是吸引受众注意的另一个高招,即人吸收信息时的效果如何,要看信息与自己原有的信息结构和已有经验是否匹配。电视广告作为传播工具与商品经济的结合体,始终随着时代转变着生存态势,其信息渠道也在无限扩展和延伸,由于它所具有的边缘性和前卫性,其容纳和综合运用信息及一切可用能量的潜能也将被无限扩展。

五、理解原则

广告创意固然要追求新颖性和独特性，但这种新颖性和独特性不能超越消费者的理解力，因内容晦涩而让消费者难以理解的广告只会浪费广告主的资金。

六、印象原则

电视广告不但要引起广大消费者的关注和理解，而且要给消费者留下美好的印象，烙下过目难忘的深深印记，以使消费者能够经常回忆起广告中提及的有关内容，加深对企业和商品的印象，促成消费者的购买行为。

七、利益原则

即电视广告创意要对消费者作出明确的利益承诺。消费者购买商品是因为商品对自己有利或能带来的方便，有利益才能吸引消费者。

八、促销原则

电视广告创意的最终目的是让消费者对商品产生强烈的购买欲望，进而完成购买行为。广告大师大卫·奥格威有一句名言："我们的目的是销售，否则便不是广告。"

第七节　电视广告诉求与表现方式

一、电视广告诉求

数百种不同的广告诉求可以用作广告信息的基础。从广义上来讲，这些方式通常分为两类：理性诉求和感性诉求。在这一节，我们着重论述将理性诉求和感性诉求作为战略组成部分的几种方法，并考察理性诉求和感性诉求在广告信息的形成中是如何有机结合起来的。

1. 理性诉求

理性诉求强调消费者对产品或服务实际的、功能性的或实用的需求,并且强调产品或服务的特征和消费者拥有产品或使用某一具体品牌的好处或原因。这些信息的内容强调了事实、认识和说服的逻辑性。鉴于理性诉求倾向于信息化,使用理性诉求的广告创意者通常都试图向消费者证明他们的产品或服务有特别的属性或提供了满足消费者需求的具体用途。他们的目标是说服目标受众购买该品牌的产品,理由是这一产品是现有最好的或该产品能最大限度地满足消费者的需求。

许多理性动机都能作为广告诉求的基础,这些动机包括舒适、方便、经济、健康以及诸如提升触觉、味觉和嗅觉等感官体验。广告中常用的其他理性动机或促销点还有质量、依赖度、耐久性、效率、独有功效等。通常而言,对消费者有价值的且能作为理性诉求基础的那些具体产品特征、用途或有价值的标准不仅随着各种细分市场的不同而变化,而且还随着产品或服务种类的不同而变化。

理性方式有如下几种类型的广告诉求,包括产品特征、竞争优势、诱人的价格、新闻、产品/服务普及性(popularity)诉求。

采用产品特征诉求的广告强调产品或服务的优势特征,而这些特征会引起人们对产品的好感并成为理性购买决策的基础。技术性产品和具有高度参与性的产品常常采用这种广告方式。同时,这种类型的诉求也可应用于服务业。

当采用竞争优势诉求时,广告主一般直接或间接地将其品牌同另一种品牌(或另一些品牌)进行对比,并声称自己的品牌在一种特征或多种特性方面占据优势。诱人的价格诉求以价格作为信息的焦点,价格诉求广告经常被零售商用来宣传销售特殊产品、服务或日常降价变动。价格诉求广告还常在萧条时期被广告主采用,许多快餐连锁店通过促销手段、"价值菜单"或较低的整体价格,使价格成为它们营销战略的重要组成部分,并设计广告战略来传播这一信息。许多其他类型的广告主也会采用价格诉求。

新闻诉求是指可以突出广告优势的,关于产品、服务或公司的某种新闻或宣传。这种诉求可用于新型的产品或服务,或者用于把重大的改进或改良告知消费者。当公司获得了它想向其目标市场传播的重要新闻时,这种诉求是最有效的。

产品/服务普及性诉求是通过指出使用某一品牌的消费者数量、从使用其他品牌转换为使用该品牌的消费者数量或该品牌在市场中的领先地位,强调产品或服务的普及性。这种广告诉求的要点是通过展示该品牌的广泛使用,证明它的优良品质或价值,并说服其他消费者使用其产品。

2. 感性诉求

感性诉求与消费者购买产品或服务的社会和心理需求有关。许多消费者支持其购买决策的动机都是感性的。在进行购买决策时,消费者对某一品牌的个人感知可能比对这种品牌的特征或属性的了解更为重要。许多产品和服务的广告主都认为理性诉求是单调乏味的,他们认为,在销售那些与竞争品牌无重大差异的品牌时,既然理性的差异难于辨认,那么吸引消费者情感方面的诉求就会起到更好的作用。

许多感受或需求都可以作为广告诉求的基础,并在某一情感层面上影响消费者。这些诉求基于自我的心理状态或感觉(诸如快乐或激动),也基于社会性定位(social orientation)的心理状态或感觉(诸如地位或认同)。这类广告的目标是要唤起一种积极的情感反应(如骄傲或伤感),进而将这种反应转移到产品上来。

广告部门在创作战略中的许多方面都能够运用感性诉求。商业广告常常依靠情感整合的观念,借此来描绘广告中的人物通过使用产品或服务而得到情感上的利益或收获。使用幽默或其他令人愉快、刺激或激动的广告能够影响消费者的情感,并将其置于一种赞同的心理状态。同时,许多电视广告主也采用令人产生共情的广告来使观众回忆起个人经历。麦当劳常常制作这类商业广告,从而激发起消费者温暖的感觉、思乡的感觉或伤感之情。公益广告也常以这种方式引发共情。

营销人员也常运用感性诉求,并希望感性诉求激起的积极感觉会转移到品牌上。研究表明,广告所创造的积极的心理状态能够给消费者对产品的评价带来有利的影响。研究还表明,感性广告比非感性广告更容易被观众和听众记住。现代社会的消费逐渐升级,理性诉求已然不是消费者的首选,他们更偏爱具有附加值的感性诉求。因此,电视广告也应更多地诉诸感性诉求。

使用感性诉求的另一个原因是要影响消费者对产品使用经历的解释,这种做法的方式之一是运用所谓的转换性广告(transformational advertising)。转换性广告指一种将使用(或消费)广告中品牌的经历与一套独特的心理特征联系起来的广告。如果不接触广告的话,这种心理特征一般是不会与品牌使用者的经历联系到某种较深程度的。

转换性广告创造了与产品或服务相关的感觉、形象、含义和信仰。当消费者使用产品或服务时,它们便被激发起来,从而形成了他们对使用经历的阐释。转换性广告有两个特征:第一,它必须使采用这一产品的经历比仅仅来自广告品牌的客观描述更加丰富、温暖、令人激动或更加愉快;第二,它必须把广告的经历与使用品牌的经历紧密地联系起来,因为消费者如果不能回忆起广告所带来的经历,也就不能记起那个品牌。

转换性广告通过使消费者的经历更加愉快来制造产品或服务的差异性。AT&T 使用多年的广告语是"打电话与他人联系",鼓励消费者与家人、朋友用电话保持联系,这就是转换性广告成功使用的案例之一。麦当劳也通过使用转换性广告,非常有效地把自己定位成一家父母(或祖父母)能与孩子们一起享受温暖,拥有愉快经历的快餐连锁店。

3. 理性诉求与感性诉求相结合

在许多广告环境下,创作专家所面临的决策都不是到底该采用感性诉求还是理性诉求,而是如何将这二者结合起来。

几乎没有一种购买行为是完全基于理性诉求的。即使是一种纯粹的功能性产品(如洗衣粉),也可以提供那种所谓的情感利益,比如看到穿着靓丽洁净衣服的孩子们时的满足感。而且,有些类型的产品本身涉及的理性因素很少,比如软饮料、啤酒、化妆品、某些个人保健品及许多老式产品。

消费者的购买决策常常是在感性和理性两种动机的基础之上作出的。因此,在制作有效的广告时,对这两种因素都必须予以足够的关注。

广告研究人员和广告代理公司对消费者作出决策时理性与感性动机之间的关系以及广告如何对二者产生影响这两方面进行了大量的思考。麦肯-埃里克森广告公司与广告学教授迈克尔·雷(Michael Ray)共同开发了一种名为情感式捆绑(emotional binding)的专利研究技术。这一技术评价了消费者对品牌的感觉及他们对品牌所产生的感性的属性,这种属性是通过与消费者和产品品类相联系的理性情感状态相比较而得来的。

情感式捆绑的基本观念涉及消费者逐步发展的、与品牌相关的三个阶段,如图 5-1 所示。图中最基本的关系表明了消费者是如何考虑与产品利益相关的品牌的,这会在最大程度上通过理性的认识过程来实现,并借由广告传播的产品信息得以被测量。这一阶段的消费者不是完全的品牌忠诚者,因为品牌转换是经常发生的。

图 5-1 与品牌相关的发展阶段

接着,消费者会赋予品牌个性。例如,品牌可以被认为是自信的、有进取心的、有冒险精神的,或是顺从的、怯懦的。消费者对品牌的判断已超出了品牌自身的属性和产品(服务)的用途。在大多数情况下,消费者是基于在产品广告中发现的显性或隐性提示的评价来进行判断的。

4. 其他类型的诉求

并非每个广告都非常明确地属于理性诉求或感性诉求。提醒式广告没有凭借任何一种具体类型的诉求,它唯一的目标是使读者将这一品牌名称牢记在心中。著名品牌和市场领先者常常使用提醒式广告,尤其是那些具有季节性消费特征的产品和服务。

引进新产品的广告主们常常采用悬念诱导式广告(persuasive advertising),此类广告常常是仅提到品牌,但并不完全表现出来,从而增强人们对产品或品牌的好奇、兴趣和兴奋。悬念诱导式广告通常用在新的电影或电视节目以及主要产品推出的时候。当汽车广告主推出新型轿车或在某一车型设计上有重大变动时,采用这种广告是较为流行的做法。

悬念诱导式广告也被营销人员用来引起人们对即将开始的广告运动的关注,可以产生公开的宣传效应。悬念诱导式广告运动能激发消费者对新产品的兴趣,但广告主必须注意,不要使它们存在太长时间,否则它们便会失效。

另外,有许多广告设计出来并非被用于销售产品或服务,而是为了提高公司形象或满足诸如吸引投资或招募新员工之类的其他公司目标。这些广告通常被称为公司形象广告。

二、电视广告的表现

广告,就像麦克卢汉(Marshall McLuhan)所说,是一种"艺术,被完全否定时的一个巨大的艺术形式"。其含义是"让商品自身来扮演主人公,优美地、有意义地、直截了当地解决了广告含混不清的难题。电视广告真正的艺术性,不是制作了一出微型戏剧,而是将产品物理性的特征演绎为纯粹的真实感人的价值。电视广告不需要看不见硬件的空洞说辞,而是要把产品硬件转变为一种情绪"。

在这里,为了更有效地理解电视广告的创意,我们把现有的电视广告分为十种表现形式,并将其各自的特性加以说明。

1. 直接式(straight commercial message)

这是展现产品内容的直接诉求的方法,主要采用说明文格式的文稿。直接式可作为电视广告最基本的表现形式,这种形式可以降低被接受者误解的风险。但是,它的文稿内容往往会比较单调,表现上也缺乏魅力。创作者在这些方面必须加以注意。另外,采用这种形式选用名人的话,一定要充分考虑名人与产品的联系。

2. 证明式(testimonial commercial message)

证明式的电视广告通常会选用名人来对商品进行说明,显示商品令人喜爱之处,进而向受众推荐。这种广告应当依赖所选名人的知名度,以名人和商品的一体化为目标,提高商品的名气。但是,必须注意名人的负面信息等会给商品和企业造成很大的不利影响。因此,在人选方面必须经过详细的评估与选择。

3. 实证式(demonstrate commercial message)

这是使用商品后,实践证明使用状况的广告方法。商品自身具备鲜明的特点是实证式广告的首要条件,这种形式对新产品和特殊商品而言,比起其他表现手法更有说服力。但是,这种实证形式如果不能让受众感到有趣,交流就不成立,只会以广告策划者的自我满足而结束。曾经有这样一个圆珠笔厂家,拍摄了将圆珠笔装填进枪管发射的电视广告。圆珠笔扎进厚厚的木板,拔出来后没损坏,照样可以被用来流畅地书写文字。这便是实证形式的典型案例。

4. 虚构式(fiction commercial message)

虚构式广告并非歪曲商品内容和事实,而是在非现实性的故事基础上,采用虚构的手法来传达商品信息。用新奇、夸张、空想等表现方法吸引受众,加深受众印象是主要目的。但是,不管用何种表现手法,夸大、虚假和被误解的表现都是应严格禁止的。

5. 实际生活式(life style commercial message)

商品原本是经使用后才能看出其价值的,实际生活式广告是将商品置于实际的生活场景中来便于受众领会。"生活切片"(slice of life)是在纽约艺术总监俱乐部的年会上提出的一个创意手法。这种形式的广告其实很简单,就是描写生活水平的一个切面与商品之间的密切关系。这种广告追求人与日常生活的关系,但又是实际生活中不会出现的某种虚构。之所以这样说,是因为任意编造广告内容,会导致受众反感,招致反驳。商品在日常生活中的定位常常可以体现在并不引人注意的关系之中。

6. 纪录片式(documentary commercial message)

纪录片式广告中有类似实际生活式的场景,但是,在这里是以一种现场报道的风格来传达商品使用状况的。这类广告需要找出与商品有关的各种各样的素材,在其原有的状态下进行展示。尽管它没有表演那么生动的魅力,却有很大的说服力。一般采用这种形式时,不编造故事,而是用写实手法来表达商品与人的关系。

7. 形象式(image commercial message)

在今天这种流行化导向的时代,与对产品功能和品质的诉求相比,商品所具有的附加价值和形象往往更具吸引力。何况商品之间没有根本性的差异时,形象式更成了广告创意者习以为常的表现手法。在这种积极树立商品形象,并视其为销售武器的广告策略中,商品形象的设定是最重要的决定性步骤。但是,切勿使用与商品相差悬殊的形象,否则的话,不但没有广告效果,还可能被视为一种虚伪的广告。虚伪广告会给受众以错误的形象,最终很难达到鼓励购买的目的。

8. 象征式(symbol commercial message)

将商品特性和商品形象作为电视广告的诉求点来表现时,将其转化为象征符号的方法就是象征式。象征符号一般较多使用人们熟知的动物和花卉等。电视中也常常使用神话故事的主人公和虚构的人物角色等。这类广告也与形象式广告的情况相同,即必须在充分研讨后再考虑向象征符号转化。

9. 比较式(comparison commercial message)

即比较广告的形式,是一种在与其他竞争商品等的比较基础上诉求本公司商品的方法。如果把比较变成挑战的话,就容易成为诽谤其他商品的广告,有违反规则的危险。因此,这一点尤需注意。比较式的优势在于,它能通过受众来访对不同商品的优劣进行比较,进而得出结论。但是,由于国民性的差异,这种形式在广告中所占的地位也有所不同。

除与竞争对手的商品作比较以外,还有本公司商品间的比较和商品使用前、后的比较等。总之,对商品来说,找准比较的诉求点需要相当谨慎。当然,也一定要根据实际情况而提出广告方案。

10. 视觉冲击式(spectacle commercial message)

这种形式不是常见的广告手法,而是通过新奇的拍摄装置给受众以强烈冲击感的广告。例如,乘上气球在空中飞翔、驾驶滑翔机的冒险等,在意外性和壮观场面中确定商品的位置。这是一种追求惊人视觉效果、突出商品形象和功能的方法,但如果做得过头,就有成为夸大广告、令观众生厌的危险。

以上是十种电视广告的常用形式。但是,今后的电视广告策划者必须注意,广告作品中若没有对现状的分析与批评,就很难引发受众的共鸣。这也并不是要求所有的电视广告都应该将现代社会问题作为创作题目。因为只有商品具备了存在于这个世界的足够理由,才能有效地与社会各个层面展开交流,并以附加在该商品上的新概念为武器,对既有商品和观念、习惯等提出批评。

批评精神与创意精神一脉相通,出色的批评是对新生活和文明价值观的创造,理应从这种观点出发来制作优秀的电视广告。如此一来,广告才会成为一种先导文化。

今天,各企业不断产生的新产品作为对旧产品的批评而出现,需要有前所未有的受消费者欢迎的新概念。今后的电视广告也要摒除固有的习惯和想法,把对生活和社会的批评精神根植在作品深处,在一种探索的氛围下进行创作。为此,广告策划者在考虑创意与表现形式时,必须有深度探索的思想准备。

第八节　电视广告创意的构思及其手法

一、创意与灵感

广告创意人不能只把一块香皂看作简单的、洗涤用的植物性脂肪固体,而必须看到其中蕴含的生产厂家的荣耀经历,看到过去使用这种香皂的一系列美丽妇女的形象和将来使用这种香皂的人们的鲜嫩美丽的肤色。

在人类历史上,从未像今天这样强烈地呼唤具有创造性思维的人才。在新产品开发中,不管是在生产领域还是流通领域,创造性思维都十分重要。特别是在广告界,近年来,到处都在使用创造性的语言,并以此为基础确立广告作品生命线的坐标。而且,围绕创造性的研究和争论也逐渐活跃起来,学者们从心理学、艺术学、物理学等各个方面展开了丰富的研究。

在今天的广告界,创意正成为最重要的课题。广告公司的竞争使创意越发成为左右产业生存和发展的重要因素。创造性在企业、研究、调查、生产、流通、广告、销售、推销等领域已经成为不可或缺的因素。特别在广告公司中,创意越来越受到重视。

下面我们就将围绕这些方面讨论创意与灵感。

首先,创造性是用新的视角来看待至今未被提及的故事和事物。同时,面对现有问题要找到新的解决方法。灵感在现实中是需要长时间慢慢培养的。当旧事物与新事物碰撞时,人名会在潜意识中开始对它们进行再整理,它们就像天穹的星星那般闪烁,灵感就是没有预期地突然得到了调和的方法或新的创意策略。

爱因斯坦认为,灵感是纯粹的归纳推理,它重视经验性的观察、被观察到的现象深处潜在的东西以及理解与观察对象之间的相互关系。虽然灵感至今仍被理解为与分析和思考相对立,但事实上,灵感是与科学共存的。灵感作为科学,只有在被充分认识后,才具有现代性的价值。

著名广告大师李奥·贝纳(Leo Burnett)认为,广告撰稿人富有各种经验,可以是各种类型的人,但作为广告撰稿人最重要的资质是有敏锐的灵感、能汇编已知的事实,并创造出新的东西。

创意的产生有七个阶段：第一阶段，导向阶段（orientation），即事实的发现、问题点的提出；第二阶段，准备阶段（preparation），即收集贴切的资料；第三阶段，分析阶段（analysis），即关联素材的分析；第四个阶段，假说阶段（hypothesis），即为了选出最佳构思，准备几个假说；第五阶段，孵化阶段（incubation），即为了模仿头脑中灵感产生的过程，而将各种知识事先储存起来；第六阶段，综合阶段（comprehension），即综合各种知识的断片；第七阶段，决定阶段（decision），即判定作为结果道德的构思。

也有学者将这一过程简化为四个阶段。第一，准备阶段，创意在这一阶段必须具有无可挑剔的接受能力。第二，孵化阶段，即创意人认识阶段。第三，解明阶段，这个阶段是人的潜意识不断流动的瞬间，是新创意形成的时候。第四，完成阶段，是创意接近完成时最费神的阶段，是将灵感客观化的最终阶段。

二、电视广告创意的构思过程

广告构思是广告策划非常重要的一个过程，而且当一些组织化的方法被恰当运用时，广告构思更容易达成。

目前最流行的一个构思方法是由智威汤逊（J. Walter Thompson）广告公司前副总裁詹姆斯·韦伯·扬（James Webb Young）提出的。他认为，创意的产生是一个像福特汽车的生产一样确定的过程，像流水线作业一样。在这个生产过程中，思维采取了一种能够学习并控制的操作技术，思维的有效使用是一种与有效使用任何工具一样的实践。

詹姆斯所谓的构思过程模型包括以下五步。第一步，入迷（immersion），即通过背景研究搜集原始材料和信息，使自己对该问题入迷；第二步，理解（digestion），即整理信息，分析信息，对其进行斟酌；第三步，酝酿（incubation），即将该问题从有意识的思维中抛开，用潜意识工作；第四步，启发（illumination），即创意的诞生——"我想出来了！我找到了！"；第五步，现实或确认（reality or verification），即研究该创意，使它看起来出色或可用于解决问题，然后将该思想塑造成形。

构思过程模型对那些从事广告构思工作的人员是有价值的，因为它提供了一种解决广告问题的有组织的方法。准备或搜集背景信息是构思过程的第一步。

1. 构思过程的准备、酝酿和启发

(1) 背景研究

广告创意工作者应对客户的产品或服务、目标市场、竞争状况及其他相关的背景信息进行调研,同时还应熟悉行业整体趋势、环境及市场的发展,研究可能有效的、特别的广告方法和技术。

构思专家能从许多渠道获得背景信息,常用的数据收集方法有五种:第一种,阅读与产品或市场有关的材料,如书、行业出版物、普遍感兴趣的文章、调研报告等;第二种,询问与产品有关的人,如设计者、工程师、销售人员、消费者;第三种,倾听人们在谈论什么,因为他们最了解产品和市场,比如在商店、大型超市、餐馆甚至自助餐厅都可以从顾客口中搜集到有价值的资料;第四种,使用产品或服务,并熟悉它,使用得越多,知道得越多,广告中能表达的也越多;第五种,学习客户的业务,这样会更了解你要接触的人群。

为了给准备阶段、酝酿阶段和启发阶段提供帮助,许多公司都为构思人员提供总体的和特定产品的预计投入。构思计划的总体信息投入包括书、期刊、行业出版物、学术杂志、图片和剪辑服务,这些投入收集和整理产品、市场和竞争状况,包括最新的广告。这些投入也可以从客户、广告代理公司、媒体等所做的调研结果中获得。此外,还有一个对构思计划很有帮助的总体信息投入,就是市场的趋势、发展和其中发生的事情。

信息可以从不同方面获得,包括政府的二手调研资料、各种行业协会及广告和媒体杂志。例如,广告业团体和媒体组织公布的研究报告和时事通讯,这些报告和通讯提供市场趋势和市场发展及消费者受何因素影响等的信息。

(2) 特定产品/服务研究

除了总体的背景研究和信息投入外,构思人员还要研究特定产品/服务的预计投入。一般来说,这种信息来自对产品(或服务)、目标受众或两者兼有的特别研究。特定产品/服务预计投入可以是定性和定量的消费者研究(如态度研究)、市场结构和定位研究(如知觉影射和生活方式研究)、专题组座谈,以及特定产品、服务、品牌用户的人口统计和心理调查。

许多对构思小组有帮助的特定产品或服务的研究都是由客户或广告代理公司进行的。美国天联广告公司(BBDO)开发了一种发现创意的方法,围绕着创意,构思战略可以以问题检测为基础。此研究技术是询问熟悉产品(或服务)的消费者,写出一个困扰他们或他们在使用产品(或服务)时遇到的问题的详细清单。消费者按重要性程度给这些问题打分,结合每个问题来评价各种品牌。问题检测研究可以为产品改进、产品再造或新产品开发提供有价值的投入。它还可以为构思人员提供确认产品重要属性或特征的创意,并且为构思人员提供新品牌或已有品牌定位的指导。

一些构思机构每年都进行心理研究,即有关产品(或服务)用户的详细心理或生活方式调研,这样可以使构思人员更加了解目标受众。

(3) 定性研究投入

除了各种定量研究,定性研究方法(如深入访谈或专题组座谈)也能在构思过程的开始阶段给构思小组提供有价值的线索。专题组座谈是一种调研方法,通常是引导来自目标市场的消费者(一般 10—12 人)讨论一个特定的主题。通过专题组座谈能了解消费者为什么使用某种产品或服务,他们怎么使用,在他们选择特定品牌时什么因素最重要,他们喜欢(或不喜欢)各种产品或服务的什么地方,以及他们也许还未得到满足的特殊需要。一个专题组座谈会议为了使用或评价各种公司的广告,也可能包括对广告诉求类型的讨论。

专题组座谈使构思人员和其他与构思战略开发有关的人员接触到消费者。倾听专题组座谈可能会使广告文案撰写人员、艺术总监和其他创作专家更好地感知谁是目标受众,这些受众有什么特征,构思一则广告信息需要何人动笔、何人来设计或何人来导演。专题组座谈也能用于评价正在考虑中的不同构思方法,并用于建议构思人员追求的最佳创作方向。

一般来说,构思人员欢迎任何能帮助他们更好地理解客户目标市场和指导构思过程的研究或信息。

2. 电视广告构思过程的检验和调整

构思过程的检验和调整阶段主要是评价、阐述构思出的创意,剔除不当的部分,对余下的创意进行提炼和润色,然后给出最终表达。在此阶段常常会用到对构思观念、创意或主题进行评估的、有指导的专题组座谈,以及信息沟通调研、抽样测试和评估(如对观众反应的抽样调查)等方式。

在构思过程这一阶段,可能要请大量的目标受众来评价初期的构思安排,交流他们从广告中看出的含义、他们对构思表现有什么想法,以及他们对广告口号或主题的反应。通过让大量目标受众评价故事板形式的广告,构思小组能获得电视商业广告应该如何传播商品信息的启发。故事板通常是一系列图片,这些图片被用来展示一个商业广告提案的可视计划或安排。它由一系列速写图片构成,这些速写图片往往是一些关键性的画面或镜头,每个镜头都有文字和可视部分。

测试一则故事板形式的商业广告可能有些困难,因为故事板对许多消费者来说太抽象,不易理解。为了使构思安排更接近现实和更易于评价,广告代理公司也许会制作一个动画,即一段有声音的故事板录像。故事板和动画可用于研究目的,也可用于将构思思想展示给广告代理公司的其他人员或客户,以便他们了解并得到他们的认同。

在构思过程这一阶段,构思小组总是力求在添加广告运动口号和进行广告的实际制作之前找到最佳的构思方法或表现方式。在作出最终决策之前,检验/评价过程可能也会经过更正式的、更大范围的前测。

三、电视广告创意五方法

1. 头脑风暴法

创意人使用最多的创意方法是头脑风暴法,即通过充满个性的互补性思考的集合而产生的构思创造方法。这是基于多个成员共同来生产和选取构思,然后再将其向更高立场推动的工作状态。

头脑风暴法的本意是"向头脑发起冲击",美国天联广告公司的亚历克斯·奥斯本(Alex Osborn)担任该公司副总裁四十多年,曾多次阐述头脑风暴法的必要性,并努力将其付诸实践,取得了巨大成就。

头脑风暴法最大限度地活用能发挥小组成员思考的连锁反应作用,鼓励个人自由思考,并使其源源不断地生发下去。通过这种方法产生的构思,不管是在数量上还是质量上,都有望得到几何级数的开发。头脑风暴法尽管也存在各种问题,但现在的广告界一直频繁地使用这一方法,并取得了诸多成果。

总结而言,头脑风暴法有五个突出特点。第一,通过集体来工作——通过诸多成员来实施,而不是由一人做主。这是头脑风暴法最重要的特点。第二,利用思考营造连锁反应,即利用小组成员潜意识的连锁反应产生构思。第三,延迟批判构思。在头脑风暴过程中,不评价各成员提出的构思,因为点评会中止构思的飞跃。点评和反驳只能在头脑风暴结束后,或在其他场合进行。第四,不限制构思数量。头脑风暴时的构思数量是无限制的,创意人员可以将随便想到的、浮现在脑海中的和潜意识的直感原封不动地、自由地、无限制地表达出来。第五,不规定构思质量。头脑风暴不要求决定一个最终的构思,即使是不可能被采用的构思,也可以刺激其他的潜意识,有助于产生进一步飞跃。

以上是头脑风暴法的主要特点,通过这种方法产生的构思,可以被有效地利用并成为产生绝妙创意的基础。

同时,有关头脑风暴法的批评之声也很强烈。批评的焦点集中在它阻碍了具有独创性广告撰稿人的创意力量,迫使优秀的撰稿人去迎合其他创造力欠缺的成员所提出的构思。不管怎样,头脑风暴法只不过是构思发展的一个附加工具而已,对于那些创意水平较高的人而言,自己一个人就能构思出优秀的创意方案。但是,对创意能力较为一般的人员而言,头脑风暴法却是非常实用的。

2. 综摄法

综摄法又称"提喻法""集思法"或"分合法",它是头脑风暴法最重要的变种技法,其创始人是麻省理工学院教授 W. J. 戈登(W. J. Gordon)。该方法的特点是组建一个与广告课题相关的小组,从中选出一个主持人,小组成员按所给题目,连续、自由地表达意见,通过成员间的相互联想刺激,从而产生诸多有关联性的构思。这个方法与头脑风暴法很相似,但最大的差异在于出题方法。与尽量具体地提出问题的头脑风暴法不同,综摄法只是以抽象的形式提出问题,各个成员表达思想时更无拘束。

例如,某个化妆品制造厂为开发新包装而实施综摄法时,除了主持人,其他人只知道"包装"这个大题目。一方面,由于小组成员不知道具体的要求,就可能从几乎所有角度来提出构思,有时会产生意想不到的效果。另一方面,主持人的责任和任务很重大,他必须将成员想出的各种各样的创意很好地加以归纳。有时,为了顺利起见,也会将具体的要求预先告知除主持人之外的几个工作人员。

3. KJ 法

(1) KJ 法概略

KJ 法又称 A 型图解法、亲和图法(affinity diagram),与头脑风暴法相比,KJ 法也很盛行。KJ 法是研究地理学和文化人类学的川喜田二郎(Jiro Kawakita)教授设计出的创造性思维方法,"KJ"就是川喜田二郎教授名字罗马字的首字母缩写。通过综合分析实地采访和观察所得到的丰富资料,激发人创造性的思维能力,"用资料使人领悟",这就是 KJ 法的本质。

在这里对川喜田二郎教授的 KJ 法概略作简要介绍。在人们研究事物的科学性程序中,通常被认为具有以下步骤:①提出问题,②现象收集,③整理、分类、保存,④归纳,⑤综合,⑥副产品的处理,⑦形势判断,⑧决定,⑨结构计划,⑩次序计划,⑪实施,⑫结果。

在以上程序中,川喜田二郎教授认为综合是最重要的。在这个步骤中,主要工作就是归纳散乱的资料,从中得出一个真理,即把杂乱无章的东西和只出现一次的东西组合搭配起来,综合研究出崭新的构思。

(2) KJ 法的程序

第一阶段,首先必须明确"问题的主体"。采用头脑风暴法或自由讨论的形式提出与中心"有关的东西"和"似乎有关的东西"。

参加讨论的全体成员必须合力提出有助于解决问题的事实、信息和见解等。在这个阶段,关键是要有一个把参与人员陈述的意见全部记录在案的人,而且记录者要把各个成员的发言内容压缩成"一句话标题",并写在名片大小的卡片上。如果一行归纳不下,也可以进一步分割成几个"一句话标题"。因此,KJ 法的记录者一定要集中精神,领会每个发言者想法的精髓。另外,在记录"一句话标题"时,不要过度抽象化,尽量使用具体、柔和的语言把握发言的要点。

第二阶段是编制卡片小组,即把内容或某些意见接近的一些卡片集中起来,数枚卡片一组,让成员尽量考虑"这些卡片为什么有接近性",然后将这些卡片之间的关系进行压缩,制成"一句话标题",用不同颜色的笔写下来(这样做是为了给后面的程序带来便利),再按照以上程序,继续进行分类组合,再制成"一句话标题"。如此循环,卡片小组的数量就会逐渐减少。

余下的标题就成了讨论的主题。在这里要注意以下两点。第一,不要组成庞大的卡片队伍。卡片小组的意见要具体,否则便扼杀了 KJ 法寻找独特构思的意义。在此,不要带有主观、独断的框架,必须具备遵从事实的谦虚态度。第二,编卡片时,有时会剩下不能归于任何一个小组的标题,不要勉强把它塞到某个小组中。

第三阶段,小组卡片编成后,KJ 法进一步提供了以下三种方法:第一种,根据卡片小组,进行图解化;第二种,根据卡片小组,进行文章化;第三种,根据卡片小组,进行图解化,然后再进行文章化。

图解化的方法就是把已经完成编组的卡片挑出来,考虑"怎样排列这些卡片在理论上才可被理解",即把各张卡片之间的相互关系转化为空间联系。如此配置后,将其抄写在白纸上,可用圈圈或线条把各关联的要点相连,使原本杂乱无章的各种意见,在图解化的方式下,变得更加清晰。

各种意见被图解化后便可进行文章化,各卡片按图解得出的顺序排列,就容易梳理得多了。这是 KJ 法的最大特点。在诉诸文字时,循着图解化的指示,同时对围绕重要结论的一组卡片加以考虑,可以给接下来的文章化提供极大的便利,成为产生自然和新鲜的构思的源泉。

总而言之,一方面,图解化帮助创意人员理解事实和材料的全部结构,把握问题实质;另一方面,文章化使关联的性质和强弱关系得以明确,新的构思就会自然而然地浮现出来了。

(3) KJ 法的应用

首先,KJ 法在业界常常被用来决定复杂的分工,可以迅速、无误地理解各工作人员在哪个部分处于什么位置从事什么工作。其次,这一方法在会议上对提高效率、加深相互理解也有明显的效果。最后,KJ 法还与时间和经费的节约有关,内容再复杂的书籍和理论通过 KJ 法的图解化也能顺利又快速地被理解。可见,KJ 法对解决问题和创造性地处理事务有很大的帮助。

4. NM 法

NM 法是日本著名创造学家中山正和(Nakayama Masakazu)提出的一种方法,"NM"是他姓名的罗马字缩写。按照他的著作《构思的理想》所说,NM 法着眼于人类具有的记忆本领,通过记忆的展开,可以了解自由联想性的构思具有哪些特色。

记忆分为线性记忆和点性记忆:线性记忆是以意志、理论为契机产生的关系性联想;点性记忆是在断断续续中联想出的意想不到的结果。

NM 法通过对第一信号体系的线性记忆展开构思。这其中有线性联想丰富的场合和不丰富的场合两种展开法。前者称为 T 型展开,具有比较抽象的特点;后者适用于线索清晰、逻辑性较强的构思法,被称作 H 型展开。

(1) T 型展开

T 型展开的过程如下。第一,需要了解有关问题,设定一个关键词以易于进行类比和联想,关键词不用名词,而用动词和形容词,然后再写在卡片上。第二,从该关键词开始询问"联想什么""像什么一样"等一类的问题。第三,将被询问者得出的类比和联想内容记录在卡片上,排列在关键词的下面。接着再对其中的一个成员提问 "在那里发生了什么?""那个怎么样了?"等问题,这一阶段提出的问题没必要逐一记录。第四,对联想产生的回答发问,如"那回答对问题意味着什么"等。不要固执于一个问题,如果没有材料就按顺序对下一个记录进行同样的抽象。第五,把记录有自由的线性联想产生的构思的卡片打乱,然后依靠想象力将其重新组合,并引到构思明确的道路上。

总结而言,T 型展开手法就是选择一个关键词,然后用类比或联想的手法进行阶段性的构思。

(2) H 型展开

H 型展开是从逻辑性、理论性的记忆中引出资料,展开过程如下。第一,明确需要了解的问题,将其记录在一张卡片上,放置在问题右边。第二,对这一问题设立几个关键词,这些按逻辑产生的提示能激起类比和联想,把它们排列在问题的左边。第三,针对这些被排列的卡片进行类比和联想,将类比和联想的结果排列在各张卡片的下面。第四,对类比与现实问题的关系加以分析,这将成为进行更深一步探索的线索。第五,经过分析,将现实性构思和可能性联想排列在下面。依据中山正和的第二信号体系,被集中起来的构思是以意志的理论性记忆来处理的。

NM 法并不是经验性的,而是从信号模型中产生的,它不仅补充了 KJ 法中没能包括的"记忆检索"现象,而且考虑到了作为"被检索的记忆"的信息组合。因此,创意人员在构思过程中可以同时使用 KJ 法和 NM 法两种,能对解决问题起很大的作用。

5. 水平思考法

我们在解决问题时,理论性地、有条理地按顺序寻找解决方案是很常见的,这就是垂直性的思考。与此相对,完全不同的思考方法就是爱德华·德·波诺(Edward de Bone)博士提出的水平思考法(lateral thinking)。

在广告构思的开发中,水平思考法不仅在解决问题时起作用,而且在产生与创意有关的新构思时也意义重大。

深入的观察、移动的视点和不受固有观念拘束的有宽度的领会方法是水平思考的特点。但是,如果仅提出毫无目的的众多构思,或是在某个大潮流中盯着问题却不加联系的话,这样提出的诸多构思往往没有锚定目标。因此,水平思考时不要急于给出答案,而应把浮想出的点子暂时作为解决策略(哪怕认为该方法是不可能的),试着写下来。然后,再对一个个策略从上下左右、前前后后等所有角度加以检视。重要的是搜寻通往解决问题的道路,也就是说试着让该问题碰壁。

　　波诺博士主张的水平思考法可以归纳为以下四个原则：第一，找到支配性的构思；第二，寻求各种各样的看法；第三，从垂直性思考的强烈习惯束缚中挣脱出来；第四，有效利用偶发性的机遇。

　　水平思考法的第一个原则是首先找到支配性的构思，然后避免受其影响。此时必须认清，支配性的构思不是便利的手段，而是障碍。为此，运用水平思考的技术，有意识地抛弃支配现状的构思，加以明确后再对其弱点进行批判。第二个原则是把重点从明晰的看法转移到其他尚不明确的看法上。

　　要想在实际思考过程中成功运用这两个原则，需要积累大量的经验。为此，可以参照以下几条有效的方法：首先，事先决定对事物的看法，并有意识地形成数个不同范围的看法；其次，有意识地把事物的关系颠倒；最后，把着眼点从一个问题的某个部分转移到别的部分。

　　第三个原则是提醒人们了解，垂直思考不仅在本质上很难产生清新的构思，而且具有抑制构思产生的负面作用。正如波诺博士说，人们常常接收现成的理论，并受其束缚，否定了混沌之中隐藏的可能性。

　　第四个原则是利用偶然因素创造新的构思。头脑风暴法也是在偶然的相互作用中促成构思的一种方法。把自己放在完全不着边际的现象中和充满刺激的场合下，或者把浮现在头脑中的每个意识流有意识地联系起来，这也是产生新构思有效的方法。

第九节　电视广告的新变化与新趋势

　　随着科学技术的快速发展，新媒体对电视广告的冲击越来越强烈，以电视为首的传统媒体面对的挑战也越来越严峻。但是，电视广告仍然具有强大的活力，它依旧是品牌强大的营销渠道，在消费者生活中扮演着重要角色。在新媒体时代，电视广告在加强对其本身传播规律的探索，结合受众接受新媒体广告的心理特征，发挥电视媒体传播优势的同时，还要挖掘自身潜力，以再次焕发生机。

一、电视广告的新变化

1. 传播手段变化

传统背景下,电视广告的传播手段主要依靠"说服"来促使观众接受广告内容,将受众置于被动接受的位置,只能选择接受或拒绝,很容易使受众对产品和广告主产生不信任,使广告的传播效果大打折扣。新媒体语境下,受众有更多的选择权力,他们不仅可以选择是否观看、观看场所和观看渠道,甚至在遇到喜欢的广告时还能主动分享和交流。电视广告在这种背景下变成了广告主与受众平等沟通的桥梁,以消费者喜闻乐见的方式使广告真正深入人心。

2. 接受群体变化

在新媒体的冲击下,电视广告的接受群体逐渐由"受众"向"用户"转变。一方面,这是电视在新媒体影响下自我救赎的表现;另一方面,这也是电视广告向传播学的回归,即传播效果取决于传播终端对信息的处理方式。这一变化给电视广告带来的影响是翻天覆地的。

3. 广告形式变化

新媒体语境下,广告形式的变化除了外部形式之外,真正的差异是目前的广告具有传统广告没有的数字化特色,它可以直接利用互联网中的海量大数据等最新的互联网技术成果,将其融合在广告中,由此制作的互联网广告往往具有精准、新颖、成本低等优点,受到市场的好评。例如,大数据的应用可以帮助广告在无数用户中缩小目标范围,锁定潜在受众,使广告投放的效果实现最大化,这也是目前互联网广告独有的优势之一。因此,在广告策划过程中要考虑多种广告形式,选取最佳媒体矩阵,这样才能取得最好的投放效果。

二、电视广告的新趋势

1. 更加注重广告创意

创意是广告赖以生存和发展的基础,一个好的创意能够有效地提升广告的传播效果。在以用户为中心的今天,在满足消费者情感诉求的基础之上更应注重广告的创意,提高广告的表现力、沟通力和传播力,将受众的注意力吸引过来,激发目标消费者对广告进行再次传播的欲望和对产品的购买欲望。

2. 更加注重多屏融合

对以往的电视广告来说,主要利用的是线性传播方法,即让受众被动地接受广告信息。在新的传播方式下,今后电视广告的播出媒体不会只局限于电视屏幕,而是大部分利用移动端进行传播。虽然新媒体的飞速发展给电视媒体的地位造成了巨大冲击,但是随着多屏融合,电视广告也迎来了更多的发展机遇。电视广告已经逐步成为视频广告,其未来的生存空间将越来越大。

3. 更加注重场景融合

多屏融合下,电视广告正逐步转化为视频广告,而视频广告的本质则是与展示平台的场景高度融合,依托内容和创意为用户提供个性化的互动体验。随着场景化营销时代的到来,以及技术和数据的带动,视频广告必将与更多场景融合,通过将广告与场景的匹配形成实时的用户需求,并进行精准推送。

4. 更加注重指标绩效

近年来,一些可以在电视上提供实时性能数据的技术使广告商获得了更多关于受众收视习惯和消费购买行为方面的有价值的信息。它不仅使广告顺利传递给目标受众,还利用数据让受众在适当的时间和地点看到广告。随着技术的不断迭代,更多广告主会利用电视广告和受众反馈的实时数据来更好地定位电视广告受众,从而提高电视广告的到达率,实现产品购买率的快速转换。

5. 更加注重舆论影响

当前,新媒体传播途径日益多元化,传播内容也越来越丰富,这使定制服务快速发展起来,通过分众化服务与个性化产品,能够吸引更多的受众。新媒体时代,各种信息交互存在,对电视广告而言,仍要重视内容的真实性与准确性,坚守舆论主阵地,坚决杜绝一切虚假广告。这样才能在激烈的媒体竞争中站稳脚步,保证消费者的切身利益,并获得一大批忠实的用户,焕发出新的生命力。

尽管新技术的出现为电视媒体发展带来了巨大的考验,但我们还是要清楚地认识到,当前电视媒体仍然有着旺盛的生命力。这是由于电视媒体具备独特的优势,主要是平台优势与内容优势,正是这些优势支撑着电视媒体的发展。因此,电视媒体要将这些优势与潜力充分挖掘出来,促进电视广告的融合发展,确保电视广告有可持续的生命活力。

思 考 题

1. 电视广告的特性是什么? 对策划有什么影响?

2. 请以某种商品为例简述电视广告创意过程的各个阶段的主要功能和作用。

3. 如何在广告发布时实现传播效果的最大化?

4. 为什么说电视广告表现方式是多元的?

5. 简单叙述垂直思考法与水平思考法如何有机组合。

6. 电视广告策划要掌握哪些创意原则?

7. 随着技术加速发展,请分析电视广告还有哪些新的发展趋势。

第六章

电视节目主持人策划

第一节 关于电视节目主持人策划

电视节目主持人作为电视媒体的重要标识,在电视媒体的内容生产、品牌建立、市场开发以及综合竞争中占有重要的地位。如何认识电视节目主持人在电视媒体中独特的地位与作用,如何建立电视节目主持人在电视媒体中独特的角色形象,本章将围绕电视节目主持人策划这一命题,探讨电视节目主持人的选拔、培养、使用、包装与营销等重要问题。

一、电视节目主持人策划的内涵与外延

电视节目主持人策划,指的是以电视节目主持人为策划对象,在频道整体定位的基础上,以栏目定位为基准,以节目内容、样态、对象为依据,以受众的审美期待为参照,对主持人进行当下形象设计和未来形象规划的一套方案、一种活动。

电视节目主持人策划是电视策划中的一部分,它与节目策划、栏目策划、频道策划、媒体整体形象策划等多重交叉、密不可分,共同构成电视节目策划的内涵。

有别于其他电视节目策划最为关键的一点是,主持人是策划的对象,也是策划的客体。换言之,电视节目主持人策划是以主持人为研究对象、设计对象的一项工作,它是针对人的一种活动,是为了实现主持人最大价值体现的一种创意、一种思路。

二、电视节目主持人策划的维度

作为一种动态的活动过程,电视节目主持人策划既要为当下的节目找到最为贴合的主持形象,又要为主持人未来的形象走势制订规划;既要考虑主持人的现有条件,发现其优势,又要挖掘潜能,科学引导其自我突破。同时,电视节目主持人策划在主持人的形象包装、宣传推广以及营销策略方面都要进行合理而系统的设计。因此,它呈现出多个维度。

1. 来自媒介组织的策划

来自媒介组织的策划是直接的、显性的,在选拔、培养、使用和营销推广上往往起着决定性作用。

2. 来自受众用户的策划

来自受众和用户对主持人的策划往往是间接的、隐性的,比如来信、来电、网络点评、视频弹幕等,都可以形成对主持人的鉴赏与评判。

3. 来自主持人自身的策划

来自主持人自身的策划是在满足个人和组织双重需要的前提下,对自我的优势、兴趣、能力以及职业前景有着清晰的认识,从而为自己规划,以提升竞争力。从职业生涯管理的角度而言,也就是做最好的自己。

三、电视节目主持人策划的基本原则

作为科学有序的策划活动,电视节目主持人策划应该遵循以下基本原则。

1. 统一性原则

统一性原则指的是策划环节的统一以及策划思路的连贯和统一。

策划环节的统一要求策划活动在各个环节上基本保持协调一致。无论是对主持人的遴选、语言样态的确定,还是对体态语的设计、服饰配件等外在形象的包装上,都应该统筹兼顾,服从于统一的栏目形象和频道形象。

策划思路的连贯和统一,要求在策划目标确定之后,应该坚定地朝着目标前进,而不能左右摇摆。因为主持人策划的终极目标是建立品牌,需要步骤上的连贯以及各个时段上的统一。

Markdown 格式的设计者约翰·格鲁伯(John Gruber)说过这样一句话:不

好的品牌设计就像乒乓球一样左右摇摆,好的品牌设计则像保龄球一样向前推进。(Weak brands move like ping-pong balls, strong brands move like bowling balls.)多年来,苹果品牌在设计哲学上秉持的就是追求"一致"的原则,值得借鉴。

2. 协调性原则

协调性原则指的是与主持人本身的基本条件相协调。

受文化背景、人生阅历、气质性格等因素的影响,每一位主持人都会带上自己的个性特征,或端庄大气,或典雅含蓄,或言语活泼,或幽默风趣。在为栏目确定主持人时,一定要考虑被选主持人的个性形象与栏目形象是否相对协调、相对贴近。如果主持人的个性形象与栏目反差大,那么,即使被选主持人水平高、名气大,恐怕也难以与栏目融合。因此,"只选对的,不选贵的",主持人策划应该根据每一位主持人的现有条件,发现优势,挖掘潜能,激发创意,为个体量身定制出一套有计划的、可实现的目标规划。

3. 契合性原则

契合性原则指的是与受众的审美期待相契合。

审美期待源于审美注意,而"审美注意的出现,取决于主客体两方面的条件。客体方面的条件主要指客体的结构形态的新颖程度,客体的风格和意蕴等。……主体方面的条件主要指主体的趣味、价值观念、审美理想等。……伴随着审美注意,主体对行将到来的审美感觉有一种预期和憧憬,并由此产生一种朦胧的兴奋情绪"[1]。这种心理状态就是审美期待。

作为"最直接地'引导'观众与'表现'创造者个性的"[2]电视节目主持人,无疑是电视美的核心创造者,观众对他们自然有着自己的审美期待。而在电视的审美活动中,如果没有主体的情感活动,不与主体的心情有一种契合,或是没能唤起主体相应的情绪体验,虽然美还存在,却不会有主体的美感发生。可见,"主持人作为电视媒介的重要标识,一方面要服从电视媒介的功能要求,另一方面还要满足观众的喜好和需求"[3]。

当然,不同的节目拥有不同的受众群,不同的受众群对于主持人的要求与期待也不尽相同,更何况"受众的期望形成后也不是一成不变的,会受到多种因素的制约,会随着时空的转换、社会的变迁不断更迭,因此在运动过程中往往呈现

---

[1] 叶朗:《现代美学体系》,北京大学出版社1999年版,第162页。

[2] 胡智锋:《电视美学大纲》,北京广播学院出版社2003年版,第41页。

[3] 赵洪涛:《电视节目主持人多种角色的和谐》,《现代传播》2002年第3期。

周期性和递进性的特点"①。因此,密切关注受众的审美期待,掌握契合性原则,是电视节目主持人策划的关键。

4. 有效性原则

有效性原则指的是在策划的最终目标——品牌建立上有积极、有力的功效。

电视节目主持人策划,实质上是对主持人人力资源和品牌资源的开发与运用。所以,策划中要将具体的策划举措科学、有序地落实在每一个具体的主持人身上,以求得主持人和主持人群落最大化效益的发挥和主持人品牌的建立。此外,对主持人个体的策划、群体的策划、当下的策划和长远的策划,都应该有明确的目标与规划。

5. 贴近性原则

贴近性原则指的是与主持人的职业生涯规划相贴近。

职业生涯规划,是在对某一个体主客观条件进行测定、分析的基础上,结合职业岗位的需要,为其确定最佳的职业奋斗目标,以求得最大限度的个体能力的发挥。电视节目主持人策划,同样也是对主持人个体价值的开发与实现,只是它既重视对某一个体的职业规划,更强调对群体队伍的蓝图设计;既要着力挖掘主持人潜在的能力资源,更要建立栏目以及受众对主持人的评价体系。因此,电视节目主持人策划与主持人的职业生涯规划既有交叉又有重合。如果能够将电视节目主持人策划与主持人职业生涯规划在最大程度上相贴近,那么,就有可能在激烈的市场竞争中"衡外情,量己力",把握先机,独占鳌头,建立起良性的循环发展机制。

四、电视节目主持人策划的目标

电视节目主持人策划的目标是打造具有品牌意义的主持人。

电视节目主持人策划目标的设立是与电视媒体整体发展目标的设定密不可分的。现代传媒的竞争已经进入品牌经营时代。过去,我们常说"品牌是企业的生命";今天,当电视节目开始以"商品"的形式走向"市场"的时候,同样可以说"品牌是频道的生命"。

电视媒体品牌的一个重要特点,就是它是由人与节目共同组成的。这里的

---

① 徐树华:《略论节目主持人的受众期待》,《现代传播(中国传媒大学学报)》2002 年第 1 期。

"人"既包括节目制作的整个创作团队，又可以特指作为终端环节出现的节目主持人。从这个角度而言，主持人是品牌形象的主要体现者，也是品牌内涵的主要诠释者。

因此，名主持人是栏目的标志，是频道的象征，乃至于可以成为整个电视台的形象代表。要想提高电视媒体的品牌价值，就必须注重主持人有形价值与无形价值的打造，以实现频道核心竞争力的生成与完善。这既是构建品牌栏目最为关键的一环，也是电视节目主持人策划的目标所在。

第二节　选择与打造——主持人策划的第一个环节

节目主持是一个对从业人员的综合素质要求极高的岗位。有专家将电视节目主持人分为三类。

第一类是记者评论员型，即新闻节目主持人。这类主持人应该善于采访和评论，有着良好的新闻素养和职业敏感，最好做过多年记者，摸爬滚打，样样熟悉。

第二类是专家学者型的主持人。这类主持人应该是他所主持栏目的行家里手，懂得这个领域的专业知识。比如主持法制节目的要懂法；主持体育节目的要懂得体育。不求主持人成为专家，但应该是"像专家似的"。这也便是"专家学者型"主持人在"型"字上的真正含义。

第三类是演艺型的主持人。这类主持人应该具有一定的表演功力，积累了一定的表演经验。比如综艺娱乐节目，能歌善舞、会表演会乐器的主持人总能够在节目中得心应手，游刃有余。

目前，全国有几百所院校设立了播音主持专业，在校学生规模在数万人。这些专业的毕业生，加上有志于从事镜头前工作的人们，共同组成一支浩浩荡荡的应聘大军，希冀着能在各种各样的途径中脱颖而出，实现自己的主持梦想。

一、选拔途径与标准

1. 选拔途径

目前，中国电视节目主持人的来源主要有以下六个途径。

（1）从大学毕业生中选拔

不论是早年间的毕业分配，还是这些年的选拔考试，每年都有一定数额的毕业生，包括本科生、双学位和硕士生毕业后来到电视台，经过岗前培训和资格认证后，他们开始出镜主持。这当中，播音主持专业的毕业生占到较大的比例。靓丽的外形、训练有素的表达技巧以及在学校期间对各种节目的模拟练习，都是他们得天独厚的优势所在，只要假以时日，积累经验，他们属于极有发展潜质的"绩优股"。比如播音主持专业本科毕业的李瑞英、李修平、康辉、李咏、涂经纬等，播音主持专业硕士毕业的敬一丹、鲁健、王世林等。同时，有越来越多的相关专业的毕业生走上主持人的岗位，显示出独树一帜的势头，比如学外语的何炅、杨澜、陈晓楠，学法律的撒贝宁等。

（2）从编辑记者中选拔

1993年5月1日开播的《东方时空》和1994年4月1日开播的《焦点访谈》，不但是中国电视史上新闻杂志型节目和新闻评论类节目的一次重大改革和尝试，同时也成功地推出了一批观众喜爱的新闻类电视节目主持人，如白岩松、水均益、敬一丹等。回眸这些如今被观众视为"名人"的主持人走过的历程，不难发现他们都是编辑、记者出身，多年的编辑记者生涯为他们走上主播台奠定了扎实的基础。现在，这种从编辑记者中选拔主持人的方式仍旧是电视台倚重的方式，尤其是对新闻评论类、访谈类主持人的选拔。

（3）从主持人大赛中选拔

1988年，中央电视台首开主持人大赛的先河。大赛的目的是通过搭建国家级竞争平台，力求选拔出文化素质好、专业能力强、实践经验丰富、个性鲜明的优秀节目主持人，为我国电视事业发展提供人才力量。随着众多获奖选手在中央台电视屏幕上的频频出镜，各地各种形式的主持人大赛此起彼伏，呈现出勃勃生机。经过初试、复试、个人展示、专家评判等关卡的筛选，一些摘得桂冠的获胜者走进了主持人的行列。当然，只要参加了大赛，经过了大赛的各个环节，每一个选手都有可能因为个性被某个栏目选中。比如参加2000年主持人大赛获得优秀奖的王筱磊，因为其独特的现场表现，最终也成为央视的主持人。

通过大赛选拔主持人，只要设立的比赛环节科学、合理，就可以较为充分地了解每位选手的基本条件与潜在能力。同时通过电视转播，也让选手与电视观众有了近距离的"亲密接触"，增加了被受众接受的机会。不过，参赛时选手的紧张心理、应对过程中相对的片面性以及比赛内容的设定可能有失周密等，都可能影响对选手的全面考核与真实认定。

2019 年央视主持人大赛再燃战火,成为收视爆点。此类赛事也为央视源源不断地选拔出优秀的主持人。

（4）从社会公开招聘中选拔

各行各业都有自己的精英,也都有热爱传媒事业、热爱荧屏前工作的人。因此,以公开招聘的形式,在社会上选拔电视节目主持人,往往可以获取较为优秀的人才。

这种面向社会公开招聘的方式,一般都有相应的报名规定和考试程序,比如对年龄、学历、外貌、嗓音条件、普通话水平等方面会有不同的专业要求。而通过笔试、面试、上镜等环节的考试,则在职业素养、综合素质、专业能力、创新意识以及语言表达能力、反应能力等方面有着较高的要求。确定录用后,一般还有 6 个月的试用期,试用期后经考核合格者,再与电视台或频道签订聘用合同。

社会公开招聘的最大优势就在于:对于电视台来说可以囊括各行各业有志于电视传媒事业的精英,充实队伍,闪亮荧屏;而对于各行各业有志于电视传媒事业的人士来说,满足了追求,实现了事业发展的个人理想。

（5）从其他电视台中选拔

电视节目主持是一项实践性很强的工作,经验的积累非常重要。即便是播音主持专业的本科生毕业之后,也往往需要 3—6 年的成长期。因此,不少电视台总是会在其他电视台尤其是下一级电视台寻找成熟的、具有品牌意义的主持人,台与台之间的人才竞争与人才流动便不可避免地产生了。一般的情况是省级电视台从各城市电视台选拔,中央电视台从省级电视台或城市电视台选拔。比如先后在四川人民广播电台、东方卫视工作了 26 年的新闻主播潘涛,在 2016 年 2 月正式入职中央电视台,担任新闻主播。潘涛说,这样的"跳槽"只是为了"忠于初心","以往的平台和现在的平台,一个是土壤,一个是阳光,意义同样重要"。

其实,对于主持人而言,向往更大的平台,去往更大的空间,属于人才流动的正常规律。当然,如何做到规范、有序的人才流动,这是另一个话题。

（6）从相关行业中选拔

这些年,电视屏幕上出现了不少熟悉的"新"面孔。说熟悉,是因为他们或是演艺明星、体育明星,或是娱乐明星,作为公众人物早已为大家所熟知;而作为电视节目主持人,他们却是这支队伍中的新生力量。人们把这种动作称为"跨界"。比如 2004 年,在中国人民大学新闻学院获得学士学位的体操明星莫慧兰正式加盟凤凰卫视,做了一名主持人;比如导演、演员英达主持《夫妻剧场》《书香北京》《英达故事汇》,相声演员牛群主持《牛群冒号》,影视演员王刚主持《天下收藏》《王刚讲故事》,影视演员石凉主持《档案》,演播艺术家李野墨主持《故事汇》,等等。2013年年初,湖南卫视的《我是歌手》第一季请来羽泉组合中的胡海泉担任"音乐串讲人",随后,沙宝亮、张宇、古巨基、孙楠、李克勤、张韶涵等众多参赛的专业歌手都先后担任了节目中主持人的角色。这些"跨界"主持人在场内场外激起的反响大大提升了节目的传播效果,甚至成为这档音乐节目的亮点之一。自此,"跨界"主持开始进入常态化。《最强大脑》的蒋昌建、《金星秀》的金星、《今晚80后脱口秀》的王自健,以及主持《非凡匠心》《演员的诞生》《我就是演员》《国家宝藏》《相声有新人》等多个综艺栏目的张国立,等等。这些名人、明星"跨界"做了节目主持人,以其特有的社会影响力,加之个性化的语言表达和敏捷的思维,构成了他们别具一格的主持风格。

在媒介融合的背景下,"跨界"成为一种必然的趋势,这也给主持人扁平化的发展模式带来挑战与冲击。我们认为,利用双方的品牌效应以达到互利双赢的目的,是符合媒体运行规律的。但是,与任何行当一样,主持人这一职业也有门槛。因此,一味追求明星效应、轰动效应而忽略了主持人的根本属性,或是降低门槛,这种做法是不可取的。因此,在启用之前,必须对这些明星、名人进行全方位的考察,考察项目包括是否具备主持人基本素质,是否与栏目定位相吻合,是否符合大众的审美取向,等等。

有两种倾向不容忽视。一种是单纯强调外在形象,以为这是吸引观众提高收视率的法宝;另一种是片面强调文化素质,忽略本行业的自身规律,淡化广播电视传播对语言和形象气质方面的专业要求。

2. 选拔标准

不论通过哪种途径,"德才兼备,声形俱佳"[①]是我们选拔主持人的基本条件。"一个优秀主持人的外在标准应该是具有个性、魅力和激情。而内在标准是主持人要具有良好的职业敏感能力,也就是发现能力,还要具备出色的写作能力和表达能力。"[②]

因此,不论选拔哪种类型的主持人,选拔标准应该是:第一,个人形象上,具

---

① 2000年,由时任广播电影电视总局局长徐光春提出。
② 孙玉胜:《十年:从改变电视的语态开始》,生活·读书·新知三联书店2003年版,第363页。

有健康向上的个人气质和积极、质朴的创作热情;第二,社会形象上,具有强烈的社会责任感和参与感以及服务大众的意识;第三,角色把握上,做到媒体角色和个人角色以及社会角色的协调统一;第四,嗓音条件上,BBC 声音培训教师大卫·邓希尔(David Dunhill)强调"没有疙瘩的声音""良好的麦克风声音"[1],指的是在声音条件上有适当的磁性,清脆、有共鸣,并且没有明显缺点;第五,语言功力上,应该具备"包括观察力、理解力、思辨力、感受力、表现力、调控力、鉴赏力"[2]等在内的综合素质体现;第六,主持技巧上,具备良好的语言表达能力和现场沟通能力以及敏捷、机智的应变能力;第七,工作态度上,具有兢兢业业的专业主义精神和虚怀若谷的团队精神。

二、形象定位与打造

通常,一台 70 英寸电视的屏幕面积大约是 1.350 8 平方米,与数千平方公里的城市面积或是数百万平方公里的国土面积相比,可谓小。但活跃于这块小小荧屏上的主持人,在一定意义上却是城市形象和国家形象的代表与象征,是为大。要完成这由"小"到"大"、质与量的双重飞跃,重要的是对电视节目主持人在形象上的准确定位。

有资料显示,观众对频道的忠诚度是由栏目和主持人培养起来的,可见一名具有品牌意义的主持人是吸引观众的重要因素之一。而形象定位所要解决的问题正是如何使主持人从称职走向优秀并最终成为品牌。

在形象定位的策划中,从运作流程来看,可以分为先有栏目后有人和先有人后有栏目两种方式;从运作内涵来看,它包括主持人外在形象与栏目的契合、主持人言语表达方式与栏目的契合、主持人内在气质与栏目的契合三个原则;从运作效果来看,它应当做到清晰定位和防止错位。

1. 形象定位的运作方式

(1) 先有栏目后有人

一般指的是在包含宗旨定位、内容定位、观众定位、节目样态基本定位等要素的栏目策划方案完成之后,再"按图索骥"地去寻找主持人。这个主持人应该

---

① [英]安德鲁·博伊德:《广播电视新闻教程》,张莉莉译,新华出版社 2000 年版,第 155 页。
② 张颂:《语言传播文论》(续集),北京广播学院出版社 2002 年版,第 6 页。

是能够体现节目特质和节目风格的人,力求与节目策划的预期目标达到最大程度的匹配。

这种选拔方式需要在主持人形象上及语言表达上加以设计与调试,有时需要通过多人的轮番主持实践,经过专家论证、策划组成员评议以及观众反馈,最终由编导人员筛选定夺。

比如,中央电视台中文国际频道1998年开播的《中华医药》,其栏目定位是"致力于向海内外传播中国中医药文化,向世界展示中国传统医学的宝贵遗产和名医名药,为海内外观众提供求医问药和健康咨询的服务,使之成为一个兼具知识性和服务性的高品位的电视栏目"。这样的定位要求主持人外在形象应该是一位具有中国传统美德、大方自然且具亲和力、善解人意且具同情心、给人以可信赖感的人物形象。内在气质上则要体现出国家电视台大气、庄重的气度,以及典雅、含蓄、蕴含东方文化韵味的气质。最终担任栏目主持的是赵洪涛,她明确栏目的定位和要求,并且努力与之相适应,将自己的"个体角色"融入"媒介角色"中,二十多年来一直受到海内外观众的好评。

(2)先有人后有栏目

"每一个电视媒体在自身历史积累中,都有可能成长起有相当影响力、相当水准的知名人物。要想在媒介竞争中立于不败之地,有计划、有针对性地培育这些知名人物……努力使其成长为具有持久影响力与号召力的品牌,是电视媒体战略对策中的重要一环。"[①]先有人后有栏目的做法,便是有计划、有针对性地利用那些已经形成独特风格并在观众群落中拥有良好形象的优秀主持人,为他们"量身定做"一档节目,充分发挥主持人的主观能动性,既可保有先前已有的"忠实观众",又可牵引新的眼球,为打造具有持久影响力与号召力的主持人品牌奠定基础。同时,还能吸引广告客户的广告投入。

比如,2003年推出的白岩松的《中国周刊》(现改为《新闻周刊》),让喜欢他睿智、犀利文风和语锋的人,在遗憾地失去了《东方时空·面对面》之后,又能够大饱眼福、大享耳福。而2003年"非典"时期为李咏量身定做的《非常6+1》,直接的效应便是广告主毫不犹豫的广告投入和骄人的广告收益。再比如,2010年1月15日江苏卫视推出《非诚勿扰》,让电视机前无数观众惊喜的是,主持人竟然是他们非常熟悉也非常喜爱的《南京零距离》的名嘴孟非。让一个新闻节目主

---

① 胡智锋:《中国电视策划与设计》,中国广播电视出版社2004年版,第47页。

持人来主持交友节目,在当时这不能不说是一个大胆的举措。制片人王刚说:"节目叫《非诚勿扰》,讲究的就是一个'诚'字,孟非虽然是新闻节目主持人,他本身的形象就容易让人信赖,他有着得天独厚的优势。当然在这档节目里,他也必须作出一些改变,肯定不能照搬新闻主持那一套,需要调整和磨合。"在大胆又周密的策划中,孟非给观众展示出自身除了读报还能当"月老"的多元性,单是这一点,于新栏目而言就已经有了足够的卖点。

其实,创办一个新栏目,无论是先有栏目后有人还是先有人后有栏目,要一步到位往往不那么容易。主持人与栏目的契合往往需要时间的积累、观众的考量,在反复打磨之后才能达到较为贴合的定位,建立应有的形象。

2. 形象定位的运作原则

我们知道,最具大众化、家庭化的电视艺术产生了电视美,便存在着电视美的审美活动。在这个审美活动中,电视观众对电视节目的介入与参与,是观众完成对电视节目接受的重要一环,也是电视美创造过程中的最后一个环节。所以,重视观众的审美心理变化,尤其是重视观众对电视美的核心创造者——电视节目主持人的审美期待,是电视节目主持人策划不可忽略的内容。

审美期待是审美主体的一种心理活动,它与审美注意一起共同构成审美感兴中的准备阶段。"伴随着审美注意,主体对行将到来的审美感觉有一种预期和憧憬,并由此产生一种朦胧的兴奋情绪。这种心理状态我们称之为审美期待或审美超前反应。"[1]

"由于电视的纪录性、室内性和与观众见面的定期性,显然改变了感受上的'心理距离'。所以,尽管电视转播一系列没完没了的人物,但是感受上心理焦点不是落在形象上,而是落在实在的个人即扮演者本人,或者不是落在形象上,而是落在'影像'上,落在观众把现实的人与之混为一体的'银幕面具'上。"[2]苏联学者瓦·维利切克的这番话,对于解释电视观众与电视节目主持人之间的关系同样是可行的。作为连接电视节目与电视观众桥梁的主持人,往往是电视台和电视栏目的形象代言人,也是引导社会舆论举足轻重的人物。因此,主持人在屏幕上的形象,包括外在美与内在美的综合体现,便成为电视观众即电视美的审美主体一个充满了审美期待的审美客体。这种审美期待,既包括观众对新栏目未

① 叶朗:《现代美学体系》,北京大学出版社 1999 年版,第 163 页。
② 转引自胡智锋:《电视美学大纲》,北京广播学院出版社 2003 年版,第 42 页。

知主持人的期待,也包括对已知主持人主持新栏目的期待;既有对某一位主持人在不同时期的历时期待,也有对一个时期主持人群落的共时期待;既可以是对一期节目主持人的期待,也可以是对主持人在不同节目的不同期待。正是这些审美期待,使电视节目主持人在建构人格美与人格魅力上来不得半点松懈,因为电视节目正是通过主持人的人格美与人格魅力"导引着社会的审美趋向,甚至导引着社会的舆论趋向"①。

因此,策划人必须充分了解受众对主持人的审美期待,充分了解受众对栏目的多重认识,努力做到以下四点。

(1) 主持人外在形象与栏目的契合

与文学艺术相比,电视是视听艺术的结合体,其中视觉成分占了相当大的比例。有资料显示,人们对于外部世界的感知,70%来自视觉器官。因此,提高画面的表现力、丰富画面的信息量以及增加画面的形式美感,是电视艺术工作者孜孜以求的主要目标。

当电视节目主持人出现在屏幕上时,最具视觉冲击力、最吸引观众眼球的无疑应该是主持人的外在形象。这个由主持人长相、气质、妆容、配饰,以及体态语言的综合外化,从一开始便伴随着审美主体——电视观众的审美情感而定格在审美期待的领域。

对于电视荧屏上出现的主持人,观众往往会依据过去的审美经验,对主持人的外表特征产生新的审美感受,"对美的作肯定的审美评价,引起审美快感;对丑的作否定的审美评价,引起审美反感"②。这种弥漫在整个电视审美过程的情感体验,使得我们在进行主持人策划时,应该遵循社会公众的公共审美取向,符合大多数人的欣赏习惯,让健康向上、正义善良、热情富于爱心的主持人出现在荧屏上,让审美主体——电视观众这种"充满了活力"的情绪、这种"寻求满足的急切欲望"得以实现。

自然,对于不同的栏目、不同的节目类型、不同的收视群落、不同的主持环境、不同的时间段,主持人的外在形象应该有着不同的审美标准:白岩松微蹙的眉头相对于评论类主持是合适的;王志深邃的小眼睛相对于不断质疑不断发问是合适的;李小萌一身迷彩服在汶川地震灾区做着现场报道是合适的;杨澜身着

---

① 转引自胡智锋:《电视美学大纲》,北京广播学院出版社 2003 年版,第 43 页。

② 胡经之:《文艺美学》,北京大学出版社 1999 年版,第 30 页。

晚礼服出现在颁奖典礼上是合适的;汪涵和他的"天天兄弟"又说、又唱、又跳、又玩、又闹的主持形象与栏目定位是合适的;张国立主持多个综艺文化类栏目,上台时服装各异,但深色调呈现出的沉稳大气与节目的基调是合适的;"脸上棱角分明,声音里带着一种并不油腻的甜蜜"①的陈晓楠,多年来一直保持着纯真、亲切的屏幕形象,她清澈的眼睛、充满温情的语气以及"无限度地靠近人生真实的执着",都成为她《冷暖人生》的收视保证;沉稳大气、温和中透着睿智,帅气里有着时尚,这些也都成为央视主播康辉受人欢迎的重要原因。

(2) 主持人言语表达方式与栏目的契合

言语表达方式总是带有"这一个"的烙印,或文白相加,或平民语言,或亲切温婉,或酣畅淋漓,或保守传统,或时尚前卫。而这一切都必须与栏目的整体风格相匹配,否则,不仅会使节目传播质量大打折扣,还有可能流失预定的受众群落。

《实话实说》是中央电视台新闻评论部在 1996 年推出的一档新型的谈话类栏目,主持人崔永元深入浅出、轻松幽默而又不失亲切自然的言语表达方式,不仅与栏目风格相匹配,更成就了栏目品牌化的建立。

有人指出,看崔永元主持节目的文字稿,会有一个有趣的发现:从他发言的频率看,优势十分明显,几乎是在每一个嘉宾和观众高谈阔论一番之后,他都要出来应接。但从他发言的长度比例来看,则呈现突出的"劣"势。比如,《实话实说:该出手时就出手》中,见义勇为的薛老师等几位嘉宾的发言一般都是几百个字,而崔永元的应接绝大多数是几个字,最多十几个字。像"但是,围观不是个办法","从小偷变成病人了","薛先生,您心情好一点了吗","犯罪分子都是纸老虎"等,很容易让人想起中国民间文艺的一种形式"三句半",而崔永元就是那个说"半句"的角色。虽然他把很大的空间都留给了嘉宾和观众,但是,谁都得承认,全场都还是在"乖乖"地跟着他的"半句"走。

著名作家阿城说:"相较于其他主持人,小崔很少使用形容词语,很少文艺腔。这是个异数,因为现在的主持人都太像催眠师,从语言到服饰,都像。……实话实说不容易,跳脱文艺腔不容易。"②另一位著名作家刘震云借家门口一位打烧饼卖杂碎汤大哥之口,这样评价崔永元:"这个姓崔的,说话就是跟别人不一

---

① 《陈晓楠:主持人是一个原生态的人》,《中国经营报》2008 年 11 月 10 日。
② 崔永元:《不过如此》,华艺出版社 2001 年版,第 3 页。

样。"①的确,崔永元说话亲切、随和,像是邻家大妈的儿子,这表明了他言语表达方式上的平民意识;崔永元"说话就是跟别人不一样",这表明他有别于其他主持人的独特风格,并由此在电视上改变了一种说话方式,如清风扑面。

(3) 主持人个性气质与栏目的契合

个性(personality)有时也译为"人格",这个概念从词源上来说源自拉丁文persona,指的是古罗马时代戏剧演员在舞台上戴的面具,后来引申为人物、角色及其内心的特征或心理面貌。简而言之,个性就是一个人的整体精神面貌,是区别于他人的、在不同环境中显现出来的心理特征的总和。

气质则似乎是一个飘忽不定的概念,众说纷纭,其中最有影响的当属由古希腊名医希波克拉底提出的气质体液说。他把人的气质分成四类,即生性豪爽、精力充沛、反应敏感,但脾气暴躁、缺乏耐性的胆汁质;深沉稳重、注意力持久、反应略迟缓、不轻易流露感情、沉默寡言、自我控制性强的黏液质;热情活泼、善于交际、能说会道但喜新厌旧的多血质;感情细腻其深刻持久、不轻易外露、胆小怕事、甘于人后的抑郁质②。

个性是主持人的一种品质,也是主持人内在修养的外在表征,是思维与智慧的外化与延伸,是思想的包装方式。气质虽是人类天生的个性品质,但它会随着后天环境的变化而变化。因此,在电视节目主持人策划中,坚持对主持人个性与气质的考量,既是节目主持人把握媒介角色与自我关系的逻辑起点,也是保证栏目成功与否的关键所在。

江苏卫视的《最强大脑》是国内首个大型科学竞技真人秀节目。节目专注于传播脑科学知识和脑力竞技,全程邀请科学家,从科学角度探秘天才的世界,并将筛选出的选手组成最强大脑中国战队,迎战来自海外的最强大脑战队,决出世界最强大脑。节目自2014年1月开播以来广受好评,至2018年已经推出了五季。六年来,嘉宾阵容和赛制都发生了变化,主持人蒋昌建却始终手握主持大权,收获了越来越多观众的喜爱。

当初栏目组在选择主持人时,尽管蒋昌建在主持方面经验为零,但他"本身就是学霸"的学历背景以及丰富的阅历,都使得他成为新创栏目主持人的不二人选。

---

① 崔永元:《不过如此》,华艺出版社2001年版,第6页。
② 转引自任金州主编:《电视节目策划研究》,中国广播电视出版社2002年版,第83页。

蒋昌建,复旦大学国际关系与公共事务学院博士、副教授,耶鲁大学政治学系博士后,比利时自由大学政治学系访问学者,典型的高学历、高智商。身为大学老师的蒋昌建,既具有为人师表的风范,更兼具超群的口才与思维。1993年的国际大专辩论赛,决赛的议题是"人性本善"。代表复旦大学队的蒋昌建在总结陈词中以顾城的"黑夜给了我黑色的眼睛,我却用它来寻找光明"作为结尾,既亮明了观点,又点明了主题,为战队取得胜利赢取了关键性的一局,他自己也获得了"最佳辩手"的称号。留校任教后,蒋昌建还曾出任阳光卫视访谈类节目《杨澜访谈录》的总策划,在中央电视台新闻频道"聚焦两会"节目中担任特约评论员。这些经历造就了他儒雅、稳重的独特气质,而思维敏捷又不失人文关怀、大度理性又不失风趣幽默的表达个性,更是与栏目的定位、风格相契合。于是,他以48岁的年纪刷新了综艺主持"新人"的年龄纪录,也成为《最强大脑》风格鲜明的LOGO。有人这样评价蒋昌建,"作为大学老师,他儒雅自信,幽默不失风度,很受学生爱戴;作为主持人,他思维敏捷,大度理性不失风趣,受观众喜爱"。

强调主持人个性气质与栏目的契合,是因为个性化主持人往往具有较强的号召力、黏合力和拉动力,他们的个人魅力具有无可替代的名人效应和广告效应。换言之,主持人一旦与观众建立起良性的"收视习惯"和固定的"约会方式",他们和栏目一起将吸引大批忠诚观众的目光;而一旦这种"收视习惯"和"约会方式"人为中断,势必流失大批观众。像当年王刚两进两出《东芝动物园》,收视率波动的落差就十分明显,这便是主持人与栏目高度和谐产生断裂后所带来的结果。

(4) 主持人文化内涵与栏目的契合

主持人并不代表个人,作为栏目的符号,他应该代表着文化理念,代表着媒介判断。有人曾这样评价因为一些机遇发展起来的主持人:这样一批对于专业频道来说非专业化的主持人,靠着编导的策划、栏目的包装,似乎也能热热闹闹地胜任一阵子。但几期过后,往往表现出内涵不深、分析能力不强、反应不快、所拥有的知识结构难以撑起一个专业频道中专业栏目门面的问题。这番评价虽然有些刺耳,但事实上,频道的竞争越来越体现出文化的竞争。没有文化做支撑,不论什么栏目的主持人都是很难保持长久魅力的。

在国内的电视荧屏上,读书类节目似乎大多命运多舛。2004年元月,就在各地电视台的读书节目相继落马之际,北京电视台与北京久和成影视机构逆风而上,联手打造了一个全新的读书节目《非常接触》。它一改以往电视读书节目呆板无趣、曲高和寡的窄众节目套路,围绕一位名流的畅销书展开节目设置。节目环节包括"只带一本书""权威书榜""读到之处""互动读书心得""非常书榜""书中的生活技巧""非常语录"等。在欢乐逗笑、有趣好玩、实用贴近的氛围中,打造出一档时尚与书卷相融合的全新读书栏目。节目播出后好评如潮,出版界的一位专家在收看了《非常接触》的第一期后便赞扬它"能够用抓住观众眼球的方式,让大家开始关注读书话题,关注图书"。

颇具戏剧性的是,节目方案出台时,按照既要"拷问"名人嘉宾,又要营造现场热烈气氛和宽松环境,最终达到"在别人的书中,找出自己的答案"的节目宗旨,栏目组一时竟没能找到合适的主持人,只好由总策划人阿忆代为主持。没想到代主持一出场便赢得了满堂喝彩,于是便转为正式主持了。

在外在形象上,通常人们认为,眼镜是知识的象征,笑窝显示出敦厚和善良。单就这两点,阿忆便与电视读书节目的特质产生出契合,也符合受众的审美期待。

在言语表达上,阿忆的语音比较标准,吐字也较为清晰;语速不疾不徐,不温不火;节目中,涉及内容时他显得松弛,涉及节目推进程序的部分他总是干脆利索地提高声音快速解决;谈吐中他既流露出浓厚的人文关怀,又不失文人的机智幽默。他突发奇想设计的一个独特环节"非常语录"——每期从嘉宾带来的书中找出五句真理,配以爆笑评语,当场读给大家,颇具喜剧效果,甚至网上都有了"非常语录"的收集专栏。

最为重要的是在文化积淀上,阿忆是北京大学中文系文学学士、法学院法律硕士,从事媒体工作有十余年之久,做过电台主持、节目策划、大型纪录片撰稿人等等。这样的身份和功底与节目定位几乎是严丝合缝的,而身为节目总策划的"特权"更使得他在主持人的舞台上得心应手。

三、运作须知

选择与打造,是电视节目主持人策划的第一个环节。辩证地看待主持人形象设计和定位,实际上每一类电视节目对主持人的要求都是不同的,同一类节目中不同的栏目定位对主持人的形象定位也不相同,而面对不同观众、身在不同场合,主持人的形象定位也应当有所区别。从主持人的角度而言,不同形象的主持人又会给栏目带来不同的风格和定位。因此,在实际运作过程中,我们应该做到以下两点。

1. 清晰定位

实际上,每个主持人都有其优势与局限,都带有自己的个性色彩或风格特征,同时每个栏目也都有其自身的特点,需要不同类型的主持人。因此,那种忽而主持晚会,忽而演个小品,忽而又担当新闻评论,游走于各类节目的做法是不可取的,产生的结果既可能导致主持人主体把握的失控以及主持形象的"飘摇",也可能带来栏目风格的飘忽不定。虽然不至于非得"一个萝卜一个坑",但不当杂家,尽量定位,按时出现在规定的栏目中,更有利于受众的收视习惯,赢得信赖与忠诚。

孙玉胜在《十年:从改变电视的语态开始》中总结经验时说:"对同一个栏目来说,我们是否应该集中力量重点塑造一个品牌? 因为人对于品牌的认定不会是变幻不定的,观众对于栏目性格的接受也不会是错综复杂的,不会今天接受你四平八稳,明天喜欢你尖锐犀利。有的栏目几年过去没有产生大牌主持人,原因之一,也许就是因为它使用的主持人太多了,观众难以通过某一个个性化的面孔去指认节目。"[1]

2. 防止错位

我们常说主持人对自己一定要保持清醒的认识,事实上,对于主持人的形象策划更需要决策者保持清醒的头脑、必要的坚持。倪萍曾经是中央电视台一位备受观众喜爱的节目主持人,她的悟性和智慧是出类拔萃的,并且"有一种内在的强烈的社会责任感、使命感。但是《文化视点》塑造她时给'安'错了"[2],希望她变成敬一丹式的主持人,这是不合适的,就像把敬一丹搁在倪萍的位置上也不合适一样。"她们是不同性格的两个人,敬一丹是比较理性的,而倪萍则是比较感性的,《文化视点》的所有设计都是在说理,这就没办法发挥倪萍的长处,也就很难产生很好的传播效果。"[3]

遵循协调性原则,应该使栏目与主持人的个性特点和情感特征相协调。栏目和主持人的理想状态应该是水乳交融,难分彼此,即主持人就是栏目,栏目就是主持人。

---

① 孙玉胜:《十年:从改变电视的语态开始》,生活·读书·新知三联书店 2003 年版,第 362 页。
② 胡智锋:《电视美学大纲》,北京广播学院出版社 2003 年版,第 239 页。
③ 同上。

第三节　培养与提升——主持人策划的第二个环节

　　汽车专家说,任何机动车辆出厂后都需要经过磨合期驾驶,即便是像宝马、奔驰这样的好车,也需要 2 000—3 000 公里的磨合期方能得心应手,只有悉心保养才可真正彰显出名车之魅力。一句话,良好的磨合期驾驶是确保并延长汽车寿命的根本保证。同样,电视节目主持人与栏目、节目的契合也需要假以时日的磨合与维护,在不断培养中提升主持人的价值指数,在多方调整中完善主持人的品牌形象。

　　有研究者将主持人的职业生涯划分为五个阶段：①前期——进入业内之前；②尝试期——从业三年之内(播音主持专业本科生在三年级到从业一年之间)；③成长期——从业 4—6 年；④拓展期——从业 6—15 年间；⑤后期——15 年后[①]。

　　其中尝试期、成长期、拓展期三个阶段是电视主持人职业生涯的核心阶段,也是主持人成为品牌的关键时间。对于已经选定岗位的主持人,他们一方面要应对节目生产的压力,另一方面还要抵御成熟期可能产生的惰性,压力大、消耗大,容易停留在对工作仅仅是胜任的层面。因此,注重这一阶段对主持人的二次设计与策划,有利于主持人品牌建立的稳健发展,有利于主持人作用空间的最大实现,更有利于主持人完善自我形象,从而在个人价值上达到最大增值。

一、个性化培育

　　广告理论上,品牌是用来识别特定商品或劳务的名称、术语、符号、图案以及它们的组合。实际操作时,品牌形象的完成却依赖于品牌的个性化,个性化又主要依赖于产品个性或是服务特色。许多老字号就是例证,比如著名品牌"可口可乐",提及它就很容易想到其独特的口感、独特的商标以及瓶身上那独特的波纹设计等。

　　要建立电视栏目的品牌形象,要打造品牌主持人,首要的一步便是主持人个

---

① 赵建国：《中国电视主持人职业生涯规划》,《现代传播(中国传媒大学学报)》2002 年第 6 期。

性化的构建与确立。在主持人传播行为中，主持人除了要在各个环节中配置得当、调度灵活、串联流畅，将栏目所要阐发的观念、论点融会在节目的各个环节，更需要鲜明的个性展示。只有凝结了鲜明个性的主持才能产生强有力的人格魅力，才能迅速、顺畅、高效地完成从传者到受者的信息传导，才能在树立品牌主持人个人形象的同时为品牌栏目的打造奠定基础。从这个角度上看，个性就是主持人的生命力。

我们生活在一个"鼠系繁衍"时代，同类商品多，商品品牌多，而真正能够让消费者记住并且可以接受的品牌，总是很有限。我们生活在一个媒体多元化的时代，上星频道多，品牌栏目多，主持人更多。要努力挖掘主持人的个性，突出与强化主持人的个性，首先要清楚主持人个性方面的独特含义，即独特的"这一个"，或曰栏目的LOGO。

崔永元嘴角常常挂着的微笑、习惯用右手辅以手势以及他说话频率高但句子短小的特点，成为《小崔说事》《小崔会客》的栏目LOGO；杨锦麟的一杯清茶、一身唐装加上他激情飞扬、率性精到的点评成为凤凰卫视《有报天天读》的栏目LOGO；孟非的光头、眼镜与他犀利但不尖刻的串联共同构成《非诚勿扰》的LOGO；汪涵和欧弟时尚的装扮、快捷的反应、机智的配合与"天天兄弟"一起成为《天天向上》的LOGO。还有高晓松在《奇葩说》《晓说》《新三味聊斋》里几乎从不离手的扇子，连同他信手拈来的历史人文典故；罗振宇带着口音的普通话，连同他极富说服力的表达。这些具有标志性的特点都成为他们各自的LOGO。

"在电视事业化模式向产业化转型的过程中，电视节目主持人群体作为电视传媒的有机组成部分，最早被赋予品牌标志的色彩。一批极富个性魅力的电视节目主持人，甚至成为某些栏目或某家电视台的LOGO"[1]。真正具有LOGO意味的主持人是不可复制的，一般也是难以替代的。

古语有"言为心声，文如其人"之说。主持人的个性风格作为一种表现形态，有如人的总体风貌一样，他"是主持人整体上所呈现出来的代表性特点，是主持人主观方面的特点和节目的客观特征相统一造成的独特面目"[2]，所以我们便有了"风格即人"的说法。每一位主持人由于其性格、气质、脾气秉性以及生活经历、审美追求都带有"这一个"的特性，所以，在长期的实践中，他们都有着一个只

[1] 肖晓琳：《电视节目主持人的品牌打造》，《现代传播（中国传媒大学学报）》2002年第3期。
[2] 赵淑萍：《略论节目主持艺术的基本特征和节目主持艺术风格的形成》，载蔡帼芬主编：《明星主持与名牌节目》，北京广播学院出版社2004年版，第110页。

属于个体本身的发现美和创造美的方法和手段,并且是在长期的实践中逐渐形成的。美籍华人、著名电视节目主持人钟康妮认为,她不能使任何一个节目主持人像她一样主持节目,反过来,她也不能像任何一个别的主持人。在她主持的新闻节目中,她不像有些同行那样显得咄咄逼人,言辞尖刻,她采取的是全神贯注、诚实稳重、用事实说话的个性风格。看来,享有"专利"——不可复制、难以替代的独特性,是主持人个性化的重要特征。

1. 主持人个性化建立的可行性方案

作为电视节目与观众之间的中介、桥梁,主持人本身就是节目的一种标识。主持人以个体的形象出面主持节目,他的外在容貌、言谈举止、举手投足等都与节目融为一体,成为这个栏目、这期节目的最显著的标识。可以说,主持人与栏目是不可分割的一个整体。然而,并不是所有主持人的个性都可以成为LOGO,也不是主持人的所有个性都可以成为LOGO,唯有让个性与栏目定位密切贴合、让个性与节目内容有机融合的主持人才能够担当栏目"旗帜"、栏目LOGO的重任。

(1) 放大潜质,挖掘个性

《实话实说》总制片人时间说:"我极力推出的一个主张,就是要挖出有个性的主持人,因为屏幕形象多元化实际上是一种社会多元化的标志,千篇一律的东西是我们这一代要摒弃的。"正是在这种思想的指导下,他在 1996 年 3 月 16 日推出了《实话实说》的第一期《谁来保护消费者》,同时也推出了中国电视史上第一个"另类"主持人——崔永元。崔永元的形象改变了中国电视观众对电视节目主持人的固有观念。

在参照美国《奥普拉脱口秀》模式策划而成的《实话实说》里,崔永元天性中机智幽默的成分被摄像机放大了,他善意的调侃与玩笑化解了初来现场嘉宾的紧张,他拉家常式的引导方式营造出录制现场宽松、灵动的气氛。当然,在调侃与玩笑的拿捏上,他也有过失误,但经过修正与调适,他开始把握其中的分寸与尺度。于是,在《实话实说》里,崔永元用他的智慧,以四两拨千斤的手法,让大家聊出了实话,聊出了贴有"崔氏"标签的个性风格。在现场,经常有人拽着他的衣角要求发言;而更多的人是为了看看"这位邻家大妈的儿子"等候在电视机前,期待他的"精彩语录",甚至还有那一脸的"坏笑"模样。崔永元离开《实话实说》后,时任新闻评论部主任的孙玉胜说过这样一句话:"如果崔永元真的不能重返演播室,那么,《实话实说》的一个时代就结束了。新的主持人虽然也会让人接受,但收视率的波动是必然的。因为依据'主持人媒体'这个观念来分析《实话实说》，更换主持人对于一个谈话节目不仅仅是一次'变脸'，伴随原主持人共生的许多定义性的东西都将发生改变，它已经不是原来那个意义上的《实话实说》。"①果然，经历了几次换人之后，因为收视率、话题性和关注度等种种原因，2009 年 9 月 26 日处境尴尬的《实话实说》与观众说再见了。

放大潜质，挖掘个性——这个方案的实施需要的是策划人睿智的目光与具有前瞻性的胆识。

（2）抓住时机，突出个性

品牌经营也需要媒体运用自身品牌的影响创造新的价值。抓住时机，为主持人大力制造更多的出镜率，以突出其个性特征。

一是抓住时机，突出"新人"个性。在伊拉克战争期间，中央电视台国际频道（CCTV－4）一时间成了很多观众每日锁定的一个频道，而作为主持人之一的鲁健也跟着"红"了起来。在战争打响的第一天他主持了 8 个小时的节目，让很多观众开始对这位"面生"的主持人格外关注。人们发现他既没有自恃内行人却说着外行话的"喧闹"，同时又在与专家的探讨中始终保持着"低调"，他不俗的水平只是通过一个又一个的提问显现出来的。难怪有人戏称，"伊拉克战争记住了两个人，一个是萨哈夫，一个是鲁健"。

二是抓住时机，突出"名人"个性。王志 1994 年 2 月进入中央电视台，在《东方之子》节目中任记者和主持人；1996 年 2 月进入中央电视台新闻评论部，在《新闻调查》栏目中任记者和主持人；2003 年 1 月在《面对面》栏目中任制片人、主持人和记者。其间，他的主持能力已经受到关注，尤其是在《新闻调查》中表现上乘。真正让王志成为"当红主持人"的，是在 2003 年的"非典"期间他对新任北京市市长王岐山的采访，其尖锐、犀利的质疑式提问法，在新闻界被奉为"典范"。他深入"非典"一线，对奋战在抗击"非典"最前线的医务工作者进行采访，一连做出了《李立明·"非典"报告》《钟南山·直面"非典"》《王岐山·军中无戏言》《姜素椿·生死试验》等七期访谈后，王志给观众留下了深刻印象。人们感动的不仅仅是他敢于冒着生命危险进入隔离区采访的职业精神，更让人欣赏的是他那种直来直去、举重若轻的主持风格，还有被《新闻调查》制片人张洁称之为"外科大夫层层深入式"的采访方式。正因如此，《面对面》栏目连同主持人一起，在播出

---

① 孙玉胜：《十年：从改变电视的语态开始》，生活·读书·新知三联书店 2003 年版，第 361 页。

仅 4 个月便让全国的电视观众所熟知,也打破了一档新栏目得到观众的认可至少需要半年时间的一般规律。

观察《面对面》节目中的王志,他给人的感觉是言辞犀利、思维敏捷,眼神里既有审视也有诚恳,观众在看节目时往往在不知不觉间度过了 45 分钟。王志的采访风格被同行们称作"质疑式提问""质疑式风格",他自己对此也表示同意:"我觉得只有语言的张力能吸引观众,质疑是我提问的方法。我和被采访人之间,我永远都是个配角。我首先要倾听,再提出问题,我还要在倾听时想办法用我的问题配合他讲出他们内心的故事。我认为质疑是揭示真相的快捷方式。"

抓住时机,突出个性——这个方案的实施需要的是决策者审时度势的智慧和行事果断的气势。

(3)借助其他,强化个性

在现有的学习理论当中,条件联系或联想学习理论认为,"学习是一种反应同一种刺激的联想,也就是一个刺激与对它所作的反应之间建立联系。这种联系是借助于经典条件反射和工具条件反射的方法来实现的"①。如果把经典条件看作主持人"这一个"的外在特征,那么,不断强化这种特征,并努力使这种特征赢得受众的好感,对于建立主持人品牌效应是大有帮助的。另外,当主持人独有的"这一个"个性特征出现在屏幕上时,容易使受众迅速地与先前的经验、积累的好感以及栏目品牌产生反应、建立联系、重组收视兴趣,最终带来对栏目收视率的贡献。

美国电视新闻频道 CNN 的《拉里·金访谈》,在美国部分观众中声誉极高。当拉里·金(Larry King)本人作为电视品牌主持人的地位确立之后,他为该栏目的广告收入也带来了不小的贡献。作为个性品牌的标志,除了拉里·金的音色,他富有特色的背带裤也成了共同构建个性的元素之一。

可以说,包括灯光、景片、服装、饰件、器物以及化妆、发型等在内的一切辅助手段都可能成为一种"刺激"、一种"经典条件",对吸引观众的注意力,保持观众的兴奋点,对主持人知名度的维护,对主持人个性化的建立,都可能起到或是强化或是削弱的功效。

如湖南卫视《天天向上》在对主持人群的服装设计上,每一期都会结合节

① 马谋超:《广告心理——广告人对消费行为的心理把握》,中国物价出版社 1997 年版,第 117 页。

目主题以一种颜色为基色进行服饰设计,既保持了主持人群体的统一性,又突出了主持人首领汪涵的主导地位。再比如为《小崔说事》设计的家庭式景片,为《非诚勿扰》设计的男嘉宾出场时从一个圆筒形的升降电梯里缓缓降下,等等。

借助其他,强化个性——这个方案的实施需要的是策划者的另类思维和灵感的火花,为主持人"量身定做",为栏目风格找寻定位。

2. 主持人个性化建立的可能误区

(1) 个性化不等同于个人化

电视节目主持人因为工作的地点——电视屏幕,因为工作的频率——出镜率高,还因为电视传媒的特性——公开亮相,容易成为受众关注的对象、议论的焦点,容易与演艺圈中的演员相提并论。

其实,主持人与演员有着根本属性上的不同。尽管在各种传播媒介中,还没有哪一个从业人员像电视节目主持人那样受到万众瞩目,但主持人的根本属性是新闻工作者而非文艺工作者。"任何时候,我们都不能忘记自己的'公职身份'。我们出现在话筒前和屏幕上,不是一种个人行为,我们肩负着阶级的、历史的使命,是国家机器上的一个齿轮和螺丝钉。"[①]这样一种媒体角色决定了主持人出现在屏幕上,不是代表个人,而是代表他所属的电视台、频道、栏目以及他背后的创作集体。

我们认为,主持人在到达岗位时,在面对镜头面对观众时,首先,要"把他个人的生活跟外套一起挂起来,当他完成工作准备回家时再摘下来。除了自己的麻烦,还要把他们自己的倾向性、背景、政治观点和偏见一同挂起来"[②]。我们坚守的应该是作为新闻工作者、媒体人的职业操守与"铁肩担道义"的责任心。其次,主持人是节目的"信息载体",是为了节目更有效地传播。所以,任何自我欣赏、自我表演的个人化展示,任何自说自话、自我呻吟的私密公开,以及对怪异服装、媚俗表情的追求,都是应该摒弃的。

事实上,观众对演员和主持人的要求与评判是不一样的,对他们的审美标准也是有所区别的。电视作为面向公众的媒体,既担负着提升受众审美品位的责任,同时也要合乎公众认可的道德标准。

① 张颂:《情声和谐启蒙录——张颂自选集》,北京广播学院出版社 2004 年版,第 79 页。
② [英]安德鲁·博伊德:《广播电视新闻教程》,张莉莉译,新华出版社 2000 年版,第 154 页。

早在 2004 年 5 月,在广泛开展的广播影视"净化工程"中,国家广电总局表示,除了对电视节目内容加强控制外,还对有着极强引导性的主持人提出了要求。其中包括主持人的语言、主持风格以及着装等。总局要求主持人不要模仿不雅的主持风格,也不要一味追求不符合广大观众特别是未成年人审美情趣的极端个性化的主持方式,更不要为迎合少数观众的猎奇心理、畸形心态而极尽夸张怪诞的言行与表情。在着装方面,总局负责人强调,应该充分考虑全社会特别是未成年人的审美情趣,切实做到高雅、端庄、稳重、大方,不能因过分突出个人风格而标新立异、哗众取宠,不能为追求所谓的轰动效应而迎合低级趣味。主持人不宜穿着过分暴露和样式怪异的服装,发型也不宜古怪夸张,不宜将头发染成五颜六色。

(2) 个性化不等于千篇一律、一成不变

从心理学的角度看,人们不会永远满足于一种内容、一种形式、一种个性风格的表现。对审美对象的兴奋减弱、失去兴趣,甚至产生厌倦、拒绝接受,这种被称为"审美疲劳"的情绪,应该引起传媒从业者的警惕。

作为一位渐已成熟或已经形成个人风格的节目主持人,他在节目中的个性化显露,他的主持风格的个性化,是贯穿在整个主持工作中的,也是落实在每一期节目、每一个段落、每一次出镜上的,因此,个性化具有相对稳定性特征。然而,如同总的基调里也会有不同色彩的变奏一样,稳定性中又有个性化、多样性的特征。我们应当鼓励主持人面对不同的创作环境、不同的时间地点、不同的时代背景拥有不同的创作思维,鼓励主持人面对不同的内容、不同的观众、不同的嘉宾时具备不同的言语表达样式。

当年,王志的"质疑式"提问方式无疑是《面对面》栏目的标识性元素之一,也成为其主持风格个性化的常态体现。然而,"《面对面》的采访对象一般都是新闻事件的当事人、新闻漩涡中的核心人物,这就决定了对话者的身份、职业、年龄、经历必定有着较大的差异。他们当中既有'传媒大鳄'默多克、淮河抗洪总指挥王金山、时任最高人民法院副院长的曹建明,也有中国载人航天首飞梯队的翟志刚和聂海胜、救助艾滋孤儿的七旬老人高耀洁,还有出版了两本魔幻小说的 9 岁男孩边金阳、刻苦自学获得北大本科文凭的清华大学厨师张立勇等。"[①]于是,在面对面的交流之中,"质疑"依旧是王志采访时总的基调,但他也根据采访嘉宾不

---

① 参见叶子、李艳:《交流因质疑而生动——〈面对面〉栏目的传播特色》,《媒介研究》2004 年第 7 期。

同身份、不同职业、不同环境进行适度的调整,包括提问疏密程度和非语言符号使用上的微调。比如"非典"时期,采访北大人民医院院长吕厚山。当时人民医院被整体隔离,吕厚山承受了来自多方面的压力,面对记者,谈到动情处,他眼含泪水。在与吕厚山的对话中,王志往往是用一个问题引出对方的一段回答,给对方足够的时间来表达情感,而不是高密度地频频发问。采访不到 9 岁的小作家边金阳时,王志较好地把握了小孩子活泼好动、思维跳跃的特点,提问速度大大提高,几乎都是三五个字的小问题,边金阳的回答也不过是几个字。这种提问方式的微调符合采访对象的年龄特征,真实自然,也富有个性。

包括服饰、发型、配饰等在内的主持人外在形象的构成,同样也需要避开受众的"审美疲劳"。当然不要求"日新月异",但在保有基本风格特色的基础上,也应该给予适时适度的变换。

二、主体性建立

"如果我们认同电视是一个'家用媒体',就应该认同另一个与之密切关联的概念:电视同时还是'主持人媒体'。"[①]作为电视台各种工作的最后终端,作为电视与观众联系的纽带和桥梁,作为节目品牌、频道形象的代表,主持人的作用是不言而喻的。

然而,目前各电视台现行的体制大都为制片人、编导负责制,这就从机制上难以保证主持人在应有的空间范围内发挥作用,造成其主观能动性难以发挥的局面。另外,大多数电视台播音部的撤销使主持人大多归属在各自的栏目组,这样做的好处是便于与栏目组深度融合,但之前播音部集体研讨业务学习的活动难以开展,主持人对节目的建议和意见也缺乏通畅的途径,出现人"重"言"轻"和"墙内开花墙外香"的尴尬。有人分析指出,现阶段节目主持人在电视生产的全过程中难以在必需的环节里发挥主导作用,甚至无作用可言。

我们认为,要建立节目主持人的主体性,首先应该在观念上加强认识,决策层也应该理顺机制,同时,更要激发主持人参与节目的自觉意识。

1. 观念上加强认识

主持人主体性的不足,一般有两个原因:一是把主持人当作"门面",忽视了

---

① 孙玉胜:《十年:从改变电视的语态开始》,生活·读书·新知三联书店 2003 年版,第 359 页。

主持人的主导作用;二是片面理解主持人即栏目形象或频道形象的说法,以为他们只是在节目流程的最后环节出镜即可,没有留给他们足够的发挥主观能动性的作用空间。

有一位主持人在谈到从业经验时说:"我一直非常希望编导能尽可能地给我多看一些材料,我掌握选题的背景材料越多,就会变得越踏实。也许有些东西在节目中不用,但是灌输到我脑子里之后,就会有用。如果一个节目就给我一张薄薄的纸,光凭现场发挥,那就只能提些不疼不痒的问题,不可能深入地挖掘问题的本质,自然也就不可能调动被采访对象的情绪进入一种兴奋状态。"[1]大多数的主持人都有这样的心声,都期待编导们能多放权、多松绑,期待着能够在节目的创作空间里深度参与。倘若在节目策划初期就让主持人参与其中,使他们熟知节目中所说的每一个人物、每一个事件乃至每一个细节,那么,当他们面对镜头进行有声语言创作时,他们的表达才能真正做到生动形象、言之有物。

敬一丹谈起做《感动中国》主持人时说:"作为主持人,最重要的是遇见一个好的创作班子。我在《感动中国》里遇到了朱波,他是一个非常有才干的制片人。朱波让我和白岩松两个主持人一开始就以策划人的身份参与到节目创作中来,让我觉得这是自己的事,而不是等节目创作完成之后把我们作为标签一样贴上去。他还让我们自己写串联词,这又给了我们主持人一个非常好的参与空间。主持人对着别人写好的稿子硬生生地念出来和我自己饱满地、有情感注入地说出来,效果是完全不同的。这就是我所说的'深度参与'。朱波对我们常说的一句话就是,你看着弄吧!"

2. 决策层理顺机制

作为电视媒体的决策者、管理者应该理顺机制,给予主持人更大的作用空间。"要诞生具有国际影响的电视明星,除主持人的个人奋斗和相应的空间环境之外,还要有机制的支持。"[2]

有评论说,当年白岩松、水均益、敬一丹等一批主持人的成长,离不开中央电视台新闻评论部这片良好的土壤。当初中央电视台新闻评论部的成立和《焦点访谈》节目的创立,没有条条框框,也没有因循守旧。很多记者都出镜,如曹茔、

---

① 孙金岭:《直问中国电视人》,中国海关出版社 2002 年版,第 61 页。
② 孙玉胜:《十年:从改变电视的语态开始》,生活·读书·新知三联书店 2003 年版,第 373 页。

章伟秋、翟树杰、柏杨、叶晓林等。这之后又逐渐向一些记者集中,最后形成了几位总主持人。几年下来,评论部的几位主持人在观众中的影响力逐渐扩大,也得到了专家们的认可。

从记者中培养新闻类节目主持人,在主持人中不断培养他们的新闻意识,这些都离不开台领导对主持人节目规律的认识,离不开制片人、编导对主持人的真正放权。现在,我们欣喜地看到,越来越多过去只是坐在演播室的主持人,开始出现在新闻事件的现场,为观众带来新鲜即时的现场报道:2008年"5·12"汶川地震,央视主持人李小萌在现场;2010年上半年,西南五省区市遭遇特大干旱,央视主持人刚强、郑丽在现场;2015年全年,央视主播康辉除了《新闻联播》的正常排班外,在新闻一线的时间超过两个月,"9·3"胜利日纪念大会、两岸领导人首次会面、"东方之星"沉船事件、天津港重大火灾爆炸事故、尼泊尔地震等,他都在现场做采访报道;2017年"五一"小长假,央视主持人朱广权登上北京第一高楼中国尊,挑战高空作业,亲身感受建筑工人的一天。主持人深入现场,深度参与,真正实践着"发现、体验、分享"的传播理念。

温室里养不出参天大树,仅仅在演播室里背记"台词"的方式只能算是表面功夫,主持人的成长需要的是一个良好的环境和有利的机制。

3. 建立主持人参与节目的自觉意识

主持人是栏目和电视媒体的代表者,也是表达者,因此,电视节目主持人的工作并不局限于出镜的片刻,还应该拥有"主持人主权",包括对节目创作过程的参与权、语言表达的主动权和现场调度的控制权。只有这样,主持人才能够更好更快地熟悉节目内容、领会创作意图,从而在出镜的时刻更自信、更生动,更好地展示个性。

首先是参与权。主持人水均益素以对国际题材节目的采访和主持见长。在设计《焦点访谈·和平:使沙漠变绿洲》(曾获中国新闻奖二等奖和中国电视新闻奖一等奖)时,水均益和编导盖晨光进行了一番唇枪舌剑,最后从《圣经》中翻出了一句古训,就是这个节目的标题和结尾的立意:和平,使沙漠变绿洲①。

参与权的建立并不意味着选题、编辑方面上的"我说了算",电视毕竟是一个集体合力的工作。我们只想强调,主持人的工作不应该是被动的、消极的,主持

① 参见袁正明、梁建增主编:《用事实说话——中国电视焦点节目透视》,上海人民出版社2000年版。

人应该积极主动，勇于出谋划策。王志在接受记者采访时谈到自己的主持体会："编导要求你提 5 个问题，你应该考虑设计出 10 个问题，想得更丰富一些，以利于后期的编辑。这样你在长期的工作中，才能形成自己的风格，才能让人家感到你存在的价值，也就是说人家对你提出的问题觉得有用，拿捏得比较准，是个比较令人满意的记者。做到这一点，不想事行吗？"[①]由此可见，参与权的掌握不仅是主持人胜任工作的重要因素，也是提升主持人在台里、在编导面前自身形象的关键。

其次是语言表达的主动权和现场调度的控制权。在早期的《实话实说》里，主持人崔永元同时还兼制片人，因此在具体节目的创作过程中他拥有相当的"主动权"。他可以在选题、策划、组织、实施等环节投上决定性的一票，他能够在现场的语言表达上掌握控制权。提什么问题，从什么角度提问题，什么问题要追问，让什么观众发言等，他可以说了算。所以，崔永元机敏、真挚、幽默的魅力和风采得到了充分的展示，而他本人也真正成为贯穿节目始终的灵魂。

当然，主持人语言表达的主动权是有前提的，这个前提就是主持人口齿要清楚，思路要清晰，同时要能够把握自己、掌握全局，时刻明白自己在干什么、说什么、要达到什么目的。否则想什么说什么，或是任凭嘉宾滔滔不绝"跑题跑不停"，往往容易导致现场失控，与节目预期相差甚远。

主持人需要"主持人主权"，但这种权力并不是绝对的，它应该服从于栏目和节目的设计程序；也并不是所有的节目主持人非要在形式上对电视节目生产的全过程大包大揽。一个人的精力总是有限的，电视节目的制作少不了分工合作，但我们至少要在认识上强调主持人的主体性发挥，同时在运作中逐步加大主持人的作用空间，以期实现真正意义上的"主持人"概念。

4. 激发专业主义激情

在话筒前，"我要说""我想说"是主持人语言表达欲望的直接呈现。但是打开电视机，我们看到有些主持人仅仅是临场作秀般的"说说而已"，对着提词器机械地照本宣科，走出演播室便已经想不起刚才说过的话。不主动要求参与节目，也不情愿去艰苦的地方进行采访。这种现象所反映的既是一个职业素质缺乏的问题，也显现出专业主义激情的缺失。

"专业主义激情是人生的一种态度，是内心的一种力量，这种态度和力量足

---

① 孙金岭：《直问中国电视人》，中国海关出版社 2002 年版，第 59 页。

以将职业转化为专业,将对职业的真情投入转化为对事业的执着追求,导致创造力和创新能力的迸发。"①当年,央视新闻评论部的一群年轻人,满怀理想与激情聚在一起,尽管创业的过程充满了艰辛,但他们"用自己年轻的感受、独特的视角、开放的理念、全新阐释着属于这个时代的精神追求,宣扬着他们对生命意义和人文精神的理解"②,展示在全国观众面前的便是他们用激情与意志建立起来的一个个精品:《东方时空》《新闻调查》《实话实说》。

2013 年 4 月 20 日,四川雅安发生 7 级地震,一位穿着绿色帽衫的年轻记者出现在包括央视在内的多个电视频道的现场直播中,他就是当时名不见经传的成都电视台主持人蒋林。蒋林发自震区现场的报道,思路清晰、表达流畅、不煽情、不恐慌,条分缕析地给观众呈现出灾区的真实情况。2014 年,蒋林成为央视记者后,哪里有突发事件、有险情,哪里就能看到蒋林发回的现场报道。他在"东方之星"客船翻沉事故、天津港"8·12"爆炸事故等多次重大事件的报道中表现出色,赢得大家的一致好评。

专业主义激情是职业冲动与能量追求的综合,是理念与激情的结晶。在这里,理念为激情指明方向,激情给理念寻找释放;在这里,语言的表达已经不仅仅停留在职业的操守层面,更成为一种神圣的职业使命,它要求任何一个希望卓越且具有影响力的从业者有一种为之献身的勇气与决心。

三、整体性提升

电视节目主持人与电视观众之间存在着互动与互制的关系:观众的需求是主持人生存的依据,而主持人在满足观众审美期待的同时,也创造出观众新的需求。各种类型的主持人、各种类型的主持风格,改变了从前形象单一、表现单一的主持模式,同时也改变了观众对主持人原有的认识。

这种互动与互制的关系有时是良性循环,有时也可能是恶性循环。若要给这种相互制约的关系一个保证、一个检测,就应该建立主持人评价体系。电视节目主持人的评价渠道大致来自三处:一是业内专家的评价,二是电视观众的评价,三是调查公司收视率的评价。

---

① 曾志华:《中国电视节目主持人文化影响力研究》,北京大学出版社 2009 年版,第 167 页。
② 孙玉胜:《十年:从改变电视的语态开始》,生活·读书·新知三联书店 2003 年版,第 5 页。

1. 整体提升的战略思考

(1) 如何面对业内专家的评价

既是专家,必定有着专门的见解。他们的评价对于主持人的成长起积极作用,所以,重视业内专家的评价意见是主持人评价体系中的重要因素。

然而,"由于人们缺乏解读新闻的常识,只能以'权威'人意见作为权威性的见解。……由于没有正确的批评观,媒介批评权被权威所独占,批评的标准可能被少数人的非理性的解读所左右"①。专家们的意见有时候也可能是感性的、零碎的,缺少对幕后工作的了解,再加上解读的往往只是一次节目、看到的也只是主持人的一次表现等。这些因素都可能带来片面的评价。这时候需要策划人的客观分析与冷静对待,辩证地分析作为客体的主持人,冷静而充分地拓展评价文本的视野空间。

(2) 如何面对电视观众的评价

网帖、弹幕,加上观众来信、来电,共同构成电视观众的评价渠道。

"为了吸引受众,现代传播机构需要获得关于'受众的'习惯、趣味和取向的知识。这能使各媒介法人借用某种节目抑或文本策略,将目标指向某些特定的受众。要了解在任何特定的时间谁是受众,有利于获取广告商感兴趣的有用信息,而且能让播音员们知道他们正在与哪些听众说话。"②了解来自不同渠道的观众评价,正是获取他们兴趣、爱好以及审美期待的最好方式。但是,一位或几位观众的意见很难说就是观众群体的代表,明显地以自己的好恶、喜怒进行感性层面的言说,情绪多于理性,主观压制客观,这样一种以社会舆论为主要形式的评价意见,很有可能是良莠不齐的,尤其是网络上的网帖、弹幕,对它们更应持慎重态度。

薇奥拉·斯波琳(Viola Spolin)在《创造的体验》中说:"我们投身于环境的最简单的活动,也会被自己希望获得公认权威的好评或赞扬所阻遏。我们不是忧心忡忡地害怕得不到权威的赞许,就是毫无疑义地接受外界的评论和议论。如果我们在这种教养下工作,而这种教养又以赞许与不赞许作为奋发和谋取的主要动力,并且常常取代人们对艺术的热爱,那么,我们个人的种种自由就荡然无存了。"这里的自由应该是主持人创作空间的自由,强调的是面对观众评价时

---

① 刘建明:《媒介批评学的新架构》,《当代传播》2001年第6期。
② [英]尼克·史蒂文森:《认识媒介文化》,王文斌译,商务印书馆2001年版,第75页。

科学理性的心态。"作为一名节目主持人,既要有将观众的肯定转化为进取动力的本领,又要有力图摆脱评论给自己事业造成阴影的能力。不能因为批评、挑剔甚至攻击就畏前畏后,失去最佳状态甚至神不守舍"[①]。

另外,观众对于一位主持人的推出,需要一个认识、理解、接受和反应的过程,需要一段时间的"亲密接触"。从这个角度来说,观众的审美取向是可以培养的,观众的审美期待也是可以设计的。主持人完全可以秉着适当适度的原则,在主持中融入自己的审美理想,甚至作必要的坚持。当然,坚持不是盲目自大,而是带有重新构建的探索,是对自己审美取向与自身实力的自信。这样才能在观众的审美视野中带来一种突破常规建构"陌生化"之后的新鲜感,从而尽快地使观众从感觉生疏到渐渐熟悉再到最终喜爱。比如,国内著名的新闻主播罗京,当年曾因为表情严肃、不苟言笑,受到不少专家的批评,说他板着面孔是"装成一个硬派小生",是"对不起观众"。更有不少观众给他写信建议:"播音员同志,请你笑一笑"。然而,罗京不为所动,更没有盲目听从去"笑着播",因为他知道那个"笑"不属于他,与自己的个性不匹配、不协调。后来随着时间的推移,观众们已经接受了罗京这种"入而不陷、淡而不离"的冷峻形象。2009 年 6 月 5 日,罗京因病去世,人们在痛悼一个"国嗓"播音时代结束的同时,更加怀念他稳健庄重和带有某种"忧患意识"的风格特征。

(3) 如何面对调查公司的收视率

在广告市场广泛运用的市场调查、消费者满意度测量等方式在传媒领域普及之后,收视率、收听率越来越受到重视。互联网时代,大数据被"加工"、被"专业化处理"后,对媒介发展确实产生了前所未有的能量。只是,当这些数字被抬到了一个决定栏目生存、控制主持人去留的权威地位时,我们是否应该理性一些? 我们不能说收视率的采集方式不具备科学性,也不能说采集的数据缺乏真实性,但就目前国内数据的采集和挖掘情况来看,的确存在不够科学、不尽完善的方面。因此,我们应该客观看待收视率、收听率,科学运用大数据,在数据挖掘中了解受众的个性化需求,也完成对主持人的个性化品牌打造。

2. 整体提升的战略对策

一个品牌的发展,一般要经过投入期、生长期、稳定期、衰落期四个阶段。

在主持人的职业生涯中,成长期的经历和经验都属于积累过程,是一个开发

---

① 蔡帼芬主编:《明星主持与名牌节目》,北京广播学院出版社 2004 年版,第 160 页。

阶段。尽管意气风发斗志昂扬,但面对的往往是新的节目、新的样式、新的环境,于是容易出现力不从心的紧张以及找不着"调儿"的彷徨。到了成熟期,伴随丰富经验的同时,又容易借着"熟练工"的惯性,滋生出这个阶段所特有的惰性。所以,无论在主持人心理素质上还是在主持人的行为方式上,都应该注重调整,在多方的信息反馈中完善主持人的素养和技能,以期达到主持人自我价值的最大实现,同时延长主持人的职业生涯。

"说到主持人的职业生涯,人们总会想起几个令人敬仰的名字:沃尔特·克朗凯特、麦克·华莱士、丹·拉瑟、宗毓华等。他们直到花甲之年依然受到亿万观众的信赖和追捧,具有跨越几十年的持久魅力。"①反观国内,能在主持人的岗位上"总领风骚几十年"的主持人为数不多,这是一个值得深思的问题。"当我们还没有彻底社会化,没有彻底产业化之前,在传统的整个电视媒体里头,所谓对主持人的重视只是口头上的重视。我觉得,对我们这批主持人来说,一个相当大的困惑就是谁来提升我们,恐怕这个责任又历史性地落在了我们自己的肩膀上。"这是白岩松在第六届百优电视节目主持人颁奖研讨会上发言的一段话。其实,调整就是一种提升,既提升主持人的价值品位,也提升主持人的职业生涯。

(1)成长期调整

一般来说,成长期的主持人年龄相对年轻,刚入行,往往没有太多的束缚,才思敏捷,敢想敢干,颇有一股初生牛犊的锐气与朝气。这些都是非常宝贵的。但是这个阶段的主持人也往往容易急于求成,心浮气躁。这一阶段可以从以下几个方面进行调整。

第一,专业高手的传、帮、带。主持技巧的掌握,需要实践,也需要指点。比如,如何面对摄像机,如何应对突发事件,如何提问,如何缓解嘉宾的紧张情绪,如何调动现场观众的气氛,在演播室如何与前方记者连线,在现场如何进行现场报道,乃至直播时可以在工作台下放置一面小镜子以便趁空隙修补面妆这样的"经验之谈",往往就能够让新手少走许多弯路。

第二,管理体制相对宽松的环境。因为是新手,处于与节目的磨合期,不可避免地会出现一些差错,很容易招致一些批评,来自观众的、同事的、领导的意见往往影响他们的从业心态。因此,台领导应该给予主持人最大的宽容与支持,同事们应该给予积极的鼓励与指点,而面对观众的反馈,主持人自己也应该保持清

① 杨苊:《影响电视节目主持人职业寿命的几个因素》,《现代传播(中国传媒大学学报)》2002年第4期。

醒头脑,正确对待各种各样的声音。

中央电视台主持人董倩 1995 年 11 月考进中央电视台,1996 年就被选入《东方之子》当主持人。起初的一段时间,表现不是很好,就连当初选拔她的时间也说:"我看人还没有走眼的时候,挑主持人向来一挑一个准儿。可是现在你的同事,还有我的上级,都反映你不行,我不能不想是不是我走眼了。你可别成为我的第一个败笔。"作为制片人的时间在对新手严肃的批评之后,并没有立即撤换的意思,仍旧让董倩在主持人的岗位上坚持工作。而这番实实在在的谈话又的确给了董倩很大的刺激,激发起她找寻自信、端正心态的主持状态。终于,一路走来,董倩成为央视主持人队伍中一颗闪亮的星。

第三,主持人自身的脚踏实地。任何成功都难以一蹴而就。古人云:千里之行,始于足下。要想做一名"长跑运动员",就必须加强知识储备。在具备娴熟的播音主持技巧、扎实的语言功力、深厚的文化底蕴以及新闻采编专业知识的同时,还应该拥有与栏目相关的专业知识。只有这样,才能在节目主持中,深入浅出,言辞达意,从而迅速地在岗位上站稳脚跟。

观察是一种生活必备的能力。凭借观察能力进入主持人领域,又凭借观察能力对话世界顶级人物,这样的观察就非同一般,只有用心苦学方可获得。CCTV - 2 的《对话》栏目主持人陈伟鸿便是这样的用心人。

当年刚开始接手《对话》栏目的时候,虽已是厦门电视台"当家小生"并在厦门观众眼中大红大紫的陈伟鸿,依旧有一种如履薄冰的感觉。一是因为那时《对话》已经有了一定的知名度,但主持人阵容尚不稳定,栏目组也试过请一些专家做主持,但都以失败告终;二是因为与组里的另两位女主持相比,他没有 MBA 学位,也没有出国留学的经历。但自认为唯一的优势就是善于观察、勤于学习的陈伟鸿勇敢地接受了这份挑战。担心自己的知识断层,他利用工作之余去听 MBA 的课程,给自己不断充电;在《对话》现场,在与精英嘉宾直接交流的过程中,他更是潜心观察,学到了很多有益的东西。他开始不卑不亢,在语锋的交汇中专业而内敛、内行而平和。"他潜心营造的话语场为观众洞开商业与人生的独特境界,令枯燥而严谨的财经话题平添上个性之美和交锋之趣。"[1]

现在的陈伟鸿不仅继续主持着《对话》,2009 年还出任央视财经频道重点推

---

[1]《央视陈伟鸿:人生最大的捷径,是学会好好说话》,2018 年 11 月 20 日,腾讯网,https://new.qq.com/omn/20181120/20181120A1XA3Z.html? pc,最后浏览日期:2020 年 5 月 1 日。

出的新闻评论节目《今日观察》的主持人。这位在 2001 年全国"荣事达"杯电视主持人大赛中获得铜奖和"观众推荐奖"的选手,早已蜕尽青涩与生疏,充满自信地出现在演播厅里,与那些可称之为"社会精英"的嘉宾自由交流,把一期又一期精彩的《对话》奉献给观众,将当天的财经事件与评论员一起融汇交锋在《今日观察》中。有人说是《对话》成全了陈伟鸿,也有人说是陈伟鸿成全了《对话》继而带来《今日观察》的顺畅。其实,主持人与栏目的水乳交融正是主持人策划的最高境界。

第四,竞争机制的建立健全。商品的竞争带来了科技的进步与文明的发展,人与人之间的竞争激发的是更为强烈的进取心。过去,在电视台内部因为缺乏有效的竞争机制,干多干少一个样,干好干坏一个样,既难以激发优秀主持人的创作热情,又助长了某些主持人的惰性。这使他们当中的许多人逐渐失去了进取心和竞争意识,业务水平止步不前,职业生存能力大大降低,甚至到了要靠照顾才能勉强维持的局面。因此,建立健全主持人竞争机制,也是提升主持人职业生涯的有效手段之一。目前,不少电视台设立的首席主播、首席主持人制度,极大地调动了主播和主持人的工作热情。

(2) 成熟期调整

处于成熟期的主持人容易出现两种倾向:一是创造力下降;一是创作热情减退。创造力的下降意味着成熟期惰性的到来,创作热情的减退则可能是主持人停滞不前的开始。

在谈到自己的从业经验时,敬一丹说:"尽管我总是提醒自己不要出现惰性,不要按惯性走路,但是人到中年,惰性、惯性随之而来。举个很小的例子,我接受新东西的时候就从没主动过,好像没人逼,就不愿去接受,哪怕这新东西并不复杂。这样一种状态反映在工作中也一样,比方说我会久久停留在自己习惯的一些选题领域里面,这样长期局限在一个环境里,就会有一种惰性。"[1]于是,在她感觉"接不上地气的时候",缺少了新鲜感的时候,她就想换一个节目。事实上,敬一丹的几次转换都是在这种状态下完成的。从《经济半小时》到《一丹话题》,再到《东方时空》和《焦点访谈》,其间还有《直播中国》。

节目主持是一项富有挑战性、需要不断创新的工作。刚入行时那种强烈的创新意识随着年龄的增长,渐渐磨损消退。经验积累的同时,思维却陷入了固定

---

[1] 孙金岭:《直问中国电视人》,中国海关出版社 2002 年版,第 20 页。

的模式。技巧纯熟之后,创造力却越来越枯竭。用白岩松的话来说,"当我们太成熟、太熟练的时候,经验和技巧就会代替真情"。而主持人由于适应而导致的麻木,失去了应有的兴奋感和责任感,更是件可怕的事。另外,一番艰苦的打拼,换来了功成名就的光环,也开始享受成功之后荣誉的富有和物质的富足,而来自方方面面的诱惑更是不断影响和侵蚀着这支队伍的健康发展。

这时候就需要适当的调整,以焕发活力。

第一,科学评价,凸显其内在价值。在主持人评价体系中,来自业内专家、电视观众以及调查公司的收视率共同构成评价的来源渠道,也共同形成一种社会舆论。这种社会舆论与主持人的内在价值可能是相符的,也可能存有偏差。当社会舆论与主持人内在价值相符时,自然有利于主持人当下以及未来的走势与发展,但当社会舆论与主持人的内在价值存有偏差时,便容易使主持人自我膨胀、盲目任性。这不仅会影响到主持人的个人事业,也会使整个主持人队伍的声誉受到影响。

对于一位主持人,在他小试锋芒、初有成绩时,社会舆论不应盲目吹捧过热炒作;而在他处于成熟期的时候,则应该对他进行科学的、客观的、全方位的分析,包括:

● 主持人基本条件分析。如形象分析、形体分析、有声语言表达分析、副语言运用分析、气质分析、性格分析、服饰分析等。

● 主持人从业经历分析。如曾经主持过的栏目分析、成功与失败的经验分析等。

● 主持人竞争势能分析。如优势分析、劣势分析、风险性分析、主要竞争对手的分析、主持人品牌价值分析以及价值增长模式分析等。

● 主持人市场效益分析。如目标观众群与已有观众群的数量、质量分析,广告客户的反馈意见分析等[①]。

● 主持人未来走势分析。如是坚守还是创新、主持人内在价值最优化显示、价值增长模式的分析等。

只有在这样细致分析的基础上,才有可能做到科学的评价,真正帮助成熟期的主持人找到自己新的起点,在更高一级的平台上再创辉煌。

---

① 《佳明:我拿亲和赌明天》,2003 年 11 月 18 日,CCTV 网,http://www.cctv.com/anchor/20031118/100408.shtml,最后浏览日期:2020 年 5 月 1 日。

第二,重整资源,寻求发展与超越。是做"短跑"还是"长跑",是坚持下去还是另辟蹊径,这当中的选择需要的是重新审视自我价值,并将自身资源重新整合,分清优势与劣势之所在,再结合新的环境与需求,重新确定目标与方向,以期在原有成就的基础上"再立新功"。

两次获得主持人"金话筒"奖、四次荣获央视"十佳主持人播音员"奖的崔永元在离开了《实话实说》之后,并没有偃旗息鼓,而是不断地推出新的栏目,不停地做着对社会有益的事。

2003 年 7 月 5 日,《小崔说事》开播。《小崔说事》"以旧鉴今",以老照片、旧影像、旧事物为引子,每期节目表现为多主题或泛主题组合式谈话,以"抽屉式"版块组合,以丰富多样的表演、展示、短片等为各个谈话版块间的隔断。整体风格轻松、随意、含蓄、幽默,看似信手拈来,实则意味深远,成为新闻频道中一道独特的风景。

2004 年 4 月 3 日,《电影传奇》开播。这档节目内容涉及 150 部老电影。既有每部电影创作过程中的逸闻趣事,还穿插了这部电影的参与人员或他们的亲朋好友讲述的故事。最为独特的是,在节目中,崔永元"双肩挑",既是主持人,又是主要演员,参与节目中"情景再现"的环节。这是一档融娱乐性与史料价值于一体的节目,激起了很多观众的共鸣。

2006 年两会期间,《小崔会客》开播。节目的嘉宾是各省、自治区、直辖市的党委书记、省长等主政官员,谈论的话题也多为区域发展、社会改革、创新思维以及民生热点。崔永元依旧沿袭着自己善于沟通、亲切随和、幽默但不失智慧的主持风格,真正实现了"让官员的视角降一降,百姓的视角升一升,为不同阶层、不同岗位的人士提供一个相互沟通和交流的平台"的创作初衷。

2010 年 8 月,崔永元和他的团队历时 8 年制作的 32 集大型历史纪录片《我的抗战》在网上播出,上线仅一个月在线收看就突破千万,并引发了网民对于抗战历史的热烈讨论。很多人表示"非常震撼",并认为崔永元和他的团队"一直在执着地做着一个电视人真正有价值的事情,肩负着历史的重任,使我们这些生活在物质丰富社会中的人们能够时刻铭记历史"。

2013 年 9 月 19 日,崔永元录制完最后一期《谢天谢地,你来啦》,从央视辞职回到母校中国传媒大学任教。随后又于 2015 年元旦在上海东方卫视推出了一档新闻解读型节目《东方眼》。

第三,不断充电,与时代同步前进。

　　社会进步,科技发展,新知识层出不穷,新热点日新月异。作为媒体从业者,主持人担负着对受众解惑释疑的责任,倘若对新知识、新问题缺乏了解,极有可能在主持的过程中留下遗憾,从而影响主持人品牌形象的建立。更何况,每天高频度的节目主持本身可以说就是一个快速"放电"的过程,为了不使自己突然"停电",主持人就必须及时补充能量、进行"充电"。这个时候,注重平日的学习是一方面,重回学校读书深造也是一种选择。为了追求更高的境界,暂时抛却眼前利益,是为了"长跑"储备更大的精力。

　　3. 调整战术

　　战术层面的调整一般出现在两种情况:一是初做节目时,在若干次实践之后需作调整;二是具有一定知名度后,改换栏目,亦需调整。主要包括角色调整、表述方式调整、服饰配件调整等。

　　(1)角色调整

　　角色调整指的是依据栏目定位、受众定位而作出的主持人角色定位,它直接关系着主持人主体意识的建立与完善。在这个调整过程中,主持人要解决的是"我是谁""我应该怎么做""我可以怎么做""我现在能做到的是什么""我接下来可以做到的是什么"等一系列问题。

　　如果说靓丽型主持人作为主持人队伍初创时期的客观存在,是一种自然合理的时代产物,那么,张越的出现,尤其是她的第二次崛起,则让人吃惊地发现有智慧的女人原来也能有这么大的吸引力。不靠长相而凭借自身个性魅力的张越甚至被人说成中国电视节目主持人队伍的一个转折点,这与她当年担任《张越访谈》时对自身角色心态的调整密不可分。

　　回忆自己最初的主持状态,张越说:"我曾经特别闹,什么节目都做,什么活动都参加,感觉没有自己不能聊的话题,没有自己不知道的事儿,没有自己控制不了的场面。"也许就是这种成就感的渗透与膨胀,使张越在与人物对话时或多或少地带着一种居高临下的优越感。这种优越感首先表现在对嘉宾的选择上:"以前我们选嘉宾,一定要看这人能说吗,有口音吗,长得顺眼吗,嘱咐化妆师化漂亮点儿。那时候我认为,嘉宾是不是能言善辩、会不会说话、表达能力是不是好,关系特别大,因为那些时候你说的是一些无关真心痛痒的话题,那拼的就是谁的表达能力强,谁说话好玩儿。"其次表现在节目的进程当中,只要嘉宾稍有空隙,张越便会赶紧补上,叽里呱啦一个人说上一大段。

　　《三联生活周刊》记者王辉的一篇文章给了张越一个振聋发聩的警醒,文章对张越出镜频繁、主持人角色的不定位给予了批评，并将责任归结为是中央电视台没有保护和利用好自己的主持人，任由他们自己谋生到处打拼。这篇文章令张越顿感惭愧，也意识到心态调整已经到了"生死存亡"的关头。这之后，张越偃旗息鼓，离开节目近两年的时间。

等她再次出现在荧屏时，观众们发现她与从前很不一样。少了几分职业化，多了一些激情；少了一些形式上的矫饰，多了几分内心的冲撞。过去心理上的优越感被彻底颠覆了，姿态上越发趋向淡泊，言谈当中的尖利与修饰也越来越少。很显然，这种因为主持人角色调整带来的由内而外的变化，使她的主持风格脱胎换骨。当她面对镜头与受访者对话时，倾听、提问，甚至争执，都是真诚的。与过去的"抖机灵""比高明"不一样，表现出的是她见解的犀利与尊严的平等。即便是嘉宾一句话也不说，张越也可以静静地对坐，维护着这样的冷场，因为她认为"此时无声胜有声"，时间上一时的失语可能产生空间上更大的震撼力。

（2）表述方式调整

"要尝试一种新的表达方式，拆除媒介和观众之间的界线和戒备，使新闻的传播与接受能有角色认同和情感互动的愉悦。"[①]这样一个社会认知的过程需要的是传受双方心理指向上的趋同。

1999 年在一期名为《我的左手》的《实话实说》节目中，当一位观众发言谈到自己因为书写不流利给高考带来了不便时，崔永元顺嘴说了句："那考播音系呀。"当时现场一片哄笑，当事人则"脑海一片空白"，说不出一句话来。事后，感觉自尊心受到极大伤害的这位观众发表了一篇文章《崔永元，别把刻薄当幽默》，文章还列举了崔永元在其他场合一些"刻薄"的语言。比如对水均益说："站起来说，坐着不礼貌。"比如对邀请来的专家说："如果你们讲话总是用'据说''大概''可能'之类的话，我马上就把你们请出去。"其实，如果说崔永元对这位观众当时的"顺嘴一说"的确有些不大得体，但对水均益以及专家说的话语只不过是一种调侃，一种为缩短名人、专家与现场观众距离的有意行为。

面对观众的批评，崔永元进行了认真的反思："调侃与玩笑的分寸与尺度既是一个至关重要的问题，又是一个难以把握的问题。同样的玩笑开在这儿可以，开在那儿不行；这个人可以接受，那个人或许不能承受。那么，分寸与尺度在哪儿，很显然，在对方那里。也就是说，我们的玩笑如果对方不能接受那就是不合

---

① 孙玉胜：《十年：从改变电视的语态开始》，生活·读书·新知三联书店 2003 年版，封底语。

时宜,所谓入乡随俗其实是文明的一个至高境界。"①

社会认知过程中传受双方心理指向上的趋同,以崔永元的"清醒让步"而最终达成。他不仅想通了这个道理,还立即付诸行动,进行表达方式上的调整。为了不在做节目时"顺嘴就伤了人",他开始在日常生活中磨炼自己,绝不开过火的玩笑。久而久之,他的语言表达方式有了明显的变化,调侃出于解围,玩笑恰到好处,"到什么山上唱什么歌,见什么人说什么话",无论是面对普通百姓还是政府要员,他与他们的沟通总是处于一种自然通达的状态。

(3)服饰配件调整

主持人的服饰配件是主持人在镜头前副语言的组成元素之一,服饰配件的合适与否直接与栏目的整体形象相关联,如有错位都可能影响栏目的风格与定位,阻碍信息的正常传导,甚至引起观众反感。因此不同的栏目对于主持人服饰配件的要求是不一样的。比如新闻类主持人,着装应该典雅、大方,项链、耳环之类的首饰配件尽量少戴或不戴,以表现出仪表端庄、气质高雅、信息真实、权威发布等特点。而综艺娱乐类主持人的服装则应该活泼、明朗,再加上适当的首饰、装饰的点缀,以营造艺术与时代的气息。

江苏卫视主持人孟非从 2002 年年初起担任《南京零距离》的主持人,八年后的 2010 年,他开始兼任《非诚勿扰》的主持人。每周一至周五,是孟非直播《零距离》的工作日;周末的两天,从中午 12 点至晚上 12 点,他要录制四至五期的《非诚勿扰》。在这两档节目中,细心的观众会发现,孟非在着装上是有变化的。

总体来说,孟非的着装是西装加衬衫,显露出大气、沉稳、庄重的风格。但在《零距离》主播台上坐着的孟非,西装大多为深色,衬衫的颜色也多为冷色调;而在《非诚勿扰》的舞台上,孟非的西装以经典的灰色为主,配以颜色亮丽的衬衫,淡粉、淡蓝、玫红、淡绿、黄的、紫的,一期一个样。这种在服装颜色上进行的有意设计与调整,既显露出两档节目类型与定位的不同——《零距离》是民生新闻类节目,《非诚勿扰》是新派交友类节目,也衬托出主持人孟非主持样态的多样性。

央视少儿节目主持人刘纯燕在《大风车》节目里塑造的"金龟子"形象深受小朋友的喜爱。"金龟子"刚诞生的时候,看上去服装颜色非常单调,只有红和黑两大色块,外形上也只有前后两片。说是"金龟子",却很容易让人以为是"七星瓢

---

① 崔永元:《不过如此》,华艺出版社 2001 年版,第 189 页。

虫",只不过当时的小观众们因为太喜欢"金龟子"的表现,而忽略了她的外衣。

刘纯燕决定要让"金龟子"脱掉"七星瓢虫"的衣服。她先是寻找到了真正的"金龟子",看到了它真实的模样,"然后和服装师一起翻阅时装杂志、逛商场、看布料。他们参照现代服装流行款式及色调,决定将金龟子的服装改为宽松的'宝宝装',色调定位明亮的黄色,加上带金属光泽的深灰色大圆点"[1]。

改良之后的"金龟子"一出现,立刻受到孩子们的好评。款式更现代,色调更明快,像七星瓢虫,也像甲壳虫,还像来自外太空的一种虫子。总之,这样一只独特的"金龟子"更符合小观众们的审美心理。

第四节　包装与营销——主持人策划的第三个环节

小到栏目片头,大到电视台的形象宣传片,都是包装营销的内容。节目策划、栏目改版,以及对主持人的选择和调配,也都是包装营销的范畴。对节目主持人形象上的包装是不可忽视的,需要缜密思考、精心打造,这是主持人策划中的重要议题。

有专家在对节目主持人评奖分析时指出:"明显的,中央和省级台比城市台更占优势。主持人自身条件差距未必很大,但由于投入的不同,制作条件的不同,呈现出电视屏幕效果明显不同。"[2]包括音响、音效、灯光、背景在内的演播室的设计制作,对于主持人形象的塑造起着极大的提升作用,尽管一些城市台主持人的表现和潜力也不错,但因为投入不足,演播室里的设计较为粗糙,导致主持人屏幕形象不突出、不鲜亮。

一、营销理念

在广告学理论中,根据美国市场运营协会用词定义委员会的定义,"所谓营销,是把商品和劳务从生产者送到消费者或需要者,完成此一转移方向的企业活动"[3]。企业的营销活动,不仅是销售部门的业务,同时也是销售、广告、商品计

---

[1] 鲁景超主编:《真话实说:名主持人访谈录》,光明日报出版社1998年版,第229页。
[2] 中国传媒大学教授胡智锋在对第六届"金话筒奖"电视文艺类节目主持人进行评奖分析时所言。
[3] 樊志育:《最新实用广告》,中国友谊出版公司1995年版,第15页。

划、市场调查,甚至保管、运输等方面的业务,需要所有营销部门的协调才能达成有效的活动。这当中,广告活动就是促进销售的重要一环。换言之,在整个营销活动中,选择合适的广告媒体进行宣传,对于产品送达消费者或是需要者手中有着举足轻重的作用。而选择媒体的标准,根据台湾广告大师樊志育先生的理论,应该是媒体价值。构成媒体价值的要素,主要有以下三种:一是媒体量的价值,它指的是媒体达到的范围、视听者人数、读者数等;二是媒体质的价值,它指的是媒体的传达力,给予对象心理效果等;三是媒体经济的价值,它指的是在评定固有媒体价值时,应预先检查广告费、制作费等一般条件。

融媒时代,人们对借用广告营销理论来营销主持人的做法已不再陌生。而早在 21 世纪初,凤凰卫视、湖南卫视和央视财经频道就已经大胆动用整合营销的手段,不断推出人气旺盛的明星主持,开启营销主持人的先河。

有调查显示,相当一部分观众是冲着主持人的魅力来看节目的,栏目品牌和主持人品牌相得益彰。许多栏目由明星主持人支撑,形成了该台、该栏目宝贵的品牌资源。因此,把品牌概念引入传媒领域,就是要在搞好节目策划的同时,通过一系列包装和推介手段,树立起强势品牌,以达到提升竞争力的目的。

二、形象包装

形象包装是营销主持人的第一步。形象包装指的是对主持人外在形象、性格形象、风格形象、栏目形象等综合形象的设计,以期形成鲜明的标识。

主持人需不需要形象的包装,从来都有争议。尼尔·波兹曼(Neil Postman)在他的《娱乐至死》一书中提到这么一件往事,美国前总统查德·尼克松曾把自己的一次竞选失败归罪于化妆师的蓄意破坏。波兹曼还说:"如果是在广播上向公众发表演讲,演讲者的体形同他的思想是毫不相干的,但是在电视时代,情况就大不相同了。300 磅的笨拙形象,即使能言善辩,也难免淹没演讲中精妙的逻辑和思想。在电视上,话语是通过视觉形象进行的,也就是说,电视上会话的表现形式是形象而不是语言。"①的确,电视是视听的艺术,重视形象是符合受众审美心理的。另外,当电视节目成为产品,包装也就顺理成章。而作为节目的主导、栏目的代言人、频道象征的节目主持人,运用营销策略对他们进行形

①［美］尼尔·波兹曼:《娱乐至死》,章艳译,广西师范大学出版社 2004 年版,第 8 页。

象包装上的定位就更是必不可少的。

形象包装的功能包括提升品牌和划分观众群落。

1. 提升品牌

形象包装带来的品牌提升体现在两个方面：一是对节目主持人形象的品牌提升，二是对媒体自身形象的品牌提升。

凤凰卫视的品牌效应离不开凤凰卫视主持人的"明星效应"，而主持人的知名度很大程度上来自"包装"和"推广"。在凤凰卫视，明星的培训和制造有强大的专业化包装队伍提供支持。在它的组织体系里，专门设置了一个为节目和主持人服务的宣传设计部，专业人员按照成熟的市场化操作方法来协调节目和主持人的宣传推广。他们一般采取三种方式对主持人进行形象包装。一是树立形象，选择不同的明星包装路线。这主要是通过早期的个人宣传片来完成。二是塑造形象，突出明星的个性特征。这主要通过节目宣传片和个人推广来完成。三是提升形象，确立可信赖的公众形象。于是，通过电视荧屏，观众们认识了开朗大气的吴小莉和她标志性的笑脸、亲和淡定的陈晓楠和她十几年不变的发型、幽默机智的窦文涛与他的马甲背心、犀利深刻的杨锦麟与他的唐装、茶杯。每一位凤凰主持人都有着自己鲜明的个性风格和形象特征，而众多明星主持人也打造出凤凰卫视主持团队的旗舰效应。

2. 划分观众群落

现代社会是一个电视分众社会，具有品牌特征的主持人形象除了带动栏目收视率、提高竞争力之外，还担负着划分观众群落的功能。作为带有个性化审美形象的主持人，他的语言表达——句式习惯和常用词汇，他的体态语——手势和姿势以及服饰配件等，都应该得到目标观众群的审美认同。这种认同一经确立，还应该保持相对稳定的屏幕形象，体现出形象的连续性，以对应观众向品牌提出的"持续而统一的要求"。

央视《经济半小时》栏目组的主持人赵赫就是始终保持着统一形象的典范。"赵赫是《经济半小时》11年历史的见证人和亲历者，从创办伊始到今天，《经济半小时》的演播室有过太多的变化，可是赵赫的面孔始终活跃其间。他的面孔也是《经济半小时》的重要面孔。"①他那沉稳的着装、平稳的说话语速以及一口字

---

① 参见 CCTV 官网对主持人赵赫的介绍，http://www. cctv. com/financial/jingji/sanji/zhchr/zhuchi01. html。

正腔圆的普通话在观众的心中已经成为一个符号：今晚的《经济半小时》,会告诉大家重要的经济事件。

对于主持人外在形象的造型设计,同样也是不可忽略的一部分。中央电视台造型师徐晶说:"随着中国国力的增强,在国际上树立中国人的崭新形象意义十分重大。中国的电视造型事业方兴未艾,主持人的形象设计有待进一步完美和提高。"

在这方面需要提醒的是:第一,美丽不仅靠技巧塑造,更重要的是靠对美的感悟和不断深入的认识;第二,美是一种和谐,是一种由内而外的显现与展示;第三,造型艺术上,创新是必不可少的,但脱离社会公共标准的标新立异却是不可取的;第四,缤纷是美丽的,简单也可以构成魅力,虽然色彩本身是丰富的,但并不意味着把所有的色彩都集中在一起才算丰富。

三、名人效应

不得不承认,整个社会对于名人的关注热情从来都不曾消减过,有关名人事业、生活的方方面面,都能够成为人们谈论的话题。

电视节目主持人因为频频在荧屏上出现,也因为电视的传播效力和影响力,所以"顺理成章"地也跻身于名人的行列。"今天,每一个有电视的社会都已承认电视新闻节目是他们文化的一部分。采访新闻的人和播音员都已一举成名,成为漫画的主角。他们的头像刊登在杂志的封面上,他们在荧屏上的形象以及他们所赚的薪水是人们不断议论和猜测的话题。他们的私生活、他们的衣着、他们的所作所为以及他们的说话内容,都会受到新闻界和公众的关注。"[1]

名人效应又称为"晕轮效应"或是"光环效应",即利用公众对名人的关注热度,利用人们普遍的"爱屋及乌"心理,以名人出现的频率、场合、方式以及形象代言人的身份来吸引受众眼球,提高商品价值,同时赢得预期的市场份额。

1. 名人效应

在媒体整合营销的过程中,打出"名人效应"这张牌,对于提升频道形象、主持人形象,并以此增强竞争力无疑都是大有裨益的。名人效应体现在:对节目主持人形象的品牌提升;对媒体自身形象的品牌提升;引发观众好感,跟踪栏目

[1]　[英]艾弗·约克:《电视新闻实用技巧》,叶周译,新华出版社2000年版,第3页。

变化;对目标观众群落产生积极影响。凤凰卫视之所以能在几年之内声名鹊起,与他们努力打造名主持人、名评论员、名记者的"三名战略"是分不开的。

2. 名人效应的运作策略

(1) 高品质繁衍

运用名人的辐射效应,为本台名人主持裂变、派生、策划出新的栏目,扩大影响,号召观众,同时也吸引广告。

(2) 形象片展示

为本台主持人制作个人形象片,既体现出主持人的风格也展示栏目风格,让节目推介以主持人为核心,让观众的好感在"眼熟能详"中逐渐建立。

(3) 多媒体整合

安排其他媒体对本台主持人尤其是具有一定知名度的主持人做访谈、做报道,让自己的主持人不仅天天出现在本台的屏幕上,也时常出现在其他媒体上。

(4) 大张旗鼓造势

邀请其他各界的名人为本台主持人的各种活动造势。

(5) 多种礼物馈赠

为本台主持人制作相关的明星卡,有台标、有照片、有签名留言的空白处,以满足热心观众的追星心理。

(6) 出席社会活动

在公益活动、社会活动等社交场合,安排本台主持人参加,并由设计师对形象造型严格把关。

(7) 写书出版发行

鼓励主持人出书,写下自己的社会见闻、成长经历、从业随想等。让故事背后的故事走向台前,丰富主持人的个性色彩,展示主持人的多方面才能,以赢得更多观众的关注。

第五节　管理与制约——主持人策划的第四个环节

建立品牌管理机制,是实现品牌经营科学化的有效途径。

媒体走向市场化,节目走向专业化,电视节目主持人的管理机制也必须走科学化、产业化的模式。频道品牌塑造是一个整体工程,任何单一的突破、推进都不能达到整体高效。

在品牌发展的过程中,应该重视和关注整个主持人队伍的成长过程,因为他们是品牌的代言人,是构成品牌人格化的符号,我们应当把他们作为无形资产予以培育和保护,而培育保护的完成离不开管理与制约。

"管理的对象是人,管理的目的是成就事业,而事业又是靠人来完成的,只有发挥了人的积极性和创造力,才能铸就恢宏的事业。电视不仅是一个资金密集、投入较高的行业,也是一个人才密集的行业。"[1]在管理上,我们一方面要把现有人才用足,发挥他们的潜能;另一方面,应该不断吸纳新人,补充新鲜血液,为事业的可持续发展奠定基础。

这可以通过在主持人队伍中建立相应的机制来完成,"这种机制包括群体机制和个体机制两类。所谓群体机制也就是指一定的行业规范和标准,比如国家广电总局实行的播音员主持人持证上岗制度。所谓个体机制就是根据主持人自身的修养,建立一种自我约束的机制"[2]。换句话说,群体机制代表着"他律",个体机制指的是"自律",只有"他律"和"自律"的结合,才能真正发挥监督与制约的功能,维护和提升主持人的形象。

一、他律:群体机制中的行业规范和标准

实质上,维护主持人的形象管理就是维护频道本身的形象。

在广电总局颁布的条例中,在各电视台制定的守则里,都有着相应的管理条文。由于节目主持人是社会公众人物,所以除了工作中的行为规范,还应该注意生活中的行为规范。受众对主持人生活状态、生活道德的关注,并不亚于对其工作状态、敬业精神的关注。

1. 建立相应的竞争机制

美国哈佛大学威廉·詹姆斯(William James)的一项研究表明:员工在受到充分激励时,可发挥能力的 80%—90%;而在仅保住饭碗不被开除的低水平激励状态下,员工只能够发挥其能力的 20%—30%。因此改革劳动、人事、分配制度,激发员工的积极性和创造性是人力资源转变为人力资本的一个关键,也是提

---

① 转引自孙金岭:《直问中国电视人》,中国海关出版社 2002 年版,第 103 页。
② 徐树华:《略论节目主持人的受众期望》,《现代传播(中国传媒大学学报)》2002 年第 1 期。

升主持人整体水平、打造品牌主持人的有力举措。

白岩松说:"没有对手是一件很痛苦的事,尤其是高水平的对手,因为人是需要对手才会被激活的,才会更往前走。"引进竞争机制,让每一位主持人的智慧充分燃烧,同时具备高度的责任心。

对于主持人选拔与任用的方式可以采取竞争上岗。这样的做法在两方面颇具成效:一是可以激发主持人的新思路,提高每个人求生、求存、求强的忧患意识,增强大局意识、规范意识及竞争意识等;二是不以学历、从业经验、外貌长相为必要条件,而是按照统一性、契合性、协调性、有效性、贴近性等原则,选拔出与栏目定位匹配的主持人,真正体现按实绩、按能力选拔的原则。

对于主持人业务水平等方面的综合测评一般体现在:同类型节目评奖是竞争机制中最常用的一种方式;参照栏目收视率和节目的社会效益以及经济效益,以主持人自身素质为主要因素评定首席主持人是近些年常用的一种方式。

不管是台内还是台外的奖项,都是能够激发主持人的主观能动性和创作积极性的。对那些恪尽职守、责任感强、及时消除各类事故隐患的主持人,同样应该给予通报表扬和一定的物质奖励。当然,对于那些违反规章制度、放松自我约束,或是节目粗制滥造的主持人,同样应该不讲情面,严格处罚。

竞争机制的建立也许并不难,难的是执行的力度和强度。奖励应该毫不吝啬,惩罚也应该决不留情。有奖有罚,功过分明,才能真正达到奖勤罚懒、激励创新、鼓励冒尖、鞭策落后的目的。

2. 创立多维的节目质量评估体系

节目主持人是一个特殊的行当,本身有着特定的专业要求和评估体系。评估工作应该在业务指导小组或是专家评委会的指导下进行,既有对主持人、主持作品的考核与听评,又有对主持人平日业务学习、交流的计划安排。考评的意见可以来自台领导组成的台内听评,也可以是专家小组的评审;可以是社会"督导员"的监听,还可以是热心观众的意见和建议。总之,多管齐下,让多维框架的评价体系在工作量的统计、业务技能考核、节目主持水平以及社会公众形象等方面,对每一位主持人作出合情合理、科学、规范的评价,真正发挥评估体系的有效作用。

3. 辟出相应的管理空间

管理空间的建立应该宽松与严格相结合。

在主持人兼职的问题上应持宽松态度,没必要坚持"一个萝卜一个坑",即一个主持人只能做一档节目、坚守一个平台,可以打破频道间的壁垒,鼓励主持人在台内甚至跨台、跨"屏"合理流动。在保持主持人原有特色的基础上,可以允许其在同类栏目中身兼数职,以实现主持人优质资源效益的最大化。比如白岩松,主持每周一次的《新闻周刊》,在每天晚间的《新闻1+1》中他又以新闻评论员的身份出现,而在2010年广州亚运会开幕式的电视直播中,他担任的是现场解说。品牌主持人本身就是一个绩优股,只要给予相应的空间,他的价值就会有增值的可能。

在主持人跳槽问题上,应持有谨慎的态度,建立相应的措施。在愈演愈烈的媒介竞争中,主持人作为传媒企业重要的人力资源,日益成为各电视台的争夺目标,导致近年来主持人跳槽现象屡见不鲜。综观主持人跳槽行为的动机,我们发现,他们中有的是为了转向更高的平台,有的是转为幕后,有的转向其他事业发展,也有的是为了满足物质需求。另外,主持人的流动与一般人才流动的趋势大体一致:小台向大台流,广播向电视流,西部地区往东部地区流。人才流动是社会发展的必然现象,也是市场经济的必然结果。流动,为人才注入活力,也使人力资本不断增值。但是,无序的流动、零成本的跳槽,都可能给原电视台利益造成损失,还可能挫伤原属机构培养主持人的积极性,对于品牌栏目的建立和主持人形象的稳定都是不利的。因此,面对这种局面,有识之士提出应该研究并试行主持人"签约制"和"转会制",与社会和市场接轨,以期主持人人才流动的合理有序,保证主持人人才资源的最优化配置。

4. 出台相应的行业规范

早在2004年6月,国家广电总局就颁布了《广播电视编辑记者、播音员主持人资格管理暂行规定》,对主持人的工作岗位提出了必备条件,在主持人的资格审查与资格认定上均制定了明确的规定。资格管理暂行规定的出台,使得播音员主持人队伍的整体素质有了基本保证。

2004年12月,国家广电总局颁布了《中国广播电视播音员主持人职业道德准则》。准则中,从主持人所肩负的责任、主持人应具有的品格以及形象、语言和廉洁作出了33条规定。在衣着打扮上,准则明确要求主持人树立良好的形象,特别要考虑到对未成年人的影响;主持节目的时候,必须使用普通话,不能模仿别的地区的口音。在第三十一条中,还明确规定了主持人不能从事广告和其他经营活动,主持人的名字、声音、形象也不能用作任何商业用途。

2006年5月,为了规范广播电视编辑记者、播音员主持人执业资格管理工作,加强广播电视编辑记者、播音员主持人队伍建设,广电总局根据《广播电视编辑记者、播音员主持人资格管理暂行规定》,制定了《广播电视编辑记者、播音员主持人执业资格注册办法(试行)》,对广播电视编辑记者、播音员主持人实行执业资格注册制度。

2015 年,针对主持人无证上岗、未按规定注册等违规现象,以及个别主持人和嘉宾言行失当造成不良社会影响的问题,国家新闻出版广电总局发出了《关于进一步加强广播电视主持人和嘉宾使用管理的通知》。

2018 年 7 月,国家广播电视总局颁布的《全国广播电视编辑记者、播音员主持人资格考试大纲》分总则、综合知识、广播电视基础知识、广播电视业务、广播电视播音主持业务五个方面,为编辑记者和播音员主持人的职业资格设立了一道国家级门槛。

二、自律:个体机制中的自我约束和修养

再健全的规定、再完善的守则,脱离了主持人个体机制的自律能力,终将难以真正实施。自律依靠的是主持人理性的平衡,包括主持人作为新闻工作者的从业素质、主持人对媒体和媒体环境的全面认知、对媒介角色的准确把握、对名人效应的正确对待、对电视观众最基本的认识理解等方面。

1. 激发"原动力"

人的行为原动力来自人自身的需求,而需求只有在激发其动机的条件下才能够促使他采取行动并付诸实施。

电视节目主持人是电视节目这种精神产品的主要生产力,生产力状况的好坏直接决定着精神产品的质量。大多数主持人都是热爱镜头前的工作的,都是怀有一种渴望自我实现的愿望的。这就是主持人工作的原动力。主持人应该在节目中,不断激发自身的这种原动力,以保持良好的状态,积极投入到工作中。

2. 了解"生物周期"

如同人自身具有生物周期一样,主持人工作也呈现带有一定规律性的"周期"表现。当知识和积累在一期又一期的节目中渐渐被掏空的时候,当情感和热情在程序化的流程中渐渐消退的时候,节目的外延有可能缩小,主持的张力可能苍白无力。此时,不必过于恐慌,在加强调理,"充电""补氧"之后,依旧会焕发青春,再燃激情。

3. 加强"危机意识"

实践证明,危机的产生不是事物发展中的一种偶然,而是事物发展中的一种必然。在主持人的成长道路上,会经历大大小小的"危机"。刚刚起步时,要面对如何选择栏目、如何与栏目定位契合、如何让观众尽快接受等"危机";在已经被观众认知和接受之后,要面对如何坚守阵地、实现可持续发展的"危机";而成为名人主持时,又可能要面对如何保持淡定心态、如何提升自己的品牌价值、如何再创新的辉煌的"危机"。

危机预示着危险,但危机存在的同时,也暗示着机遇的到来。只有加强危机意识,善于把握时机,敢于抓住机遇,才能够不陷入危机带来的危险的泥淖,而在机遇中寻找到新的平台、新的生机。

4. 规划职业蓝图

古语说,"凡事预则立,不预则废"。主持人对自身的人格规划、行为规划、职业规划更能够凸显主体性,也更能够完善自我修养。在名利场中,如何拒绝金钱和名气的诱惑,需要的是定力;在工作疲惫、惰性滋生时,如何重振雄风、勇于创新,需要的是毅力;在荣誉面前,如何摆脱"娇""骄"二字,需要的是一颗平常心;在小小的荧屏上,如何保持旺盛的创作热情,需要的是身为新闻工作者的责任心。

思 考 题

1. 你认为电视节目主持人策划是否必要? 为什么?

2. 你认为目前电视节目主持人队伍面临的最大问题是什么? 你有什么好的建议和策略?

3. 从品牌营销的角度谈谈你对跨界主持的看法,你认为跨界需要的能力要素是什么?

4. 跟踪电视台的某一个栏目,调查了解其对栏目主持人的策划方案以及营销主持人的具体步骤,写出分析报告。

5. 深入一线,详细了解某一个电视台对主持人在管理模式、竞争机制、节目质量评估体系等方面的具体做法,写出调查报告。

6. 采访、了解、研究某一位电视节目主持人,分析其目前工作的优势和劣势,找出应对策略,并尝试为他(她)拟出一个职业生涯规划。

再 版 后 记

　　2006 年复旦大学出版社推出的、由我主编的《电视节目策划学》(第一版)出版后,情形有些出乎我的意料。根据出版社提供的数字,目前该书已经印刷 11 版次、销售达 7 万余册,全国有上百所高校采用这本书作为本科生和研究生的研习教材,也是目前电视策划领域销售得最好的一本教材。

　　因此,当 2010 年接到责编章永宏先生对该书(第一版)进行修订的建议时,我便欣然接受。除了广大读者们的认可与厚爱外,也是因为电视近些年来发展速度实在迅猛,虽然刚刚过去 5 年,书中提到的一些策划理念有些已经变得不合时宜,还有一些案例已经老化,诸多新的案例不能得以及时补充,如不再版,总觉得理论概括与现实实践相距较远。于是,遂安排原书各位作者商讨修订方案。

　　2010 年恰逢我校启动"211"三期建设工程,其中"创新人才项目"设有专门资助教材的项目,本书经过申报得以忝列其中,学校的资助使得本书的再版修订工作加速展开,至 2011 年 10 月份第二版修订工作基本完成,经再次碰头研讨后各位作者在年底终于提交了较为完善的定稿。

　　该书第二版修订工作仍由我提出初步想法,编稿、统稿工作由我与张国涛共同完成。本书最大的变化是在原来七章的基础上增加了由杨乘虎博士撰写的一章,此章尝试对电视节目创新的整体规律进行探讨,这一方面使得本书结构从原先的总分结构改变为总分总结构,另一方面也显示出本书力争从"术"的层面往"道"的层面提升的努力。不出意外的话,这一点应该成为本书第二版修订的一个亮点。其他各章总体框架没有太大改变,但均增添了近 5 年中外电视节目策划新的案例,同时也对理论表述予以调整和更新。

　　本书第二版写作和修订任务的具体分工如下:

　　第一章:胡智锋(中国传媒大学教授、博士生导师、《现代传播(中国传媒大

学学报)》主编)

第二章：郑世明（中国传媒大学电视与新闻学院教授、博士生导师）

第三章：曾祥敏（中国传媒大学电视与新闻学院教授、博士生导师）

第四章：张国涛（中国传媒大学副研究员、《现代传播（中国传媒大学学报）》编辑部主任）

第五章：张国涛（中国传媒大学副研究员、《现代传播（中国传媒大学学报）》编辑部主任）

第六章：卜希霆（中国传媒大学文化发展研究院总支书记）

第七章：曾志华（中国传媒大学播音主持艺术学院教授、博士生导师）

第八章：杨乘虎（中国传媒大学副研究员、传媒艺术与文化研究中心执行主任）

由于各位作者的知识背景、学术兴趣和写作风格不同，全书各章节可能存在若干水平、写法上的差异，敬请读者批评指正。

在《电视节目策划学》（第二版）即将出版之际，我要特别向丛书主编孟建教授、本书责编章永宏先生、中国传媒大学研究生院副院长段鹏教授致以深深的谢意，没有他们的支持、资助与催促，就没有本书（第二版）的顺利出版。中国传媒大学助理研究员周建新参与了第一章的修订与写作工作，此处一并致谢。同时，还要向使用本书的广大教师、学生表示真诚的感谢。大家的热情关注与肯定，是本书不断与时俱进修订、完善的最大动力。

胡智锋

2011 年 12 月

第 三 版 后 记

　　第三版《电视节目策划学》的酝酿、规划和写作之时,正逢三个有纪念意义的时间节点。酝酿规划阶段恰逢中国电视诞生 60 周年,攻坚写作阶段恰逢中华人民共和国成立 70 周年,而出版阶段则恰逢 21 世纪第二个十年的结束、第三个十年的开启。这三个时间节点分别对应着行业发展、国家发展和时代发展,它们恰好是观察与思考包括节目策划在内的中国电视节目发展的重要时间背景。

　　在习近平新时代中国特色社会主义思想的总体指导下,在新全球化开启、媒介融合推进、国家需求语境的整体背景下,包括策划环节在内的中国电视节目实践,在近年来更加凸显本土化、原创化、融合化的特点。在这个进程中,我们看到了新兴媒体的快速发展,特别是移动互联短视频的崛起,给中国电视节目带来的压力和挑战;我们也看到了中国电视节目曾过度依赖大规模引进海外电视节目模式,又在近年来不断锐意自主创新,并取得了相当的成效;我们还看到了中国电视节目不断突破电视的单一介质,而不断深入走向与多元媒体的融合发展。这些在本书上一版推出后逐渐出现的新现象,促使我们不断调整电视节目策划的理念和方法,以及对电视节目发展的观察与思考视角,这些调整已经融入新版的写作之中。

　　对于本书的这次修订,除了上述背景和理念上的重修,还有一些具体的增删。例如,在类型节目中,我们将近年来没有太多新亮点的类型内容(如谈话类节目)作了删减;同时,在很多类型节目策划的撰写中,特别关注了电视融媒体节目的策划,大量置换和更新了近年来涌现的新节目现象和案例,并对它们加以全新解读(如重新写作了"电视综艺节目策划"一章)。期待本书这些较大幅度的调整能使读者更加清晰、明确、深入、动态地了解和理解新环境下电视节目策划的"道"与"法"。

本书第三版的修订和撰写由北京电影学院胡智锋教授主持,由中国传媒大学刘俊老师统稿统修,并基本保留了前两版的撰写专家团队。本书各章的撰写分工情况如下:胡智锋、周建新(第一章　电视策划概要),曾祥敏(第二章　电视新闻节目策划),刘俊(第三章　电视综艺节目策划),张国涛(第四章　电视剧策划),卜希霆(第五章　电视广告策划),曾志华(第六章　电视节目主持人策划)。

感谢本书的诸位作者,感谢复旦大学出版社的领导和责编们,期待读者阅读后的批评指正。

胡智锋

2020 年 5 月 10 日

图书在版编目(CIP)数据

电视节目策划学/胡智锋主编. —3 版. —上海：复旦大学出版社，2020.8（2024.7 重印）
（复旦博学）
当代广播电视教程：新世纪版
ISBN 978-7-309-15125-1

Ⅰ.①电… Ⅱ.①胡… Ⅲ.①电视节目制作-高等学校-教材 Ⅳ.①G222.3

中国版本图书馆 CIP 数据核字(2020)第 104559 号

电视节目策划学（第三版）
DIANSHI JIEMU CEHUAXUE（DISANBAN）
胡智锋 主编
责任编辑/刘 畅 章永宏

复旦大学出版社有限公司出版发行
上海市国权路 579 号 邮编：200433
网址：fupnet@ fudanpress.com http://www.fudanpress.com
门市零售：86-21-65102580 团体订购：86-21-65104505
出版部电话：86-21-65642845
杭州日报报业集团盛元印务有限公司

开本 787 毫米×960 毫米 1/16 印张 19.5 字数 329 千字
2024 年 7 月第 3 版第 9 次印刷
印数 80 201—91 200

ISBN 978-7-309-15125-1/G·2128
定价：56.00 元